国家社科基金一般项目"山西方言声韵调相互影响的共时与历时研究"(项目号:14BYY042)结项成果;

陕西师范大学中国语言文学"世界一流学科建设"成果。

山西方言声韵调相互影响的共时历时研究

余跃龙 著

中国社会科学出版社

图书在版编目（CIP）数据

山西方言声韵调相互影响的共时历时研究 / 余跃龙著. —北京：中国社会科学出版社，2023.10
ISBN 978-7-5227-2718-9

Ⅰ.①山… Ⅱ.①余… Ⅲ.①西北方言–方言研究–山西 Ⅳ.①H172.2

中国国家版本馆CIP数据核字（2023）第201925号

出 版 人	赵剑英
责任编辑	宫京蕾
责任校对	韩天炜
责任印制	郝美娜

出　　版	中国社会科学出版社
社　　址	北京鼓楼西大街甲158号
邮　　编	100720
网　　址	http://www.csspw.cn
发 行 部	010-84083685
门 市 部	010-84029450
经　　销	新华书店及其他书店
印　　刷	北京君升印刷有限公司
装　　订	廊坊市广阳区广增装订厂
版　　次	2023年10月第1版
印　　次	2023年10月第1次印刷
开　　本	710×1000　1/16
印　　张	14.75
字　　数	272千字
定　　价	88.00元

凡购买中国社会科学出版社图书，如有质量问题请与本社营销中心联系调换
电话：010-84083683
版权所有　侵权必究

序

余跃龙副教授的书稿《山西方言声韵调相互影响的共时历时研究》即将付梓，可喜可贺！这是他主持国家社科基金项目的结项成果，匿名评审专家已给予高度评价。在正式出版前他又做了修改补充。可以说，这部书稿凝结着他多年的心血，这是一部从山西方言整体出发、从声韵调之间相互影响的共时角度解释山西方言语音演变的动因、研究山西方言语音历史演变的高水平著作。相信出版后，一定会在山西方言学界乃至汉语方言学界产生积极的影响。

以往研究山西方言语音的历史演变，都是以今方言的语音调查为基础，运用历史比较法，参以历史文献来进行，没有或很少关注语音内部由于声韵调的相互影响引起的语音演变。作者另辟蹊径，以丰富的山西方言语音为考察对象，以声韵调的相互影响来研究语音的演变，值得充分肯定。山西方言研究目前已有《山西方言重点研究丛书》及近年语保工程进行的山西方言田野调查成果，再加上作者多年的调查积累，在此基础上进行音节内部声韵调相互影响的考察研究与各点之间的共时比较，再利用韵书及其他历史文献进行历时考察，总结出一些颇有见地的内部规律，发现一些值得进一步思考的新问题，得出一些经得起检验的新结论，可谓水到渠成。另外，还创建了一个有声语料库，达到了预期目的。

具体地说，这项成果有以下几点值得肯定：

1. 研究视角的创新性。正如匿名评审专家指出的，从音节内声韵调相互影响的角度，探讨山西方言的共时和历时演变，通过声韵调相互间的影响来看音节中各因素的演变机制和演变规律，突破了以往山西方言语音演变研究多从演变规律归纳着眼，缺乏对演变动因研究探索的不足，作者考察山西方言中声母对韵母、声调的影响，韵母对声母、声调的影响，声调对韵母的影响，探讨声韵调相互影响的演变机制和形成条件，以新的视角对山西方言语音演变动因进行有益的历史探索和解释，具有一定的创新性。比如：本书认为，山西部分方言遇合三见晓组字声母腭化是撮口呼韵母对声母的影响，而文水方言遇合三读[q]则是声母对韵母的影响。遇合三[iu]

变[y]的演变早于声母腭化的演变,即声母未发生腭化而保留[ts tsʰ s]读音,韵母受到舌尖前声母的影响,由舌面元音变为舌尖元音,这反映了方言内部声母对韵母的影响。本书还指出,晋方言入声调的消失是受到入声韵塞音韵尾脱落影响而发生的变化,是韵母对声调影响的表现,而山西方言清浊分调、全次浊分调是声母对声调影响的表现,书中重点讨论的文水、襄垣、永济等方言的异调分韵现象则反映了声调对韵母的影响。

2. 观察材料的敏锐性。对材料之间的逻辑联系与因果关系的考察是完成本课题的前提条件,面对零散而又丰富的材料如何有效地提取出影响山西方言语音变化的内在因素,这些语音变化又恰恰能够得到历史文献的支持与佐证,这说明作者颇具敏锐的观察能力。比如:山西方言异调分韵主要集中在蟹摄、咸山摄、宕摄、效摄等韵。研究发现,形成异调分韵的根本原因,是方言的长调或高调对韵母的影响,声调发音时间长要求增加韵母发音时长。反之,声调发音时长变短,原本已分韵的韵摄又开始发生韵母合并。山西方言分韵是通过增音、鼻韵母(鼻化韵)和开韵尾之间的转化完成的。

山西方言轻声对韵母主元音的影响包括以下几方面:韵母复元音化或低化、主元音去圆唇化、主元音央化高化、阴声韵变阳声韵等。另外,由于音节弱化,声母也发生了一系列的变化。比如:临汾方言"里[li^{53}]"在方言词"半夜里[pæ̃^{44} iɑ^{44} lei^{0}]"主元音由单元音[i]变为复元音[ei],广灵方言"里[li^{44}]"在"家里[tɕia^{53} lɛe^{0}]"单元音[i]变为复元音[ɛe]。屯留方言"女[ny^{43}]"在"闺女"中主元音由[y]变为[i],读成"闺女[kuei^{31}ɲi^{0}]"发生了去圆唇化的音变。平顺方言"里[li^{434}]"在"这里[tsəʔ^{22} li^{0}]"主要元音由[i]央化为[ə]读成"这里[tsəʔ^{22} lə^{0}]"。大同方言"瓦[vɒ^{55}]"在"砚瓦[iɛ^{24} vɔ^{0}]"中主元音由低元音高化为半低元音[ɔ]。五寨方言"拇[mu^{13}]"在表示手指义时,韵母[u]变为[əŋ],如"二拇哥哥[ər^{52} məŋ^{0} kɤ^{11} kɤ^{33}]",韵母由阴声韵变为阳声韵。太谷方言"下[xɒ^{53}]"在"年除下[ɲiẽĩ^{33} tsu^{31} ɒ^{0}]"中脱落声母[x]成为零声母音节等音变。

3. 研究方法的独到性。该成果在田野调查的基础上,充分利用了数理统计法。数理统计法并非新方法,但如果用在了该用的地方,它就可以发挥其独到性。该方法为课题的研究提供了准确的数据支持,使成果结论更加可靠,更令人信服。也对其他方言的研究具有一定启发与借鉴作用。书中统计并比较山西百余个方言点阴调类与阳调类调值的高低,得出无论"阴低阳高"还是"阴高阳低"都不能全面概况山西方言声调的类型,对学界以往提出"山西方言属阴低阳高类方言"的结论提出了不同的看法。本书还统计了晋方言75个方言点近500个入声字的读音,根据中古入声字数量、入声舒化字数量，计算各方言的入声舒化率，得出"山西各方言点入声舒化率最高的是晋方言非核心地区的大包片和五台片，核心地区的并州、吕梁、上党片入声舒化数量较少"的结论。

4. 引用语料的丰富性与准确性。作者以山西方言已有调查成果《山西方言调查重点研究丛书》（1—9辑）57个方言点语料，以"中国语言资源保护工程·山西汉语方言调查"项目语保工程田野调查最新研究成果40个方言点的3000多个常用字读音为研究对象和有效语料。这些语料中有15个方言点的语料是作者亲自调查的，如太原、文水、榆社、偏关、浮山、晋城、忻州、阳曲、绛县、灵石、屯留、交口、长治、晋中（榆次）、黎城等，所用语料之丰富是此前其他研究所不能比拟的。语料的丰富性、准确性直接影响着结论的可靠性。山西方言百余点的调查材料，我作为丛书的主编，又作为语保工程的首席专家，大多经过现场的审音，有55个语保点还经过了众多方言学专家的审音，其准确性是毋庸置疑的。

此外，作者建立的"山西方言单字语料库""山西方言有声语料库"，已形成"山西方言语料大数据平台"，这些语料可为今后公安侦查、智能语音识别、应急语言服务提供支持。

5. 所得结论的可靠性。比如：运用"横向传递理论"，通过对山西方言鼻音声母的研究，得出"山西方言'鼻音+浊塞音'是古晋方言形成过程中受到少数民族语言（主要是西夏语）影响的结果，由晋方言与少数民族语言'横向传递'而形成"的结论。分析山西方言异调分韵时，得出"山西方言无明显的地域分布特征，其根本原因是：方言中的调长对韵母的影响，声调发音时间长要求增加韵母发音时长来匹配，导致了韵母的分化；声调发音时长变短，已分化的韵摄再发生韵母合并"的结论。作者还通过分析山西方言的清浊分调、全浊声母清化后送气与否与声调平仄的关系，山西方言不同类型入声韵演化归并途径、舒声促化等现象得出：声母的清浊、送气与否、元音的舌位高低、前后等因素都会对声调的分化产生影响的结论。

以上所得结论无不依赖于科学的研究方法和丰富的研究资料，均体现出作者对学术的探索精神和实事求是的科学态度。

本书可能由于种种原因，还有一些问题未能展开深入细致的研究，建议作者以后俟机补充或另行开展专题研究。比如，书中提到运用实验语言学方法进行研究，但正文涉及较少。以后若时间允许，应补足这一内容。山西方言在北方方言中有很系统的文白异读，自然音变和接触音变交织在一起，山西方言语音发展史上哪些现象属于自然演变，哪些是与北方少数民族接触融合的变化等，对此种复杂情形应有一个比较清晰的分析结果。

在论证中，成果所呈现的山西方言语音共时比较很充分，历时比较研究相对薄弱。当然，这与山西方言传世文献的天然不足有关。因此，山西方言语音历史演变研究的文献学证据就成为短板。所幸的是，我在二十多年前写作《晋方言语音史研究》时找到一些可资利用的山西方言历史文献材料，但还不够丰富。作为年轻的学者，希望今后能够投入更多的时间继续挖掘山西方言历史文献材料，为山西方言语音史研究再续辉煌。

乔全生

陕西师范大学文学院/语言科学研究所

2023 年 7 月 20 日

目　录

第1编　论述篇

第1章　绪论 ·· 3

1.1　本书研究范围和价值 ·· 3
1.1.1　研究范围 ·· 3
1.1.2　研究价值 ·· 5
1.2　前人研究综述 ·· 6
1.3　本书研究思路 ·· 7
1.4　研究材料、方法及创新 ·· 8
1.4.1　研究材料 ·· 8
1.4.2　研究方法 ·· 9
1.4.3　创新之处 ·· 10

第2章　声母对韵母的影响 ·· 11

2.1　中古合口韵读为开口韵 ·· 11
2.1.1　合口唇音读为开口 ·· 11
2.1.2　遇摄泥来母合口读为开口 ·· 13
2.1.3　疑影喻三母合口读为开口 ·· 14
2.2　歌戈韵依声母不同而分韵 ·· 20
2.2.1　果开一读合口的历史 ·· 21
2.2.2　歌戈韵舌齿音和牙喉音的分合 ·· 21
2.2.3　开口牙喉音增生[-u-]介音 ·· 23

2.3 知照组细音读洪音 ························ 24
   2.3.1 知照组分混的历史 ···················· 24
   2.3.2 山西方言知庄章组的读音 ················ 25
   2.3.3 山西方言知庄章组的归并 ················ 26
2.4 遇合三依声母不同而分韵 ···················· 28
2.5 山西方言送气分韵 ························ 32
   2.5.1 蟹开四端组送气分韵 ··················· 32
   2.5.2 假开三章组送气分韵 ··················· 33
   2.5.3 流开一端组送气分韵 ··················· 33
   2.5.4 山合三精见组送气分韵 ················· 33

第3章 声母对声调的影响 ························ 35
3.1 山西方言声调概况 ························ 35
3.2 山西方言清浊分调 ························ 36
3.3 山西方言全浊次浊分调 ····················· 39
3.4 声母的清浊对调值的影响 ···················· 40
   3.4.1 阴平和阳平调值比较 ··················· 41
   3.4.2 阴上和阳上调值比较 ··················· 42
   3.4.3 阴去和阳去调值比较 ··················· 44
   3.4.4 阴入和阳入调值比较 ··················· 45

第4章 韵母对声母的影响 ························ 47
4.1 山西方言尖团音的分合 ····················· 47
   4.1.1 北方官话尖团合流的历史 ················ 47
   4.1.2 山西方言尖团音的分合 ················· 48
4.2 山西方言轻唇音的分立 ····················· 51
4.3 山西方言非敷奉母读[x] ···················· 52
4.4 山西方言鼻音声母的演变 ···················· 53

4.4.1 鼻音声母的读音类型 ·· 53
4.4.2 鼻音+同部位浊塞音读音类型形成的历史地理因素 ··········· 53
4.4.3 鼻音声母去塞化途径 ·· 54
4.4.4 鼻音+同部位塞音声母来源和演变差异 ······················· 55
4.4.5 鼻音+同部位浊塞音产生的原因 ································ 57

第5章 韵母对声调的影响 ·· 60
5.1 山西方言的入声舒化 ·· 60
5.1.1 山西方言入声调的消变 ······································ 60
5.1.2 山西方言入声调舒化方式 ···································· 63
5.1.3 山西方言入声韵的消变 ······································ 66
5.1.4 山西方言入声韵舒化的历史 ································· 68
5.1.5 山西方言入声舒化的特点 ···································· 68
5.2 山西方言的舒声促化 ·· 70
5.2.1 山西方言舒声促化的类型和分布 ···························· 71
5.2.2 舒声促化是上古入声的保留 ································· 71
5.2.3 舒声促化是语音弱化的结果 ································· 72
5.2.4 山西方言舒声促化的历史 ···································· 75

第6章 声调对韵母的影响 ·· 77
6.1 山西方言的异调分韵 ·· 77
6.1.1 襄垣方言异调分韵 ·· 78
6.1.2 永济方言异调分韵 ·· 80
6.1.3 文水方言异调分韵 ·· 83
6.1.4 隰县方言异调分韵 ·· 84
6.1.5 黎城方言异调分韵 ·· 85
6.1.6 晋城方言异调分韵 ·· 86
6.2 山西方言轻声对韵母的影响 ···································· 87
6.2.1 声韵弱化或脱落 ··· 87

6.2.2 山西方言的合音 …………………………………………… 88

第2编 语料篇

第7章 晋方言入声字读音对照集 ……………………………… 95

参考文献 …………………………………………………………… 217

后　记 ……………………………………………………………… 225

第1编 论述篇

第1章 绪论

1.1 本书研究范围和价值

1.1.1 研究范围

山西因居太行山之西而得名,简称为"晋"。从地理位置上看,山西省自然地理环境较为封闭,东依太行山,西部、南部依吕梁山和黄河,北部据古长城,与河北、河南、陕西、内蒙古等省区为界,素有表里山河之美称。山西是中华民族发祥地之一,有文字记载的历史达3000年,被誉为"华夏文明摇篮"。山西省总面积有15.67万平方千米,约占全国总土地面积的1.63%,山区面积约占全省总面积的80%以上。山西行政区轮廓略呈东北斜向西南的平行四边形,下辖11个市,117个县级行政单位,总人口3491.56万(2020年底统计),辖区地理坐标:北纬34°34′—40°44′,东经110°14′—114°33′。[①]

山西境内群山耸峙,大部分地区的海拔都在1000米以上,最高点是五台山北台顶(海拔3058米),为华北最高峰。山西省内地形复杂,山地、丘陵、残垣、台地、谷地和平原交错分布,以山地和丘陵为主。山西地形狭长,南北长约680千米,东西宽约380千米,山西中部从北向南由一连串盆地组成,构成联系南北的天然大通道,省境四周山环水绕,和相邻省(区)的界限十分明显,形成一个相对独立的地理单元。太行、吕梁两座大山东、西相对,中间由东北向西南依次分布着大同盆地、忻定盆地、太原盆地、临汾盆地、运城盆地、长治盆地共6个盆地。从历史地理特点来看,华北平原向西眺望,整个山西居高临下,巍峨挺拔,特殊的地理形势使山西成为"治世之重镇,乱世之强藩"。天下大治的时候,山西是防御北边少

---

① 相关资料来自山西省政府网站 http://www.shanxi.gov.cn/zjsx/zlssx/sqgk/202007/t20200724_6045048.shtml

数民族进犯的重要边镇；天下大乱的时候，山西又成为军阀和少数民族固守的阵地（焦团平，2008：3）。

先秦时期，晋国的根基在晋南地区，今山西其他地区为"狄"人所占。战国时期的山西，初期仍为晋国所据，后分为韩赵魏三国。秦代在山西境内置有5郡21县。两汉到魏晋时期，山西境内的州郡有所改变，但所辖地域大体相当。隋朝取消郡级建制，在地理位置重要的各州设总管府，山西境内设有并、代、隰、朔四州。唐代山西主要为河东道所领，下辖2府19州共110个县，其中3州8县不在今山西境内。此外，河南道之陕州辖6县，其中有3县在山西，故唐代山西实有105县。五代十国时期，山西境内政权更迭频繁，大部分时期为少数民族统治。五代初，山西中部和北部为晋所据，南部为后梁所领。公元923年后，山西全境为后唐统治，十多年后又为后晋统治。公元947年，后汉取代后晋，四年后，后周取代后汉，山西中北部为北汉所据，山西南部则属后周所领。直到宋代，山西行政区划迭有变更，但基本保持了路、州（府、军）、县三级制，当时山西全境除西南部属永兴军路外，余皆属河东路。辽代曾长期据有山西北部，在大同置有西京道，下辖大同（统二州九县，在山西境内有大同、怀仁等七县）、蔚州（在山西灵丘、广灵二县）、应州（统浑源等三县）、朔州（统马邑等四县）。公元1125年，金灭辽，两年后又灭北宋，山西全境遂为金所统治。元代的行政区划为省、路、府（州）、县四级制，山西直属于中书省，下辖冀宁、晋宁二路及上都、大同路的部分州县。明代山西承宣布政使司，共领5府3直隶州77县。清承明制，山西为18省（清末增为23省）之一，共辖9府10州6散州85县以及12直隶厅。民国时期，绥远脱离山西成为绥远特别区，山西当时分为雁门、冀宁、河东三道共105县。1949年新中国建立后，成立山西省人民政府。20世纪80年代至今，山西境内所辖未发生较大变化，但是，随着人口不断增长和人员流动增大，县市之间时有合并，有明县市已经裁撤。

山西一直是移民的重要输出地。秦汉以来的每一次重大政治变革，如汉末三国、"永嘉之乱""安史之乱""靖康之乱"都有大批山西人外迁。明代之后，山西"大槐树移民"更是历史上著名的人口外迁事件，无论规模和影响都是史上罕见。此后，近代山西人也向内蒙古、东北等边疆地区迁徙。除了人口迁出山西外，山西还接收了大量移民。从夏、商、周时期频繁迁入的部落、封建国家和宗族，从汉代迁入的少数民族，南方居民被迫向北迁移。北魏时期，山西北部的大规模移民成为山西人的重要组成部分。由于山西地处中国传统文化（汉族）与非中国文化交汇的地区，大量迁入的少数民族和异民族以山西为家,他们不仅成为中华民族的一员,而且大多数人最终都融入了汉族。葛剑雄(2014:1)曾提到:"举凡中国历史上主要的少数民族,如狄、戎、胡、匈奴、越、羌、鲜卑、羯、氐、丁零、高车、柔然、高丽、奚、西域诸族、突厥、回鹘、沙陀、党项、契丹、渤海、女真、蒙古、回、满等族都曾迁入山西,有的就是在山西融入汉族的。今天的山西人如果追根溯源,完全可能远及蒙古高原,中亚草原、咸海之滨。恒河流域。"①

李荣(1987:B7)首先将"山西省及其毗连地区有入声的方言"从官话中分立出来,称之为晋语,将之等同于官话一级的大方言。乔全生(2008:1)为了区别我国最早的国别史《晋语》,使用"晋方言"的概念,并指出,"晋方言"与"山西方言"有别:晋方言是汉语十大方言之一,包括并州片、吕梁片、上党片、五台片、大包(大同—包头)片、张呼(张家口—呼和浩特)片、邯新(邯郸—新乡)片、志延(志丹—延川)共8片方言,主要分布于山西省除南部以外的广大地区以及河北、河南、内蒙古、陕西4个省区临近山西的地区,晋方言共分布在176个县市,面积仅小于官话,使用人口约6300万,仅次于官话、吴方言,与闽方言、粤方言使用人口相当,晋方言区的人以山西省居民为最多;山西方言则是从行政地域角度来定义,包括山西境内的所有方言,既包括晋方言也包括山西西南部20多个县市的中原官话的汾河片,山西北部冀鲁官话广灵1个方言点。本书所指的山西方言是指山西全境内的方言,包括晋方言、中原官话汾河片和广灵方言。

1.1.2 研究价值

本书旨在研究山西方言内部声韵调的相互影响,在平面研究的基础之上进行历史探源,从共时和历时平面考察山西方言声韵调之间的相互制约关系,其研究价值如下:

第一,本书的研究有利于了解山西方言的全貌,补充山西方言研究之不足。山西方言的平面研究和历史探源已经取得了较为丰硕的成果,但对声韵调相互影响的共时与历时研究尚不多见。本书的研究将是对山西方言共时、历时研究的重要补充。

第二,本书的研究有利于新的调查手段和研究方法的应用。方言中声韵调之间相互影响,有时差别较细微,实验语音学设备和手段为本书的顺

---

① 葛氏观点见安介生《山西移民史·序》,三晋出版社2014年版,第2页。

利开展提供保证，如在研究声调对韵母影响的研究中，本书利用实验语言学知识，通过 Praat 语音学软件测算声调时长对韵母分立的影响，取得了确实的证据。同时，在入声舒化、阴阳调调值的比较等内容上，充分运用数理统计、计算机分析等其他学科的研究方法来研究山西方言，这是对调查研究方法和理念的创新。

1.2 前人研究综述

汉语音节结构一般由声母、韵母和声调构成，三者之间相互影响、相互制约，形成互动关系。一方面，音节整体性要求音节结构成分要相互协调；另一方面，音节成分特性的冲突会产生一定制约从而产生变化。音节结构的变化就是冲突与协调矛盾作用的结果。具体而言，声母的变化会引起韵母或声调的变化，比如山西方言中古合口韵读开口、歌戈韵依声母不同而分韵、古知照组细音读洪音、声母的清浊分调等；韵母的变化也可导致声母、声调的变化，如山西方言尖团音的分合、轻唇音的分立、鼻音声母的分化、入声舒化和舒声促化等；声调的变化同样也会对韵母的变化产生影响，如山西方言异调分韵、轻声对韵母的影响等，声韵调三者的相互影响是汉语连读音变产生的重要原因，也是汉语语音历时演变的动力。对汉语声韵调之间相互关系的研究，国内影响最大的当属王力，他在《汉语语音史》（1985）一书中有专门章节（卷下第五—八章）论述汉语方言声韵调之间的相互影响，书中主要以北京话为例，并以汉口、广州、苏州、长沙、厦门等方言作为补充。其后，李如龙（1990：89-95）在《声调对声韵母的影响》一文中又从声母对韵、调的制约、韵母对声、调的制约、声调对声、韵母变化的制约三个方面对声韵调之间的相互制约关系做了详细地的研究。自 20 世纪 80 年代以来，汉语方言研究迎来了一个高潮，随着各地方言研究的进一步深入，多位学者就各地方言声韵调之间相互影响问题陆续发表论著，主要有金有景（1985）、吴建生、李改样（1989）、闭克朝（1991）、刘勋宁（1993）、徐通锵（1998）、范俊军（2004）、曹志耘（2004）、符其武、李如龙（2004）、曹志耘、王莉宁（2009）、张双庆、邢向东（2011）、侯兴泉（2012）、王莉宁（2012）、栗华益（2013）、李欢（2019）、武松静（2021）等，为汉语方言演变的动力和机制，提供了诸多合理的解释。

国外最早研究汉语方言声韵调相互影响的是瑞典汉学家高本汉，他在《中国音韵学研究》（1940 年初版）一书中指出，山西文水方言"元音是跟着声调变"的现象，开启山西方言声韵调相互影响研究之滥觞。20 世纪末期，又有部分国外学者发文讨论，如远藤光晓（1994）等，汉语声韵调相互影响的研究也逐渐引起国外学界的关注。

目前，学界对汉语各方言声韵调相互影响的研究已取得一定成果，山西方言中的研究尚付阙如。王力（1985）书中未设立独立章节探讨韵母与声调的相互影响，也未列举山西方言中声韵调相互影响的例子，李如龙（1990）所举多为吴、客家、赣、闽、粤等南方方言例证，北方方言例证较少，山西方言更未见一例。其他学者的研究多为单点方言声韵调相互影响的描写，有的虽从诸多方言探讨声韵调之间的影响，其中还提及山西方言例子，如闭克朝（1991）、远藤光晓（1994）、曹志耘、王莉宁（2009）等，但他们的研究或是调查材料不确切，或是对山西方言例证挖掘不够，相互影响的类型及原因分析不全面，金有景（1985）、吴建生、李改样（1989）、刘勋宁（1993）、王为民（2014）、李欢（2019）都曾报告了山西方言单点声韵调相互影响的现象，但是，这些文章有些时代较远，有的仅是单点平面的描写，对其演变原因和机制所言不详，本书对山西方言声韵调相互影响的共时和历时进行系统研究十分必要。

1.3 本书研究思路

本书拟从声母对韵母、声调的影响、韵母对声母、声调的影响、声调对韵母的影响五个方面来考察山西方言声韵调的相互影响，具体思路如下：

一、声母对韵母的影响：（1）中古合口韵读为开口韵。（2）古歌戈韵依声母不同而分韵。（3）知照组细音读洪音。（4）遇摄依声母不同而分韵。（5）山西方言送气分韵。上述五条在今普通话中普遍存在，但在山西方言中的分布并不平衡，有的方言点还保留中古读音，未发生变化。本书拟从声韵调相互影响的不同条件来解释这种不平衡性。

二、声母对声调的影响：主要表现在声母的清浊与声调分化关系上。山西方言中全浊声母已清化，但清化后是否送气与声调的平仄有关，清化后塞音、塞擦音在山西方言中共有四种不同的声调类型。清浊对调值的影响也是本书考察的内容。

三、韵母对声母的影响：主要包括：（1）山西方言尖团音分合。（2）山西方言轻唇音的分立。（3）山西方言非组读[x]。（4）山西方言鼻音声母的演变等内容。书中除从共时角度探讨韵母对声母影响的关系之外，还从汉语与少数民族语言之间"横向传递"角度探讨山西方言特殊鼻音现象的演变动因。

四、韵母对声调的影响：主要表现为山西方言入声的变化，包括：（1）入声舒化。（2）舒声促化。山西方言的入声舒化是随着入声韵尾[ʔ]的脱落，短促的入声调也跟着变成舒声调，这种变化在山西有入声地区（晋方言区）各片不同程度的存在，值得系统探讨。

五、声调对韵母的影响：主要表现在调值分韵上。以往人们较多地关注声母对声调变化的影响，而不太重视声调对韵母的影响，本书通过山西103个方言点的调查，发现文水、襄垣、永济、隰县、黎城等方言有异调分韵现象，分析山西方言与其他方言异调分韵的不同，对前人研究结论进行一定的补充和批评。

1.4 研究材料、方法及创新

1.4.1 研究材料

本书共记录山西境内103个方言点的2961个单字音，语料参考主要有以下三个来源，在此基础上，笔者还进行了补充调查和进一步核实。

（1）《山西方言重点研究丛书》记录语料：本书所涉103个方言点语料中有56个方言点数据来自《山西方言调查重点研究丛书》（1—9辑的56部专著），分别是：乔全生《洪洞方言研究》（中央文献出版社，1999）、杨增武《平鲁方言研究》、史素芬《武乡方言研究》（山西人民出版社，2002）、史秀菊《河津方言研究》、崔容《太原北郊区方言研究》、崔淑慧《代县方言研究》、李建校《静乐方言研究》、郭校珍等《娄烦方言研究》、白静茹等《高平方言研究》（山西人民出版社，2005）、王文卿《晋源方言研究》（语文出版社，2007）、杨增武等《山阴方言研究》、李建校等《榆社方言研究》、王利《长治县方言研究》、蒋文华《应县方言研究》（山西人民出版社，2007年）；乔全生等《汾西方言研究》、李雅翠《平陆方言研究》、孙小花《五台方言研究》、余跃龙等《浮山方言研究》、崔容等《大宁方言研究》、史秀菊等《盂县方言研究》、白云等《浑源方言研究》、李建校等《永和方言研究》（九州出版社，2009）；原慧艳等《上党地区方言研究（晋城城区及泽州卷）》、吴斗庆《上党地区方言研究（阳城卷）》、张向真《山西方言民俗研究（绛县卷）》、白云等《山西东部方言研究（左权卷）》、王利《山西东部方言研究（壶关卷）》（九州出版社，2011）、武玉芳等《朔州方言研究（右玉卷）》、崔霞等《朔州方言研究（朔城区卷）》（九州出版社，2012）；史秀菊等《交城方言研究》、余跃龙等《清徐方言研究》、张洁等《吉县方言研究》、刘芳等《古县方言研究》、延俊荣等《平定方言研究》、史秀菊等《兴县方言研究》、李小萍《原平方言研究》、冯良珍等《霍州方言研究》（北岳文艺出版社，2012）；乔全生等《阳高方言研究》、孙宏吉《天镇方言研究》、李繁等

《安泽方言研究》，鲁冰等《永济方言研究》，王晓婷等《襄汾方言研究》，李雅翠《闻喜方言研究》，常乐等《榆次方言研究》，李卫锋《汾阳方言研究》，王晓婷等《运城盐湖区方言研究》、高晓莉《灵石方言研究》（北岳文艺出版社，2017）；乔全生等《临汾方言研究》、刘芳《长子方言研究》、武玉芳等《广灵方言研究》、崔霞《怀仁方言研究》、蒋文华《灵丘方言研究》、白云等《柳林方言研究》、李小萍《宁武方言研究》、王利等《平顺方言研究》、马启红《太谷方言研究》、延俊荣等《小店方言研究》（北岳文艺出版社，2019）。

（2）"中国语言资源保护工程·山西汉语方言调查"语料：本书103个方言中有孝义、平遥、祁县、寿阳、陵川、左云、中阳、定襄、乡宁、垣曲、芮城、沁县、长治、沁源、介休、昔阳、忻州、繁峙、河曲、偏关、五寨、隰县、翼城、离石、文水、新绛、稷山、大同（新荣）、侯马、蒲县、保德、岢岚、神池、临猗、万荣、襄垣、沁水、石楼、临县、交口、方山41个方言点语料来自"中国语言资源保护工程·山西汉语方言调查"项目，该项目每个方言点仅调查1000个单字音，其余1961个单字音由笔者承担的国家社科基金项目"山西方言声韵调相互影响的共时历时研究"项目组补充调查。

（2）其他来源：古交、岚县、黎城、夏县、洪洞赵城、和顺6个方言点语料来自山西方言调查项目组其他成员尚未出版的调查论著。

103个方言点中，笔者主持或参与太原晋源、文水、榆社、和顺、偏关、浮山、晋城、阳曲、绛县、灵石、长治、晋中（榆次）、黎城13个点的田野调查，书中语料均来自，笔者亲自调查。

1.4.2 研究方法

本书采用共时描写与历时比较相结合的方法，对山西方言103个方言点做声韵调相互影响的专项调查，同时参考山西方言已有研究成果，重点调查研究以往较少涉及的韵母和声调之间的相互影响关系，专项调查与普查相结合，探讨声韵调相互影响的演变机制和形成条件。本书的主要研究方法有以下三种：

（1）田野调查法：拟以市（县）为单位，针对不同年龄阶段、不同阶层、不同职业背景发音人进行田野调查，2014—2019年间，本书共深入调查山西境内110个县市方言点（其中部分方言点音系相同加以合并），建立涉及山西方言103个方言点2961个单字音的数据库，保证了山西方言研究语料的充分和真实。

（2）共时和历时比较法：比较法是所有研究中最基本的方法，包括共时区域内不同方言点之间的比较,区域内外方言的横向比较,还有历时层面上今音和古音的纵向比较,目的都是建立语音对应关系,发现方言演变的异同,为进一步的分析研究奠定基础。本书除了进行方言之间的共时比较之外,还注重山西方言的历时研究,将山西方言历时文献(诸如地方县志、历代韵书、对音文献、文史札记)与今方音进行对比,考稽山西方言自唐五代以来的演变规律。

(3)数理统计法:利用 Praat 语音分析软件,综合田野调查数据进行统计分析,研究声韵调相互影响形成的条件和原因,特别是在研究声调对韵母影响的过程中,利用实验语言学的方法,统计声调时长与韵母的关系,用新的研究手段解决了前人研究的不足。

1.4.3 创新之处

(1)研究角度的创新:以往对山西方言的研究大多是对方言全貌的共时描写,或是对某方言语音、词汇、语法现象的历史探源,未见从音节内部声韵调的相互影响来系统考察方言演变的研究。本书拟从这一角度考察山西方言的共时与历时演变,对补充山西方言研究之不足大有裨益。

(2)研究广度和深度的创新:本书拟研究整个山西境内方言(包括晋方言和中原官话汾河片方言、冀鲁官话广灵方言)声韵调之间的相互影响,以一个大方言区为研究对象,调查整个方言区内部声韵调相互影响的类型和演变机制,探讨演变原因,是本书的另一创新之处。

(3)研究方法的创新:方言中声母的清浊、送气与否、前鼻韵尾与后鼻韵尾、元音长短、高低、单复等因素、舌位的前后、唇形的圆展等因素都可能对声调的分化有影响。本书利用数理统计的方法来研究以上变量对声韵调相互影响的作用,利用学科交叉方式来研究山西方言,也是本书的创新之处。

第 2 章 声母对韵母的影响

王力（1985：572—593）曾经分九类详细分析汉语方言中声母对韵母的制约作用：（1）唇音的影响；（2）喉音和牙音的影响；（3）舌齿唇与喉牙的不同影响；（4）知照系三等字的影响；（5）知二庄系字的影响；（6）[n]和[l]的影响；（7）[ŋ̍]韵的产生；（8）异化作用；（9）元音[ɚ]的产生。以上九类影响在今北方官话中都有体现。山西方言中声母对韵母的影响，则主要表现在中古合口读为开口、古歌戈韵依声母不同分韵、知照组细音读洪音、遇摄依声母不同而分韵和声母送气分韵等方面。

2.1 中古合口韵读为开口韵

2.1.1 合口唇音读为开口

合口唇音字的性质学界历来颇有争论，有的学者认为，《切韵》唇音字不分开合，如王静如（1941：183）就有"古唇音必似合而开，似开而合，盖非此不足以释开合不兼《切韵》反切混淆，以及宋图作开而谐声入合之理"的论述。此后，董同龢（1948：64）研究中古反切在唇音开合问题的表现竟有杂乱无章的地方，韵图也不能相互一致，因此认为唇音字在中古是否区分开合并不容易确定。李荣（1956：48）根据唇音字既可以用开口字或合口字作反切下字，开口合口字也可以拿唇音字作反切下字，得出"唇音字无所谓开合"的结论。邵荣芬（1982：97）通过统计《广韵》唇音字开口、合口作切下字的次数，以及开口、合口字所用唇音切下字的次数，证明《切韵》唇音字实不区分开合口，同时邵氏以《切韵》前后五家重要反切唇音不分开合的实例，说明唇音不分开合是中古汉语各方言的共性。另一派学者则认为，中古唇音区分开合。周祖谟（1966：18）认为，唇音是实际区分开合的，唇音的合口[-u-]介音受唇音的影响，其"合口之性质即不若牙音舌音者之显著矣"。其后，葛毅卿（2003：162）从《韵镜》唇音字开合俱全，《切韵》残卷唇音字反切亦开合俱全，认为《切韵》唇音字是区分开合的,黄易青(2011:74)、阮廷贤、储泰松(2012:15)也都著文支持《切韵》开合俱全的观点。无论《切韵》时代唇音是否可以区分开合口,两派学者都承认当时唇音的开合口差别并不显著。元代《中原音韵》十九部中开合有别的有江阳、齐微、皆来、真文、先天、寒山、歌戈、家麻、车遮、庚青 10 部。王力(1985)、杨耐思(1981)、李新魁(1983)、宁继福(1985)等学者都将上述各部唇音字拟定为有[-u-]介音的合口字,说明元代唇音实际音值仍然存在开合口的区别。邵荣芬(1991:156)对此提出质疑,他认为,反映大都(今北京话)方言的《中原音韵》唇音字有合口,而现代北京话的唇音字不分开合,这在汉语语音史的演变上很难解释。杨剑桥(2012:174—179)比较《蒙古字韵》《洪武正韵译训》及元代熊忠的《古今韵会举要》,认为《中原音韵》时代唇音开合口应该确有区别。金基石(1999:199)认为,中古唇音字合口字发生了去圆唇化的音变,他利用《翻译老乞大》《翻译朴通事》《汉清文鉴》等朝鲜对音文献,将中古合口唇音字丢失[-u-]介音的时代判定为 15 世纪末到 16 世纪初。

王力(1985:573)认为,汉语绝大多数唇音合口呼变为开口呼、撮口呼变为齐齿呼,都是由于介音[-u-/-y-]是唇音,唇音的声母和介音容易产生异化作用,导致[-u-/-y-]介音的脱落。山西方言也普遍存在合口唇音字读为开口的现象,这与北方大部分方言相同,但仍有部分点保留合口的读法,主要集中在果合一的重唇音和通合一、合三部分唇音字。通合一、合三入声读合口的部分字已舒化,读音与遇摄合口字合流,具体如表 2-1-1 所示:

表 2-1-1　　　　　　　　山西方言合口唇音字读音

方言点	例字	波	颇	磨~刀	木	伏
冀鲁官话	广灵	po^{53}	—	mo^{31}	mu^{44}	fu^{31}
大包片	左云	puo^{31}	pʰuo^{31}	muo^{313}	mu^{24}	fəʔ^{44}
五台片	五台	puɔ^{213}	pʰuɔ^{213}	mɔ^{33}	mɔʔ^{33}	fəʔ^{33}
并州片	平遥	puə^{213}	pʰuə^{213}	mei^{213}	mʌʔ^{212}	xuʌʔ^{523}
吕梁片	石楼	puə^{213}	pʰuə^{213}	muə^{44}	məʔ^{4}	xuəʔ^{213}
上党片	晋城	puə^{33}	pʰuə^{33}	muə^{324}	məʔ^{22}	fəʔ^{22}
汾河片	夏县	pʰuɤ^{53}白 puɤ^{53}文	pʰuɤ^{53}	mɤ^{42}	mu^{31}	fu^{42}

山西方言唇音保留合口读音与周边北方官话差别较大,但这一现象与

南方诸方言相同。今老湘方言、客家方言、赣方言、吴方言、粤方言、闽方言等南方方言中仍可找到唇音保留合口的读音，但可能受到北方强势方言的影响，唇音读合口的分布并不整齐，举例如表2-1-2：

表2-1-2　　　　　　南方汉语各方言代表点合口唇音字读音

方言点 \ 例字	波	勃	杯	般	方	风
温州	øy 白/u 文	ø	ai	an	uɔ	oŋ
双峰	ʊ	ʊ	e	un	ɒŋ	an
梅县	ɔ	ut	i	uã 白/uan 文	ɔŋ	uŋ
广州	ɔ	ut	ui	—	ɔŋ	ʊŋ
厦门	o	ut	ue	—	aŋ 白/ɔŋ 文	ɔŋ

从《切韵》到《中原音韵》再到今汉语方言，合口唇音形成了一个较为完整的演变过程。我们认为，中古到《中原音韵》时期，唇音应存在开合口之别，这也符合音位对立的原则，否则无法解释为何《韵镜》中仅唇音字开合口无区别，而舌齿牙喉音都有开合口之别。潘悟云（1982：26）指出："中古唇音后面的合口成分实际上是一种过渡音，如果主元音的舌位是非前的（即央后元音），同时韵尾的舌位是前的，那么唇音后面就会产生一个合口的成分。"相比于其他声母，唇音开合口的区别不甚显著，或者正处于趋同变化过程中。

搞清楚唇音合口存在的问题，我们有必要明白近代汉语各方言（尤其是北方方言）中唇音的合口介音[-u-]是如何消失的。[-u-]是后高圆唇元音，在近代汉语唇音声母展唇性的影响下，两者发生异化作用，使得不稳定的圆唇元音发生脱落，而由合口变为开口。在合口脱落的音变中，北方方言较南方诸方言更快、更彻底，南方诸方言不同程度脱落合口介音变为开口呼。从今晋方言的表现来看，处在北方的晋方言合口唇音的演变明显滞后于周边北方官话。

2.1.2　遇摄泥来母合口读为开口

中古遇摄泥来二母合口字在山西各方言的表现并不一致。泥母合口读为开口在山西方言中占大多数，主要分布在并州片、吕梁片、汾河片大多数方言点；读合口的主要分布在晋方言大包片、上党片大多数点，五台片浑源、应县朔州等点。此外，并州片太谷、灵石两点保留合口呼。安泽、霍州和稷山三点泥母有文白异读，白读为开口，文读为合口，表现为两种方言片之间的过渡特征。

来母的读音较为复杂，中古来源相同的字表现也不一致，正处在词汇扩散的过程中。山西方言遇摄来母读开口主要是中古遇合一的字，遇合三的字读为开口的较少，且分布分散，未形成整片区域。遇合一来母读为开口的方言点在山西是主流，同泥母分布情况大致相同，主要分布在大包片、并州片、吕梁片和汾河片大多数方言点，读为合口的则主要分布在上党片和大包片部分方言点。此外，并州片太谷、灵石也保留合口呼。山西部分方言来母有文白异读，但是，所收字读音则并不同，同一音韵地位的字有的有文白异读，有的则没有。遇摄泥来母字的读音情况如表2-1-3所示：

表2-1-3　　　　　　　　山西方言遇摄泥来母读音

方言点＼例字	奴	鲁	路	屡
大包片大同	nu³¹²	lɤu⁵⁵	lɤu⁵³	ly²⁴
五台片原平	nɣɯ³³	lyɯ²¹³	lyɯ⁵³	lyɐ²¹³
并州片古交	nei³³ 白/nu³³ 文	lei⁵³ 白/lu⁵³ 文	lei⁵³ 白/lu⁵³ 文	luei⁴¹²
吕梁片中阳	nʌ³³	lʌ⁴²³	lʌ⁵³	ly⁴²³
汾河片浮山	nou¹³	lou³³	lou⁵³	ly⁴⁴
上党片安泽	nəu³⁵ 白/nu³⁵ 文	ləu⁴² 白/lu⁴² 文	ləu⁵³ 白/lu⁵³ 文	ly⁴²
汾河片稷山	nəu¹³ 白/nu¹³ 文	ləu⁴⁴ 白/lu⁴⁴ 文	ləu⁴² 白/lu⁴² 文	luei⁴²

由表2-1-3可知，山西方言遇摄合口字读开口（或称为裂化）中，来母的裂化率较泥母更高。山西方言遇摄字发生了元音继续高化、裂化为复元音[ou/əu]，后又单元音化为[ʌ]的音变，这一音变是以声母的锐钝为分化条件的，舌齿音正是遇摄合口字继续高化、由合口变为开口的重要条件，而舌齿音演变中尤以泥来母为先。

2.1.3　疑影喻三母合口读为开口

山西部分方言疑影喻三母合口字合流，合流之后读音不同，有的读为合口呼，有的读为开口呼并与微母合流，有的方言疑影喻三母合流后部分字读合口，部分字读开口，具体读音类型如下：

（1）合口字全部读声母为[v]的开口，①具体分布在冀鲁官话（广灵）、大包片左云、右玉、浑源、应县，五台片神池、五寨、繁峙、保德，并州片太原（北郊）、清徐、娄烦、榆次（今晋中市榆次区），上党片沁县等点，如表2-1-4所示：

表2-1-4　　　　山西方言影疑喻母字合口读[v]声母开口音

方言点	例字	蛙	沃	伪	万	王	唯
冀鲁官话	广灵	vɑ³¹	vo⁵³	vei⁴⁴	væ²¹³	vɔ³¹	vei³¹
大包片	左云	vɑ³¹	vɑʔ³³	vei⁵³	vɛ²⁴	vɔ³¹²	vei³¹
	右玉	va³¹	vaʔ⁴⁴	vɛe⁵³	væ̃²⁴	vɒ²¹²	vɛe²¹²
五台片	保德	vA²¹³	vɤ⁵²	vei²¹³	vei⁴⁴	vɔ⁴⁴	vei⁴⁴
	五寨	va¹³	vaʔ⁴	vei¹³	væ⁵²	vɒ⁴⁴	vei⁴⁴
并州片	清徐	vɒ¹¹	vɒʔ¹¹	vi⁵⁴	vɛ⁴⁵	vɒ¹¹	vi¹¹
上党片	沁县	va²²⁴	vaʔ³¹	vei²¹⁴	væ⁵³	vɔ³³	vei³³

（2）全部读为合口，主要分布在大包片山阴1个点、五台片五台、代县2个点，并州片祁县、平遥、介休、灵石、交城、文水、孝义7个点，吕梁片离石、方山、柳林、兴县、汾阳、中阳、岚县、交口、石楼、隰县、永和、大宁、蒲县、汾西14个点，上党片长治市、长治县、壶关、平顺、晋城及泽州、陵川6个点，汾河片霍州、古县、洪洞、赵城、临汾（尧都区）、浮山、襄汾、闻喜、万荣、乡宁、吉县11个点，具体如表2-1-5所示：

表2-1-5　　　　山西方言部分点影疑喻母字合口读音

方言点	例字	蛙	伪	唯	万	王	沃
大包片	山阴	uA³¹³	uei⁵²	uei³¹³	uæ³³⁵	uɒ³¹³	uAʔ⁴
五台片	五台	ua²¹³	uei²¹³	uei³³	uæn⁵²	uɔ³³	uɔʔ³³
并州片	祁县	ua³¹	uəi³¹⁴	uəi³¹	uã⁴⁵	u³¹白/uã³¹文	uɑʔ³²
吕梁片	离石	ua²⁴	uɛɛ³¹²	uɛɛ⁴⁴	uæ⁵³	uə⁴⁴	uɔʔ⁴
	方山	ua²⁴	uei³¹²	uei⁴⁴	uæ⁵²	uə⁴⁴	uə⁵²

---

① 山西方言中"尾"字读音较为特殊，大部分方言有文白异读，白读音声母为零声母，文读音声母为[v]或零声母，无文白异读方言以读零声母[i]为主。

续表

方言点 \ 例字		蛙	伪	唯	万	王	沃
上党片	黎城	ua³³	uei²¹³	uei²¹³	uæ⁵³	uaŋ⁵³	uɤ⁵³
汾河片	霍州	uɑ²¹²	uei³³	uei³⁵	uaŋ⁵³	ɔ³⁵ 白/uaŋ³⁵ 文	uɤ²¹²
	古县	uɑ²¹	uei⁵³	uei³⁵	uan⁵³	uaŋ³⁵	u²¹

（3）部分字读为合口，部分字读声母为[v]的开口，这一类型在山西方言中占大多数，除遇摄读合口外，其余韵摄都为[v]声母开口字，个别影喻母字既有读零声母合口的，也有读为[v]声母开口字，无明显规律。但是中古遇摄合口字仍保留合口读音是这一类型的共同特点。此外，果合一、假合二"窝蜗卧"等字读音在各方言中读音较为整齐，可依据"窝蜗卧"等字读开口或合口，将该类型方言再分为两小类：

①"窝蜗卧"读合口，主要包括大包片的天镇、平定、五台片偏关、阳曲，并州片古交、孟县，上党片长子、屯留、襄垣、阳城等点。

②"窝蜗卧"读[v]声母开口，在山西各方言片都有分布，无明显规律。具体如表 2-1-6 所示：

表 2-1-6　　　　　　　中古疑影喻合口字今读开合混杂

方言点 \ 例字	窝	蜗	瓦	忘	瓮	物
天镇	uɤ³¹	uɤ³¹	vɑ⁵⁵/vɑ²⁴	vɒ²⁴	vɤɣ²⁴	vəʔ⁴⁴
偏关	uɤ²⁴	uɤ²⁴	vɑ²¹³	vɒ⁵²	vɤŋ⁵²	vəʔ⁴
屯留	uɤ³¹	uɤ³¹	vɑ⁴³	uə⁵²	vəŋ³¹	vəʔ¹
怀仁	vɤ⁴²	vɤ⁴²	vɑ⁵³	vɒ²⁴	vəŋ²⁴	vəʔ⁴
忻州	vɛ³¹³	vɛ³¹³	vɑ³¹³	vɛ⁵³ 白/vã⁵³ 文	vəŋ⁵³	vəʔ³²
寿阳	vəɯ³¹	vəɯ³¹	vɑ⁵³	vɒɒ⁴⁵	və̃⁴⁵	vaʔ²

从分布区域来看，古影疑喻合口字仍读合口的主要分布于晋方言吕梁片、并州片部分方言点（平遥、介休、孝义、祁县、文水、灵石等点）及中原官话汾河片。读为开口[v]（读同微母）的主要分布在大包片、五台片。此外，并州片和上党片也有部分点读此音。从分布数量来看，吕梁片和汾

河片数量很多，从已调查 103 个方言点的情况看，山西方言中疑影喻母读同开口最多的是吕梁片，最少的则是汾河片，其数量由多至少的顺序是：吕梁片＞大包片＞五台片＞上党片＞并州片＞汾河片，具体如表 2-1-7（冀鲁官话山西境内仅广灵 1 点数量太少，本书未纳入统计，中原官话汾河片下文简称汾河片）。

表 2-1-7　　　　　　山西方言各片疑影喻母读[v]的数量比较

	并州片	吕梁片	上党片	大包片	五台片	汾河片
读开口/调查点总数（个）	9/17	10/11	8/13	10/12	15/19	1/24
占比（%）	52.9	90.1	61.5	83.3	78.9	4.2

疑影喻母合口字今仍读合口是保留中古读音，而今读开口的字则经历了合口变开口的音变。在这个音变中，各方言都不同程度保留读如中古微母的读音，山西方言疑影喻母合流之后读为零声母，由于合口[-u-]介音与微母浊擦音声母[v]读音较为接近，发生了去圆唇化的音变，最终导致疑影喻母合口字声母读同微母[v]。疑影喻三母在山西方言中合流较为整齐，或读为零声母，或读为[v]声母，说明三母是先合并为零声母，再与微母合流为[v]，否则无法解释为何疑影喻三母读音未发生参差。

中古影喻母的合流可以上溯到元代。杨耐思（1981：15）研究中古 37 类声母在《中原音韵》里已大大简化，其中"影云以"三母已发生合并。兰茂的《韵略易通》中影喻母完全混并（张玉来，1999：26），《五方元音》沿用了《韵略易通》"早梅诗"的方式来表示声类，说明其影喻母也已混并。在《五方元音》之后反映明清官话的韵书，如《等音》《声位》《三教经书文字根本》《音韵阐微》《韵统图说》《黄钟通韵》《本韵一得》和《李氏音鉴》等影喻二母都已合并。在清代山西籍文士贾存仁所著《等韵精要》书中，影喻二母合并为"衣"母，说明当时山西河东方言（今中原官话汾河片）中影喻二母已完成了合流。山西方言属唐五代西北方言的直系后裔。李范文（1994：112）认为，宋代西北方言中疑影喻三母都已变为零声母，这一变化在西夏或是更早时期就已开始了。

罗常培（1932：8）、王力（2004：61）认为，疑母在普通话中的消失并与喻母合并在 14 世纪就已普遍发生。李范文（1994：31）将疑母消失的时间提前到 12 世纪。赵荫棠（1957）、陆志韦（1986：46）等学者则认为，疑母在元代仍保留[ŋ]或（ŋ，ɲ）。各家对《中原音韵》疑母的拟音比较接近，略有差别。与《中原音韵》不同，《韵略易通》的"疑"母已完全并入影喻母成为零声母。《中原音韵》里疑母部分字还读[ŋ]，《韵略易通》则一律读成[∅]。

明代后期到清代前期，疑母的分合也呈现不同的情况，在表现官话的《五方元音》一系韵图中，有的疑母保留[ŋ]，有的则已变为零声母。《五方元音》疑母已消失，按照洪细音分组的原则，分别归入蛙、云母，即中古疑母三四等字归入零声母云母下，一二等字归入零声母蛙母下。《等音》中马氏虽然保留了疑母，认为这个疑母"与华严字母合"，但其后又进一步解释："疑略与影母相同，其声似有似无"，"似有"是说疑母在开合口中仍保留，"似无"是说明在齐撮二呼中疑母已消失（李新魁，1983：309）。

疑母在山西方言的演变与官话区不同。马伯乐（H.Maspero）在《唐代长安方音》中最先提出汉语鼻声组包含鼻音和浊塞音两个音素的特点。罗常培（1961：142）在《唐五代西北方音》中考证，唐五代西北方音疑母无论何种收声，一律读为[ŋg]。孙伯君（2022：600）通过对西夏文《五音切韵》所载汉语"三十六字母"的西夏文译音研究，认为宋代西北方音中仍然延续了唐五代西北方言中鼻音声母带有同部位浊塞音的特点。值得注意的是，宋初的汴洛方言中也存在[ŋg]和[ŋ]两种类型的鼻音声母。乔全生（2008：60）认为，"宋初的汴洛方音原本并无此特点，而是由施护等从西域来中国经长安受西北方音影响所致，或由于汴洛地区大量的唐五代移民带入了西北方音色彩"。

高本汉（2003：194，256）记录20世纪初平阳（今临汾）方言疑母开口字声母为[ŋg]，可见，20世纪初期的山西方言疑母字仍有读[ŋg]和[ŋɣ]的读音。已调查的山西方言103个点字音中都不同程度保留疑母读[ŋ/n]的情况。与官话方言疑母字的读音相比，山西方言疑母的演变过程要远远滞后，具体读音如表2-1-8所示：

表2-1-8　　　　　晋方言与官话代表方言疑母字读音比较

方言点 \ 例字	眼	涯	午	迎	伪
北京	iɛn	ia	u	iŋ	uei
济南	iæ	ia 白/iɛ 文	u	iŋ	uei
西安	ȵiæ	ia 白/iɛ 文	u	iŋ	uei
武汉	iɛn	ia	u	in	uei

续表

例字 方言点	眼	涯	午	迎	伪
成都	iɛn	ia	u	in	uei
合肥	ĩ	ia	u	in	ue
扬州	iæ̃	ia	u	iŋ	uei
太谷	ȵiẽĩ	ȵɑ	vu	iɔ̃	vei
方山	niɛ	nia	u	iɔ̃ŋ	uei
沁源	ȵiæ	iɑ	u	iɔ̃	vei
定襄	niæ	ia 白/ŋei 文	u	iəŋ	vei
大同	iɛ	iʌ 白/ŋee 文	u	iəɣ	vee

今山西方言疑母与影母合流，合流的方式在洪细音前不同：洪音前影疑不分，有的读为[ŋ/n]，有的读为零声母；细音前影疑均读鼻音声母[ȵ/n]（白静茹，2008：78—83）。山西方言疑影母字合流是后期的变化，大致应该在元代以后。耿振生（1992：147）提出，"在一些方言里，古疑母和影母合流之后，开口呼产生一个[ŋ]声母，有的等韵作者不愿抹杀[ŋ]声母的存在，所以书中另立一个疑母，但又不把它看作影疑合流之后新产生的辅音，而把他等同于古音的疑母……在韵书上不肯完全采纳俗读，而要遵照古韵书，设立一个独立于影母之外的疑母。"我们赞成这样的观点，官话系统中疑影喻母已合流为零声母，疑母部分字读[ŋ]当是后起的音变。

山西部分方言中至今仍保留微母读[v]的现象。王力（2004：135）认为："微母本来是属于唇音之列的。在《切韵》时代，它是明母的一部分读 m；到了唐末宋初，明母分化了，除了东韵三等字之外，它的合口三等字变为唇齿音 ɱ（mv），ɱ 的发音方法和 m 相同，但发音部位和 v 相同，于是在北方话里逐渐变为一个 v。这个 v 从 14 世纪《中原音韵》时代起，一直保持到 17 世纪。"《中原音韵》到明代的官话韵书大多保留[v]声母存在，但也有部分韵书中微母已变为零声母，这些韵书时间上交错，似乎呈一种混乱错杂的局面。徐孝的《等韵图经》已无[v]声母，微母字已变为零声母，但晚于《等韵图经》的《韵略易通》和《韵略汇通》仍有[v]的存在。金尼阁《西儒耳目资》（1625）虽仍保留[v]声母，但[v]（物）已有从浊擦音进一步变为半元音[w]或纯元音[u]的倾向（余跃龙，2010：61）。

清初的《五方元音》中[v]声母消失了，中古的微母与影喻母合流，变为零声母，李光地《音韵阐微》由于"不遣变古"的思想，所以书中仍保留有[v]声母，朴隐子《诗词通韵》的音系基础是代表河洛的官话音系，其声母系统中微母字位于次羽（轻唇）三等地位。沙彝尊的《正音咀华》、潘逢禧《正音通俗表》也都保留微母的存在。可以明确的是，明清时代官话口语音已无微母[v]，官话系韵书保留微母与韵书作者"存古正音"意识有关，取消微母是侧重时音，较多考虑官话的影响，保留微母是侧重传统读音，"不遂变古"观念的反映（叶宝奎，2001：235）。

张玉来（1999）很好地解释了这种局面形成的原因，他认为音韵学家们大多具有"存古正音"的意识，但这种"正音"是缺乏统一标准的。同样是表现官话音系，由于采用不同的标准，自然制作出来的音系各不相同，很难形成模式一样的音系，"方音的客观存在，应当是历史的真实，官话不具有强制的约束力。那些制作音系的专家们并不是每一个人都说共同语，即使说共同语也难免带有自己方言的影子。甚至有的人把这种方言认为就是共同语。能够通行天下。所以，这一类韵书音系就往往反映具体的一个方音音系或者既表现共同语音系又表现出方言的音系特点"（张玉来，1999：77—85）。

微母在汾河片方言的演变过程与北方官话不同。北方官话微母[v]是从14世纪的《中原音韵》一直保存到17世纪（王力，2004：131），而汾河片方言微母[v]的形成可以上推到10—11世纪之间（龚煌城，1981）。唐五代，西北的某方音中明母读为['b]，其中有[-j-]介音的一类字演变为后来的微母，其演变的过程如下：mbj>bmj>bvj>vj。10世纪时，另一个方言中以[v]对中古汉语微母，说明这支方言中的微母已从明母[b]中分化出来。12世纪的《番汉合时掌中珠》微母对音为[w]，可能与[v]读音已很相似。由上可知，西北方音微母从明母分化出来时间比北方话要早，大致在10—11世纪之间一直保持至今。北方官话中[v]声母演变为[u]开头的零声母最早也是17世纪以后。

2.2 歌戈韵依声母不同而分韵

山西方言果摄字的读音较为复杂，中古果摄字分果开一（歌韵），开三（戈韵），合一（戈韵）和合三（戈韵），其中戈韵开合三等常用字仅"茄瘸靴"等字，数量较少。歌韵"他那哪阿大"等字在山西方言中读音基本一致，读为[a]或近似音值，差别不明显，因此，本书将"茄瘸靴"和"他那哪阿大"等字读音忽略不计，主要讨论山西方言果摄歌开一和戈合一（本书简称歌戈韵）的读音类型和分布特点。

2.2.1 果开一读合口的历史

果开一舌齿音读为合口的历史很早，王力（1985：577）研究发现，《集韵》时代已有歌韵舌齿音混入戈韵的现象了。今汉语方言大多有此种现象，在从东北、华北到岭南的广大区域里都是此一类型（熊燕，2015：171）。元代的《中原音韵》显示，歌韵与戈韵并不混并，如"歌哥柯"与"戈过锅"不同韵、"何河荷"和"禾和"不同韵，"可坷柯"和"颗"、"贺荷"和"祸货和"都分属不同小韵，说明元代北京口语音中果开一、合一牙喉音有别。明代两韵开始分化，徐孝的《合并字学集韵》（1602）中"戈龢和讹"等字有开合两读，"科颗禾课"等字只有合口读音。但是，在19世纪的《语言自迩集》（1886）的字音列表中不止"戈和"有开合两读，"火祸货"也有*ho 和*huo 两读，"阿我讹"有 o ê wo 三读，而"科颗课禾"等字则只有开口一读。《语言自迩集》中零声母音节发生 o＞uo 的音变可能原因有两个：一是[o]韵母前容易增生[-u-]介音，二是零声母音节前也容易产生半元音[u]（w）作声母。

平山久雄（1987：410）曾认为，"我"字的代词身份是其特殊音变的原因，论证其代词身份可能导致有特殊的轻读音变*ŋa＞uo。但是，从山西方言 103 个调查点情况看，与"我"相同音韵地位的"蛾鹅俄饿"等字在大包片山阴、怀仁、五台片浑源、朔州、吕梁片永和、大宁、汾西、蒲县、汾河片永济、古县、芮城等点都与"我"同音，可见，认为"我"字读为合口是语法原因导致的音变，并不能令人信服。"我"字与其他疑母开口字一样应该都是增生[-u-]介音而成，其形成原因与《语言自迩集》零声母音节变为合口的原因相同。

2.2.2 歌戈韵舌齿音和牙喉音的分合

根据歌戈韵的舌齿音和牙喉音的分合不同，山西方言分为全分型、分混型两类。全分型指的是歌戈韵不论牙喉音还是舌齿音都有区别；分混型指歌戈韵牙喉音有别，而舌齿音读音相同。两种类型在山西方言中的具体读音和分布情况如下：

（1）全分型：主要分布在晋方言并州和吕梁片部分方言，包括并州片太原、祁县、娄烦、介休、交城、孝义 6 个点，吕梁片静乐、离石、方山、柳林、临县、中阳、兴县、隰县、汾西 9 个点，上党片沁源点，举例如表 2-2-1 所示：

表 2-2-1　　　　　　　山西方言歌戈韵全分型方言例字

方言点 \ 例字	拖	左	哥	朵	坐	过
太原	tʰɤ¹¹	tsɤ³⁵	kɤ¹¹	tuɤ¹¹	tsɔ³⁵	kuɔ³⁵
祁县	tʰɯ³¹	tsɯ³¹⁴	kɯ³¹	tu³¹⁴	tsɯ⁴⁵	ku⁴⁵
平遥	tʰei²¹³	tsuə⁵¹²	kɔ²¹³	tuei⁵¹²白/tuə⁵¹²文	tɕyɛ²⁴	kuei²⁴
孝义	tʰE³³	tsE⁴⁵⁴	ka³³文/kE³³文	tuE³¹²	tsuE⁴⁵⁴	kuE⁴⁵⁴
离石	tʰɔ²⁴	tsɔ⁵³	kɔ⁴⁴	tuə³¹²	tsuə⁵³	kuə⁵³
临县	tʰɒ²⁴	tsɒ³¹²	kɒ³³	tu²⁴	tsu⁵²	ku⁵²

（2）分混型：果摄牙喉音有开合对立，主要体现在合口牙喉音字是否脱落[-u-]介音变为开口字，在山西方言冀鲁官话广灵点、大包片和五台片、并州片大部分方言点都有合口牙喉音脱落[-u-]介音变为开口字的现象，但是读为开口的数量不等，具体辖字也不同。山西方言吕梁片和汾河片果合一牙喉音读音较为古老，基本保留合口的读法，吕梁片交口、石楼，汾河片新绛、闻喜、临猗等点大多有文白异读，文读为开口音，白读为合口音，具体如表 2-2-2 所示：

表 2-2-2　　　　　　　山西方言歌戈韵分混型读音例字

方言点		例字	科	颗	课	禾	卧
冀鲁官话	广灵		kʰɤ⁵³	kʰɤ⁵³	kʰɤ²¹³	xɤ³¹	vo²¹³
大包片	左云		kʰə³¹	kʰə³¹	kʰə²⁴	xə³¹³	vuo²⁴
	怀仁		kʰɤ⁴²	kʰɤ⁴²	kʰuɤ²⁴	xuɤ³¹²	vɤ²⁴
五台片	保德		kʰɤ²¹³	kʰɤ²¹³	kʰuɤ⁵²	xɤ⁴⁴	vɤ⁵²
	岢岚		kʰɤ¹³	kʰɤ¹³	kʰɤ⁵²	xɤ⁴⁴	vɤ⁵²
并州片	古交		kʰɔ³³	kʰɔ³³	kʰɔ³³	xuɤ³³	uəʔ
	榆社		kʰu²²	kʰu²²	kʰu⁴⁵	xɤ²²	vɤ⁴⁵
吕梁片	石楼		kʰuə²¹³白/kʰə²¹³文	kʰuə²¹³	kʰuə⁵¹	xuə⁴⁴白/xə⁴⁴文	uə⁵¹

续表

方言点	例字	科	颗	课	禾	卧
上党片	长治	kʰuə³¹²	kʰuə³¹²	kʰə⁴⁴	xə²⁴	uə⁵⁴
上党片	屯留	kʰɤ³¹	kʰɤ¹¹	kʰɤ⁵³白/kʰɤ⁵³文	xɤ¹¹	uɤ¹¹
汾河片	临汾	kʰɤ²¹	kʰɤ²¹	kʰɤ⁴⁴	xɤ²⁴	uo⁴⁴
汾河片	稷山	kʰɤ⁵³	kʰɤ⁵³白/kʰɤ⁵³文	kʰuɤ⁴²白/kʰɤ⁴²文	xuɤ¹³白/xɤ¹³文	uɤ⁴²

2.2.3 开口牙喉音增生[-u-]介音

开口牙喉音增生[-u-]介音变为合口呼，这种读音类型在山西方言中较少，大包片、五台片、并州片和吕梁片个别方言点有此读，上党片和汾河片较少见此读音。"我"字读音较为特殊，在汾河片大多数方言中都读为合口呼，或文读音为合口，白读音为开口，其演变原因下文详述。果开一变合口的具体分布如表2-2-3所示：

表2-2-3   山西方言果开一变合口例字

方言点	例字	牙喉音				舌齿音		
		歌	可	我	蛾	多	罗	左
大包片	山阴	kuɔ³¹³	kʰuɔ⁵²	uɔ⁵²	nuɔ³¹³	tuɔ³¹³	luɔ³¹³	tsuɔ⁵²
五台片	浑源	koʌ⁵²	kʰʌʔ⁴⁴白/kʰuo⁵²文	vuo⁵²	nuo²²	tuo⁵²	luo²²	tsuo⁵²
五台片	朔州	kɔo³¹²	kʰuə³¹²	və³¹²	nuə³⁵	tuə³¹²	luə³⁵	tsuə³¹²
并州片	古交	kɔ³³	kʰɔ³³	uə⁴¹²	ŋuə³³	tuə³³	lə³³白/luə³³文	tsuə⁴¹²
并州片	榆社	ku²²	kʰu²²	ŋɤ³¹²	ŋɤ³¹²	tɤ²²	lɤ²²	tsu³¹²
吕梁片	石楼	kə²¹白/kuə²¹³文	kʰəʔ²¹³白/kʰuə²¹³文	ŋuə²¹³	ŋuə⁴⁴	tuə²¹³	luə⁴⁴	tʂuə²¹³
吕梁片	蒲县	kɤ⁵²	kʰɤ⁵²白/kʰuo³¹文	ŋuo⁵²	ŋuo²⁴	tuo⁵²	luo³³	tsuo³³
上党片	屯留	kɤ³¹	kʰɤ¹¹	ŋɤ⁵³白/ŋuɤ⁵³文	ŋɤ¹¹	tuɤ³¹	luɤ¹¹	tsuɤ⁴³
汾河片	临汾	kɤ²¹	kʰɤ²¹	uo⁵³	ŋɤ²⁴	tuo²¹	luo²¹	tsuo⁴⁴
汾河片	稷山	kɤ⁵³	kʰuɤ⁵³白/kʰɤ⁵³文	ŋuɤ⁴白/ŋɤ⁴²文	ŋuɤ¹³白/ŋɤ¹³文	tɤ⁵³白/tuɤ⁵³文	luɤ¹³	tsuɤ⁴²

山西方言果开一牙喉音开口字读合口应与舌齿音开口读合口有关。山西103个方言点的调查表明，果开一牙喉音读为合口的方言，其舌齿音大多都读为合口，如山阴、浑源等点，①而舌齿音读为合口的方言牙喉音字并不全读为合口，如古交、屯留等点，由此我们得出两条结论：一是山西方言中果开一舌齿音增生[-u-]介音比牙喉音更早；二是果开一牙喉音读合口是受到舌齿音字变为合口的同化作用，而增生[-u-]介音，这也是声母对韵母影响的另一种表现。

2.3 知照组细音读洪音

2.3.1 知照组分混的历史

中古汉语知系声母包含知组的知彻澄，庄组的庄初崇生、章组的章昌船书禅以及日母共13个声母。在宋代韵图时代，庄章组发生合流统称照组，但韵图上庄组总是处于二等的位置，章组总是处在三等的位置。《切韵》中庄组字有二三等之分，在等韵图时期，庄组三等的[-i-]介音脱落，与庄组二等发生合流，这一音变在元代《中原音韵》中已经表现出来。邵荣芬（1998：32—33）研究明代李世泽的《韵法横图》，指出"《横图》照组声母二三等不分，也即庄组、章组不分，但知组与照组分列，从表面上看，知、照似乎有分别，但在具体列字时，两者往往有相混之处，如'勺'《广韵》'之若切'，是照母三等字，却列入声脚韵知母之下，又比如'转'《广韵》'陟兖切'，是知母三等字，却列入狝韵上声照母下。"由此可见，知组跟照组在李氏口语里也是不分的。《横图》知庄章组与不同韵母拼合的基本趋势是：知二庄配开口呼与合口呼，如庚韵、瓜韵、乖韵；知三章配齐齿呼与撮口呼，如君韵、鼕韵、涓韵、巾韵、规韵、居韵等韵。《横图》知二庄、知三章分列，也是根据开合口的不同而分（余跃龙，2010：50）。张玉来（1999：77—80）认为，在《中原音韵》《韵略易通》《韵略汇通》《五方元音》等代表性韵书里，知庄章三组声母大致都可以按韵母的洪细分为两组：知二庄配洪音，知三章配细音，这说明在近代北方官话系统里知庄章三组声母根据韵母的不同而出现不同拼合的现象。近代南方官话则表现为知、章组和假蟹效咸山宕江摄庄组同音，遇流深臻曾梗摄庄组则与精组合流（石慧，2022：96）。

---

① 并州片榆社方言较为特殊，果开一端泥组字读开口，如罗[lɤ²²]、多[tɤ²²]、挪[nɤ²²]。

2.3.2 山西方言知庄章组的读音

山西方言知庄章三组的读音较为复杂，有多种类型和不同音值，为了区分清楚，下文对知、庄、章三组的读音分别加以分析。

中古知组在山西方言中可以根据知二、知三读音差别大致分为三个大类：

（1）知二＝知三型。这种类型的方言点较少，根据音值的不同其内部又可以分为两小类：①知组读舌尖后塞擦音、擦音[tʂ tʂʰ ʂ]，属于这一类型的有上党片的晋城、陵川等点，中原官话汾河片的蒲县、临汾等点，其中陵川方言有部分字读[tɕ tɕʰ ɕ]声母；②知组读舌尖前塞擦音、擦音[ts tsʰ s]。属于这一类型的有五台片的五台、代县等点。

（2）知二≠知三型：这种类型在山西方言中占绝大多数，其内部根据音值的不同又可分为两小类：①知二读舌尖前塞擦音和擦音[ts tsʰ s]，知三读舌尖后塞擦音和擦音[tʂ tʂʰ ʂ]，主要分布在大包片的大同，五台片的山阴、朔州、汾河片的洪洞等点。②知二读舌尖前塞擦音和擦音[ts tsʰ s]，知三开口读舌尖后塞擦音和擦音[tʂ tʂʰ ʂ]，合口三等读唇齿塞擦音和擦音[pf pfʰ f]，部分点知二开口字也读[pf pfʰ f]，主要分布在汾河片的新绛、吉县、永济、万荣、运城等点。

（3）知二、知三基本分立，部分字混并。主要分布在五台片的忻州、定襄、原平，并州片的介休、和顺，吕梁片临县等点。这些方言点的知三合口字和知二同读舌尖前塞擦音和擦音[ts tsʰ s]，大包片天镇点知二、知三也有少量相混现象，部分知二字读舌尖后塞擦音和擦音[tʂ tʂʰ ʂ]，而知三止摄三等读舌尖前塞擦音和擦音[ts tsʰ s]，与其他知三字读音不同。

山西方言庄组读音根据音值不同也可以分为以下几种类型：

（1）庄组读舌尖前塞擦音和擦音[ts tsʰ s]，主要分布在冀鲁官话广灵、五台片定襄、平鲁、忻州等点，大包片天镇、左云、阳高、怀仁、昔阳、和顺等点以及并州片、吕梁片大部分方言点。

（2）庄组读舌尖后塞擦音和擦音[tʂ tʂʰ ʂ]，主要分布在上党片晋城、阳城、陵川、高平，汾河片临汾、古县、赵城、襄汾、侯马等点。

（3）以开合为条件，开口字读[ts tsʰ s]，合口读[tʂ tʂʰ ʂ]。主要分布在大包片大同、山阴、右玉等点，五台片岢岚、朔州、河曲、保德、偏关等点。

（4）大部分读[ts tsʰ s]，小部分读[tʂ tʂʰ ʂ]，如并州片介休1点。

（5）[ts tsʰ s]、[tʂ tʂʰ ʂ]和[pf pfʰ f]读音俱全，主要分布在汾河片新绛、吉县、永济、万荣、运城等点。

中古章组在山西方言中也可以分为以下几类：

（1）章组读舌尖前塞擦音和擦音[ts tsʰ s]，如冀鲁官话广灵、大包片阳高、天镇、左云、怀仁，五台片五台、浑源、应县、定襄、神池、五寨、宁武等点，并州片太原、古交、太谷、清徐、寿阳等点，吕梁片静乐、柳林、离石等点。

（2）章组读舌尖后塞擦音和擦音[tʂ tʂʰ ʂ]，如上党片晋城、阳城、陵川、高平等点，汾河片古县、临汾、浮山、侯马等点。

（3）部分读[ts tsʰ s]，部分读[tʂ tʂʰ ʂ]，这一类型又可分两类：

①止摄三等读[ts tsʰ s]，其他各摄读[tʂ tʂʰ ʂ]。主要分布在汾河片洪洞、蒲县、大包片大同、右玉、山阴、五台片河曲、保德、偏关等点。

②以开合为条件，开口读[tʂ tʂʰ ʂ]，合口读[ts tsʰ s]，止摄开口三等也读[ts tsʰ s]。主要分布在五台片定襄、忻州、原平、大包片平定、昔阳、和顺、原平、岢岚等点，并州片祁县、平遥、介休、孝义等点，吕梁片兴县、石楼、临县、蒲县等点。

（4）[ts tsʰ s]、[tʂ tʂʰ ʂ]和[pf pfʰ f]读音俱全，主要分布在汾河片闻喜、新绛、吉县、永济、河津、万荣、临猗等点。

2.3.3 山西方言知庄章组的归并

知庄章三组声母在《切韵》是保持分立的，在以后的发展中，各方言三组声母有分有合，对此王洪君（2007：8—12）、赵彤（2001：44—45）等学者已有专文研究，此处援引主要观点以说明知庄章组在山西方言的归并情况及演变原因。山西方言知庄章的分合可以分为合流型和分立型两种：

（1）知庄章合流型，根据读音不同又细分为两小类：

①知=庄=章读[ts tsʰ s]：知庄章三组声母不论开合与精组的洪音字声母合流，这种类型在山西方言中占多数，从已调查的103个方言点语料看，主要分布在大包片怀仁、五台片的阳曲、平鲁、代县、五台、浑源、灵丘、神池、五寨、宁武、应县、广灵片的广灵、并州片的太原、晋中榆次区、交城、文水、清徐、寿阳、太谷、孟县、上党片的长治、长子、沁县、武乡、屯留、吕梁片岚县、兴县、中阳、柳林，汾河片汾西等点。

②知庄章三组与精组合流读[tʂ tʂʰ ʂ]，这样的方言点数量不多，主要有上党片的晋城、陵川等点。

（2）知庄章分立型，又根据开合口不同分为四种类型：

①知庄章开口呼读舌尖后塞擦音、擦音[tʂ tʂʰ ʂ]，合口呼读唇齿音[pf pfʰ f]，主要分布在中原官话汾河片永济、临汾、翼城、稷山、运城等点。

②知庄章合口呼读舌尖前塞擦音、擦音[ts tsʰ s]，知组开口二等读[ts tsʰ s]，开口三等读舌尖后塞擦音和擦音[tʂ tʂʰ ʂ]，庄组开口二、三等读舌尖

前塞擦音和擦音[tʂ tʂʰ ʂ]；章组止开三读舌尖前塞擦音和擦音[ts tsʰ s]，开口三等（止摄字除外）读舌尖后塞擦音和擦音[tʂ tʂʰ ʂ]，主要分布在五台片忻州、原平、定襄等点、并州片介休、祁县、平遥、孝义、大包片和顺、左权，吕梁片临县等点。

③知庄章合口呼读舌尖后塞擦音、擦音[tʂ tʂʰ ʂ]，知组开口二等读舌尖前塞擦音和擦音[ts tsʰ s]，开口三等读舌尖后塞擦音、擦音[tʂ tʂʰ ʂ]，庄组开口二、三等、章组止开三读舌尖前音[ts tsʰ s]；章组开口（止摄字除外）读卷舌音[tʂ tʂʰ ʂ]，如大包片大同、天镇、五台片山阴、朔州、吕梁片中阳、汾河片洪洞等点。

④知庄章合口呼读唇齿音[pf pfʰ f]，开口呼知开二等读舌尖前塞擦音和擦音[ts tsʰ s]，开口三等读舌尖后塞擦音和擦音[tʂ tʂʰ ʂ]，庄开二三、章组止开三读舌尖前塞擦音和擦音[ts tsʰ s]，章开口三（止摄字除外）读卷舌音[tʂ tʂʰ ʂ]，主要分布在汾河片运城、万荣、吉县、新绛、并州片娄烦等点。

山西方言知照组读音情况复杂，但其在细音前大多都脱落介音[-i-]或[-y-]变为开口或合口。①赵彤（2001：44）系联庄组三等字不同历史时期的读音表现，根据庄组三等字（排在二等字位置上）不与章组字（排在三等位置上）混并，《中原音韵》庄章组三等字不在同一小韵，以及现代方音庄组三等都不带[-i-]介音的情况，判断历史上庄三可能很早就失去了[-i-]介音，而这一音变发生的动因就是由于受卷舌声母的影响。王洪君（2007：8）将庄组[tʂ-]和章组[tʃ-]拟为不同声母，认为"这样的好处是无论从声母还是从介音，都可以凸显知二庄和知三章两类的字音分别。"她认为，庄三丢失[-i-]的音变在唐宋时期就已完成，宋代《皇极经世声音唱和图》等都把庄章两组合并为照组，说明庄二与庄三已无区别，而章三和庄组在字音上并未合流，章三有[-j-]介音而庄组没有，否则无法解释后世两组字始终泾渭分明。《中原音韵》时代知组根据介音的有无归并方向不同：知二庄为一类，知三章为一类，从而形成今北方官话和山西部分方言较为普遍的知二庄、知三章两分格局。其后山西部分方言知庄章合并为卷舌声母[tʂ tʂʰ ʂ]，而与精组[ts tsʰ s]有别，部分方言则知二庄组与精组合流为[ts tsʰ s]，知三章组保留了卷舌声母[tʂ tʂʰ ʂ]。山西方言合口呼演变较为整齐，并不区分二等还是

---

① 乔全生（2008：38—39）研究，今大包片大同、吕梁片汾阳、离石、上党片黎城、潞城、壶关、平顺等点仍有知照系声母拼读细音的残留，如大同话"肘[tʂiəu⁵⁴]"、离石话"争[tɕiɛ²⁴]"、黎城话"知[tɕi³³]"，这些读音大多保留了宋代以前的读音。

三等。在卷舌声母之后，合口三等介音[-iu-]中的[-i-]消失甚至比开口三等[-i-]介音的消失更早。总之，山西方言知庄章组细音字失落[-i-]介音是由于受到卷舌音的影响所致，这点与官话相同，与官话不同的是知庄章的归并方式更加丰富多样。

2.4 遇合三依声母不同而分韵

遇摄合口三等字在山西各方言中依声母的不同而读音有别，大致分为三类：非组、知照组一类，泥来母一类，见晓组一类，具体有如下类型：

类型一：非组、知照组读[u]，精组、泥来母见晓组读[y/ɥ/ʮ]，这一类型是山西遇摄字的主要读音类型（下文称之为类型一），分布在山西方言各片，具体如表2-4-1所示：

表 2-4-1　　　　　　　　　遇合三类型一读音

方言点	例字	肤	猪	煮	女	驴	举	趣	虚
冀鲁片	广灵	fu⁵³	tsu⁵³	tsu⁴⁴	ny⁴⁴	ly³¹	tɕy⁴⁴	tɕʰy⁵³	ɕy⁵³
大包片	阳高	fu³¹	tsu³¹	tsu⁵³	ny⁵³	ly³¹²	tɕy⁵³	tɕʰy²⁴	ɕy³¹
五台片	偏关	fu²⁴	tʂu²⁴	tʂu²¹³	nʮ²¹³	lʮ⁴⁴	tsʮ²¹³	tsʰʮ⁵²	sʮ²⁴
并州片	太谷	fu³³	tsu³³	tsu³¹²	ny³¹²	ly³³	tɕy³¹²	tɕʰy⁵³	ɕy³³
吕梁片	汾阳①	fu³²⁴	tʂu³²⁴	tʂu³¹²	nzu³¹²	lɥ²²	tsɥ³¹²	tsʰɥ⁵⁵	sɥ³²⁴
上党片	平顺	fu²¹³	tsu²¹³	tsu⁵³⁵	ny⁴³⁴	ly¹³	cy⁴³⁴	tɕʰy²¹³	ɕy²¹³
汾河片	古县	fu²¹	tʂu²¹	tʂu⁴²	ny⁴²	ly³⁵	tɕy⁴²	tɕʰy⁵³	ɕy²¹

类型二：非组、知照组读[u/ʮ]，精组、泥母见晓组读[y/ɥ]，来母读[uei]，主要分布在大包片平定、昔阳、和顺、并州片榆社、孝义、上党片沁县、武乡、沁源、汾河片稷山等点。

类型三：非组读[u]，知照组读[ʮ]，精组、泥来母见晓组读[y]，主要分布在并州片平遥、介休、寿阳、吕梁片方山、临县等点。此外，还有个

---

① 李卫锋《汾阳方言研究》(2015)调查汾阳方言遇摄非、知照组读[ʯ]韵，该方言中[ʯ]与[u]只是音值有别，并无音位差别，属于[u]韵的地域变体，为了便于比较，本书将[ʯ]记为[u]。

别点读音特殊，离石方言所有声母后都读[u]韵，高平方言非组、知照组读[u]，精组、泥来母见晓组读[i]，具体如表2-4-2所示：

表2-4-2　　　　　　　　山西方言遇合三类型二、三读音

方言点	例字	肤	猪	煮	女	驴	举	趣	虚
大包片	昔阳	fu⁴²	tsu⁴²	tsu⁵⁵	ȵy⁵⁵	luei³³	tɕy⁵⁵	tɕʰy¹³	ɕy⁴²
并州片	榆社①	fʋ²²	tʂʯ²²	tʂʯ³¹²	nʐʯ³¹²	luei²²	tʂʯ³¹²	tʂʰʯ³¹²	ʂʯ²²
上党片	沁县	fu²²⁴	tsu²²⁴	tsu²¹⁴	mʯ²¹⁴白/nʯ²¹⁴文	luei²²⁴	tsʯ²¹⁴	tsʰʯ⁵³	sʯ²²⁴
汾河片	稷山	fu⁵³	pfu⁵³白/tʂu⁵³文	pfu⁴⁴	ȵy⁴⁴	luei¹³	tɕy⁴⁴	tɕʰy⁴²	ɕy⁵³
吕梁片	离石	xu⁴⁴	tsu²⁴	tsu³¹²	nu³¹²	lu⁴⁴	tsu³¹²	tsʰu⁵³	su²⁴
吕梁片	临县	fu³³	tsʯ²⁴	tsʯ³¹²	ȵy³¹²	luei³³	tɕy³¹²	tɕʰy⁵²	ɕy²⁴
上党片	高平	fu³³	tʂu³³	tʂu²¹²	ni²¹²白/niɒ̃²¹²文	li³³	tɕi²¹²	tɕʰi⁵³	ɕi³³

中古遇合三虞韵读[io]，鱼韵读[iu]，两韵历史上很早就发生了混并。颜之推的《颜氏家训音辞篇》云，"北人以庶为戍，以如为儒……北人之音，多以举、莒为矩"（汪寿明，2003：1），说明早在颜之推时代，北方方言已有虞鱼二韵混并的情况。山西方言的鱼虞二韵合并较周边官话要晚，唐五代西北方言中依然保持虞鱼两韵有别。今山西方言中两韵有别现象并不多见，两韵合并应是唐五代之后的演变。

山西方言遇合三来母"驴旅吕屡虑滤"等字读[uei]是"支微入鱼"现象的反映。乔全生（2003：235）认为，山西方言"支微入鱼"还应包括鱼虞韵[i/uei]两类音。这一现象早在唐五代时期就有反映，邵荣芬（1963：205）指出，《变文》中有"王陵须是汉将，住在绥州茶陵村"（《王陵变文》）。又有"圆须即好，葱蒜极多"，"圆虽即好，林木芙疏"（《降魔变文》），其中"须"与"虽"互为异文。罗常培所列《开蒙要训》注音本有虞韵与止摄合三互注的例子，如"虞为骒"互注，"伪遇"互注，以须注髓、以朱注骓、以具注柜等。在二百余年前记载晋方言并州片的《新刊校正方

---

① 榆社方言遇合三非、知照组读声化韵[v̩]，而[u]韵来自果合一端精见晓组字。

言应用杂字》止蟹合口字与遇摄字也有互注现象，如"岁叙碎岁遂叙醉最聚醉罪醉虑泪"等字互注，这些字在今并州片有的点读[y]韵母，有的点读[-uei]韵母。

遇合三见晓组读[y]类则反映了韵母对声母的影响。中古见晓组在细音前受到韵母[-i-]介音的影响发生腭化，舌根音[k kʰ x]变为舌面音[tɕ tɕʰ ɕ]或[c cʰ ç]，其后遇合三[iu]韵发生 iu>y 的演变，二者发音相协调。见晓组字声母腭化是韵母对声母的影响，而韵母读[ʅ]则是声母对韵母的影响。以山西文水方言为例，20 世纪初，山西文水方言精组细音和见晓组细音声母合流为舌面音[tɕ tɕʰ ɕ]；到 20 世纪中期，该方言原读[i]和[y]韵母的字，声母由舌面音变为舌尖音，发生了进一步的超前腭化，声母演变影响到韵母由[i]或[y]变为[ɿ]或[ʮ]（乔全生，王为民，2019：52）。遇合三[iu]变[y]的演变早于声母腭化的演变，即声母未发生腭化而保留[ts tsʰ s]读音，韵母受舌尖前声母的影响，由舌面音变为舌尖音，这是方言内部声母对韵母的影响。[u]类读音则反映了受声母影响，知照系字由于声母卷舌的性质使得[-i-]介音脱落，仅留下[u]韵母。虞韵非组也读[u]则是[iu]在轻唇化过程中失落介音[-i-]的结果。当然，鱼虞两韵在这之前已发生合流，否则无法解释山西方言遇合三非组、知照组声母未见读[o]韵的现象。

遇合三知系出现分化，知章组和庄组读音不同。遇合三知系字在山西部分方言中读音两分，知章组读音与庄组不同，具体如下：

（1）知章组读[u]，庄组读[uo/uɤ/uə/ei]，主要分布在并州片太谷、上党片长治、长子、屯留、壶关、平顺、沁县、武乡、沁源、襄垣等点，知章组各点都读[u]，庄组各有不同，黎城读[uo]，长治、长子、壶关和襄垣读[uə]，平顺、沁县、武乡读[uɤ]，沁源读[ei]。

（2）知章组读[u]，庄组读[ou/əu]，主要分布在吕梁片石楼、隰县、大宁、永和、汾西、①蒲县、上党片安泽、汾河片霍州、古县、洪洞、洪洞（赵城）、临汾（尧都）、浮山、翼城、襄汾、新绛、闻喜、万荣、绛县、垣曲、夏县、乡宁、河津、运城（盐湖区）、临猗、永济、芮城、平陆等点。

（3）知章组读[ʮ]，庄组读[ou]，主要分布在吕梁片交口 1 个点。

（4）知章组读[y]，庄组读[uo]，主要分布在上党片黎城 1 个点。黎城方言知章组与见晓组细音合流为[tɕ tɕʰ ɕ]，韵母读[y]，与遇合三见晓组演变方式相同，反映了韵母对声母的影响。遇合三知系字读音分化如表 2-4-3 所示：

---

① 汾西方言遇合三知章组读双唇浊擦音[β]，读音与[u]接近，本书看作[u]的地域变体。

表 2-4-3　　　　　　　　　　遇合三知系字读音分化

方言点		例字 注	除	厨	铸	初	锄
并州片	太谷	tsu⁵³	tsu³³ 白/tsʰu³³ 文	tsu³³ 白/tsʰu³³ 文	tsu⁵³	tsuo³³	fuo³³
上党片	长治	tsu⁴⁴	tsʰu²⁴	tsʰu²⁴	tsu⁴⁴	tsʰuə³¹²	tsʰuə²⁴
上党片	长治县	tsu⁴²	tsʰu²¹³ 白/tsʰu⁴⁴ 文	tsʰu²¹³ 白/tsʰu⁴⁴ 文	tsu⁴²	tsʰuo²¹³	tsʰuo⁴⁴
上党片	沁源	tʂu⁵³	tʂʰu³³	tʂʰu³³	tʂu⁵³	tsʰei³²⁴	sei³²⁴
吕梁片	石楼	tʂu⁵¹	tʂʰu⁴⁴	tʂʰu⁴⁴	tʂu⁵¹	tsʰou²¹³	tsʰou⁴⁴
汾河片	霍州	tʂu⁵³	tʂʰu³⁵	tʂʰu³⁵	tʂu⁵³	tsʰəu²¹²	səu³⁵
吕梁片	交口	tsʮ⁵³	tsʰʮ⁴⁴	tsʰʮ⁴⁴	tsʮ⁵³	tsʰou³²³	tsʰʮ⁴⁴
上党片	黎城	tɕy⁵³	tɕʰy⁵³	tɕʰy³³	tɕy⁵³	tsʰuo³³	tsʰuo⁵³

中古遇合三虞鱼两韵庄组字和知章组分化，在汉口、长沙、广州、梅县等方言也有相似的反映（王力，1985：586），温州、南昌也存在类似的情况。《广韵》音系中遇摄包含模鱼虞三韵，在汉代及以前都属于鱼部，魏晋南北朝时期鱼部分化为鱼、模二部，鱼部包括鱼韵，模部包含模、虞二韵。唐五代时期鱼、模合部，模韵和虞韵仍为[u]、[ju]，鱼韵由[io]演变为[iu]，鱼虞韵合流。宋元时，鱼虞韵部分字先后并入模韵，读音也转变为[u]。而遇摄合口三等鱼虞韵庄组字韵母并入合口一等模韵的时间应该是在元代，因为《中原音韵》中"梳遇合三生"和"苏遇合一心"韵母相同，而与"除遇合三澄书遇合三书"不同（王利，2008：11），说明此时遇摄合口三等庄组字已经先于知章组字完成向合口呼[u]的转换。据李新魁（1984：471）研究，遇摄合口三等知章组字应大约是在明代才完成向合口呼的转换，明代金尼阁的《西儒耳目资》（1626）中遇摄合口三等知章组字与遇摄合口一等、遇摄合口三等庄组字不同韵，说明此时这些字尚未完全与[u]合流。大概在金氏书之后不久，这些字便完全念入[u]了，即完成了向合口呼转化的过程（李新魁，1984：471）。那么，遇合三庄组字和知章组字演变的不同步，我们认为这与山西方言知庄章声母两分有关，上文中所涉遇合三知章、庄韵母不同的方言都是山西方言知二庄、知三章分立的方言，知二庄与知三章声母的不同，也影响到韵母使其产生差异（桑宇红，2009：59），石楼、霍州、

黎城、沁源遇合三知章读[tʂ-/tɕ-]，庄组读[ts]，遇合三在知章组后与庄组后也因此发生分化，知章组读[u]，庄组读[ei/ou/əu]。太谷、长治、交口合口知庄章声母已经合流为[ts]，属于王洪君（2007：5）总结的I大类第②小类。但是，韵母的不同正说明知章、庄声母历史上曾有过不同，这种不同引起了韵母的分化，声母合并之后，方言中仅保留了韵母的差异。这种声母合流演变的中间状态正好保留在沁源方言里，沁源方言知章组字大多读[tʂ-]类声母，但是，"厨除橱"等字与庄组"阻楚础"等庄组字同读[ts-]声母，说明知章与庄正在合流的过程中。声母的合流并没有带来韵母的变化，知章与庄合流应该是晚近的变化。

2.5 山西方言送气分韵

在山西已调查的 103 个方言点中，送气分韵的方言主要有五台片忻州、定襄、五台、保德，汾河片新绛，大包片大同（新荣）、榆社和孝义等点，涉及假摄、流摄、蟹摄和山摄等摄，主要有以下几种类型：

2.5.1 蟹开四端组送气分韵

山西并州片榆社方言蟹摄四等端组（泥来母除外）开口字以声母送气与否形成两类不同的韵母，榆社方言全浊声母清化后，逢塞音、塞擦音平声送气，仄声不送气，中古定母"题提蹄啼"等字声母送气，韵母为[i]，"弟第递"等字声母不送气，韵母为[ei]。"堤"属中古端母平声字，该方言读[tʰ]声母，其韵母也随声母送气读[i]，而与同样音韵地位的"低"不同音。这一现象与赣语、吴语和湘语的送气分调不同，榆社方言是调音问题，赣语、吴语和湘语的送气分调是嗓音问题（王为民，2014：190—202）。具体如表 2-5-1 所示：

表 2-5-1　　　　　　　　榆社方言蟹开四端组读音

音韵地位 方言点	蟹开四平声齐韵	蟹开四上声荠韵	蟹开四去声霁韵
端母	低 tei²² 堤 tʰi²²	底抵 tei³¹²	帝 tei⁴⁵
透母	梯 tʰi²²	体 tʰi³¹²	替涕梯屉 tʰi⁴⁵
定母	题提蹄啼 tʰi²²	弟 tei³¹²	第递 tei⁴⁵

2.5.2 假开三章组送气分韵

五台片忻州、定襄、五台、保德，汾河片新绛，假开三章组字声母是否送气导致其后韵母音值不同，如表2-5-2所示：

表2-5-2　　　　五台片、汾河片方言假开三章组读音

方言点 \ 例字	者	蔗	车	扯
定襄	tsa²¹³	tsa⁵⁴	tʂʰə²¹³	tʂʰə²¹³
五台	tʂɿɛ²¹³	tʂɿɛ⁵²	tʂʰɛ²¹³	tʂʰɛ²¹³
保德	tʂɤ²¹³	tʂɤ²¹³	tʂʰʅ²¹³	tʂʰʅ²¹³
新绛	tʂɿe⁵³	tʂɿe⁵³	tʂʰɑ⁵³ 白/ tʂʰie⁵³ 文	tʂʰɑ¹³

由表2-5-2可见，不送气声母后接韵母的主元音较送气声母主元音低，如定襄、新绛、保德等点，五台方言情况特殊，不送气音节为复元音[ɿɛ]，而送气音节为单元音[ɛ]。

2.5.3 流开一端组送气分韵

山西大包片大同（新荣）方言流开一端组是否送气导致其后韵母不同。声母为不送气清塞音[t]，韵母为开口呼[əu]，声母为送气清塞音[tʰ]，韵母为齐齿呼[iəu]，具体如表2-5-3所示：

表2-5-3　　　　　大同（新荣）方言流开一端组读音

声母 \ 例字	阴平	阳平	上声	去声
声母读[t]	兜 təu³²	—	陡 təu⁵⁴	豆 təu²⁴
声母读[tʰ]	偷 tʰiəu³²	头 tʰiəu³¹²	—	透 tʰiəu²⁴

2.5.4 山合三精见组送气分韵

山西并州片孝义方言山合三精见组舒声字是否送气导致其后韵母主元

音不同。声母为不送气清塞擦音[tɕ]，韵母为[yã]，声母为送气清塞擦音[tɕʰ]，韵母为[yE]，具体如表2-5-4所示：

表 2-5-4　　　　　　　　孝义方言山合三精见组读音

声母读不送气[tɕ]	捐 tɕyã³³	泉 tɕyã³³	卷 tɕyE³¹²白/tɕyã³¹²文	眷 tɕyã⁴⁵⁴	券 tɕyã⁴⁵⁴
声母读送气[tɕʰ]	圈 tɕʰyE³³	权 tɕʰyE³³白/tɕʰyã³³文	全 tɕʰyE³³	劝 tɕʰyE⁵⁴	倦 tɕʰyE⁵⁴

表2-5-4中，仅"卷[tɕyE³¹²白/tɕyã⁴⁵⁴文]、权[tɕʰyE³³白/tɕʰyã³³文]"二字有文白两读，此外擦音中个别字，如"元[yE³³白/yã³³文]"也有文白异读，由于山合三精见组例字较少，我们暂时无法得到更多例证，因此，孝义方言山合三精见组声母送气分调，也可能是该方言文白异读的体现。从文白读的比较来看，孝义方言中山合三读[yE]是本方言的读音，而读[yã]韵母读音则是外来的读音。孝义方言历史上应该有过无论声母送气与否，山合三都读[yE]韵母的阶段，其后不送气声母[tɕ]后的韵母首先发生了变化，一部字已变为[yã]，而送气音[tɕʰ]除个别字已变为[yã]韵（或者保留文白异读），其余仍保留[yE]韵读音。

第3章 声母对声调的影响

本章主要考察声母对声调的制约作用。音节结构中，声母作为决定因素对声调的制约作用，主要表现在声母的发音方法对声调发展变化的制约，如声母的清与浊、送气与不送气引起声调的分化或再整合，声母的清浊性质影响声调调值的高低等等（范俊军，2004：140）。曹志耘（2004：40—45）认为，声母对声调分化起作用的重要性有以下几个方面：（1）清浊分调，如吴语上海松江话清声母形成阴调类（阴平52，阴上44，阴去335，阴入5），浊声母形成阳调类（阳平31，阳上22，阳去113，阳入23）；（2）全浊和次浊分调，如北京话全浊上归去声，次浊上归上声。全浊入归阳平，次浊入归去声；（3）气流分调（即送气与否分调），如湘语湖南邵阳话，全清去读阴去[35]，如布[pu³⁵]、冻[toŋ³⁵]、镜[tɕi³⁵]、孝[hao³⁵]、要[iao³⁵]，次清去读阳去[324]，如铺[pʰu³²⁴]、痛[tʰoŋ³²⁴]、炭[tʰã³²⁴]，其中声母的清浊在声调的分化过程中有着无可取代的作用。在古声调阴阳分化的过程中究竟是清声母起作用，还是浊声母起作用，或是清、浊声母都起作用，目前学界尚无定论，但从山西方言声调阴阳对立的实际来看，清（包括次清）是构成阴调的条件，全浊是构成阳调的条件，而次浊归并不确定：上声调中随着清声母走，平去声（去声分阴阳的点）又跟着全浊一类，入声调则更为混乱，有的与清声母合并，有的与全浊声母合并。那么声母对调类的分化是如何开始的？钱乃荣（1992：78）认为，声母的清浊对声调分化的影响是从调值的变化开始的。因此，研究声母对声调的影响必须从声母对声调调值的影响入手。

山西方言中送气分调现象并不常见，部分方言中的声母送气分调现象仅涉及个别字，并未形成明显规律。本书着重从山西方言声调的概况、山西方言的清浊分调、声母清浊对声调调值影响三方面来探讨山西方言声母对声调的制约关系。

3.1 山西方言声调概况

根据入声的有无，学界把山西方言分归晋方言（有入声）和官话（无入声）。官话分属中原官话汾河片和冀鲁官话保唐片。①汾河片主要分布在山西西南部运城、临汾所辖的 20 多个县市。山西仅广灵 1 个点属冀鲁官话保唐片，山西境内其他地区方言都为晋方言。晋方言的声调与官话声调的最大区别就是晋方言至今保留一个或两个入声调，这也是晋方言从官话中分立出来最重要的标准。与官话方言四个声调为主不同，山西方言单字调数目多少不等，最少的仅有 3 个声调，如中原官话汾河片古县、垣曲方言，最多的则有 8 个声调，如晋方言上党片黎城、潞城、壶关等地方言（李晰，2013：68），大部分方言以 5—6 个声调居多。从山西方言整体来看，单字调处在合并过程中，尤其表现在入声的归并方面。从已调查的 103 个方言点的语料看，山西有入声的方言入声调有 1—3 个不等，其中以 2 个入声调的方言居多，调类 4—8 个不等。山西方言常用入声字的读音情况参见本书第 2 编语料编。

山西方言的声调发展到现在已经经历了从分化到合并两个不同的历史阶段。分化是声调演化的早期阶段，以声母的清浊为条件由四声演化为八调，比如晋方言上党片、吕梁片、中原官话汾河片部分方言。今山西方言中平去分阴阳、全浊上归阳去、入声分阴阳等现象都说明古四声在方言里曾有过阴阳两类的对立。②合并是声调演化的晚期阶段，古四声按照声母的清浊完成分化以后，又在山西方言中进行了一次合并，今方言里所表现的各种类型就是分化后合并的不同反映。在诸多的调类归并现象中，全浊上归去是山西方言中较早、较普遍的规律，同时这一规律在官话方言中也很普遍。

3.2 山西方言清浊分调

从已调查的山西 103 个方言看，声母的清浊对声调分化的影响可以分为三个类型：③

（1）古声母的清浊对声调的分化影响不大，主要表现为平声、去声和入声不分阴阳。山西平声不分阴阳的方言分布在大包片山阴、五台片繁峙、并州片太原、榆次（晋中市榆次区）、清徐、太谷、文水、交城、祁县、平遥、孝义、介休、寿阳、榆社、娄烦、上党片高平等点。并州片方言的平

---

① 山西方言冀鲁官话保唐片仅广灵 1 点，因其数量较少，往往不具有代表性，本文讨论多不涉及此点。

② 根据李晰（2014）的研究，在晋方言上党片较为偏僻的方言点可以找到 8 调方言，其中入声可分为（阴入、阳入、次阳入 3 个。次阳入来自次浊声母入声字。

③ 语料数据参考王临惠《山西方言声调的类型（稿）》，《语文研究》，2013 年第 2 期，第 55—56 页。

声不分阴阳较为特殊，是中古音的保留。乔全生（2008：107）认为，从文献记载看，晋方言平声不分阴阳可以上溯到 17 世纪初。从 17 世纪初袁子让《字学元元》记载、18 世纪的《杂字》清浊平互注的用例看，并州片的平声没有显示刚刚合流后的迹象，应当是古声调的保留。去声不分阴阳也是山西方言的主流，主要分布在大包片、并州片和吕梁片的大部分方言点，以及上党片沁源、武乡、沁县、襄垣、晋城、阳城、陵川、高平、山西南部中原官话汾河片运城、永济芮城、平陆、临猗、万荣、河津、绛县、临汾、稷山、新绛等点。山西方言除南部中原官话汾河片方言外，大多都保留入声，入声不区分阴阳的主要有大包片和五台片方言，上党片长治、晋城、阳城、沁源、高平等点。

（2）古声母的清浊对立形成方言中阴阳调的对立。山西方言平声除中部并州片外，其他各方言大多可以区分阴阳两类，主要分布在大包片大同、阳高、天镇、怀仁、左云、右玉、五台片应县、上党片长治、黎城、潞城、平顺、壶关、屯留、长子、沁源、武乡、襄垣、晋城、阳城、陵川、高平、中原官话汾河片运城、芮城、永济、平陆、临猗、万荣、河津、乡宁、吉县、沁水、夏县、闻喜、垣曲、稷山、襄汾、临汾、浮山、古县等点，以及冀鲁官话广灵 1 个点。山西方言去声分阴阳的主要分布在中原官话汾河片浮山、洪洞、霍州、侯马、闻喜、襄汾、沁水和古县等点，晋方言上党片长治、潞城、黎城、平顺、壶关、屯留、长子等点，上述方言去声以清浊为条件分成阴去和阳去两类，古全浊上声字大多归入阳去。

从山西区分平声的各方言来看，山西方言平声区分阴阳较为整齐和稳定：中古清声母平声基本上归阴平，中古浊声母和次浊声母平声字大致归阳平，阴、阳平之间泾渭分明，混并情况并不显著。山西方言中古去声分阴阳两类，古清声母、次浊声母归阴去，全浊声母归阳去。但是在区分阴阳去的方言中，已分化为阴阳两类的去声正在合并。本书调查 750 个去声字，择取浮山、霍州、长治、屯留 4 个方言点说明去声归并情况，具体如表 3-2-1 和表 3-2-2 所示：

表 3-2-1　　　　　　　山西方言清去、浊去归并数量

方言点 声调 声母	归阴去			归阳去			归其他声调		
	古清	古次浊	古全浊	古清	古次浊	古全浊	古清	古次浊	古全浊
浮山	267	28	49	110	178	84	20	7	7
霍州	330	6	32	66	129	106	24	22	9

续表

声调 方言点	归阴去			归阳去			归其他声调		
	古清	古次浊	古全浊	古清	古次浊	古全浊	古清	古次浊	古全浊
长治	361	7	11	41	155	136	24	15	0
屯留	333	10	40	53	158	106	34	9	7

注：表中古清、古次浊、古全浊分别代表来自中古清声母、次浊声母和全浊声母的去声字。

表 3-2-2　　　　　　　山西方言清去、浊去归并例字

声调 方言点	古清声母			古次浊声母			古全浊声母		
	阴去	阳去	其他	阴去	阳去	其他	阴去	阳去	其他
浮山	霸 pa⁴⁴	岔 tʂʰa⁵³	纵 tsueŋ⁴²	励 li⁴⁴	磨 mɤ⁵³	赖 lai⁴²	箆 pi⁴⁴	号 xao⁵³	—
霍州	架 tɕia⁵⁵	奋 fəŋ⁵³	瘦 səu³³	易 i⁵⁵	酿 ȵiaŋ⁵³	—	备 pi⁵⁵	事 sʅ⁵³	—
长治	怕 pʰa⁴⁴	战 tsaŋ⁵⁴	翁 uŋ³¹²	未 vei⁴⁴	腻 ni⁵⁴	裕 y²⁴	办 paŋ⁴⁴	话 xua⁵⁴	—
屯留	套 tʰɔ⁵³	爆 pɔ¹¹	试 sʅ⁴³	釉 iəu⁵³	骂 ma¹¹	遛 liəu³¹	锯 tɕy⁵³	谢 ɕie¹¹	赠 tsəŋ³¹

由表 3-2-1 和表 3-2-2 所见，本书认为，山西方言去声归并的方向并不一致，有的方言阴去向阳去合并，如浮山有 110 个中古清声母字归入阳去，长治有 41 个中古清声母字归入阳去。有的方言则阴去和阳去混并方向不确定，如霍州 66 个清声母字归阳去，而有 32 个字全浊声母字归阴去，差别不够显著。屯留 53 个清声母字归阳去，而有 40 个字全浊声母字归阴去，两者数量差别更小，无法明确判断去声归并的方向。

晋方言区分阴阳入的方言又可根据清入、次浊入和全浊入的不同归并分为：清入次浊入合并，全浊入独立型（下文简称全浊入独立型）；清入独立，次浊入和全浊入合并型（下文简称清入独立型）。全浊入独立型主要分布在并州片太原、清徐、榆次、太谷、交城、文水、祁县、孝义、介休、寿阳、榆社、娄烦、灵石、孟县、吕梁片岚县、石楼、大宁、蒲县、上党片、屯留、长子、沁县、武乡、襄垣、陵川等点；清入独立型分布在吕梁片离石、汾阳、中阳、柳林、临县、方山、静乐、兴县、隰县、永和、上党片潞城、黎城、平顺、壶关及并州片平遥 1 个点。

（3）古清、次浊与全浊对立构成阴阳调的对立。这一对立的典型就是山西方言全浊上归去声，而清上、次浊上合并为一类，上声的全次浊分调

是官话、晋方言都有的一项重要的音变特征：全浊上声归入去声，次浊上与清上合并，这种现象在晋方言各方言片中普遍存在，具体如表 3-2-3。此外上文提到的全浊独立型入声方言也是古全浊入为阳入，清入和次浊入为阴入。

表 3-2-3　　山西方言古清上、次浊上和全浊上的归并

方言点	声调	古清上	古次浊上	古全浊上	古浊去	古清去
大包片	大同	55	24			
	怀仁	53	24			
五台片	宁武	213	52			
	神池	13	52			
并州片	太原	53	45			
	平遥	512	24			
吕梁片	柳林	312	53			
	中阳	423	53			
上党片	长治	535	54			44
	高平	212	53			
汾河片	洪洞	42	33		53	
	乡宁	44	22			

3.3　山西方言全浊次浊分调

除声母清浊分调之外，全浊和次浊声母在汉语方言中也可以起到区分声调的作用。北京话全浊上声归去，次浊上声归清上，就是典型的全浊和次浊分调的例子。北京话的上声、入声全次浊分调，全浊上今读去声[51]，次浊上今读上声[214]；全浊入今读阳平[35]，次浊入今读去声[51]。从汉语方言整体来看，上声的全次浊分调十分普遍。曹志耘《汉语方言地图集》（2008）中有 793 个点的上声、297 个点的入声发生了不同程度的全次浊分调。山西境内方言（晋方言和中原官话汾河片方言）大多数方言点全浊平和次浊平都不分调，无论平声是否区分阴阳，全浊和次浊平都读相同的调。山西省外非核心地区晋方言存在全浊平和次浊平分调的情况，如内蒙古集

宁白海子方言大部分全浊平字和全部次浊平字读阳平[22]，但"爬排陪潭茶"等部分全浊平字读阴平[21]，从语音上看不出分化条件（曹志耘，王莉宁，2014，541—549）。曹志耘（2014：543）认为，这一现象不是真正的全次浊分调，而是由于阴阳平调值接近而发生的合并。

  山西方言全次浊的分调主要发生在上声和入声。如前所述，上声分调表现在清上、次浊上归阴上（或上声），全浊上归去声（或阳去），上声分调在山西方言中较为普遍，大多数方言点都是这种分调方式，这与官话上声调的归并类型是相同的。五台片五台、忻州、原平、定襄、代县、浑源、灵丘、朔州、平鲁、神池、宁武、五寨、岢岚、保德、偏关、河曲等点，阴上、次浊上又与清平合流，这是山西五台片方言的独特之处。①山西入声分阴阳的方言，清入分为一类，浊入分为一类，次浊入有的方言归阴入，有的方言归阳入，具体分化情况将在第五章中详细说明，此处不赘。

3.4 声母的清浊对调值的影响

  范俊军（2004：140）认为，声母的清浊特性不仅影响调类的分化或合并，也会导致调值的高低变化，即清高浊低。今保留浊声母的汉语方言，往往是清声母阴调类的调值比浊声母阳调类要高，这在浊音已经清化了的汉语方言里也不同程度有所反映。学界一般认为，浊声母发音时声带的振动会消耗较多的力量，因此会使浊声母音节的音高低于清声母音节的音高，从而导致声调的分化。根据王莉宁（2014：56）的研究发现，在已调查的全国 930 种方言中，清平字与浊平字的调值是"阴高阳低"占主流。山西方言声母的清浊对调值也是有一定影响的，是否符合"阴高阳低"的规律值得深入探讨。本书参考王莉宁文章（2014：56）选取"东—铜""肿—坐""冻—树""北—毒"四组八个代表字来对山西方言古四声的调值进行比较，选择以上四组八字的原因是这些例字可以与《汉语方言地图集》语音卷（曹志耘，2008）相对应，便于山西方言与汉语其他方言的比较，另外王文中所列山西方言仅 19 个点，不足以说明山西方言的全貌，本书进一步扩展了山西方言点的数量，将对王文的结论有所补充和修正。本书从调值最高点和调值最低点来比较阴调与阳调之间的高低关系，起点和终点都比阳调高或与阳调相同的，我们认为属于"阴高阳低"，起点和终点都比阳调低的属于"阴低阳高"，阴调仅起点或终点比阳调高的我们将其归为"不

---

① 河曲、保德、偏关等点部分发音人上声（阴上和次浊上）与平声分立的趋势，这种变化是后起的变化，属阴平上合并之后的再次分化。

确定",下文分别比较山西方言中古四声阴阳调的调值情况。

3.4.1 阴平和阳平调值比较

本书已调查的山西方言 103 个方言点中,平分阴阳的方言共有 84 个,分布在晋方言大包、五台、吕梁、上党、中原官话汾河片和冀鲁官话广灵 1 个点,各方言阴阳平调值比较如表 3-4-1 和表 3-4-2 所示:

表 3-4-1 山西方言各代表点阴阳平调值

调值 方言点	阴平	阳平	调值 方言点	阴平	阳平	调值 方言点	阴平	阳平
广灵	53	31	寿阳	31	22	安泽	21	35
大同	32	312	灵石	535	44	晋城	33	324
阳高	31	312	静乐	24	33	阳城	224	22
天镇	31	22	离石	24	44	陵川	33	53
左云	31	313	汾阳	324	22	霍州	212	35
右玉	31	212	方山	24	44	古县	21	35
怀仁	42	312	柳林	24	44	洪洞	21	24
平定	31	44	临县	24	33	赵城	21	24
昔阳	42	33	中阳	24	33	临汾	21	24
和顺	42	22	兴县	324	55	浮山	42	13
浑源	52	22	岚县	24	44	翼城	53	12
应县	43	31	交口	323	44	襄汾	21	24
平鲁	213	44	石楼	213	44	侯马	53	44
朔城	312	35	隰县	53	24	新绛	53	13
忻州	313	21	大宁	31	24	闻喜	53	13
原平	213	33	永和	33	35	稷山	53	13
定襄	213	33	汾西	11	35	万荣	51	213
五台	213	33	蒲县	52	24	绛县	53	24
岢岚	13	44	长治	312	24	垣曲	53	22
神池	24	32	长治县	213	44	夏县	53	42
五寨	13	44	长子	312	434	吉县	423	13
宁武	23	33	屯留	31	11	乡宁	53	12
代县	213	44	壶关	33	53	河津	31	324

续表

方言点\调值	阴平	阳平	方言点\调值	阴平	阳平	方言点\调值	阴平	阳平
繁峙	53	31	平顺	33	13	临汾	42	13
河曲	213	44	沁县	213	13	临猗	42	13
保德	213	44	武乡	224	33	永济	31	24
偏关	24	44	沁源	113	33	芮城	42	13
阳曲	312	43	襄垣	324	33	平陆	31	13

表 3-4-2　　　　　　　　山西方言阴阳平调值比较

方言点\调值类型	阴高阳低		阴低阳高		不确定	
	数量（个）	占比（%）	数量（个）	占比（%）	数量（个）	占比（%）
大包片（9个点）	3	33	2	22	4	45
五台片（21个点）	5	24	14	67	2	8
吕梁片（14个点）	1	7	8	57	5	36
上党片（14个点）	4	29	7	50	3	21
汾河片（24个点）	8	33	6	25	10	42

由表 3-4-1 和表 3-4-2 可见，山西各方言阴平、阳平调值比较结果较为复杂，五台片、吕梁片、上党片"阴低阳高"的方言占比都超过 50%，除去不确定的方言点，这三片方言以"阴低阳高"为主流，汾河片和上党片"阴高阳低"方言和"阳高阴低"方言数量差别不大，这两片不确定的方言数量很多，暂时无法确知这两片方言属于哪种类型。本书认为，王莉宁（2014：56）文中"山西方言属阴低阳高类方言"的结论不能一概而论。考虑到大包片属晋方言的边缘方言，受周边官话影响较之晋方言核心片方言更甚，汾河片方言属中原官话，因此这两片方言阴阳平调值的高低还需进一步研究。从已有的结论来看，山西方言平声"阴低阳高"与汉语其他方言"阴高阳低"的规律并不一致。

3.4.2　阴上和阳上调值比较

山西方言中绝大多数方言点阴上与阳上分立，阳上与去声或阳去合流，具体调值如表 3-4-3 和表 3-4-4 所示：

表 3-4-3　　　　　　　　山西方言各代表点阴阳上调值

方言点	阴上	阳上	方言点	阴上	阳上	方言点	阴上	阳上
广灵	44	213	祁县	314	45	武乡	213	55
大同	54	24	平遥	512	24	沁源	324	53
阳高	53	24	介休	423	45	襄垣	42	45
天镇	55	24	灵石	212	44	安泽	42	53
左云	54	24	寿阳	53	45	沁水	31	53
右玉	53	24	榆社	312	45	晋城	213	53
山阴	52	335	交城	53	24	阳城	212	51
怀仁	53	24	文水	423	35	陵川	312	24
平定	53	24	孝义	312	454	高平	212	53
昔阳	55	13	盂县	53	55	霍州	33	53
和顺	53	13	静乐	314	53	古县	42	53
浑源	52	13	离石	312	53	洪洞	42	53
应县	54	24	汾阳	312	55	赵城	42	53
平鲁	213	52	方山	312	52	临汾	53	44
朔城	312	53	柳林	24	53	浮山	33	53
忻州	313	ɛ53	临县	312	52	翼城	44	53
原平	213	53	中阳	423	53	襄汾	42	53
五台	213	52	兴县	324	53	新绛	ɛ̄44	53
岢岚	13	52	岚县	24	51	闻喜	53	13
神池	13	52	交口	323	53	稷山	44	42
五寨	13	52	石楼	213	51	万荣	55	33
宁武	213	52	隰县	21	44	绛县	31	53
代县	213	53	大宁	31	55	垣曲	44	53
繁峙	53	24	永和	312	53	夏县	24	31
河曲	213	52	汾西	33	53	吉县	53	33
保德	213	52	蒲县	31	33	乡宁	44	22
偏关	213	52	长治市	535	54	河津	53	44
阳曲	312	454	长治县	535	42	运城	53	44

续表

方言点	调值 阴上	阳上	方言点	调值 阴上	阳上	方言点	调值 阴上	阳上
古交	412	53	长子	434	53	临猗	53	44
太原（晋源）	42	35	屯留	43	11	永济	53	44
太原（北郊）	312	35	黎城	213	53	芮城	53	44
清徐	54	45	壶关	535	353	平陆	55	33
娄烦	312	54	平顺	434	53			
太谷	312	53	沁县	214	53			

表 3-4-4　　　　　　　　山西方言阴阳上调值比较

方言点	调值类型 阴高阳低		阴低阳高		不确定	
	数量（个）	占比（%）	数量（个）	占比（%）	数量（个）	占比（%）
大包片（10 个点）	6	60	0	0	4	40
五台片（18 个点）	2	11	5	28	11	61
并州片（16 个点）	0	0	10	63	6	37
吕梁片（16 个点）	0	0	10	63	6	37
上党片（17 个点）	4	24	7	41	6	35
汾河片（23 个点）	6	26	7	30	10	44

由表 3-4-3 和表 3-4-4 可见，山西方言阴上、阳上调值高低比较的规律更不明显，仅晋方言核心地区并州片、吕梁片"阴低阳高"较为突出，大包片则呈现相反的"阴高阳低"状态，其余各片阴调和阳调调值高低较难比较。王莉宁（2014：56）指出，山西方言"肿"在晋语区"阴低阳高"的方言点调值往往是低降升调或低升调，这与我们的调查不符，从表 3-4-3 中可见，以"阴低阳高"的并州、吕梁两片方言为例，曲折调中既有低降升，如临县、汾阳[312]，也有中降升，如文水、介休[423]，还有全降低升，如平遥[512]，升调里低升调并不常见，中升调则较为常见，如柳林、岚县[24]，此外平调和降调也不少见，如汾西[33]、大宁[31]、盂县[53]等。

3.4.3　阴去和阳去调值比较

山西方言阴阳去分立的方言主要集中在晋方言上党片和吕梁片、中原官话汾河片部分点，各代表点阴阳去调值比较如表 3-4-5 所示：

表 3-4-5　　　　　　　　山西方言各代表点阴阳去调值

方言点	阴去	阳去	方言点	阴去	阳去	方言点	阴去	阳去
大宁	55	31	屯留	53	11	赵城	24	53
汾西	53	53	壶关	42	353	浮山	44	53
长治市	44	54	襄垣	53	45	襄汾	44	53
长治县	22	42	霍州	55	53	闻喜	53	13
长子	422	53	古县	35	53			

从以上 14 个方言点阴去、阳去调值的比较看,"阴高阳低"的方言有 5 个点,"阴低阳高"的有 3 个点,不确定的有 6 个点,阴调和阳调孰高孰低较难确定。

3.4.4　阴入和阳入调值比较

山西方言除中原官话汾河片外,至今保留入声,阴阳入有别的方言主要在晋方言并州片、吕梁片、上党片部分方言点,有的方言入声属短调,为了比较方便,本书按平调处理。各点阴入和阳入调值比较具体如表 3-4-6 和表 3-4-7 所示:

表 3-4-6　　　　　　　　山西方言各代表点阴阳入调值

方言点	阴入	阳入	方言点	阴入	阳入	方言点	阴入	阳入
太原（北郊）	22	43	静乐	44	212	蒲县	52	24
清徐	11	54	离石	4	23	长子	44	212
太谷	3	312	汾阳	22	312	屯留	1	54
祁县	32	324	方山	4	23	黎城	22	31
平遥	212	523	柳林	44	312	壶关	2	21
介休	12	312	临县	3	24	平顺	212	423
寿阳	2	54	中阳	4	312	沁县	31	212
榆次	11	53	兴县	33	55	武乡	3	423
榆社	312	22	交口	4	212	襄垣	3	43
交城	11	53	石楼	4	213	沁水	22	54
文水	2	312	大宁	31	44	陵川	3	23
孝义	3	423	永和	35	312			
盂县	22	53	汾西	11	3			

表 3-4-7　　　　　　　　　　山西方言阴阳入调值比较

方言点 \ 调值类型	阴高阳低		阴低阳高		不确定	
	数量（个）	占比（%）	数量（个）	占比（%）	数量（个）	占比（%）
并州片（13 个点）	1	8	12	92	0	0
吕梁片（14 个点）	8	57	4	28	2	15
上党片（10 个点）	3	30	5	50	2	20

由表 3-4-6 和表 3-4-7 可见，并州片"阴低阳高"的方言点较多，吕梁片则呈现"阴高阳低"的局面，上党片"阴低阳高"略占优势。

王莉宁（2014：55—62）比较了山西平上去入分阴阳调方言调值的高低，认为山西方言以"阴低阳高"为主，且这种音变属后起的音变。本书调查山西 103 种方言，认为山西方言声母的清浊对山西方言的声调具有明显的影响，这与汉语其他方言相一致，但声母清浊对调值的影响则无法明确判断其类型，既不能说山西方言以"阴低阳高"为主，也不能说以"阴高阳低"为主，调查材料不全面必然会导致结论不准确。另外，用声调起点和终点高低的一致来判断调值高低，会遇到很多不一致的情况，有的方言阴调起点比阳调起点高，阴调终点却比阳调终点低，有的方言则正好相反，造成了阴阳调比较的困难，只能看作不确定，这种阴阳调起点和终点高低不一致的方言不在少数，不能忽略不计，对于方言阴阳调调值的比较还需要更科学、更有效的方法。

第 4 章 韵母对声母的影响

王力（1985：594）曾指出，汉语发展过程中，韵母对声母的影响主要表现在五个方面：（1）声母的腭化；（2）轻唇音的产生；（3）新的[f]和[h]声母的产生；（4）新的[tɕ tɕʰ ɕ]声母的产生；（5）新的[ŋ][n]声母的产生。以上五个方面在山西方言都有所体现，但与官话相比又有所不同，下文具体说明。

4.1 山西方言尖团音的分合

4.1.1 北方官话尖团合流的历史

中古精组在细音前称为"尖音"，见组在细音前称为"团音"，如果尖团音在细音前保持古读的为未发生腭化，读为今声母[tɕ tɕʰ ɕ]的则发生了腭化。王力（2004：144）认为"现代北京话的[tɕ tɕʰ ɕ]有两个来源：（甲）来自齐撮呼的[k kʰ x]；（乙）来自齐撮呼的[ts tsʰ s]。舌根破裂、舌根摩擦、舌尖破裂摩擦、舌尖摩擦都由于受舌面前元音（i，y）的影响，而变为舌面前辅音[tɕ tɕʰ ɕ]，这是语音学上所谓同化作用"。在今大部分北方官话中，精组、见晓组开合口字声母仍为[ts tsʰ s]或[k kʰ ŋ x]，齐撮呼声母则合流，腭化为舌面音[tɕ tɕʰ ɕ]，这种音变称之为"尖团合流"。

北方官话口语精、见晓两组在细音前发生腭化而终于合流的情况大概在清代中叶就已形成。《五方元音》（1654—1673 年）用"金桥火"和"剪鹊丝"分别代表[k kʰ x]和[ts tsʰ s]，"金""剪"两组字虽已潜藏着再分组的趋势，即"金""剪"两组中的绝大部分字均以洪细的不同分两类，但精组和见晓组细音字无一例混用，声类上也未出现舌面音。其后的《等音》（1674 年）、《声位》（略晚于《等音》时代）、《三教经书文字根本》（1699—1702）、《字母切韵要法》（不详）、《黄钟通韵》（1744 年）、《本韵一得》（1750 年）等韵书中也都未出现舌面音[tɕ tɕʰ ɕ]，未出现反映腭化的线索（余跃龙，2010：67）。反映东北官话的《黄钟通韵》尖团音也未混并，邹德文（2006：71—74）认为："18 世纪尖团音已合流，但这种现象还未得到社会的承认和官方的认可，《黄钟通韵》的作者在尖团音的处理上比较保守，《圆音正考》虽然有尖团的区别，但认为是实际口语中已无区别。"

4.1.2 山西方言尖团音的分合

山西方言已调查的 103 个方言点中，精见晓组细音大部分发生腭化，绝大多数方言已不分尖团读为[tɕ tɕʰ ɕ]，只在吕梁片的临县，并州片的平遥、介休、大包片的阳泉、平定、昔阳、和顺、左权、吕梁片汾西、蒲县、汾河片的临汾、洪洞、浮山、襄汾、河津、万荣等方言的一部分字中存在尖团有别，各方言点尖团有别情况如表 4-1-1 所示：

表 4-1-1　　　　　　　　山西方言各代表点尖团有别读音

方言点	例字	尖音			团音		
		挤	青	西	浇	掐	稀
并州片	介休	tsei^{423}	tsʰei^{13} 白／ tɕʰin^{45} 文	sei^{13}	tɕiɔ^{13}	tɕʰiʌʔ^{12}	ɕi^{13}
吕梁片	临县	tsei^{312}	tɕʰiəŋ^{24}	sei^{24}	tɕiɔu^{24}	tɕʰia^{23}	ɕi^{24}
大包片	和顺	tsɿ^{53}	tɕʰiəŋ^{42}	sɿ^{42}	tɕiɔu^{42}	tɕʰiaʔ^{21}	ɕi^{42}
汾河片	汾西	tɕz^{33}	tɕʰi^{11} 白／ tɕʰiəŋ^{11} 文	ɕz^{11}	tiɑo^{11} 白／ tɕiɑo^{11} 文	tʰia^{11}	ɕz^{11}
	万荣	tɕi^{55}	tɕʰiɛ^{51} 白／ tɕʰiaŋ^{51} 文	ɕi^{51}	tʂau^{51}	tɕʰia^{51}	ɕi^{51}

汾河片汾西、蒲县、临汾、洪洞、浮山、襄汾等点，见晓组细音有[t tʰ]读音，河津、万荣两点见晓组三四等字则读[tʂ tʂʰ]，这些读音大部分有文白异读，文读音已读为[tɕ tɕʰ ɕ]，白读音则反映了较早的历史层次。在临汾、洪洞、浮山、襄汾、蒲县和汾西方言中，一小部分见晓组字读[t tʰ ɕ]，在万荣和河津方言中，一小部分见晓组字读[tʂ tʂʰ ɕ]。这些方言中见晓组腭化过程中擦音与塞音的变化并不一致。这种音变是先腭化演变为舌面前音[tɕ tɕʰ]之后，又继续向前腭化演变的结果，属于"腭化后的超前演变"（乔全生，2003：150）。

山西方言尖团音现象复杂、读音类型较多的地区主要集中在晋方言上党片。上党片方言尖团音有的合流，合流后读音不同，有的仍然保持尖团有别，有的方言则正处于尖团合流的过程中，有区别的主要集中在止蟹摄开口三四等、咸山摄开口二三四、遇合三以及山合三四等，上党片尖团音分合的具体类型如下：

1. 尖团合流型。又可以分为两类：一类是尖团音全部读[tɕ tɕʰ ɕ]，主要分布在上党片大部分方言点。另一类是尖团音合流，部分韵摄读[tɕ tɕʰ ɕ]，部分韵摄读[ts tsʰ s]，主要分布在武乡、沁县、襄垣、沁源、襄垣等点。具体读音如表4-1-2所示：

表4-1-2　　　　　　　　晋方言上党片尖团合流型读音

方言点 \ 例字	基	见	许	血
长治	tɕi³¹²	tɕiaŋ⁴⁴	ɕy⁵³⁵	ɕiəʔ⁵³
武乡	tsɿ¹¹³	tsei⁵⁵	sʮ²¹³	ɕiʌʔ³
沁县	tsɿ²²⁴	tɕi⁵³	sʮ²¹⁴	ɕiæʔ³¹
沁源	tsɿ³²⁴	tɕiæ̃⁵³	sʮ³²⁴	ɕiəʔ³¹
襄垣	tsɿ³³	tɕiei⁵³	ɕy⁴²	ɕyʌʔ³

由表4-1-2可见，武乡方言在蟹止摄开口和遇摄合口前精组、见晓组读[ts tsʰ s]，韵母读舌尖元音[ɿ/ʮ]，这是韵母对声母的影响所致，韵母发生了元音高化（i＞ɿ，y＞ʮ），其对应的声母也变为舌尖前音[ts tsʰ s]。武乡方言在咸山摄开口三四等和山摄合口三四等前精、见晓组读[ts tsʰ s]，韵母分别为洪音[ei/uei]，同样是韵母的变化影响声母发生变化，因为咸山摄开口三四等元音发生了裂化（i＞ei，y＞uei），声母也随之变为舌尖前音。

2. 尖团有别型。主要分布在壶关、平顺、高平、黎城、陵川、阳城、潞城等点，其精组、见晓组细音的读音类型又各有不同：平顺精组细音读[ts tsʰ s]，见晓组细音读[c cʰ ç]；高平精组细音读[ts tsʰ s]，见晓组细音读[c cʰ ç]，潞城精组细音读[tʃ tʃʰ ʃ]，见晓组细音读[tɕ tɕʰ ɕ]；上党片尖团有别的代表点读音情况如表4-1-3所示：

表4-1-3　　　　　　　　晋方言上党片尖团有别型读音

方言点 \ 例字	焦	惜	基	血
壶关	tsiɔ³³	siəʔ²	ci³³	çyʌʔ²
高平	tsɔ³³	sɤʔ²² 白 / sæʔ²² 文	ci³³	ɕiɛʔ²²

方言点 \ 例字	焦	惜	基	血
潞城	tʃiɔ²¹³	ʃiʔ¹²	tɕi²¹³	ɕyeʔ¹²
阳城	tɕiɔ²²⁴	ɕiəʔ²²	ci²²⁴	ɕiʌʔ²²

由表 4-1-3 可见，上党片高平方言精组细音读[ts tsʰ s]，见晓组细音读[c cʰ ç]，精组仍保留古音尚未腭化，见晓组已有腭化的趋势，中古的舌根音[k kʰ]变为舌面中塞音[c cʰ]，而擦音[x]变化较快，已变为与普通话相同的舌面前音[ç]。壶关、高平、潞城等点精组、见晓组腭化的过程并不相同，但都表现出一个共有特征：即团音的腭化要快于尖音。阳城、平顺、黎城和陵川方言中，精组细音读[tɕ tɕʰ ɕ]，而见晓组细音读[c cʰ ç]，这组方言中尖团音的演变截然相反，正是尖音的腭化快于团音。上党片分尖团的方言腭化顺序并不一致，有的方言是见晓组腭化快于精组，有的则是精组腭化速度快于见晓组。丁邦新（1998：225）曾认为，官话方言见系的腭化远较精系普遍，见系字应早于精系发生腭化。在山西方言上党片精组腭化快于见晓组的类型，则又是晋方言与官话非同步发展的另一表现。乔全生（2008：49）认为，从晋方言区分尖团的类型上看，尖团腭化孰先孰后，不是一种演变模式，不能一概而论。总之，尽管尖团腭化的先后和早晚不同，但是尖团先后腭化最后导致合流是发展趋势，而这一演变趋势就是韵母对声母的影响所致。

综合已调查的山西 103 个方言点情况看，古见组腭化多于古精组，由此可推知晋方言古见组腭化的历史应早于古精组，这一结论也有文献和对音研究的证据。晋方言古见组开始腭化的时间似可上推至唐五代时期。罗常培在（1961：162）《唐五代西北方音》中发现《大乘中宗见解》以牙音 k'yin 母对译穿母的"称"字，说明此时已有见组溪母字发生腭化，这是汉语西北方音中团音字腭化的最早记录。乔全生（2008：49）用山西方言的例证佐证罗氏观点，他根据山西方言一等字"孩"腭化为[ɕi]是宋元时的读音，类推二等字腭化应在宋元以前，认为见组字腭化的时代"接近罗常培所说的晚唐"。宁忌浮（1997：51）认为，汉语官话方言舌根音的舌面化，早在宋金元间就发生了。山西方言腭化的历史显然比这个历史还要早，古见组字腭化，发端于唐五代，形成于宋，再高化于元明应是自然的演进过程。

4.2 山西方言轻唇音的分立

轻唇音是指中古"非敷奉微"四母,是从古重唇"帮滂并明"四母中分立出来的。在汉语官话中,轻唇音声母的产生可以上溯到晚唐时代,合口三等是轻唇音产生的重要条件。轻唇音的产生是汉语语音史上韵母对声母影响的重要例证。合口三等韵头[iu](=[-y])往往使牙床骨向前,导致上齿与下唇接触,才导致重唇音变为轻唇音(王力,1983:1—5)。

晚唐时期帮滂并三母合口三等字已变为轻唇的非敷奉,大部分明母已变为微母。古人钱大昕曾考证"凡轻唇之音,古读皆为重唇",又言"凡今人所谓轻唇者,汉魏以前皆读重唇"。轻唇音声母的分立时间,目前音韵学界意见并不统一。高本汉(1994:37)认为,轻唇音从重唇中分立出来是在唐初。张清常(1963:141)则认为,"轻唇从重唇里面分化出来,虽然起源较早,可以推溯到汉魏六朝,但是完全彻底分家,似乎到了北宋之初才得到韵学家的承认"。王力(1985:495)认为,轻重唇的分化始自晚唐五代。何九盈(1991:28)认为"大多数人认为这种分化是在唐末,不得晚于 12 世纪。从材料看,慧琳《一切经音义》中的反切轻重唇是分开的,在实际语音中,轻唇的分化应当有一个渐变的过程,而且'非敷奉微'四母的产生也不可能是同时进行的。"

山西方言轻唇音分化的历史与官话并不全同。作为山西方言有明确证据的早期源头唐五代西北方音,其非敷奉三母在《千字文》《大乘中宗见解》《阿弥陀经》《金刚经》等对音文献已有变成[pf]或[f]音的迹象(罗常培,1961:47),据此可认为,山西方言轻唇音的分化应该在唐五代时期就初露端倪了。12 世纪的《番汉合时掌中珠》则反映了"非敷奉"三母的合流。由此可见,唐宋时代山西方言大多数轻唇音已分离出来,只有少数常用词还在特定环境保留重唇的痕迹至今(乔全生,2008:72)。

今山西方言轻唇音保留古重唇读法仅出现在少数方言点的部分方言词中,数量有限,不成规模,本书举例如表 4-2-1 所示:

表 4-2-1　　　　　　山西部分方言点轻唇读如重唇例词

方言点	例词	方言点	例词
清徐	马蜂 ma^{53}　p^{h}ã^{11}	浮山	孵小鸡 p^{h}u^{34} ɕiɑu^{33} ti^{31}
临汾	浮水游泳 p^{h}u^{21} fu^{51}	太原	南阜村太原地名 næ^{11} pu^{53} tsʰuŋ^{11}

4.3 山西方言非敷奉母读[x]

山西方言已调查 103 个代表点中，有部分方言点古"非敷奉"母读[x]，主要分布在并州片祁县、平遥、介休、灵石、交城、文水和孝义 7 个点，吕梁片离石、方山、柳林、中阳、兴县、交口、石楼、隰县和永和 9 个点，其中祁县、介休、文水、石楼等方言点部分字有文白异读，个别字文白异读体现了轻唇音保留上古重唇的痕迹，白读音为[p]声母，文读音为[x]声母，举例如表 4-3-1 所示：

表 4-3-1　　　　山西方言各代表点轻唇音读[x]分布

方言点＼例字	夫	丰	腐	蜂
祁县	xuβ³¹	xəm³¹	xuβ³¹⁴	pʰɔ̃³¹ 白/ xəm³¹ 文
平遥	xu²¹³	xuəŋ²¹³	xu⁵¹²	pʰəŋ²¹³ 白/ xuəŋ²¹³ 文
介休	xu¹³	xuŋ¹³	xu⁴²³	xuŋ¹³
灵石	xu⁵³⁵	xuŋ⁵³⁵	xu²¹²	xuŋ⁵³⁵
交城	xu¹¹	xuə̃¹¹	xu⁵³	pʰɔ̃¹¹ 白/ xuə̃¹¹ 文
文水	xəɸ²²	xuəŋ²²	xəɸ⁴²³	pʰəŋ²² 白/ xuəŋ²² 文
孝义	xu³³	xuə̃³³	xu³¹²	xuə̃³³
离石	xu⁴⁴	xuəŋ²⁴	xu³¹²	xuəŋ²⁴
方山	xu⁴⁴	xuə̃ŋ²⁴	xu³¹²	xuə̃ŋ²⁴
柳林	xu⁴⁴	xuə̃²⁴	xu³¹²	xuə̃²⁴
中阳	xu³³	xuə̃²⁴	xu⁴²³	xuə̃²⁴
兴县	xu³²⁴	xuəŋ³²⁴	xu³¹²	xuəŋ³²⁴
交口	xu⁴⁴	xuəŋ³²³	xu³²³	xuəŋ³²³
石楼	xuə²¹³	xuəŋ²¹³	xu²¹³	xuəŋ⁴⁴
隰县	xu⁵³	xuəŋ⁵³	xu²¹	xuəŋ⁵³
永和	xu³¹²	xuəŋ³³	xu³¹²	xuəŋ³³

山西方言轻唇音读[x]的历史最早可以追溯到宋代，天城梵书（学界简称波书）与汉字对音材料记载着轻唇音读如舌根清擦音[x]的历史，今晋方言轻唇音读为[x]声母是否是波书对音的直接遗存尚无足够证据，但是波书用喉擦音[hv]对音汉语非奉母字，说明宋代西北某方音轻唇音读音与[x/h]声母接近，该方言可能就是今晋方言的早期源头。轻唇音读[x]是在重唇读如轻唇基础上，发音部位继续后移的结果，应属于晚近的音变。那么这一音变的机理是什么？我们认为这也与韵母对声母的影响有关，具体而言就是由于双唇后高的介音[-u-]使非组声母发生舌根化而最终与晓匣母读音[x]合流。

4.4 山西方言鼻音声母的演变

4.4.1 鼻音声母的读音类型

山西方言鼻音声母读音与北方官话并不全同，部分方言点古明泥疑母字带有同部位浊塞音，实际读音为[mb nd/nḍ ŋg]。高本汉（1994：433）在山西文水、兴县、平阳（今山西临汾）最早记录了这种语音特点。除高氏书中所记录3个点外，今山西境内已调查的103个方言点中还有34个方言点鼻音声母带有同部位浊塞音（下文简称"鼻音+同部位浊塞音"）（侯精一等，1993：375—701）（乔全生，2003：79）（王珊珊，2003，16—18），这些方言点主要包括晋方言吕梁片静乐、岚县、临县、方山、临县、离石、柳林、中阳、永和、隰县、汾西、大宁、汾阳13个点，并州片太原、娄烦、交城、清徐、①太谷、祁县、孝义、灵石、榆社9个点，五台片岢岚、五台、原平、忻州、河曲、宁武6个点，中原官话汾河片霍州、古县、襄汾、侯马4个点。此外，大包片平定、左权2个点鼻音声母也读[mb nd/nḍ ŋg]。陕北晋方言五台片府谷、绥德、神木、米脂、靖边、子长、子洲，吕梁片佳县、吴堡、清涧，大包片榆林、横山，志延片延长、安塞、志丹、吴旗、延安、延川、甘泉19个点"m n ŋ带有明显的同部位浊塞成分，实际音值为mb nd ŋg"（李建校，2006：16）（高峰，2011：39）。

4.4.2 鼻音+同部位浊塞音读音类型形成的历史地理因素

山西境内"鼻音+同部位浊塞音"的方言点约占山西已调查103个县市

---

① 据余跃龙等《清徐方言研究》（山西出版传媒集团，北岳文艺出版社2012年版）调查，今清徐方言比音声母带同部位塞音并不明显。

的 33%，这样的数量在北方其他方言中并不多见，与山西毗邻的陕西晋方言部分方言鼻音声母也带有同部位浊塞音，这与秦晋两省的历史渊源密切相关。秦晋之间的联系最早可上溯到春秋战国时期，韩赵魏三家分晋，魏全盛时期疆土包括山西南部、陕西黄河西岸南部、河南东部，赵的疆域则包括山西中部、陕西东北部等地（葛剑雄、曹树基、吴松弟，1993：74）。两汉时期，陕北、晋西北地区同属西河郡，直至北宋时期，陕北府谷至吴堡一带属河东路，治所仍在阳曲（今太原）（葛剑雄，1997：192）。邢向东（2009：170）指出秦晋两省在历史行政地理上有一个特点值得注意：早期南部地区在行政区划上关系密切，到西汉—宋金时期，则是两省间北部的关系更加密切一些。从人口关系看，越到后来，秦晋两省北部沿河地区间的关系愈加密切。今山西西部吕梁片、北部五台片方言点与相邻陕北晋方言诸县鼻音声母都带有同部位塞音，正是秦晋两省历史上具有渊源关系的体现。

今山西西南部（中原官话汾河片）、东南部（晋方言上党片）、北部（晋方言大包片）各点鼻音声母去塞化明显，鼻音声母较少保留同部位塞音。从分布特点看，山西方言鼻音声母去塞化的过程，呈现出一种由周边向核心地带渗透的趋势。这种扩散方式与山西地形有直接的关系。山西地缘闭塞，人口流动性较差，易于保留较为古老的读音。山西中部（晋方言并州片）位于太岳山脉和吕梁山脉所夹的太原盆地之中，西部各县（晋方言吕梁片）则多处于吕梁山脉之中，这样的闭塞地形导致其演变速度最慢，山西境内山脉对方言的扩散具有明显的阻隔作用（余跃龙，2014：93）。晋方言的核心地区被山脉所包围，来自周边方言去塞化音变较难突破山川的阻隔，深入晋方言腹地，因此才导致该地区鼻音声母去塞化程度滞后于周边方言。

4.4.3 鼻音声母去塞化途径

今山西方言鼻音声母的不同类型反映了鼻音声母去塞化的过程。有的方言点鼻音仍带有同部位塞音，明泥疑三母读[mb nd ŋg]，有些方言点鼻音声母已丢失浊塞音，[mb nd ŋg]变为[m n ŋ]，有的方言点[mb nd ŋg]去塞化正处在演变中，如兴县、柳林、蒲县、汾西等点。今山西境内"鼻音+同部位浊塞音"的34个方言点去塞化可分为无标记型和有标记型两类。

（1）无标记型

此类型占山西"鼻音+同部位浊塞音"方言的大多数，明泥疑三母在任何韵母前都读[mb nd/n̠d̠ ŋg]。蒲县、汾西2个点[n ŋ]后带有同部位塞音[d g]，[m]声母后已无同部位塞音[b]，柳林仅[ŋ]声母后带有同部位塞音[g]，[m n]声母后已无同部位塞音。由此可见，无标记型鼻音声母去塞化最先发生在明母[mb]，其后是泥母[nd/n̠d̠]，最后是疑母[ŋg]。

（2）有标记型

此类型中"鼻音+同部位浊塞音"与音节中韵母特征有关。鼻音声母后的韵母要求有以下四种标记：①

标记一：[+后元音]。汾河片古县[m n/n̠ ŋ]声母与后元音结合带有同部位塞音[b d/ɖ g]。

标记二：[+开口韵]。并州片太谷、祁县 2 点[m n/n̠ ŋ]声母在开口韵前带有同部位塞音[b d/ɖ g]。

标记三：[+后元音 +低元音]。汾河片临汾方言[m n/n̠ ŋ]声母在后元音和低元音前带有同部位浊塞音[b d/ɖ g]更为明显。

标记四：[+开口韵 +后元音 +低元音]。并州片交城方言[m n/n̠ ŋ]声母在[ɑ ɔ]等开口后低元音韵前带有同部分塞音。

由上可见，山西方言"鼻音+同部位浊塞音"演变同样受到韵母的制约，从最小公倍数来看，山西方言在[+开口韵 +后元音 +低元音]韵母前"鼻音+同部位塞音"最为稳定，而在其他韵母前鼻音去塞化音变更为显著，这是山西方言鼻音声母去塞化的重要特征。

4.4.4 鼻音+同部位塞音声母来源和演变差异

罗常培（1961：142）、李范文（1994：327）、龚煌城（1981：57—66）、王静如（1982：5）、孙伯君（2007：15）、孙宏开（2016：25）等学者研究梵汉对音资料，认为唐五代至宋汉语西北方言中都存在鼻音声母带有同部位塞音的现象。乔全生（2003：79）认为，今晋方言中鼻音声母带同部位塞音反映的是唐五代沙洲一带的方音。孙伯君（2007：15）发现，西夏语有[m-、n-、ŋ-]和[b-、-d、-g]两组声母，而这两组声母在西夏文献的夏汉对音中都跟汉语的明泥疑相对应，进而认为，"上述对音规律使我们认识到 12 世纪的汉语西北方音的鼻音声母较《切韵》有了很大的变化"。孙氏观点值得商榷，我们认为，尚无足够的证据表明《切韵》时代汉语西北方言鼻音声母读[*m *n *ŋ]，用唐五代汉语西北方言读音与同时代《切韵》音系比较，显然并不适宜，孙氏对汉语西北方言鼻音声母 m>mb　n>nd　ŋ>ng 的音变解释自然也不可取。本书认为，唐五代西北某些汉语方言，如今山西文水、兴县、平阳等地古方言"鼻音+同部位浊塞音"现象可能就已存在。李蓝（2014：312）也认为，《切韵》音系及《中原音韵》中均未见有疑母读如见母现象，但我们不能认为唐五代西北方言的基础方言中就

---

① 本书语料选自侯精一、温端政《山西方言调查研究报告》和乔全生主编《山西方言重点研究丛书》（1—9 编）。

不存在疑见同音现象。

今南方闽、粤、客家方言也有"鼻音+同部位浊塞音"现象。珠江三角洲方言[mb nd ŋg]声母大多已经发生弱化或消失，丢掉了鼻音[m n ŋ]，仅保留塞音[b d g]，其演变方式为mb＞b nd＞d ŋg＞g（詹伯慧等，1988：43—57）。广州市白云区各方言点"鼻音+同部位塞音"偏重不同，太和、钟落潭以鼻音为主，略带浊塞音成分，竹料、龙归、九佛、神山以塞音为主，带有鼻音成分（李新魁等，1995：73）。连城、长江清流交界的灵地、北团、罗坊、四堡等地客家方言鼻音声母仍读[mb nd ŋg]（戴黎刚、张志梅，2006：12）。李玉（1990：29）、王珊珊（2013：17）撰文认为闽语的[mb nd ŋg]与山西方言[mb nd ŋg]来源同为上古复辅音的遗存。本书认为，晋方言与闽、粤、客家等南方方言虽都保留[mb nd ŋg]声母，但有以下几点明显不同：

（1）[mb nd ŋg]去塞化顺序不同

如上文所述，山西方言鼻音声母去塞化有两条途径：有标记型[mb nd ŋg]同时去塞化，但后、低、开口元音前的[mb nd ŋg]最为稳固；无标记型是明母先变，其次是泥母，最后是疑母。闽南方言鼻音去塞化的顺序与山西方言明显不同。根据何大安（1981：116）研究，闽南方言里相当于古明（*m）和疑（*ŋ）两母的字如果出现在鼻化韵母之前，分别是[m]和[ŋ]，在非鼻化韵母之前，则分别是[b]和[g]，相当于中古泥（*n）和来（*l）两母的字，出现鼻化韵母之前，都是[n]，非鼻化之前都是[l]。闽南语汕头、海丰、汕尾、厦门、雷州方言部分明疑母字读浊塞音声母，而泥母读鼻音[n]。可见，闽南方言有标记型的演变是以韵母鼻化为条件的，无标记型演变顺序则是[nd]最先变为d，其后才是[mb ŋg]单辅音化为[b g]（林伦伦，1996：13）（王珊珊，2003：16—18）。

（2）发音机制不同

山西方言与闽方言虽都有"鼻音+同部位浊塞音"现象，但二者发音机制并不相同。闽方言[mb nd ŋg]是以塞音为主，鼻音为次。鼻音后的辅音强势，音值强而长，鼻音为弱势，音值短而弱，符合鼻冠音的主要特征（余迺永，2003：33），因此，闽方言中的[mb nd ŋg]更宜称为鼻冠音，记作[^{m}b ^{n}d ^{ŋ}g]。晋方言鼻音声母（包括陕北晋方言）则以鼻音为主，塞音为次，是与鼻冠音的性质不同的后爆鼻音（朱晓农，2007：10），更应记做[m^b n^d ŋ^g]。鼻冠音属于塞音的性质，而后爆鼻音属于鼻音的性质，二者性质不同。

（3）演变过程不同。

乔全生（2003：80）认为，唐五代西北沙州一系方音的[mb]声母分两个方向演变：一是部分方言继续保留[mb]声母，一是受官话的影响很快演变为[m]声母，且迅速由核心地区扩大到今晋东南和晋北地区。后者反映的正是鼻音声母[mb nd ŋg]由唐五代至今的去塞化过程,山西方言泥疑母字的演变方式与明母基本相同。闽语鼻音声母的演变过程则与山西方言不同。厦门话[m]是[b]的音位变体,[m]与[b]有对立关系,[m]大部分用在口语化的鼻化韵前头,而[b]却没有跟鼻化韵相拼的(袁家骅,2001:144)。由鼻音声母演变而来的浊塞音,在闽南有些方言中还存在浊音清化的演变。中古的明(微)母在莆仙话中分成两类,在开尾韵前读为清塞音[p],在鼻化韵以及鼻尾韵前读为鼻音[m]。疑母在开尾韵前读为清塞音[k],在鼻化韵以及鼻尾韵前读为鼻音[ŋ],明疑母清塞音[p k]是由闽南话相应的浊塞音[b g]进一步演变而来,泥母[nd]经过了[n]和[d]的变体阶段,再由浊塞音[d]转化为边音[l](仙游话)和清塞音[t](莆田话)。由此可见,以闽语莆仙话为例,闽南方言鼻冠音经历了去鼻音化和浊音清化两个阶段,其演变方式为 mb/nd/ŋg＞b/d/g＞p/l/k。

4.4.5 鼻音+同部位浊塞音产生的原因

严学宭、尉迟治平(1986:7)从《说文》谐声、经籍异文、域外对音等材料,证明上古汉语中存在"鼻音+塞音"复辅音结构,认为现代方音中的"鼻音+塞音"的来源可能就是上古汉语。对于上古是否存在"鼻音+塞音"的复辅音,学界尚无定论。潘悟云(2000:136—137)、郑张尚芳(2003:54)、崔金明(2011:70)曾指出今"鼻音+塞音"的例子并不多见,构拟上古存在"鼻音+塞音"复辅音的证据尚不充分。即使认为上古真的存在"鼻音+塞音"复辅音,那么这一复辅音在先秦之后也已消失,中唐以前都已不存(王珊珊,2003:16—18)。因此,唐五代西北方言中的"鼻音+塞音"是上古复辅音遗存的观点缺乏足够的证据。

从汉语"鼻音+同部位浊塞音"演变过程看,保留鼻音脱落塞音,还是保留塞音脱落鼻音各方言并不相同。今山西、陕西境内晋方言鼻音声母大多保留鼻音脱落塞音,汾河片部分县市和陕北晋方言中也有古明母字读清塞音[p]的残迹,这种读音现象是唐五代长安一系方音的反映(乔全生,2003:79)。李蓝(2014:312)在今甘肃陇西、秦安、甘谷等地发现疑母读如见母,也是反映了唐五代长安音系的遗存。以闽南语为代表的南方方言则大多选择保留塞音脱落鼻音。厦门话的鼻音声母经历了[m n g]＞[mb nd ŋg]＞[b d g]的过程,鼻音声母先有一个鼻音塞化,然后再发生去鼻音化的过程,厦门话为代表的闽南方言、粤方言和客家方言存在的此类声母都是如此演变,鼻音带塞音特征是后起的。

闽、粤、客家等南方方言的形成和分化与少数民族语言有着密切的联系,是汉语与少数民族语言"横向传递"的结果(Zhongwei Shen,2016:

21—54）。闽、粤、客家等南方方言明泥疑母变为[mb nd ŋg]的直接动因可能就与周边少数民族语言有关。粤语中存在壮语特征已成为学界共识，闽语与壮侗语也有密切的关系，至今保留着壮侗语的底层词（曹广衢，1997：55），邓晓华、王士元（2003：11—12）研究表明闽客语整个形成过程中，与非汉语发生极其密切的互动关系，闽语中既有苗瑶语的成分，也有壮侗语的成分，其中壮侗语成分多是福建土著族语言，苗瑶语成分来自客家和畲语。今壮语大多数方言具有[mb nd ŋg]读音，①位于广西、福建境内的壮侗少数民族（水族、毛南族）语言也存在鼻塞复辅音声母（王均等，1984：25，513，601），原始苗瑶语全浊鼻冠闭塞音声类在现代畲语中反映为鼻音成分消失，保留闭塞音成分，只是浊闭塞音已清化（李云兵，1997：39）。此外，今彝语、瑶语等少数民族语言也有"鼻音+塞音"声母存在（王珊珊，2003：16—18）。苗瑶语"鼻音+塞音"的读音类型在现代苗瑶方言中几乎都可以找到，鼻音后的浊塞音经历了清化的过程：b d g＞p（p'）t（t'）k（k'）＞ʔ（陈其光，1984：12—20）。苗瑶语鼻音声母的演变方式与南方闽粤客鼻音声母演变方式基本相同。

张楚、王为民（2011：9）曾质疑"鼻音+同部位塞音"是山西方言的原生态。他们认为，重唇音变为轻唇音的过程中，为何只有重唇音带有同部位塞音，轻唇音则未见有同部位塞音出现。这个疑问给我们提出了新的思路：山西方言"鼻音+同部位塞音"的形成可能也是受非汉语的影响，其形成原因或许与唐五代时期西北大量存在的少数民族有关。储泰松（1988：49）认为，唐五代西北汉语鼻音带同部位塞音现象，是由于西北地区长期多民族聚集，少数民族语言与汉语相互融合成的。唐五代时期，西北地区最重要的特征就是各民族的融合。邢向东（2009：170）曾指出："三国、晋朝，陕西北部及山西西北部沿河地区为羌胡——内徙的匈奴人所据。北魏以后，山西、陕西北部居住着大量的山胡（源于南匈奴）。""在拓跋焘多次进击之后，山西西部的'山胡'逐渐将根据地移往黄河以西，吕梁地区则成为其进犯所波及的主要地区之一，这些山胡后来大概逐渐与汉族融合了。"北朝时期，居于陕北、晋西北的"山胡"亦同出一源。宋代，陕北府、麟、葭等州及山西沿河地区都安置了不少内附的党项人。古匈奴语属于阿尔泰语系，与今天的蒙语关系较为密切，今蒙语中有大量"鼻音+塞音"形式存在（哈斯其木格，2006：45）。林语堂（1994：36）提到早在秦汉时代，秦晋方言区和西秦之地已杂入羌语，秦晋之北部已杂入狄语区。自东汉以

---

① 《壮语方言土语音系》（广西区语委研究室编，1994：7）无[ŋg]音，g 的相对浊音记做[ʔg]，性质与[mb nd]相同。

来，大量少数民族占据西北，唐五代时期甚至部分羌人内迁关中、晋南等地，与汉族杂居。藏缅语族羌语支语言中鼻冠音现象也是大量存在，除了普米语之外，嘉戎、道孚、却域、扎坝、尔苏、木雅、纳西义、史兴等语言中都有鼻冠音（黄布凡，1987：19），其中木雅语与同为羌语支的西夏语关系密切，宋汉语西北方言的"鼻音+塞音"现象应与古羌语某方言有关。今山西、陕西"鼻音+同部位塞音"地区正是历史上汉族和匈奴、党项、羌氏等少数民族杂居融合地区，我们有理由相信，山西（包括陕西）方言"鼻音+塞音"正是历史上汉语与和少数民族语言互相渗透过程中产生了"横向传递"，其形成方式与南方方言"鼻音+同部位塞音"相同，不同的是南、北方汉语受到不同少数民族语言的影响。

汉语方言"鼻音+同部位塞音"的形成是同一地域不同语言之间"语言联盟"的结果。从山西（包括陕西）晋方言、闽粤客家等南方汉语与少数民族语言接触史来看，这些地区都是汉族和少数民族聚居地区，且与汉族杂居的少数民族语言中都有"鼻音+塞音"存在，因此，汉语"鼻音+同部位塞音"的形成，是汉语与周边少数民族语言"横向传递"形成的可能性更大。

第 5 章 韵母对声调的影响

曹志耘（2004：40—45）认为，韵母对声调的影响主要有两个方面：一是韵尾；二是元音。元音有别主要体现南方方言，如广州方言长短元音不同造成长短阴入调的不同。[①]山西方言中元音大多无长短之分，韵母对声调的影响则主要表现在韵尾上，具体表现在入声舒化和舒声促化两方面。入声舒化是指中古入声韵丢掉入声韵尾，变为舒声韵，同时入声调变为舒声调的音变。舒声促化是指一些中古舒声字在现代方言中读成了入声的现象，韵母由舒声韵（阴声韵或阳声韵）变为入声韵，其相应的舒声调（平上去三声）也变为入声调。下文就山西方言中这两种情况详细分析。

5.1　山西方言的入声舒化

古入声字在今汉语方言中逐渐弱化，趋于消失。今北方方言中仅晋方言保留入声，官话方言中仅江淮官话保留入声，南方诸方言虽大多保留入声，但塞音尾也存在不同程度的合并或消失。入声消失包括两个方面：一是塞音韵尾[-p -t -k -ʔ]的消失；二是入声调的减少，这两方面之间存在必然的联系，方言中入声韵丢失塞音韵尾后，入声韵或与其他舒声韵合并，或仍保留独立的入声韵，没有塞音韵尾的制约，原来的入声调短促性减弱，趋向与舒声调合并。可以说，入声调的消失是受到入声韵塞音韵尾脱落影响而发生的变化。入声的消变包括塞音韵尾的失落和入声调类的转化两个方面。

5.1.1　山西方言入声调的消变

山西除西南部中原官话汾河片以及北部冀鲁官话广灵 1 个点入声已全部舒化外，其余晋方言各点都保留入声，入声的特征就是保留喉塞音韵尾[-ʔ]和入声调，或塞音韵尾脱落，仅保留入声调。山西方言中仅保留入声调，

---

① 曹志耘：《汉语方言中的韵尾分调现象》，《中国语文》2004 年第 1 期，第 40—45 页。

而无入声韵的方言并不多见，①入声韵以两套为主，多的有三套，最少的一套，入声调以短促居多。王洪君（1990：8—11）、沈明（1995：17）曾有专文讨论山西方言入声韵的演变，此处不赘。本书将山西各片方言入声调归并情况按地理位置的不同归纳为以下几种类型：

（1）官话区（中原官话汾河片和冀鲁官话保唐片广灵）：汾河片各方言古全浊入大多与阳平合流，清入、次浊入的归并存在分歧，根据两者归并方向不同，汾河片入声舒化又可分为以下几种小类。②

①运城型：清入、次浊入归阴平，包括运城、芮城、永济、平陆、临猗、万荣、河津、乡宁、吉县、翼城、古县、洪洞、霍州、绛县共14个点。

②垣曲型：清入、次浊入归去声，包括垣曲、稷山、新绛共3个点。

③侯马型：清入、次浊入归清去，包括侯马、闻喜、襄汾共3个点。

④夏县型：清入归阴平、次浊入归去声，包括浮山、夏县、广灵3个点。官话区各类型清入、次浊入归并情况具体如表5-1-1所示：

表5-1-1　　　　　　山西境内官话区清入、次浊入归并例字

方言点 例字	运城型		垣曲型		侯马型		夏县型	
	平陆	芮城	垣曲	稷山	侯马	闻喜	夏县	广灵
八 山开二入黠帮	pa^{31}	pa^{42}	pa^{53}	pa^{53}	pa^{53}	pa^{53}	pa^{53}	pa^{53}
陌 梗开二入陌明	$mə^{31}$	mai^{42}白/mo^{42}文	muo^{53}	$mɤ^{53}$	$mɤ^{53}$	$mɤ^{53}$	$mæ^{31}$	mo^{213}
沙 假开二平麻生	sa^{31}	sa^{42}	$sɒ^{53}$	$ʂɒ^{53}$	$sɑ^{213}$	$sɑ^{13}$	$ʂa^{53}$	$sɑ^{53}$
嫁 假开二去祃见	$tɕia^{33}$	$tɕia^{44}$	$tɕia^{53}$	$tɕia^{53}$	$tɕia^{53}$	$tɕia^{53}$	$tɕia^{31}$	$tɕia^{213}$

（2）晋方言区：保留入声的晋方言区根据今入声调的数量可分为单调型和两调型两小类，其具体分布如下：

①单调型：中古阴入调和阳入调合并为1个入声调，主要分布在晋方言五台片（原平、定襄两点除外）、大包片，上党片长治、高平、晋城、屯留、沁源等点。下文各片选取代表点列表如表5-1-2所示：

---

① 乔全生：《晋方言语音史研究》，中华书局2008年版，第3页。
② 分类参考韩沛玲《山西方言音韵研究》，商务印书馆2012年版。

表 5-1-2　　　　　　　　山西方言入单调型入声例字

例字\方言点		塔	列	夺
五台片	河曲	tʰaʔ⁴	lieʔ⁴	tuəʔ⁴
	五台	tʰaʔ³³	liəʔ³³	tuəʔ³³
大包片	天镇	tʰɑʔ⁴⁴	liɑʔ⁴⁴	tuɑʔ⁴⁴
	和顺	tʰaʔ²¹	lieʔ²¹	tuəʔ²¹
上党片	长治	tʰʌʔ⁵³	liəʔ⁵³	tuəʔ⁵³
	高平	tʰʌʔ²²	lieʔ²²	tuʌʔ²²

②两调型：中古阴入和阳入保持对立，两调型又可根据次浊入归并的不同，分为清入、次浊入合流，全浊入独立型（下文简称类型一）和清入独立，次浊入和全浊入合流型（下文简称类型二），其中类型一是两调型的主流，包括方言点较多，主要集中在并州片、吕梁片、上党片大部分方言点，类型二则主要分布在五台、并州、吕梁、上党片几个方言点，数量不多，具体分布情况如下：

类型一：主要分布并州片太原（晋源）、榆次（今晋中市榆次区）、古交、清徐、娄烦、①太谷、祁县、介休、祁县、灵石、寿阳、榆社、交城、文水、孝义、盂县、吕梁片静乐、柳林、临县、岚县、石楼、大宁、隰县、蒲县、上党片长子、黎城、沁县、武乡、襄垣、安泽、沁水（端氏镇）共31个方言点，此外，吕梁片离石、方山、中阳、兴县、交口5个点全浊入有文白异读，白读音全浊入保持独立，文读音已与清入和次浊入合并为一个调。

类型二：主要分布在五台片原平、定襄、并州片平遥、汾阳、吕梁片永和、上党片壶关、平顺、陵川共8个点。下文择取部分代表点例字列表 5-1-3 所示：

表 5-1-3　　　　　　　　山西方言两调型入声例字

	方言点\例字		塔	列	夺
类型一	并州片	清徐	tʰaʔ¹¹	liaʔ¹¹	tuaʔ⁵⁴
		太谷	tʰaʔ³	liaʔ³	tyaʔ⁴²³

---

① 根据郭校珍等（2005：6）娄烦话有两个入声调，阴入、次浊入以及部分全浊入声字合流，另外一部分全浊入声字独立，显然处于两个入声调归并的过程中。

续表

	例字 方言点		塔	列	夺
类型一	吕梁片	静乐	tʰaʔ²⁴	liəʔ⁴	tuaʔ²¹²
		柳林	tʰɑʔ⁴⁴	liɛʔ⁴⁴	thuəʔ³¹²
		交口	tʰaʔ²⁴	lieʔ⁴	tʰuəʔ²¹²白/ tuaʔ⁴文
	上党片	长子	tʰaʔ⁴⁴	liɛʔ⁴⁴	tuəʔ²¹²
		黎城	tʰʌʔ²²	liʌʔ²²	tuʌʔ³¹
类型二	五台片	定襄	tʰaʔ¹	liəʔ³³	tuaʔ³³
	并州片	平遥	tʰʌʔ²¹²	liʌʔ⁵²³	tuʌʔ⁵²³
	上党片	壶关	tʰʌʔ²	liʌʔ²¹	tuʌʔ²¹

5.1.2 山西方言入声调舒化方式

山西方言入声调的演变方向是入声调归入相应的舒声调，官话方言古入声舒化后调类的归并也是遵循这样的规则进行的（侯精一，2002：17）。杨述祖（1982：130—133）研究中古入声调在今山西方言的归并方向，根据入声趋势，将山西有入声方言（即晋方言）的入声分为三类：（1）北部片，以大同方言为代表，入声次浊声母字部分变去声，全浊母字部分变阳平（2）中部片，以太原为代表，入声清、次浊母字接近平声，入声全浊母字接近上声（3）东南片，以陵川为代表，入声全浊和次浊声母字归入去声。杨文认为，入声的演变大致趋势是向普通话靠拢。杨文重点从声调与声母清浊分类角度来考察入声调的归并，并未涉及舒入调型和调类之间的联系，本节拟从这一角度深入考察山西方言入声调的归并情况。文中采用杨述祖（1982）的分类，选取大包片大同、并州片太原、吕梁片汾阳和上党片陵川点 200 个入声字为例，探讨各点方言入声调的归并情况。

大同方言有 1 个入声调，调值为[4]，入声舒化 117 个字。其中归入阴平[32]调的有 7 字，归入阳平[312]调的有 43 字，归入上声[54]调的有 8 字，归入去声[24]调的有 59 字，举例如表 5-1-4（表中[ ]中数字为该单字调值，下同）：

表 5-1-4　　　　　　大同方言入声字与普通话调值比较

入声归并方向	方言调值	普通话调值
入声归阴平 7 字	阴平[32]	阴平[55]6 字
		阳平[35]1 字
入声归阳平 43 字	阳平[312]	阳平[35]43 字
入声归上声 8 字	上声[54]	上声[214]6 字
		阳平[35]1 字
		去声[51]1 字
入声归去声 59 字	去声[24]	去声[51]59 字

由表 5-1-4 可知，大同方言只有一个入声调，其归并方向与普通话几乎完全一致，普通话归入阴平、阳平和上声的字，方言中也分别归入阴平、阳平和上声，普通话中阴平为高平调[55]，大同方言为中平调[32]，普通话阳平为中升调[35]，大同方言则为曲折调[312]，普通话去声为高降调[51]，大同方言为中升调[24]。从调型或调值方面看，大同方言入声调都与普通话都存在较大差异。可见，大同方言入声归并方式并未依据与舒声调型相似、调值接近的方式归并。

太原方言平声不区分阴阳，入声分为阴入[2]调和阳入[43]调，入声舒化字共 73 字，其中归入平声[11]调 12 字，归入上声[42]调 7 字，归入去声[35]调 40 字，基本上也反映了普通话入声归并的特点，入声归并跟该方言舒声调的调型和调值关系不大。太原方言入声归并如表 5-1-5 所示：

表 5-1-5　　　　　　太原方言入声字与普通话调值比较

入声归并方向	方言调值	普通话调值
阴入、次浊入归平声 5 字	平声[11]	阴平[55]3 字
		阳平[35]1 字
		去声[51]1 字
阳入归平声 7 字		阳平[35]5 字
		阴平[55]1 字
		上声[214]1 字
阴入、次浊入归上声 1 字	上声[42]	上声[214]1 字
阳入归上声 3 字		上声[214]3 字

续表

入声归并方向	方言调值	普通话调值
阴入、次浊入归去声 35 字	去声[35]	去声[51]34 字
		阴平[55]1 字
阳入归去声 4 字		去声[51]4 字

汾阳方言属吕梁片，平声有阴阳之分，这点与并州片不同，但是在入声归并方向上与并州片大致相同。汾阳方言入声分为阴入[22]调和阳入[312]调，入声舒化共 73 个字，其中归入阴平[324]调 9 字，归入阳平[22]调 4 个字，归入上声[312]调 7 个字，归入去声[55]调 27 个字，基本上也反映了普通话入声归并的特点，具体如表 5-1-6 所示：

表 5-1-6　　　　　　　汾阳方言入声字与普通话调值比较

入声归并方向	方言调值	普通话调值
清入、次浊入归阴平 3 个字	阴平[324]	阴平[55]3 个字
全浊入归阴平 6 个字		阳平[35]4 个字
		阴平[55]2 个字
清入、次浊入归阳平 2 个字	阳平[22]	阴平[55]1 个字
		阳平[35]1 个字
全浊入归阳平 2 个字		阳平[35]2 个字
清入、次浊入归上声 6 个字	上声[312]	阳平[35]1 个字
		上声[214]5 个字
全浊入归上声 1 个字		去声[51]1 个字
清入、次浊入归去声 25 个字	去声[55]	去声[51]25 个字
全浊入归去声 2 个字		去声[51]2 个字

陵川方言属上党片晋城小片，入声分为阴入[3]调和阳入[23]调，入声舒化共 56 个字，其中归入阴平[33]调 5 个字，归入阳平[53]调 3 个字，归入上声[312]调 2 个字，归入去声[24]调 46 个字。陵川方言中全浊入的字舒化较少，从归入阴平和阳平的趋势看，全浊入和次浊入有合并趋势，而与清入字并不合流。从归上声和去声来看，与普通话归并方式大致相同，去声中仅有 1 个字归阴平例外。具体如表 5-1-7 所示：

表 5-1-7　　　　　　　　　陵川方言入声舒化归并

入声字归并方向	方言调值	普通话调值
清入归阴平 3 字	阴平[33]	阴平[55]3 字
全浊入归阴平 1 字		阳平[35]1 字
次浊入、全浊入归阳平 6 字	阳平[53]	阳平[35]6 字
清入、次浊入归上声 2 字	上声[312]	上声[214]2 字
清入、次浊入归去声 42 字	去声[24]	去声[51]41 字 阴平[55]1 字

5.1.3　山西方言入声韵的消变

王洪君（1990：8—18）、沈明（1995：33）、韩沛玲（2012：243）都曾有专文详细分析山西方言入声韵的演变情况，但三文所涉方言点并不全面，所得结论也不全同。本书在前人研究基础上，据已调查的山西103 个方言点的语料，具体分析山西方言入声韵的消变过程，并总结消变模式和规律。

本节参考王洪君（1990：8）分类方法，将山西方言入声韵按照主要元音不同，开齐合撮四呼为一组分别分为：一组入声韵、两组入声韵、三组入声韵和四组入声韵四种类型。其中一组入声韵型的方言点较少，仅包括并州片平遥、介休 2 个点，大包片昔阳 1 个点。两组入声韵型的方言在山西方言中最多，各方言片均有分布，三组入声韵型主要分布在五台片忻州、定襄、五台，大同片平定，吕梁片岚县 5 个点，四组入声韵型主要分布在山西西南部中原官话汾河片方言和冀鲁官话广灵 1 个点。山西方言的两组入声韵型是三组入声韵型的进一步合并，一组入声韵型则是在两组型基础上的极端合并形式。四组入声韵型与其他三个类型有最明显的不同，现已失落喉塞音韵尾，也不带元音韵尾，差别主要体现在元音舌位高低或前后不同。两组入声韵部分方言点有 3—4 对韵母，这是由于介音影响而产生洪细音主元音不同所致，如平顺话有两套三对入声韵母[ʌʔ iaʔ uʌʔ yʌʔ]、[əʔ uoʔ]、[ieʔ yeʔ]，中阳话有两套三对入声韵母[aʔ iaʔ uaʔ yaʔ]、[əʔ uoʔ]、[ieʔ yeʔ]。

比较各点差异可看出山西方言入声韵演变具有两条途径：一条是失落塞音韵尾[-ʔ]，另一条途径是韵类合并，这两条途径不是独立发展，往往有一定的相继和伴行关系。三组入声韵型方言一般有低元音、中元音和高元音的对立，如原平入声韵有[ɿʔ ɘʔ ɔʔ]组对立、河曲入声韵有[aʔ əʔ ɛʔ]的对立。二组入声韵方言只有低、高两组元音的对立，如太原入声韵有[aʔ ɿʔ]组对立，宁武入声韵有[ʌʔ ɿʔ]组对立。从三组到两组的演变是中元音分别向低或高元音合流的过程，合流方向因方言点不同而存在差异：有的方言中元音韵归入低元音，有的方言则归入高元音。只有一组入声韵的方言只剩下高元音韵，如平遥、介休、昔阳仅剩[ʌʔ]组。从这个角度看，三组入声韵向两组入声韵归并，再向一组入声韵归并都是以韵类合并为主要途径的，但一、二、三组入声韵方言中，都存在部分字完全舒化的情况，对此下文将有详细分析。这种舒化不是整个韵类的舒化，而是以单字为单位的逐字舒化，这种单字的舒化更多采用喉塞音韵尾[-ʔ]直接失落后与舒声韵合流，入声调失落变为舒声调的方式进行。这种喉塞音失落的演变是入声的另一种演变途径，这两种入声脱落方式既有相继关系（先韵类合并，再塞音韵尾脱落），也有伴行关系（在韵类合并的同时，部分单字发生塞音脱落混入舒声韵中）。

四组入声韵的中原官话汾河片方言目前已经全部脱落塞音韵尾。该型入声演变首先进行的是塞音韵尾失落的音变，其后韵类之间再进行合并，各方言中韵类合并的方向存在一定差异。以梗摄开合口二等入声及深臻曾入声庄组开合口入声字为例，在汾河片各方言的归并情况不一致，洪洞、闻喜归为前中元音[ɛ/ɛ]类，万荣、运城等点归入低元音[a]类，具体例字如表 5-1-8 所示：

表 5-1-8　洪洞等点梗开合二等、深臻曾庄组入声读音例字

方言点	麦	获	涩
洪洞	kɛ^{21}	xuɛ^{21}	sɛ^{21}
闻喜	kɛ^{53}	xuɛ^{13}	siɛ^{53}
万荣	mia^{51}	xuai^{33}	ʂa^{51}
运城	mia^{51}	—	ʂa^{51}

沈明（2000：77）曾指出，汾河片方言的入声韵早在唐五代至宋就丢失了入声韵尾，保留了部分韵类的区别和部分等的区别，而晋方言其他片至今还保留着入声韵尾，其韵类已合并了。四组入声韵方言（主要是中原官话汾河片方言）与上文提到的一、二、三组入声韵方言（晋方言）入声

韵的消变顺序不同，今四组入声韵方言已无入声韵，无法确知是否在喉塞音[-ʔ]失落之时，就已存在入声韵类的归并，但是根据山西方言入声舒化的历史，我们认为山西方言入声演变的两种途径应该是相互伴生的，区别只是主次有别，四组入声韵方言也应该符合这种入声消变的规律。

5.1.4　山西方言入声韵舒化的历史

山西方言入声韵舒化最早的记录可以上溯到唐五代时期。罗常培（1961：36）研究《千字文》汉藏对音，发现宕摄字失落后鼻韵尾跟模韵同读[o]韵，说明唐末宋时汉语西北方言阳声韵已脱落、入声韵已弱化，据此可以认为 6 世纪左右汾河片的阳声韵、入声韵韵尾即已脱落，这是最早明确反映汾河片阳声韵和入声韵尾弱化、脱落的记载。《变文》、唐末诗文用韵所反映的唐五代西北某方音入声韵尾已发生很大变化，韵尾弱化为喉塞韵尾[-ʔ]，应是今晋方言保留喉塞韵尾的最早源头（乔全生，2008：80）。唐五代西北方音演变到宋西北方音，据汉夏文互注显示入声与舒声同在一韵，应是汾河片入声消失的最早源头。今晋方言入声韵的弱化脱落始于晚唐五代时期，宋金时期较为盛行，直至现代依然进行中。

在山西方言入声韵消失的历史上，[-p -t -k]韵尾的消失过程并不同步，[-k]韵尾弱化为[-ʔ]尾应该最晚。1929 年修纂的《新绛县志·方言略》用注音字母记载遇摄模韵泥组字读[ou]韵母，"竹筑逐族祝叔熟塾孰烛触赎束属"等字与"奴努怒弩初楚锄础雏助疏蔬数"同韵，说明此时新绛方言中入声已舒化。而在反映 20 世纪初山西中部方言的地方戏《中路梆子·打金枝》唱词中也有"起欺气**黑**去低碎的**媳**器气"相叶的记录，其中"黑媳"二字是入声舒化后，与读细音[i]韵母相押，这是山西方言中可见到入声舒化的部分文献记载。

5.1.5　山西方言入声舒化的特点

本节统计了晋方言 75 个方言点[①]2484 个单字，根据各方言点中古入声字数量、入声舒化字数量，计算各方言的入声舒化率，据此研究山西各片方言入声舒化的特点。晋方言各点入声舒化率具体如表 5-1-9 所示：

---

① 本书调查的 103 个方言点中有 24 个属中原官话汾河片，灵丘 1 点属冀鲁官话保唐片，今已不保留入声。太原方言包括南部晋源和北郊两种方言，此处选取南部晋源方言为代表，长治方言包括长治市和长治县方言，本书选取长治市方言为代表，五台片定襄方言入声舒化字数非常少。除去以上 28 个方言点外，本表列出其余 75 个方言入声舒化的情况。表中端氏镇指沁水县端氏镇方言。榆次指今晋中市榆次方言。

表 5-1-9　　　　　　　　晋方言入声舒化率汇总

	序号	方言点	入声字	舒化字	舒化率		序号	方言点	入声字	舒化字	舒化率
大包片	1	大同	475	114	24%	并州片	39	榆社	423	27	6.4%
	2	阳高	478	135	28.2%		40	交城	444	31	7%
	3	天镇	455	89	19.6%		41	文水	475	34	7.2%
	4	左云	475	126	26.5%		42	孝义	447	38	8.5%
	5	右玉	454	85	18.7%		43	孟县	444	38	8.6%
	6	山阴	426	80	18.8%	吕梁片	44	静乐	440	33	7.5%
	7	怀仁	478	111	23.2%		45	离石	469	47	10%
	8	平定	449	83	18.5%		46	汾阳	470	49	10.4%
	9	昔阳	473	146	30.9%		47	方山	458	82	17.9%
	10	和顺	448	52	11.6%		48	柳林	469	47	10%
五台片	11	浑源	430	103	24%		49	临县	464	56	12.1%
	12	应县	403	99	24.6%		50	中阳	469	52	11.1%
	13	平鲁	427	66	15.2%		51	兴县	433	53	12.2%
	14	朔州	425	104	24.5%		52	岚县	472	60	12.7%
	15	忻州	466	144	30.9%		53	交口	458	57	12.4%
	16	原平	450	52	11.6%		54	石楼	471	86	18.3%
	17	五台	469	49	10.4%		55	隰县	457	54	11.8%
	18	岢岚	475	70	14.7%		56	大宁	429	41	9.6%
	19	神池	475	109	22.9%		57	永和	443	47	10.6%
	20	五寨	475	67	14.1%		58	汾西	407	46	11.3%
	21	宁武	426	37	8.7%		59	蒲县	466	338	72.5%
	22	代县	448	77	17.2%	上党片	60	长治	474	59	12.4%
	23	繁峙	475	108	22.8%		61	长子	474	56	11.8%
	24	河曲	466	61	13.1%		62	屯留	475	59	12.4%
	25	保德	469	183	39%		63	黎城	475	81	17.1%
	26	偏关	472	105	22.2%		64	壶关	437	44	10.1%
	27	阳曲	475	60	12.6%		65	平顺	469	55	11.7%
并州片	28	古交	474	111	23.4%		66	沁县	459	44	9.6%
	29	晋源	451	73	16.2%		67	武乡	350	25	7.1%
	30	清徐	474	38	8%		68	沁源	474	46	9.8%
	31	娄烦	462	48	10.4%		69	襄垣	461	45	9.8%
	32	太谷	474	37	7.8%		70	安泽	443	257	58.1%
	33	祁县	475	33	6.9%		71	端氏镇	461	78	16.9%
	34	平遥	469	54	11.5%		72	晋城	420	67	16%
	35	介休	475	39	8.2%		73	阳城	416	58	13.9%
	36	灵石	416	58	13.9%		74	陵川	469	56	11.9%
	37	寿阳	473	65	13.7%		75	高平	430	34	7.9%
	38	榆次	474	47	9.9%						

从表 5-1-9 可见，除中原官话汾河片之外，山西各方言点都不同程度的存在入声舒化现象。我们以入声舒化率＞20%为标准，统计大包片 10 个方言点中有 5 个点达标。五台片 17 个方言点中有 8 个点达标，并州片 16 个方言点中仅有 1 个点达标，吕梁片 16 个方言点有 1 个点达标，上党片 16 个方言点中也仅有 1 个点达标。

山西方言入声舒化率最高的是晋方言非核心地区的大包片和五台片，这与上述地区所处地理位置相关。位于晋方言边缘地区的大包、五台片方言更易受到周边官话方言影响。作为晋方言核心地区的并州、吕梁、上党片入声舒化数量较少，但是，上党片安泽、吕梁片蒲县 2 个点入声舒化率相当高，这与此两片其他方言入声舒化的总体特征不符。安泽入声舒化率高达 58.1%，蒲县入声舒化率达到 72.5%，如此高的舒化率与两县人口构成有极大关系。安泽县人口构成复杂，除本地居民外，还包括山东、河北、河南和山西其他县市移民，因此，安泽方言带有上党片和中原官话汾河片的过渡性特征是受到包括山东莱芜话、河北武安话、河南林县话，山西平遥话、沁源话和沁水话等移民方言影响所致（李繁，刘芳，2015：8），官话方言影响导致该地方言入声舒化率较高。蒲县方言原属中原官话汾河片，后根据有入声的标准，划归吕梁片隰县小片（沈明，2006：343—356），其入声舒化程度较高与毗邻无入声的汾河片方言有一定的关系。

韩沛玲（2012：255）认为，山西北区云中片和中区阳泉片（即晋方言大包片）舒化最明显，其次为东南区长治以南，与河南相邻的陵川、晋城、阳城和沁水一带，此观点与本书调查结论有一定的差异。韩文采用山西方言语料来源有三：（1）采用侯精一、温端政主编《山西方言调查研究报告》所记录语料（2）北京大学中文系方言调查队 1980 年的字表材料（3）韩氏自己调查的 9 个点的字音材料。杨述祖（1982）、王洪君（1990）等学者论著研究依据大多也是采用以上语料。这些语料大多代表 20 世纪 50 年代语音面貌，且调查结果良莠不齐，存在很多错漏。加之近年来普通话的强势影响，山西方言演变剧烈，特别是山西入声舒化的演变更是显著。语料不全或过时、调查地点差异直接影响结论的准确性和一致性。

5.2　山西方言的舒声促化

汉语方言中的舒声促化现象分布较广，广泛存在于江淮官话、吴语、赣语和闽语等方言。山西方言的舒声促化在今北方方言中较为显著，马文忠（1994：58—62）、贺巍（1996：49）、邢向东（2000：61）、张光明（2006：56）、于银如（2010：40）等学者都曾撰文加以讨论。山西方言发生舒声促化的多为阴声韵字，通过韵母增生[-ʔ]韵尾变为入声韵，声调也相应地变为短促的入声调。山西方言舒声促化字有两个特点：一是这类字的字音演变规律不明显；二是这类字除少数字，大都只出现在某些词中。没有入声的汾河片和冀鲁官话广灵方言，尚未发现有促化现象（贺巍，1996：49）。

5.2.1 山西方言舒声促化的类型和分布

在已调查山西 103 个方言点 2484 个单字中，舒声促化的仅有 289 个字，且分布较为分散，大包片、五台片、吕梁片、并州片和上党片都有分布。本节按照方言片为单位统计舒声促化的数量，统计的原则是该方言区内舒声字在一个词中发生促化即算且仅算 1 个舒声促化字，据此统计发现山西五台片方言舒声促化字最多，吕梁片最少，各方言片舒声促化字数量比较如表 5-2-1 所示：

表 5-2-1　　　　　　　山西各方言片舒声促化字数量比较

方言片	大包片	五台片	并州片	吕梁片	上党片
舒声促化	108 字	123 字	119 字	77 字	82 字
占比	4.3%	5%	4.8%	3.1%	3.3%

103 个方言点中具有舒声促化现象有 78 个点，289 个舒声字发生促化，这些字在不同方言促化的情况并不一致，其中有 17 个字在 10—30 个方言点存在促化现象，7 个字在超过 30 个以上方言点发生促化，其余 265 个字在 1—10 个方言点中发生促化。山西方言舒声促化有两种原因：一是来自上古入声读音的保留，二是语流音变中语音弱化的结果。

5.2.2 舒声促化是上古入声的保留

这类字在山西方言中完全促化，无论在何种语言环境中都读入声，数量上较少，不同方言中促化字不同，较多发生促化的有"做厕鼻咳秘葫"等字，它们的共同特点以中古去声字居多，如做，臧祚切，去声模韵精母。厕，初吏切，去声志韵初母，咳，苦盖切，去声代韵溪母，[①]鼻，毗至切，去声脂韵并母，秘，兵媚切，去声至韵帮母。葫字较为特殊，属模韵匣母平声字，在山西方言中该字多促化。山西有舒声促化的 78 个

---

① 咳，中古有户来切，於虐切和苦盖切三种反切，其中"苦盖切"表示咳嗽义。

点方言中，"做厕"二字在66个方言点读入声，是已调查舒声字发生促化最多的。"厕"读入声在江淮官话、晋方言、湘方言、赣方言、客家话和闽方言中都有分布。"鼻咳"二字在《切韵》系韵书中都为舒声，在山西方言中舒声促化率都较高，在汉语其他方言中也十分普遍。"鼻"读入声在晋方言、江淮官话、吴语、湘语、赣语、闽语中都有分布，"咳"读入声在江淮官话、吴语、湘语、赣语、客家话、闽语、粤语中也都有分布，"做秘葫"等字在汉语其他方言中读入声并不多见，在山西方言中则较为普遍，具体如表5-2-2所示。邢向东（2000：49）通过现代方音和中古音、上古音的比较，并联系汉字谐声关系，根据王力"上古汉语分长短入，长入在中古变为去声"的理论，认为这些字都是上古汉语长入字在现代方言中的遗留。

表 5-2-2　　　　　　　　山西方言舒声促化常见字分布情况

例字	做	厕	鼻	咳	秘	葫
发生促化方言点数	66	66	58	55	51	27
占比率	84.6%	84.6%	74.4%	70.5%	65.3%	34.6%

5.2.3　舒声促化是语音弱化的结果

戴昭铭（2004：26）指出，吴方言由于基本调类中有以喉塞音[-ʔ]收尾的入声，语法化单位即便原是舒声，有的也会演变成入声。这种舒声促化是词汇语法化的一种手段。今北方方言由于入声消失，伴随语音弱化产生的语法化单位虽然也有语音短促的特征，但通常只以轻声方式来实现。轻声不是基本的调类，只是一种变读。晋方言与吴方言同样保留入声，保留喉塞音韵尾[-ʔ]，这些舒声字所在的实词发生语法化，就是通过舒声字促化的方式来实现的。山西方言词的语音弱化主要有以下几类情况：

（1）量词"个"的促化。"个"是汉语中常用的个体量词，《广韵》古贺切，属见母舒声。在现代北京话中单字音仍为[k]声母去声，语流中处于非重读位置时多读弱化音[kə⁰]。今山西方言"个"读促声的有21个方言点，择取部分代表点列表如表5-2-3所示：

表 5-2-3　　　　　　　　　山西方言量词"个"促化读音

大包片		五台片		并州片		吕梁片		上党片	
大同	阳高	繁峙	河曲	榆次	文水	方山	中阳	屯留	黎城
kəʔ²⁴ 又 kɤʔ²⁴ 又	kəʔ³³	kəʔ¹³	kəʔ⁴	kaʔ¹¹	xuai⁴²³ 又 kaʔ² 又	kuəʔ⁴	kuəʔ⁴	kəʔ⁵⁴	kɤʔ²²

注：表中"又"表示又读音。

由表 5-2-3 可知，量词"个"促化在大包、五台、并州、吕梁和上党片都有分布。大同、文水等点量词"个"有舒声和入声两读，属自由变读。其他点表示个体量词的"个"大多只有入声一种读音。联系山西方言"个"读舒声的情况，我们认为，这反映了量词"个"在山西方言中语法化的过程：舒声的读音是尚未语法化的阶段，入声的读音则是已经语法化的读音，而大同、文水两种读音体现了语音弱化的中间阶段。

（2）后缀或重叠促化。"子"属止开三上止精母，在北方官话中可作为后缀，常常处于双音节或多音节的末尾，一般读为轻声，山西方言中更多地采用促化形式来表现语音的弱化。后缀"子"在今山西 16 个方言点中读为入声，举例如表 5-2-4 所示：

表 5-2-4　　　　　山西方言各方言片代表点后缀"子"入声读音

应县	阳曲	介休	交城	方山	阳城	高平
tsəʔ⁴³	tsəʔ⁴	tsʌʔ¹²	tsəʔ¹¹	tsəʔ⁴	tsəʔ²²	tʂəʔ²²

重叠形式促化主要发生在两字组重叠形式中，一般是在名词亲属称谓叠字中，有的是前字发生促化，后字不变，如盂县，有的则是两字都发生促化，如应县。清徐、榆次（今晋中市榆次区）方言两字组重叠范围更广，不限于名词亲属称谓，其他形式名词重叠也可以发生前字促化，后字不变的音变，举例如表 5-2-5 所示：

表 5-2-5　　　　　　　　　山西方言重叠促化例字

清徐	榆次	盂县	应县
刀刀 təʔ¹¹ tou¹¹	婶婶 səʔ⁵⁴ sən⁵⁴	苗苗 miəʔ¹¹ miou¹¹	姐姐 tɕiəʔ⁵³ tɕie²²	哥哥 kaʔ⁴³ kaʔ⁴³

（3）弱化引起的促化。弱化是汉语普遍存在的语流音变现象。某个语言单位在语流中经常处于非重读音节时，会逐渐失去原有的语音特征发生音强减弱、音高降低、音质含混化、发音部位中央化等变化。官话方言非重叠两字组词后字的弱化多表现为后字变为轻声，而山西方言则还可以表现为后字舒声促化，据不完全统计，山西方言非重叠两字词中，后字促化的词汇有近 50 个，其中"姐/妹夫""人家""甘蔗""屁股""豆腐""富裕""扫帚"等词的后字促化律较高，"富裕"的"裕"在山西 27 个方言点发生促化、"甘蔗"的"蔗"在山西 25 个方言点发生促化，"扫帚"的"帚"在山西 14 个方言点发生促化，"姐/妹夫"的"夫"在山西 10 个方言点发生促化、"人家"的"家"在山西 7 个方言点发生促化，举例如表 5-2-6 所示：

表 5-2-6　　　　山西方言"姐/妹夫"等词后字促化读音

方言点		姐/妹夫	人家	甘蔗	豆腐
大包片	阳高	faʔ^{33}	—	tsaʔ^{33}	faʔ^{33}
	山阴	fu^{313} 又 fəʔ^{4} 又	—	—	fəʔ^{4}
五台片	应县	fu^{43} 又 fəʔ^{43} 又	tɕiɛ̃^{54} 又 tɕia^{43} 又	tsaʔ^{43}	fəʔ^{43}
吕梁片	临县	fəʔ^{3}	—	tʂʅʔ^{3}	—
上党片	长子	fu^{312} 又 fəʔ^{44} 又	tɕia^{312} 又 tɕia^{44} 又	tsə^{44}	
	阳城	fu^{224} 又 fəʔ^{22} 又	—	—	fəʔ^{22}

由表 5-2-6 可见，处于双音节词末尾的字，有的已经完全促化变为入声，如"甘蔗"中的"蔗"，"豆腐"中的"腐"，有些字还未完全促化，有舒入两个读音。如：山阴、应县等点"姐/妹夫"中的"夫"、应县、长子"人家"中的"家"，说明这些方言词在不同方言中促化的程度不同。

（4）变调构词形式的促化。变调构词是利用声调的变化构造意义有联系的新词，属于音变构词的一种类型（孙玉文，2007：1）。山西方言中最典型的变调构词式促化有"指、可、把、死"等字，各字具体读音情况如下：

①指，脂韵章母上声，在"指出、指示、指点"等表示用手指对着、指示、指导等意义时读舒声；在"指头、手指（头）"等与手指相关的词汇中读入声。如大同方言"指[tsʅ^{54}]出""指[tsəʔ^{4}]头"。

②可，哿韵溪母上声，在表示"程度减轻"义时读舒声；表示"程度加重"义时则读入声，如岢岚方言"可[kʰɤ¹³]以""可[kʰəʔ²⁴]疼咧"。

③把，马韵帮母上声，在动词"把住、把持"等表示用手握住、操控义及名词"车把"时读舒声；在表示处置式"把字句"中读入声。如平鲁方言"把[pɑ²¹³]住""把[pəʔ³⁴]饭吃了"。

④死，旨韵心母上声，在表示死亡义时读舒声，在表示程度深的形容词时读入声，如武乡方言"死[sʅ²¹³]了""笑死[sʌʔ³]人"。

此外，除汾河片方言之外，山西各片方言都有一些数量不等的舒声促化字，数量多，促化没有普遍性，可能只存在某一个方言中，也可能只存在某些特殊的词汇环境中，在词汇中位置不固定，尚无明显的促化规律，如阳高方言"笑话[xuɑʔ³³]"、介休方言"五[uʌʔ⁵³²]个"等。

5.2.4　山西方言舒声促化的历史

汉语舒声促化的历史在唐诗中已有表现。宋代洪迈《容斋随笔》"卷一·司字作入声"记载：白乐天诗，好以"司"字作入声读，如云："四十著绯军司马，男儿官职未蹉跎""一为州司马，三见岁重阳"，是也。又以"相"字作入声，如云："为问长安月，谁教不相离"，是也。相字之下自注云：思必切。以"琶"字作入声读，如云："四弦不似琵琶声，乱写真珠细撼铃"，"忽闻水上琵琶声"，是也。武元衡亦有句云："唯有白须张司马，不言名利尚相从。"郑张尚芳（1990：8）曾提到宋明时期文人笔记中也有舒声促化的记载：宋孙奕《履斋示儿编》卷23引《古今诗话》："厮字唐人作斯音，五代时作入声，陶毅诗云：'尖搭帽子卑凡厮'是也。乐天云'金屑琵琶槽'，'雪摆胡（胳）[腾衫]，琵胡作入声，语与今人同'。"明胡振亨《唐音癸签》卷24特列"蒲萄、枇杷、琵琶"三条，指出白氏"烛泪粘盘累蒲萄"，"况对东澳野枇杷""四弦不似琵琶声"及张祜"生摘枇杷酸"，"官楼一曲琵琶声"中的"蒲批琵"三字"并叶入声读"。文中叶入声是"语与今人同"，可见唐宋时代"相厮胡批葡"等字口语中已促化。

山西方言的舒声促化在历代文献中也可发现端倪，金末山西怀仁人高道宽的词中有入声药、觉韵与效摄押韵的例子。如：《苏暮遮》中"药妙捉觉灼勺约脚"相叶。"妙"是效摄字，其余都为入声药觉韵，说明妙字可能已促化才能与入声字相叶。山西方言的"相"字，非入声区读[sʅ]，入声区读[ɕiəʔ]，俗作"厮"。陆游《老学庵笔记》卷十载：北人大抵以相字作入声，至今犹然，并州片方言"相"在"相跟"一词中还读[ɕiəʔ｡ kəŋ]，声母腭化，韵母发生了促化。光绪九年重修的《文水县志·方言》记载：

"娶曰媞。"（范启坤修，阴步霞纂，1883）娶与媞音义都无太多联系，"娶"中古遇合三去声，《说文》取妇也。"媞"中古咸开二入声，"疾言失次"义，与迎娶义无关。今文水、平遥话表示"聚媳妇义"的娶读入声 [tsʰʌʔ̚]，可见，《文水县志》中的"媞"本字当为娶，是娶促化后的同音替代字（乔全生，2008：61）。

第6章　声调对韵母的影响

汉语的音节是声调和声韵母紧密结合的整体。汉语方言声母和韵母对声调有一定的制约作用，同时声调也对韵母有影响。汉语方言中声调对韵母的影响主要表现在异调分韵和轻声韵母弱化两个方面。

异调分韵指的是中古同一韵母因声调的不同而引起韵母的差异，声调的长短、高低等因素都可能造成韵母的分化，学界对这种现象曾有"韵随调转"（闭克朝，1991）、"分调交替"（刘勋宁，1993）、"调值分韵"（曹志耘，2009）、"异调变韵"（瞿建慧，2009）和变韵（陈泽平，2012）等不同叫法。本书认为，因声调而引起的韵母分化并不一定是历时音变，不应用本调和变调术语来界定，同时该现象的产生除了与今调值的高低、长短因素有关，与元音的高低前后也有一定的关系，仅用调值变化来概括这种分韵现象有以偏概全之嫌，因此称其为"异调分韵"更为妥当。

声调对韵母影响的另一个表现就在轻声音节导致的韵母弱化上。许多汉语方言的轻声现象是一种音值短而弱的音节，轻声的性质虽然不属于声调，但是，由于它对音节（主要是韵母）具有明显的制约作用，本书将轻声对韵母的影响放到本章来分析。汉语的轻声现象一般认为是明清之后产生的，它的来源有两个：一个来源是随着双音词的增加，连读后在部分"重—轻"式的语音结构的轻音节上产生；另一个来源是表示语法意义的常用虚词和词缀用轻音来表示虚化意义。轻声的产生可以说是词汇—语法发展所决定的语音的变化（李如龙，1990：90）。本章分两个小节详细分析山西方言异调分韵和轻声韵母弱化现象。

6.1　山西方言的异调分韵

今北方官话、中原官话、晋方言、吴方言、湘方言、徽方言、闽方言、粤方言、平话等汉语主要方言中都存在异调分韵现象。闽东方言（福州方言）最先被发现异调分韵现象，福州方言有七个声调：阴平[44]阳平[52]上声[31]阴去[213]阳去[242]阴入[23]阳入[4]，部分韵母在阴阳平、上声、阳去与阴去不同韵，阴入与阳入不同韵。如"衣姨以"与"意异"不同韵、"音人引"与"印泳"不同韵、"温文稳"与"愠问"不同韵、"屋"与"勿"不同韵、"壹"与"亦"不同韵（袁家骅，2001：286—287）。周赛红（2005：78）、瞿建慧（2009：149）曾讨论湘方言辰溆片异调变韵现象，认为湘方言的异调分韵可分为舌位降低型、韵尾脱落型和"舌位降低+韵尾改变"三种类型。在同样的声调条件下，不同韵母变化程度不一样，同样的韵摄和声调，在不同的方言点变韵的表现也有差异。这一现象在北京话中也有体现，今北京话的阴平、阳平调值的特征能使[iou]、[uei]、[uen]这类韵母中的元音[o]和[e]大大弱化以至完全消失变为[iu]、[ui]、[un]，而上声、去声调值的特征则能使[o]和[e]清晰地保留下来一样。此外，河南新乡、获嘉、济源部分县市（支建刚，2013）、陕西洛川甘杰（孙建华，2014）、浙江淳安（曹志耘，2009），福建福州、屏南（陈泽平，2012），广东开建、四会（侯兴泉，2012）和临桂六塘（徐国莉、庄初升，2017）等方言也有异调分韵现象。

对于异调分韵的原因学界有不同的解释，袁家骅（2001：289）认为，福州方言的异调分韵是"升调、降升调和升降调都能影响元音的音质，使单元音复化，使半高半低的单元音或复元音变得低些、开些，使低元音变得后些"。闭克朝（1991：107）认为，北京话的阴平、阳平和上声、去声的调值有如此不同的功能，是因为上声、去声的调值比阴平、阳平调值时值要长的原因。袁文和闭文所论对象不同，所得结论也不全同，但共同点都认为汉语声调的调值和调型对韵母分化具有直接的影响。曹志耘（2009：147）综合分析各方言的异调分韵认为，这一现象与调值的高低长短都有关系，其直接原因是"长调调值韵母元音复化、韵尾增生（可合称为'长化'），低调导致韵母元音低化、复化，显然是两种主要的音变机制。可见，在汉语方言中，声调的长短或高低都有可能是影响韵母分韵的直接原因。

本书对山西103个方言点进行调查，并参考山西方言已有成果，发现山西方言存在异调分韵现象的主要有襄垣、永济、文水、隰县、黎城等点。此外，潘家懿（1984：429）曾提及晋城方言也存在异调分韵现象。下文对以上诸方言点分别进行分析。

6.1.1　襄垣方言异调分韵

金有景（1985：59）调查发现山西襄垣方言效摄、蟹摄开口一二等字韵母较为特殊。效摄字逢今阴平、阳平和去声读[au iau]韵母，逢今上声读[ɑŋ iɑŋ]韵母，蟹摄一二等韵的字（见系字除外），逢阴平、阳平和去声读

[ai]韵母，逢上声读[an]韵母。① 金有景所记襄垣方言有 4 个舒声调：阴平[33]阳平[11]上声[213]去声[55]。本书调查襄垣方言 4 个舒声调为阴平[33]阳平[31]上声[42]去声[45]，蟹摄开口一二等、效摄字今仍存在异调分韵现象，襄垣方言老派读音（金氏记音）和新派读音（本书调查读音）效蟹摄开口一二等字韵母读音比较如表 6-1-1 和表 6-1-2 所示：

表 6-1-1　　　　　襄垣方言新老派蟹开一二效摄读音比较

声调＼例字	老派				新派			
	蟹开一	蟹开二	效开一	效开三	蟹开一	蟹开二	效开一	效开三
阴平	猜 tsʰai³³	斋 tsai³³	包 pau³³	消 ɕiau³³	猜 tsʰɛi³³	斋 tsɛi³³	包 pɔo³³	消 ɕiɔo³³
阳平	台 tʰai¹¹	排 pʰai¹¹	毛 mau¹¹	燎 liau¹¹	台 tʰɛi³¹	排 pʰɛi³¹	毛 mɔo³¹	燎 liɔo³¹
去声	戴 tai⁵⁵	寨 tsai⁵⁵	灶 tsau⁵⁵	校 ɕiau⁵⁵	戴 tɛi⁴⁵	寨 tsɛi⁴⁵	灶 tsɔo⁴⁵	校 ɕiɔo⁵⁵
上声	海 xan²¹³	奶 nan²¹³	袄 ŋaŋ²¹³	表 piaŋ²¹³	海 xæ⁴²	奶 næ⁴²	袄 ɔo⁴²	表 piɔo⁴²

表 6-1-2　　襄垣方言效摄、蟹摄开一二上声字新、老派读音比较

	蟹开一二		效摄	
	老派	新派	老派	新派
韵尾	-n	-i	-ŋ	无韵尾
调值	低降升[213]	中降[42]	低降升[213]	中降[42]

由表 6-1-1 和表 6-1-2 可见，襄垣方言新、老派异调分韵集中在蟹开一二和效摄。新派蟹开一二（见系字除外）阴平、阳平、去声读[ɛi]韵，与老派[ai]相比仅主要元音舌位高低不同。新派上声读[æ]韵，与老派[an]韵相比变为单元音，韵母的发音时长变短。新派效摄阴平、阳平、上声、去声都读[ɔo iɔo]韵，已无异调分韵现象。老派上声读[aŋ iaŋ]变为新派的[ɔo iɔo]。金文中并未详细讨论上声与其他舒声调分韵的原因，曹志耘（2009：142）文中认为襄垣这种分韵与该方言上声[213]是一个曲折调（即长调）直接相关。对比新老派读音，本书发现襄垣方言异调分韵韵母的音值变化受到声调调值变化的影响。老派上声调值由曲折调[213]变为降调[42]，声调时长变短，这就要求韵母发生相应的变化。一是与其相应的韵母的发音

---

① 金氏调查语料为襄垣王村镇方言，与城关古韩镇方言声调系统基本一致，韵母也存在异调分韵现象。

时长变短，表现在蟹摄上声字由鼻尾韵[an]变为口元音[æ]。二是这种异调分韵的条件消失，已分化的韵母趋于合并，襄垣方言效摄上声与其他舒声调同韵正是这种变化的具体表现，由此我们也可以印证调长（声调的时长）在襄垣方言异调分韵中起到了决定作用。

6.1.2　永济方言异调分韵

吴建生、李改样（1989：2）调查永济城关方言发现异调分韵现象。吴文记录永济方言（本书称为老派读音）有4个声调：阴平[21]阳平[24]上声[42]去声[33]。咸山两摄的古舒声韵字，按今声调的不同而分读两组韵母，阴平、阳平、上声字韵母是[æ iæ uæ yæ]，去声字的韵母是[ai iai uai yai]，举例如表6-1-3所示：

表6-1-3　　　　　　　　　永济方言老派咸山摄读音

声调＼例字	开口呼	齐齿呼	合口呼	撮口呼
阴平	班 pæ²¹	签 tɕʰiæ²¹	团 tʰuæ²¹	钻 tɕyæ²¹
阳平	兰 læ²⁴	帘 liæ²⁴	官 kuæ²⁴	宣 ɕyæ²⁴
上声	展 tʂæ⁴²	免 miæ⁴²	缓 xuæ⁴²	犬 tɕʰyæ⁴²
去声	旱 xai³³	艳 iai³³	段 tuai³³	算 ɕyai³³

今永济方言（本书称之为新派读音）也有4个声调：阴平[31]阳平[24]上声[53]去声[44]，咸山摄仍存在异调分韵现象，阴平、阳平、上声字读[æ iæ uæ yæ]，去声字读[ai iai uai yai]，如表6-1-4所示：

表6-1-4　　　　　　　　　永济方言新派咸山摄读音

声调＼例字	咸开一二	咸开三四	山开一二	山开三四	山合一二	山合三四
阴平	贪 tʰæ³¹	淹 n.iæ³¹	单 tæ³¹	边 piæ³¹	关 kuæ³¹	圈 tɕʰyæ³¹
阳平	咸 xæ²⁴ 白/ ɕiæ²⁴ 文	甜 tʰiæ²⁴	闲 xæ²⁴ 白/ ɕiæ²⁴ 文	缠 tʂʰæ²⁴	盘 pʰæ²⁴	玄 ɕyæ²⁴
上声	坎 kʰæ⁵³	潜 tɕʰiæ⁵³	伞 sæ⁵³	典 tiæ⁵³	暖 næ⁵³ 白/ nuæ⁵³ 文	喘 pfʰæ⁵³
	舰 tɕiei⁴⁴	—	—	旱 xai⁴⁴	断 tʰuai⁴⁴	篆 pfʰai⁴⁴

续表

例字\声调	咸开一二	咸开三四	山开一二	山开三四	山合一二	山合三四
去声	暗 ŋæ⁴⁴	歉 tɕʰiæ⁴⁴	弹 tʰai⁴⁴ 白/tæ²⁴ 文	现 ɕiæ⁴⁴	漫 mæ⁴⁴	绢 tɕyai⁴⁴ 又/tɕiæ⁵³ 又
	陷 ɕiei⁴⁴	艳 iai⁴⁴	办 pai⁴⁴	荐 tɕiai⁴⁴	罐 kuai⁵³	院 yai⁴⁴

由表 6-1-4 可见，永济方言的异调分韵是根据今声调读音来分韵的，该方言"舰旱断篆"等古全浊上声归去声，因此这些字的韵母也读为[ai iai uai yai]。"绢"有上声和去声两种读音，上声调韵母为[iæ]，去声调韵母为[yai]。今永济"舰陷馅厌"等部分去声齐齿呼读[iei]，发生了元音高化 iai＞iei 的音变，这是主要元音受到[-i-]介音影响所致。与老派读音相比，今去声字读音并不整齐，已分化为两种读音，一种是保持独立的[ai iai uai yai]韵，如"陷艳办荐罐院"等字，另一种则已与其他声调字同韵[æ iæ uæ yæ]，如"暗歉现漫"等字。"弹"有文白异读，白读为[ai]，文读为[æ]，说明今永济方言的异调分韵现象正在消失，咸山摄四个声调的韵母正在趋同，其原因既与方言本身调长因素变化有关，也与周边官话方言影响有关。

永济新、老派去声调型都是平调，只是调值有别，老派是中平调[33]，新派是半高平调[44]，那么导致永济方言去声字与其他声调不同韵的原因是什么？曹志耘（2009：143）认为"从今读来看，去声[33]并不是一个明显的长调，它是不是由长调变来的尚难以断定"。本书用语音实验的方法测算新派四个声调的调长，据此判断调长与分韵是否有直接的关系。我们随机选取永济城关老年男性（下文称老男）、老年女性（下文称老女）、青年男性（下文称青男）和青年女性（下文称青女）4 个测试样本，[①]选取同声同韵而不同调的 5 组字作为测试例字，测试例字具体如表 6-1-5 所示：

[①] 四个样本分别是冯满刚（老男，56 岁，永济市栲栳镇人），聂秀芳（老女，56 岁，永济市张营镇人），晋二萍（青女，永济市开张镇人），杨永斌（青男，永济市虞乡镇人）。

表 6-1-5　　　　　　　　　永济方言调长测试例字

阴平	阳平	上声	去声
巴	拔	把	爸
朱	竹	煮	住
批	皮	痞	屁
贪	谈	毯	叹
拼	凭	品	聘

经测算四位发音人的单字调绝对时长均值（单位：ms），如表 6-1-6 所示：

表 6-1-6　　老男、老女、青男、青女调长绝对时长均值（保留整数位）

	阴平	阳平	上声	去声
老男	156	375	265	293
老女	294	394	246	415
青男	238	342	225	391
青女	197	298	212	341

我们将表 6-1-6 数据进行绝对时长归一化处理来消除人际差异，具体的做法是算出每位发音人四个声调时长的总时长平均值，然后再算各声调时长的平均值，用各声调时长的平均值除以总时长平均值，四位发音人同一调类的时长都被规整在相近的区间范围内，更利于各调之间时长的比较，各声调的相对时长如表 6-1-7 所示：

表 6-1-7　　老男、青男、老女、青女单字调相对时长比较（保留小数点后两位）

	阴平	阳平	上声	去声
老男	0.81	1.32	0.87	1.29
老女	0.66	1.04	0.70	1.07
青男	0.74	1.18	0.79	1.20
青女	0.84	1.34	0.90	1.37

由表 6-1-7 所见，四位被试样本声调时长都符合去声＞阳平＞上声＞阴平的时长规律。可见，在今永济方言去声调长最长，由此可验证咸山摄去

声与其他声调字分韵，正是受声调时长影响所致。另外，我们发现去声的调长与其他声调调长差别不大，甚至老男阳平调长比去声调长还长，各调调长差别较小，可能就是导致今永济方言去声调字逐渐与其他声调字同韵的原因。

6.1.3 文水方言异调分韵

高本汉（2003：623）调查文水方言舒声字也存在异调分韵现象，中古臻合一合三、通合一合三韵今读合口呼的字，平声读[ũ]，上声、去声读[uõ]。高氏书中并未记录方言声调，我们无法确知高氏所记异调分韵是否和调长或调高有直接关系。胡双宝（1990：10）记录了文水城关20世纪中期的读音，该书记录文水城关舒声调有3个：平声[22]上声[423]去声[35]。2017年"中国语言资源保护工程·山西汉语方言调查"项目曾调查文水城关方言，①城关方言舒声调与胡双宝调查一致。高氏所记录文水音系无法确定是文水何地的音系，所以我们只把胡氏文中记音（代表20世纪中期老派读音）和本书调查（代表21世纪初期新派读音）臻合一合三，通合一合三读音比较如表6-1-8所示：

表6-1-8　　　　　　文水城关方言不同时期臻、通摄读音比较

例字 声调	老派			新派		
	臻合一	臻合三	通合一合三	臻合一	臻合三	通合一合三
平声	昆 kʰuəŋ²²	轮 luəŋ²²	冬 tuəŋ²²	昆 kʰuəŋ²²	轮 luəŋ²²	冬 tuəŋ²²
上声	损 suəŋ⁴²³	准 tsuəŋ⁴²³	总 tsuəŋ⁴²³	损 suəŋ⁴²³	准 tsuəŋ⁴²³	总 tsuəŋ⁴²³
去声	顿 tuəŋ³⁵	润 zuəŋ³⁵	众 tsuəŋ³⁵	顿 tuəŋ³⁵	润 zuəŋ³⁵	众 tsuəŋ³⁵

由表6-1-8可见，以上两个时期文水城关方言臻、通摄读音大致相同，仅主元音音值有别，并未发现异调分韵现象。我们考察文水方言内部差异，参考文水除城关外14地口音都未发现有异调分韵现象。②高氏《中国音韵学研究》所记西安方言也有异调分韵，西安方言臻合一合三、通合一合三平声读[uoŋ]，上声读[uŋ]，袁家骅（2001：28）、王军虎（1996：4）、张

---

① 本书调查文水语料来自"中国语言资源保护工程·山西汉语方言调查·文水"（2017）点的记音。

② 本书非城关14个方言点音系参考自刘艳（2019：28），包括杨房、大营村、胡兰、开栅、桑村、南齐、徐家镇、阎家社、龙兴、吴城镇街上村、原西、冀村、仁庄、桑翼等点。

维佳（2005：18）等都未记录以上两摄有异调分韵现象。考虑到高氏文中采用严氏记音，高文提及文水、西安异调分韵是否仅反映音值的实际差异，并未构成音位对立。由于无法确知高氏书中反映的具体方言情况，历史上的文水方言是否有过异调分韵现象暂时存疑。

6.1.4 隰县方言异调分韵

刘勋宁（1993：53）调查隰县方言咸山两摄舒声和宕摄舒声文读，韵母依今声调的不同而分为整齐的两类：逢今阳平和上声，韵母分别是[an ian uan yan]，逢今阴平和去声，韵母分别是[ai iai uai yai]。文中记录隰县方言有阴平、阳平、上声和去声4个调类，其中阴平是曲折调[312]，相对于阳平调[34]和上声调[22]，阴平调更长。长调使得鼻尾韵变为口元音韵。隰县方言咸山宕摄阴平变为口元音韵，而阳平、上声调字仍保留鼻尾韵。去声是高降调[52]，调值跨度达到3级，高调比低调更易使韵母发生分化。因此，隰县方言声调的长短、高低的不同造成了异调分韵。今隰县方言同样有4个舒声调：阴平[53]阳平[24]上声[21]去声[44]，咸山摄舒声与宕摄舒声按不同声调合流，咸山摄舒声阴平、去声与宕摄舒声阴平、去声文读合流，同读为[æ iɛ uæ yæ]，咸山摄舒声阳平、上声与宕摄舒声阳平、上声（文读）合流，同读[aŋ iaŋ uaŋ]，具体如表6-1-9所示：

表 6-1-9　　　　　　隰县新派咸山摄舒声、宕摄舒声字

例字 声调	咸开三四	山开一二	山开三四	山合一二	山合三四	宕开一三	宕合一三
阴平	添 tʰiɛ⁵³	班 pæ⁵³	鞭 piɛ⁵³	钻 tsuæ⁵³	渊 yæ⁵³	帮 pɤ⁴⁴ 白/ pæ⁵³ 文	汪 uɤ⁵³ 白/ uæ⁵³ 文
去声	念 ȵiɛ⁴⁴	段 tuæ⁴⁴	扇 sæ⁴⁴	蒜 suæ⁴⁴	院 yæ⁴⁴	创 tsʰuɤ⁴⁴ 白/ tsʰuæ⁴⁴ 文	放 xuo⁴⁴ 白/ xuæ⁴⁴ 文
阳平	廉 liaŋ²⁴	残 tsʰaŋ²⁴	田 tʰiaŋ²⁴	瞒 maŋ²⁴	猿 yaŋ²⁴	凉 liɛ²⁴ 白/ liaŋ²⁴ 文	蝗 xuo²⁴ 白/ xuaŋ²⁴ 文
上声	陕 saŋ²¹	坦 tʰaŋ²¹	典 tiaŋ²¹	短 tuaŋ²¹	犬 tɕʰyaŋ²¹	莽 maŋ²¹	广 kuaŋ²¹

由表6-1-9可见，隰县新派咸山摄舒声和宕摄舒声合流较为整齐，阳平、上声字合流为[aŋ iaŋ]，阴平、去声开合撮口读[æ uæ yæ]，齐齿呼则咸山、宕摄则合流为[iɛ]，隰县新派依然可见异调分韵现象。

隰县新老派声调进行相比，最大的区别就是老派上声由曲折调[312]变为新派高降调[53]，虽然该方言曲折调分韵（曲折调发音时长最长）的条件已消失，但阴平的高降调依然满足分韵的条件。老派去声高降[52]变为新派半高平[44]依然是高调，去声与阳平、上声分韵依然保留，但"浪当让"等去声字已读[aŋ]，不能排除这些字可能受到官话的强势影响，但该方言声调高度的变化，也可能进一步促使原本已分立的韵再次合并。

6.1.5 黎城方言异调分韵

李欢（2019：74）调查山西黎城方言蟹效两摄韵母舒声字依今声调的不同分为两类：蟹摄开口一二等（二等见系除外）、合口二等部分见系字，今逢平声、阴去、阳去读[ɛ uɛ]，逢上声韵母今读[æi uæi]；效摄字逢平声、阴去、阳去今韵母读[o io]，逢上声调韵母今读[ɔ iɔ]。李文调查黎城方言有4个舒声调：平声[33]上声[314]阴去[512]阳去[53]。①本书调查黎城城关（黎侯镇）方言，记录该方言有4个舒声调：平声[33]上声[213]阴去[422]阳去[53]，我们将李文记录蟹效两摄读音和本书调查读音比较如表6-1-10所示：

表 6-1-10　　　　　　　　山西黎城方言读音比较

声调\例字	李文调查			本书调查		
	蟹开一二	蟹合二	效摄	蟹开一二	蟹合二	效摄
平声	灾 tsɛ³³	歪 uɛ³³	高 ko³³	焦 cio³³	灾 tsei³³	歪 uei³³	高 kɔo³³	焦 tɕiɔo³³
阴去	拜 pɛ⁵¹²	怪 kuɛ⁵¹²	到 to⁵¹²	叫 tɕio⁵¹²	拜 pei⁴²²	怪 kuei⁴²²	到 tɔo⁴²²	叫 ciɔo⁴²²
阳去	孩 xɛ⁵³	坏 xuɛ⁵³	毛 mo⁵³	潮 tɕʰio⁵³	孩 xei⁵³	坏 xuei⁵³	毛 mɔo⁵³	潮 tɕʰiɔo⁵³
上声	改 kæi³¹⁴	拐 kuæi³¹⁴	吵 tsʰo³¹⁴	少 ɕio³¹⁴	改 kæ²¹³	拐 kuæ²¹³	吵 tsʰɔo²¹³	少 ɕiɔo²¹³

由表6-1-10可见，本书调查黎城方言蟹摄（蟹开一二、合二）确实存在异调分韵：蟹开一、开二（见系字除外）、合二，逢平声、阴去和阳去读[ei uei]，逢上声读[æ uæ]。效摄字四个声调韵母无差别，未发现效摄去声调与其他舒声调不同韵。李文调查结果与本书调查相比主要有两点不同，一是调型和调值的不同，李文阴去为曲折调[512]，上声为曲折调[314]，本书阴去为降平调[422]，上声为曲折调[213]。二是效摄是否异调分韵不同，李文调查黎城方言中的效摄字有异调分韵，本书调查未发现。

本书语料来自2019年山西语保项目补充调查，发音人为黎城黎侯镇人，

---

① 黎城方言中古浊声母平声与浊声母去声合并为一个声调，李欢（2019：74）将这个声调叫作阳平去，本书根据其归并方向，将其称为去声，将李文中阴平称为平声。

代表黎城城关方言。李文未说明黎城方言的内部差异，也未说明发音合作人具体生活地，所记语音是黎城哪里方言也不明确，加之发音合作人个体差异，这可能导致李文和本书调查结果不同。比较两种语料，我们发现今黎城方言的异调分韵现象也符合声调长短分韵的规律，发生变调的上声曲折调是本方言调长最长的声调。

6.1.6 晋城方言异调分韵

潘家懿（1984：429）研究晋城方言止遇摄也有异调分韵，去声字全部带有喉塞音韵尾，与其他声调字不同韵。我们的调查结果与潘文不同。今晋城（包括泽州）方言有 4 个舒声单字调：阴平[33]阳平[324]上声[213]去声[53]。止遇摄舒声读音如表 6-1-11 所示：

表 6-1-11　　　　晋城（泽州）方言止遇摄读音例字

声调＼例字	止摄			遇摄	
	开口呼	齐齿呼	合口呼	合口呼	撮口呼
阴平	资 tsʅ³³	饥 tɕi³³	虽 ʂuɯ³³	枯 kʰu³³	虚 ɕy³³
阳平	时 ʂʅ³²⁴	脾 pʰi³²⁴	垂 tʂʰuɯ³²⁴	胡 xu³²⁴	驴 ly³²⁴
上声	尺 tʂʰʅ²¹³	理 li²¹³	垒 luɯ²¹³	补 pu²¹³	取 tɕʰy²¹³
去声	至 tsʅ⁵³	避 pi⁵³	翠 tʂʰuɯ⁵³	悟 u⁵³	虑 ly⁵³

本书共调查晋城（包括泽州）方言止摄 268 个字，其中去声 85 个字，仅"厕[tsʰəʔ²²]鼻[piəʔ²²]篦[piəʔ²²]"三字读入声，调查遇摄 236 个字，其中去声 67 个字，仅"妒[tuʔ²²]做[tʂuʌʔ²²]"两字读入声，另外"去"字有入声读法[kəʔ²²]。这几个字入声读法符合本书"5.2 山西方言的舒声促化"的特征，无论从其数量上，还是性质上都不应看作是异调分韵。潘文并未说明止遇摄去声读入声韵的是晋城哪里的方言，从今晋城方言调查语料看，晋城异调分韵现象尚未得到证实。

我们发现山西方言的异调分韵并无明显的地域特征，主要分布在晋方言上党片（襄垣、黎城）2 个点，中原官话汾河片（永济）1 个点和吕梁片（隰县）1 个点。涉及异调分韵的韵摄既有阴声韵，也有阳声韵，主要集中在蟹效摄（襄垣、黎城）、咸山摄（永济、隰县）、宕摄（隰县）等韵，各摄主要元音有低元音[a ɑ æ]，半高元音[e o]，半低元音[ɛ ɔ]，未发现有高元音。综合各方言的情况，本书认为，山西方言异调分韵的根本原因是方言中的长调或高调对韵母的影响，声调时长变长要求增加韵母发音的时长来匹配，这就导致了韵母的分化；声调发音时长变短，原本已分韵的韵摄又开始发生韵母合并的变化。山西方言分韵是通过增音、鼻韵尾（鼻化韵）和开韵尾之间的转化等形式来实现的。与南方有异调分韵的方言相比，山西方言异调分韵的主要影响因素是声调的长短和高低，而与韵母主元音高低关系不明显。此外，研究异调分韵还应明确分韵会否引起韵类的分合变化，区分音值的变化和音位的区别等实际问题。

6.2 山西方言轻声对韵母的影响

轻声是汉语中一种重要的语音现象。赵元任先生（2002：37）最早在《国语罗马字研究》中使用了"轻声"这一提法。其后，学界对轻声又有多种不同的定义，但一般都认为，轻声是汉语四声的特殊音变现象，是在一定的条件下读得又短又轻的调子，但它并不是四声之外的第五调。轻声音节音质的表现为轻声音节元音向央元音[ə]移动，轻声音节里的不带音辅音容易浊化为带音辅音，元音普遍读得较松弛等（李爱军，2017：348—378）。汉语轻声的产生大致可以上溯到 12 世纪，王力（1980：257）认为，作为语法形式的轻音是随着语法的要求产生的，普通话里的轻音应该是在动词形尾"了""着"形成的时代，在介词"之"字变为定语语尾"的"字的时代，轻音就产生了，轻音实际上就是语音弱化的一种表现方式。

李如龙（1990：89）认为，轻声对声韵母的影响常见的主要有清辅音声母浊音化、韵母主元音的弱化或脱落、韵尾塞音化、合音现象。今山西方言中浊声母较为少见，仅个别例子，如山西北部广灵、怀仁、灵丘、忻州等点"子尾"读轻声音节，"子"的声母发生浊化，如"柱子[tsu²⁴ zə⁰]"（怀仁）、"蛋子冰雹[tæ²¹³ zə⁰]"（广灵）、"山沟子[sã¹³ kəu³¹ zə⁰]"（忻州）等。轻声音节对韵母的影响主要表现在韵母主元音弱化或脱落、韵尾塞音化和合音上。山西方言舒声促化的音变上一章已详细分析，下文主要从韵母主元音弱化或脱落、声母的脱落以及合音等现象来探讨山西方言轻声的弱化表现。

6.2.1 声韵弱化或脱落

李如龙（1990：89）指出，北京话"花"读[xua⁵⁵]，"棉花"读为[miɛn²¹⁴ xo⁰]，"户"读[xu⁵¹]，"窗户"读[tʂʰuaŋ⁵⁵ xo⁰]，前者原是低元音，后者原是高元音，在轻声音节里都弱化为不高不低的中元音。"大夫[tai⁵¹ f⁰]""意思[i⁵¹ s̩⁰]"等重—轻式音节轻音韵母由于弱化而脱落了。山西方言中轻声导致韵母主元音弱化或脱落的类型比普通话更加丰富，大致有以下几种：

（1）韵母复元音化或低化。临汾方言"里[li⁵³]"在方言词"半夜里[pæ̃⁴⁴ iɑ⁴⁴ lei⁰]"主元音由单元音[i]变为复元音[ei]，广灵方言"里[li⁴⁴]"在"家里[tɕiɑ⁵³ lɛe⁰]"单元音[i]变为复元音[ɛe]。繁峙方言"婆[pʰɤ³¹]"在"阳婆太阳[iɔ³¹ pʰa⁰]"中主元音[ɤ]前低化为[a]。文水方言"里[ɻ̩⁴²]"在"城里[tsʰəŋ²² leɪ⁰]"中主元音[ɻ̩]低化为复元音[eɪ]。五寨方言"午[vu¹³]"在"晌午[sɒ¹³ vɒ⁰]"主元音[u]低化为[ɒ]。

（2）主元音去圆唇化。临汾方言"去[tɕʰy]"在"出去[tʂu²¹ tɕʰi⁰]"中主元音由圆唇元音[y]变为展唇元音[i]。屯留方言"女[ny⁴³]"在"闺女女儿[kuei³¹ n̩i⁰]"中主元音也由[y]变为[i]。

（3）主元音央化。平顺方言"里[li⁴³⁴]"在"这里[tsəʔ²² lə⁰]"主要元音由[i]央化为[ə]。

（4）主元音高化。大同方言"瓦[vɑ⁵⁵]"在"砚瓦[iɛ²⁴ vɔ⁰]"中主元音由低元音高化为半低元音[ɔ]。繁峙方言"瓦[va⁵³]"在"砚瓦[iɛ²⁴ vɔ⁰]"中主元音也发生高化。沁源方言"后[xiəu⁵³]"在"先后[ɕiæ̃³²⁴ xu⁰]"中元音[əu]高化为单元音[u]，同时齐齿呼变为合口呼。

（5）阴声韵变阳声韵。五寨方言"拇[mu¹³]"在表示手指时韵母[u]变为[əŋ]，如"二拇哥哥[ər⁵² məŋ⁰ kɤ¹¹ kɤ³³]"，韵母受鼻音声母[m]的影响而同化为鼻音韵[əŋ]，阴声韵变为阳声韵。两音节之间的语流音变也是山西方言音节弱化的表现。

（6）韵母主元音的脱落。广灵方言"方[fɔ⁵³]"在轻声音节"地方[ti²¹³ f̩⁰]"中，元音[ɔ]脱落，声母自成音节[f̩]。长子方言"母[mu⁴³⁴]"在"父母[fu⁴⁴ m̩⁰]"中元音[u]脱落，声母自成音节[m̩]，祁县方言"们[mɔ̃³¹]"在人称代词"我/你/他/咱/俺们[m̩⁰]"等词里元音[ɔ̃]脱落，声母变为声化音[m̩]，襄垣方言"女[ny⁴²]"在"闺女[kuei³³ n̩⁰]"中脱落了韵母[y]，声母变为声化韵[n̩]。

此外，山西方言由于音节的弱化，声母也会发生一定的变化，如太谷方言"下[xɒ⁵³]"在"年除下[n̩iɐ̃³³ tsu³¹ ɒ⁰]"中脱落声母[x]成为零声母音节。襄垣方言"下[ɕia⁴⁵]"在"底下[ti⁴² ia⁰]"声母[ɕ]脱落变为零声母音节[ia]，文水方言"来[lai²²]"在"夜来[i³⁵ ai⁰]"中脱落声母[l]变为零声母音节等。

6.2.2 山西方言的合音

两个音节连读时，由于后一个音节轻声，两个音节合并成一个音节的现象叫合音，山西方言合音现象主要有以下几种情形：

（1）卷舌化。北京话中的卷舌化较为突出，如花儿[xuɐr⁵⁵]、灯儿[tɤ̃r⁵⁵]。

前音节声调不变，后音节（儿尾）只保留卷舌作用化入前音节韵母，并使其韵腹和韵尾发生相应的变化。山西大部分方言存在韵母卷舌化，集中表现在儿化韵上，分布在并州片太原、平遥、和顺、孝义、太谷、介休、娄烦，上党片长治、襄垣、屯留、长子、晋城、高平，[①]吕梁片临县、离石、汾阳、方山、隰县、大宁、永和、蒲县，大包片大同、怀仁、天镇、五台片忻州、繁峙、山阴、原平、定襄、代县、朔州、浑源、灵丘、神池、五寨、保德、偏关、河曲、宁武以及中原官话永济、万荣、临汾、洪洞、浮山等点。下面择取山西各片部分方言点比较儿化韵数量，详见表6-2-1所示：

表6-2-1　　　　　　　山西各片代表方言儿化韵数量比较

方言片	方言点	儿化韵数量	方言片	方言点	儿化韵数量
中原官话汾河片	运城	37个	上党片	长治	8个
	万荣	32个		晋城	16个
	洪洞	26个		屯留	25个
并州片	孝义	14个	大包片	大同	11个
	和顺	13个		朔州	10个
	平遥	31个		天镇	4个
	介休	20个		阳泉	12个
吕梁片	蒲县	22个	五台片	山阴	9个
	隰县	12个		五台	11个
	临县	14个		忻州	11个
	离石	11个		定襄	4个

从山西方言儿化韵的数量看，山西方言自南而北，儿化韵数目渐次减少，汾河片儿化韵数量最多，五台、大包两片儿化韵相对较少，其他方言片儿化韵数量基本相当。山西方言儿化对所附音节的影响与儿化韵数量成反比。儿化韵多，说明儿化对所附音节的影响不大；儿化韵越少，说明儿化对所附音节的主要元音影响就越大。万荣方言共35个韵母，儿化韵就有32个。其中韵母不变，直接加卷舌动作[-r]或加卷舌音[ər]的就有21个，可见儿化对韵母的影响并不显著。天镇方言共36个韵母，儿化韵仅有4

---

① 高平儿系字读[ɚ]，其儿化读音与普通话卷舌[ər]不同，有的学者称为ʅ化（白静茹等:《高平方言研究》，山西人民出版社2005年版）。

个，卷舌儿化使该方言韵尾大体脱落且所有韵腹趋同（乔全生，2000：92）。有入声的方言点，基本韵母是入声韵，儿化韵则变为舒声韵，喉塞韵尾消失。

山西方言儿化韵的构成形式主要有拼合型和融合型两类。拼合型又可根据拼合的情况分为全拼型和半拼型两种，具体如下：

（1）全拼型：指基本韵母结构不变，直接与卷舌央元音[ər]拼合，原有韵母结构不发生变化，具体如表6-2-2所示：

表6-2-2　　　　　　　　山西方言全拼型儿化韵例字

方言点	基本韵	儿化韵	方言点	基本韵	儿化韵
介休	小燕 ȵia^{45}	小燕儿 ȵiar^{45}	高平	媳妇 fu^{53}	媳妇儿 fuɻ^{53}
孝义	喂牛 niou^{11}	喂牛儿 niour^{11}	山阴	地窖 tɕiɔ^{335}	地窖儿 tɕiɔr^{335}
大同	唱歌 kɤ^{31}	唱歌儿 kɤr^{31}	忻州	小兔 tʰu^{53}	小兔儿 tʰuər^{53}

（2）半拼型：先将基本韵母稍加改变，后与卷舌央元音[ər]拼合，半拼型还包括基本韵是入声韵的，儿化韵变为舒声韵，有的方言中随着韵母的变化，声调也要发生变化，具体如表6-2-3所示：

表6-2-3　　　　　　　　山西方言半拼型儿化韵例字

方言点	基本韵	儿化韵	方言点	基本韵	儿化韵
太谷	马 mɑ^{323}	马儿 mər^{323}	太原	盒 xaʔ^{54}	盒儿 xɒr^{53}
介休	蜂 xuəŋ^{13}	蜂儿 xuə̃r^{53}	长治	刷 suaʔ^{44}	刷儿 suɑr^{44}
汾阳	样 iã^{55}	样儿 iuər^{53}	大同	鱼 y^{53}	鱼儿 yər^{53}

表6-2-3中，太原方言盒儿[xɒr^{53}]是由"盒[xaʔ^{54}]"儿化构成，韵母[aʔ]喉塞音失落，主要元音后圆唇化并卷舌变为[ɒr]。榆次方言[ʌʔ iʌʔ uʌʔ yʌʔ]四个入声韵儿化后一律读舒声，阴入字读阴平，阳入字读上声，如笔儿 piər^{11}（笔[piʌʔ^{21}]）、曲儿 tɕʰyər^{11}（曲[tɕʰyʌʔ^{21}]）、侄儿 tsər^{53}（侄[tsʌʔ^{54}]）、轴儿 tsuər^{53}（轴[tsuʌʔ^{54}]）等，但并非所有的入声韵儿化后，声调都要发生变化。表6-2-3中长治方言仅入声韵变为舒声韵，主要元音发生变化，但是声调没有发生变化。

融合型：基本韵母儿化后发生了较大变化，卷舌央元音[ər]与基本韵母有机地融合在一起，形成了一个全新的韵母形式，具体如表 6-2-4 所示：

表 6-2-4　　　　　　　　山西方言融合型儿化韵例字

方言点	基本韵	儿化韵	方言点	基本韵	儿化韵
平遥	字 tsʅ^{35}	字儿 tsɚ^{35}	晋城	狗 kʌɣ^{213}	狗儿 kɚ^{213}
孝义	霉 mei^{11}	（发）霉儿 mɚ^{11}	稷山	本 pə̃ĩ^{13}	本儿 pɚ^{13}
阳高	根 kəŋ^{31}	根儿 kɚ^{31}	运城	侄 tsʅ^{13}	侄儿 tʂʰɚ^{13}

山西方言中采用全拼型的多数为阴声韵，采用半拼型的多为阳声韵和入声韵，这是因为有鼻音韵尾和塞音韵尾的音节较难发生儿化，鼻音和塞音韵尾脱落导致主要元音发生变化，阳声韵变为鼻化韵，而入声韵失落喉塞韵尾后，受卷舌动作的影响，韵母主要元音发生央化和后化。拼合（全拼和半拼）和融合是儿化韵构成的主要手段，在同一方言中根据韵母的不同可能会同时存在。如山西平遥方言中基本韵 [a iɑ uɑ ɤE iE yE uə yə æ uæ ɔ uɔ]等韵母，儿化韵构成采用全拼式；基本韵是[iəŋ ei uəŋ ɑŋ uʌ]等韵母，儿化韵构成采用半拼式；基本韵是[ʅ əŋ]韵母的，儿化韵构成采用融合式。平遥方言儿化韵的构成具体如表 6-2-5 所示：

表 6-2-5　　　　　　　　平遥方言儿化韵的构成类型

拼合式	全拼式	马 mɑ^{53}	花 xuɑ^{13}	车 tsʰɤE^{13}	胎 tʰæ^{13}	裤 kʰu^{35}
		马儿 mɑr^{53}	花儿 xuɑr^{13}	车儿 tsʰɤEr^{13}	胎儿 tʰær^{13}	裤儿 kʰur^{35}
	半拼式	镜 tɕiəŋ^{35}	磨 mei^{35}	虫 tsʰuəŋ^{13}	活 xuʌʔ^{53}	班 pɑŋ^{13}
		镜儿 tɕir^{35}	磨儿 mer^{35}	虫儿 tsʰuə̃r^{13}	活儿 xuʌr^{53}	班儿 pãr^{13}
融合式		字 tsʅ^{35}	盆 pəŋ^{13}			
		字儿 tsɚ^{35}	盆儿 pẽr^{13}			

其他合音：汉语方言还有一些常用词或语素由于轻声而合音，合音的范围和方式各不相同。北京话的"俩[lia^{214}]、仨[sa^{55}]"是常见的合音。俩、仨分别是"两个"和"三个"的合音，由于轻声使得韵母发生了弱化，表现为"个"这个轻声音节失落，甚至两、三这两个音节的韵尾也脱落了。山西方言中这类合音词并不多，但使用较为普遍，主要存于山西方言代词系统中，具体如表 6-2-6 所示：

表 6-2-6　　　　　　　　　　山西方言代词合音例词

人称代词		指示代词		疑问代词	
合音	基本音	合音	基本音	合音	基本音
洪洞：[我家]ŋuɑ⁴²	ŋo⁴²tɕiɑ⁰	太谷：[这个]tsai²²	tsəʔ¹¹xuai²²	平遥：[谁家]ɕyɑ¹³	suei¹³tɕiɑ⁰
文水：[我们]kəŋ⁴²	kəʔ⁴²məʔ¹¹	天镇：[这个]tʂʌ²⁴	tʂəʔ²⁴kʌ²⁴	万荣：[什么]sɤ²⁴	sʅ²⁴mɤ⁰
太原：[人家]nia¹¹	zəŋ¹¹tɕiɑ⁰	介休：[兀个]uɛi⁴⁵	uʌʔ³ xuɛi⁴⁵	吉县：[那谁]nau³³	na³³fu⁰
中阳：[咱家]tsʰa³³	tsʰæ³³tɕiɑ⁰	长治：[那样]ȵiaŋ⁵³⁵	ȵiai⁵³iaŋ⁵³⁵	天镇：[做啥]tsuə²²	tsuəʔ²⁴ʂa⁰

表 6-2-6 中，基本音后一音节多为轻声（有的轻声调值不为零，如文水"们"轻声实际调值为[11]），这也是两个音节能够合音的重要条件。山西方言合音构成有一般的规则，分别取构成合音的两个音节的声母和韵母构成新的音节，如太谷方言[这个]合音为[tsai²²]，分别取了"这[tsəʔ¹¹]"的声母和"个[xuai²²]"的韵母构成，合音词的声调不固定，有的跟前一音节声调相同，如洪洞"[家]ŋuɑ⁴²"、文水"[我们]kəŋ⁴²"，有的则与后一音节相同，如太谷"[这个]tsai²²"、长治"[那样]ȵiaŋ⁵³⁵"，如后一音节弱化为轻声，则合音音节一般与前字音节相同，如万荣"[什么]sɤ²⁴"、平遥"[谁家]ɕyɑ¹³"、天镇"[做啥]tsuə²²"等。山西方言的合音也有一些特殊的构成方式，如介休方言[兀个]合音为[uɛi⁴⁵]，兀[uʌʔ³]是零声母，合音只取"个[xuɛi⁴⁵]"的韵母和声调。平遥[谁家]合音读[ɕyɑ¹³]，后字韵母[ia]，被前字合口介音同化为[ya]，前字声母又腭化为[ɕ]，后字声调已弱化为轻声，合音的声调取前字声调[13]，吉县方言[那谁]的合音[nau³³]又有所不同，取前一字那[na³³]的声母，取"那"和"谁"两字的韵母[a][u]构成新的韵母[au]。

此外还有一些特殊的合音，如洪洞方言的数量结构、名词、动词和语助词也有合音现象，如"[一个]ie³³"是由"一个[i²² uɛ⁰]"合音而成，"[三个]sɑ²¹"是由"三个[san²¹ uɛ⁰]"合音而成，"[去吧]tɕʰiɑ³³"是由"去吧[tɕʰi³³ pa⁰]"合音而成。"[提溜]tʰiou²⁴"是由"提溜[tʰi²⁴ liou⁰]合音而成"等。部分方言地名中也存在合音，如古交地名"[姬家]庄[tɕia⁴⁴ tsuɑ⁴⁴]"，忻州地名"[翟家]山[tʂɑ³¹ ʂã⁰]"等。

第 2 编　语料篇

第7章 晋方言入声字读音对照集

本部分是对山西有入声方言（晋方言）79个代表点的200个常用入声字字音进行比较对照，据此可以了解山西方言入声的归并情况。为了便于查找并与普通话进行对照，对照集中的例字排列基本按照北京大学中国语言文学系语言学教研室编《汉语方言字汇》（第2版重排本）（语文出版社，2003）北京话声韵排列顺序（韵母只排列与入声相关的韵母），次第如表7-1所示：

表7-1　　　　　　　　　韵母次第

ɿ	i	u	y
ʅ			
a	ia	ua	
ɤ			
	ie		ye
o		uo	
ai			
ei			
au	iau		
ou	iou		

同韵母的字按声母顺序排列，声母的次第如表7-2所示：

表7-2　　　　　　　　　声母次第

p	pʰ	m	f	v
t	tʰ	n		l
ts	tsʰ		s	
tʂ	tʂʰ		ʂ	ʐ
tɕ	tɕʰ	ȵ	ɕ	
k	kʰ	ŋ	x	
∅				

代表点的顺序按照山西地理由北至南的顺序排列，具体如下：大同新荣、阳高、天镇、左云、右玉、山阴、怀仁、平定、昔阳、和顺、灵丘、浑源、应县、平鲁（朔州平鲁区）、朔州、忻州、原平、定襄、五台、岢岚、神池、五寨、宁武、代县、繁峙、河曲、保德、偏关、阳曲、古交、太原晋源、太原北郊、清徐、娄烦、太谷（晋中市太谷区）、祁县、平遥、介休、灵石、寿阳、榆次（晋中市榆次区）、榆社、交城、文水、孝义、孟县、静乐、离石（吕梁市离石区）、汾阳、方山、柳林、临县、中阳、兴县、岚县、交口、石楼、隰县、大宁、永和、汾西、蒲县、长治市（长治市潞州区）、长治县（长治市上党区）、长子、屯留（长治市屯留区）、黎城、壶关、平顺、沁县、武乡、沁源、襄垣、安泽、沁水端氏镇、晋城、阳城、陵川、高平。山西西南部运城、临汾方言已不保留入声读音，对照表中未列。

本表入声取字的依据是同韵摄取1—2个常用字，同一韵摄尽量选取不同声母的字。表中"/"前为白读，"/"后为文读。"｜"前后是又读关系。①是老派读音，②是新派读音。代表点名称一般用县市名称代指该地方言，其中新荣指的是大同市新荣区方言，晋源指的是太原市南部晋源区方言，北郊指的是太原北郊柴村方言，晋城则包括晋城及泽州方言，端氏指沁水端氏镇方言。

表 7-3

方言＼字目	汁 深开三 入缉章	直 曾开三 入职澄	吃 梗开四 入锡溪	尺 梗开三 入昔昌	赤 梗开三 入昔昌
新荣	tʂəʔ⁴	tʂəʔ⁴|tʂʅ³¹²	tʂʰəʔ⁴	tʂʰəʔ⁴	tʂʰəʔ⁴
阳高	tʂəʔ³³	tʂəʔ³³	tʂʰəʔ³³	tʂʰəʔ³³	tʂʰəʔ³³
天镇	tʂəʔ⁴⁴	tʂəʔ⁴⁴	tʂʰəʔ⁴⁴	tʂʰəʔ⁴⁴	tʂʰəʔ⁴⁴
左云	tʂəʔ⁴⁴	tʂəʔ⁴⁴/tʂʅ³¹³	tʂʰəʔ⁴⁴	tʂʰəʔ⁴⁴	tʂʰəʔ⁴⁴
右玉	tʂəʔ⁴⁴	tʂəʔ⁴⁴	tʂʰəʔ⁴⁴	tʂʰəʔ⁴⁴	tʂʰəʔ⁴⁴
山阴	tʂəʔ⁴	tʂəʔ⁴	tʂʰəʔ⁴	tʂʰəʔ⁴	tʂʰəʔ⁴
怀仁	tʂəʔ⁴	tʂəʔ⁴	tʂʰəʔ⁴	tʂʰəʔ⁴	tʂʰəʔ⁴
平定	tʂəʔ⁴⁴	tʂəʔ⁴⁴	tʂʰəʔ⁴⁴	tʂʰəʔ⁴⁴	tʂʰəʔ⁴⁴
昔阳	tʂʌʔ⁴³	tʂʌʔ⁴³/tʂʅ³³	tʂʰʌʔ⁴³	tʂʰʌʔ⁴³	tʂʰʌʔ⁴³
和顺	tʂəʔ²¹	tʂəʔ²¹	tʂʰəʔ²¹	tʂʰəʔ²¹	tʂʰəʔ²¹
灵丘	tsəʔ⁵	tsʅ³¹/tsəʔ⁵	tsʰəʔ⁵	tsʰəʔ⁵	tsʰəʔ⁵
浑源	tsəʔ⁴⁴	tsʅ²²/tsəʔ⁴⁴	tsʰəʔ⁴⁴	tsʰəʔ⁴⁴	tsʰəʔ⁴⁴
应县	tsəʔ⁴³	tsəʔ⁴³	tsʰəʔ⁴³	sʅ⁴³/tsʰəʔ⁴³	tsʰəʔ⁴³
平鲁	tsəʔ³⁴	tsʅ⁴⁴/tsəʔ³⁴	tsʰəʔ³⁴	tsʰʅ⁴⁴/tsʰəʔ³⁴	tsʰəʔ³⁴
朔州	tʂəʔ³⁵	tʂəʔ³⁵	tʂʰəʔ³⁵	tʂʰəʔ³⁵	tʂʰəʔ³⁵
忻州	tʂəʔ³²	tʂʰəʔ³²/tʂəʔ³²	tʂʰəʔ³²	tʂʰəʔ³²	tʂʰəʔ³²
原平	tʂəʔ³⁴	tʂʰəʔ³⁴/tʂəʔ³⁴	tʂʰəʔ³⁴	tʂʰəʔ³⁴	tʂʰəʔ³⁴
定襄	tʂəʔ³³	tʂəʔ³³	tʂʰəʔ¹	tʂʰəʔ¹	tʂʰʅ⁵³
五台	tʂəʔ³³	tʂʰəʔ³³	tʂʰəʔ³³	tʂʰəʔ³³	tʂʰəʔ³³
岢岚	tʂəʔ⁴	tʂəʔ⁴	tʂʰəʔ⁴	tʂʰəʔ⁴	tʂʰəʔ⁴
神池	tʂəʔ⁴	tʂəʔ⁴	tʂʰəʔ⁴	tʂʰəʔ⁴	tsʰi⁵²
五寨	tʂəʔ⁴	tʂəʔ⁴	tʂʰəʔ⁴	tʂʰəʔ⁴	tʂʰəʔ⁴
宁武	tʂəʔ⁴	tʂʰəʔ⁴/tʂəʔ⁴	tʂʰəʔ⁴	tʂʰəʔ⁴	tʂʰəʔ⁴
代县	tʂəʔ²²	tʂəʔ²²	tʂʰəʔ²²	tʂʰəʔ²²	tʂʰəʔ²²
繁峙	tsʅ⁵³	tsəʔ¹³/tsʅ³¹	tsʰəʔ¹³	tsʰəʔ¹³	tsʰəʔ¹³
河曲	tsəʔ⁴	tsəʔ⁴	tɕəʔ⁴	tsʰʅ²¹³	tsʰʅ²¹³
保德	tʂəʔ⁴	tʂəʔ⁴	tʂʰəʔ⁴	tʂʰəʔ⁴	tʂʰəʔ⁴
偏关	tʂəʔ⁴	tʂəʔ⁴	tʂʰəʔ⁴	tʂʰəʔ⁴	tʂʰəʔ⁴
阳曲	tsəʔ⁴	tsəʔ⁴	tsʰəʔ⁴	tsʰəʔ⁴	tsʰəʔ⁴

续表

方言\字目	汁 深开三 入缉章	直 曾开三 入职澄	吃 梗开四 入锡溪	尺 梗开三 入昔昌	赤 梗开三 入昔昌
古交	tsʅəʔ33	tsəʔ212	tsʰəʔ2	tsʰəʔ2	tsʰəʔ2
晋源	tsəʔ2	tsəʔ2	tsʰəʔ2	tsʰəʔ2	tsʰəʔ2
北郊	tsəʔ22	tsəʔ43	tsʰəʔ22	tsʰəʔ22	səʔ22/tsʰəʔ22
清徐	tsəʔ11	tsəʔ54	tsʰəʔ11	tsʰəʔ11	tsʰəʔ11
娄烦	tsəʔ3	tsəʔ3	tsʰəʔ3	tsʰəʔ3	səʔ3
太谷	tsəʔ3	tsəʔ423	tsʰəʔ3	tsʰəʔ3	tsʰəʔ3/səʔ3
祁县	tʂəʔ32	tʂəʔ324	tʂʰəʔ32	tʂʰəʔ32	ʂʅ45
平遥	tʂʌʔ212	tʂʌʔ212	tʂʰʌʔ212	tʂʰʌʔ212	tʂʌʔ212
介休	tʂʌʔ12	tʂʌʔ312	tʂʰʌʔ12	tʂʰʌʔ12	ʂʌʔ12/tʂʰʌʔ12
灵石	tsəʔ4	tsəʔ212	tsʰəʔ4	tsʰəʔ4	tsʰʅ53
寿阳	tsəʔ2	tsəʔ54	tsʰəʔ2	tsʰəʔ2	tsʰəʔ2
榆次	tsəʔ11	tsəʔ53	tsʰəʔ11	tsʰəʔ11	səʔ11/tsʰʅʔ35
榆社	tsəʔ312	tsəʔ312	tsʰəʔ22	tsʰəʔ22	səʔ22
交城	tsəʔ11	tsəʔ53	tsʰəʔ11	tsʰəʔ11	səʔ11/tsʰəʔ11
文水	tsəʔ2	tsʅʔ22/tsəʔ312	tsʰəʔ2	tsʰəʔ2	səʔ2/tsʰʅ35
孝义	tʂəʔ3	tsəʔ423	tʂʰəʔ3	tʂʰəʔ3	tʂʰəʔ3
盂县	tsəʔ22	tsəʔ53	tsʰəʔ22	tsʰəʔ22	səʔ22
静乐	tsəʔ4	tsəʔ212	tsʰəʔ4	tsʰəʔ4	tsʰəʔ4
离石	tsəʔ4	tsʰəʔ23/tsəʔ4	tsʰəʔ4	tsʰəʔ4	tsʰəʔ4
汾阳	tʂəʔ22	tʂəʔ312	tʂʰəʔ22	tʂʰəʔ22	ʂəʔ22/tʂʰəʔ22
方山	tʂəʔ4	tʂəʔ23/tʂəʔ4	tʂʰəʔ4	tʂʰəʔ4	tʂʰəʔ4
柳林	tsəʔ4	tsʰəʔ423/tsəʔ4	tsʰəʔ4	tsʰəʔ4	tsʰəʔ4
临县	tʂɐʔ3	tʂɐʔ3	tʂʰɐʔ3	tʂʰɐʔ3	tʂʰɐʔ3
中阳	tsəʔ4	tsʰəʔ312/tsəʔ4	tsʰəʔ4	tsʰəʔ4	tsʰəʔ4
兴县	tʂəʔ55	tʂʰəʔ55/tsəʔ55	tʂʰəʔ55	tʂʰəʔ55	tʂʰəʔ55
岚县	tsəʔ4	tsʰəʔ23/tsəʔ4	tsʰəʔ4	tsʰəʔ4	tsʰəʔ4
交口	tsəʔ4	tsʰəʔ212/tsəʔ4	tsʰəʔ4	tsʰəʔ4	tsʰʅ53
石楼	tʂəʔ4	tʂʰəʔ213/tʂəʔ4	tʂʰəʔ4	tʂʰəʔ4	tʂʰəʔ4
隰县	tsəʔ3	tsʰəʔ3	tsʰəʔ4	tsʰəʔ3	tsʰəʔ3

续表

方言＼字目	汁 深开三 入缉章	直 曾开三 入职澄	吃 梗开四 入锡溪	尺 梗开三 入昔昌	赤 梗开三 入昔昌
大宁	tʂəʔ^{31}	tʂʰəʔ^{44}	tʂʰəʔ^{31}	tʂʰəʔ^{31}	tʂʰəʔ^{31}
永和	tʂəʔ^{35}	tʂəʔ^{35}	tʂʰəʔ^{35}	tʂʰəʔ^{35}	tʂʰəʔ^{35}
汾西	tsɿ^{11}	tsʰə^{3}	tsʰɿ^{11}	tsʰɿ^{33}	tsʰɿ^{55}
蒲县	tʂʅ^{33}	tʂʰʅ^{33}/tʂʅ^{33}	tʂʰəʔ^{43}	tʂʰəʔ^{43}	tʂʰʅ^{33}
长治市	tsəʔ^{53}	tsəʔ^{53}	tsʰəʔ^{53}	tsʰəʔ^{53}	tsʰəʔ^{53}
长治县	tɕiəʔ^{21}/tsɿ^{213}	tɕiəʔ^{21}	tɕʰiəʔ^{21}	tɕʰiəʔ^{21}	tɕʰiəʔ^{21}
长子	tsɿ^{312}	tsəʔ^{212}	tsʰəʔ^{44}	tsʰəʔ^{44}	tsʰəʔ^{44}
屯留	tsəʔ^{1}	tsəʔ^{54}	tsʰəʔ^{1}	tsʰəʔ^{1}	tsʰəʔ^{1}
黎城	tɕiɤʔ^{31}	tɕiɤʔ^{31}	tɕʰiɤ^{22}	tɕʰiɤʔ^{22}	tsʰɿ^{422}
壶关	tʃiəʔ^{2}	tʃiəʔ^{21}	tʃʰiəʔ^{2}	tʃʰiəʔ^{2}	tʃʰiəʔ^{2}
平顺	tɕiəʔ^{212}	tɕiəʔ^{423}	tɕʰiəʔ^{212}	tɕʰiəʔ^{212}	tɕʰiəʔ^{212}
沁县	tsəʔ^{31}	tsəʔ^{212}	tsʰəʔ^{31}	tsʰəʔ^{31}	tsʰəʔ^{31}
武乡	tsəʔ^{3}	tsəʔ^{423}	tsʰəʔ^{3}	tsʰəʔ^{3}	tsʰəʔ^{3}
沁源	tʂəʔ^{31}	tʂəʔ^{31}	tʂʰəʔ^{31}	tʂʰəʔ^{31}	tʂʰəʔ^{31}
襄垣	tsʌʔ^{3}	tsʌʔ^{43}	tsʰʌʔ^{3}	tsʰʌʔ^{3}	tsʰʌʔ^{3}
安泽	tsɿ^{21}	tsɿ^{35}	tsʰəʔ^{21}	tsʰəʔ^{21}	tsʰɿ^{53}
端氏	tsəʔ^{22}	tsəʔ^{54}	tsʰəʔ^{22}	tsʰəʔ^{22}	tsʰəʔ^{22}
晋城	tʂəʔ^{22}	tʂəʔ^{22}	tʂʰəʔ^{22}	tʂʰəʔ^{22}	tʂʰəʔ^{22}
阳城	tʂəʔ^{22}	tʂəʔ^{22}	tʂʰəʔ^{22}	tʂʰəʔ^{22}	tʂʰəʔ^{22}
陵川	tɕiəʔ^{3}	tɕiəʔ^{23}	tɕʰiəʔ^{3}	tɕʰiəʔ^{3}	tɕʰiəʔ^{3}
高平	tʂəʔ^{22}	tʂəʔ^{22}	tʂʰəʔ^{22}	tʂʰəʔ^{22}	tʂʰəʔ^{22}

表 7-4

方言 \ 字目	十 深开三 入缉禅	实 臻开三 入质船	识 曾开三 入职书	石 梗开三 入昔禅	日 臻开三 入质日
新荣	ʂəʔ²⁴	ʂəʔ²⁴/ʂʅ³¹²	ʂəʔ²⁴	ʂəʔ²⁴/ʂʅ³¹²	ʐʅ²⁴/ʐəʔ²⁴
阳高	ʂəʔ³³	ʂəʔ³³	ʂəʔ³³	ʂəʔ³³	ʐʅ²⁴/ʐəʔ³³
天镇	ʂəʔ⁴⁴	ʂəʔ⁴⁴	ʂəʔ⁴⁴	ʂəʔ⁴⁴	ʐʅ²⁴
左云	ʂəʔ⁴⁴	ʂəʔ⁴⁴	ʂəʔ⁴⁴	ʂəʔ⁴⁴	ʐʅ²⁴
右玉	ʂəʔ⁴⁴	ʂəʔ⁴⁴	ʂəʔ⁴⁴	ʂəʔ⁴⁴	ʐʅ²⁴
山阴	ʂəʔ⁴	ʂəʔ⁴	ʂəʔ⁴	ʂəʔ⁴	ʐəʔ⁴
怀仁	ʂəʔ⁴	ʂəʔ⁴	ʂəʔ⁴	ʂəʔ⁴	ʐʅ²⁴
平定	ʂəʔ⁴⁴	ʂəʔ⁴⁴	ʂəʔ⁴⁴	ʂəʔ⁴⁴/ʂʅ⁴⁴	ʐəʔ²³
昔阳	ʂʌʔ⁴³	ʂʌʔ⁴³	ʂʌʔ⁴³	ʂʌʔ⁴³/ʂʅ³³	ʐʅ¹³
和顺	ʂəʔ²¹	ʂəʔ²¹	ʂəʔ²¹	ʂəʔ²¹	ʐəʔ²¹
灵丘	ʂəʔ⁵	ʂəʔ⁵/ʂʅ³¹	ʂəʔ⁵	ʂəʔ⁵/ʂʅ³¹	ʐʅ⁵³
浑源	ʂəʔ⁴⁴	ʂəʔ⁴⁴	ʂəʔ⁴⁴	ʂəʔ⁴⁴/ʂʅ²²	ʐəʔ⁴⁴/ʐʅ¹³
应县	ʂəʔ⁴³	ʂəʔ⁴³	ʂəʔ⁴³	sẽ⁴³	ʐəʔ⁴³/ʐʅ²⁴
平鲁	ʂəʔ³⁴	ʂəʔ³⁴	ʂəʔ³⁴	ʂəʔ³⁴	ʐəʔ³⁴/ʐʅ⁵²
朔州	ʂəʔ³⁵	ʂəʔ³⁵	ʂəʔ³⁵	ʂəʔ³⁵	ʐʅ⁵³
忻州	ʂəʔ³²	ʂəʔ³²	ʂəʔ³²	ʂəʔ³²	ʐəʔ³²
原平	ʂəʔ³⁴	ʂəʔ³⁴	ʂəʔ³⁴	ʂəʔ³⁴	ʐəʔ³⁴
定襄	ʂəʔ¹	ʂəʔ¹	ʂəʔ¹	ʂəʔ¹	ʐəʔ¹
五台	ʂəʔ³³	ʂəʔ³³	ʂəʔ³³	ʂəʔ³³	ʐəʔ³³
岢岚	ʂəʔ⁴	ʂəʔ⁴	ʂəʔ⁴	ʂəʔ⁴	ʐəʔ⁴
神池	ʂəʔ⁴	ʂəʔ⁴	ʂəʔ⁴	ʂəʔ⁴	ʐəʔ⁴
五寨	ʂəʔ⁴	ʂəʔ⁴	ʂəʔ⁴	ʂəʔ⁴	ʐəʔ⁴
宁武	ʂəʔ⁴	ʂəʔ⁴	ʂəʔ⁴	ʂəʔ⁴	ʐəʔ⁴
代县	ʂəʔ²²	ʂəʔ²²	ʂəʔ²²	ʂəʔ²²	ʐəʔ²²
繁峙	ʂəʔ¹³	ʂəʔ¹³	ʂəʔ¹³	ʂəʔ¹³	ʐəʔ¹³
河曲	ʂəʔ⁴	ʂəʔ⁴	ʂəʔ⁴	ʂəʔ⁴	ʐəʔ⁴
保德	ʂəʔ⁴	ʂəʔ⁴	ʂəʔ⁴	ʂəʔ⁴	ʐəʔ⁴
偏关	ʂəʔ⁴	ʂəʔ⁴	ʂəʔ⁴	ʂəʔ⁴	ʐəʔ⁴
阳曲	ʂəʔ²¹²	ʂəʔ²¹²	ʂəʔ⁴	ʂəʔ²¹²	ʐəʔ⁴

续表

方言＼字目	十 深开三 入缉禅	实 臻开三 入质船	识 曾开三 入职书	石 梗开三 入昔禅	日 臻开三 入质日
古交	səʔ²¹²	səʔ²¹²	səʔ²¹²	səʔ²¹²	zəʔ²
晋源	səʔ⁴³	səʔ⁴³	səʔ²	səʔ⁴³	zəʔ²
北郊	səʔ⁴³	səʔ⁴³	səʔ²²	səʔ⁴³	zəʔ²²
清徐	səʔ⁵⁴	səʔ⁵⁴	səʔ¹¹	səʔ⁵⁴	ai¹¹
娄烦	səʔ³	səʔ³	səʔ³	səʔ³	zəʔ³
太谷	səʔ⁴²³	səʔ⁴²³	səʔ⁴²³	səʔ⁴²³	zəʔ³
祁县	ʂəʔ³²⁴	ʂəʔ³²⁴	ʂəʔ³²⁴	ʂəʔ³²⁴	zʅʔ³²
平遥	ʂʌʔ⁵²³	ʂʌʔ⁵²³	ʂʌʔ²¹²	ʂʌʔ⁵²³	zʌʔ⁵²³
介休	ʂʌʔ³¹²	ʂʌʔ³¹²	ʂʌʔ²¹²	ʂʌʔ³¹²	zʌʔ³¹²
灵石	ʂəʔ²¹²	ʂəʔ²¹²	ʂəʔ⁴	ʂəʔ²¹²	zəʔ⁴
寿阳	səʔ⁵⁴	səʔ⁵⁴	səʔ⁵⁴	səʔ⁵⁴	zəʔ²
榆次	səʔ⁵³	səʔ⁵³	səʔ⁵³	səʔ⁵³	zəʔ¹¹
榆社	səʔ³¹²	səʔ³¹²	səʔ²²	səʔ²²	zəʔ²²
交城	səʔ⁵³	səʔ⁵³	səʔ⁵³	səʔ⁵³	zəʔ¹¹
文水	səʔ³¹²	səʔ³¹²	səʔ²	səʔ³¹²	zəʔ²
孝义	ʂəʔ⁴²³	ʂəʔ⁴²³	ʂa³	ʂəʔ⁴²³/ʂʅ³¹²	zəʔ³
盂县	səʔ⁵³	səʔ⁵³	səʔ²²	səʔ⁵³	zəʔ⁵³
静乐	səʔ²¹²	səʔ²¹²	səʔ²¹²	səʔ²¹²	zəʔ⁴
离石	səʔ²³	səʔ²³	səʔ⁴	səʔ²³	zəʔ²³
汾阳	ʂəʔ³¹²	ʂəʔ³¹²	səʔ²²	ʂəʔ³¹²	zəʔ³¹²
方山	səʔ²³	səʔ²³	səʔ³	səʔ²³	zəʔ³
柳林	səʔ⁴²³	səʔ⁴²³	səʔ⁴	sei³¹²/səʔ⁴²³	zəʔ⁴²³
临县	ʂæʔ²⁴	ʂæʔ²⁴	ʂæʔ³	ʂæʔ²⁴	zæʔ²⁴
中阳	səʔ³¹²	səʔ³¹²	səʔ⁴	səʔ³¹²	zəʔ⁴
兴县	ʂəʔ³¹²	ʂəʔ³¹²	ʂəʔ⁵⁵	ʂəʔ³¹²	zəʔ⁵⁵
岚县	səʔ²³	səʔ²³	səʔ⁴	səʔ²³	zəʔ⁴
交口	səʔ²¹²	səʔ²¹²	səʔ⁴	səʔ²¹²	zaʔ⁴/zəʔ⁴
石楼	ʂəʔ²¹³	ʂəʔ²¹³	tʂəʔ⁴	ʂəʔ²¹³	zəʔ⁴
隰县	səʔ³	səʔ³	səʔ³	səʔ³	zəʔ³

续表

方言＼字目	十 深开三 入缉禅	实 臻开三 入质船	识 曾开三 入职书	石 梗开三 入昔禅	日 臻开三 入质日
大宁	ʂəʔ⁴⁴	ʂəʔ⁴⁴	ʂəʔ³¹	ʂəʔ⁴⁴	ʐəʔ³¹/ʐəʔ³¹/ʐəʔ⁴⁴
永和	ʂəʔ³¹²	ʂəʔ³¹²	ʂəʔ³¹²	ʂəʔ³⁵	ʐəʔ³⁵
汾西	sə³	sə³	sə¹	sə³	ʐʅ¹
蒲县	ʂʅ³³	ʂʅ³³	ʂʅ⁵²	ʂəʔ²³	ʐʅ⁵²
长治市	səʔ⁵³	səʔ⁵³	səʔ⁵³	səʔ⁵³	i⁵⁴/ʐʅ⁵⁴
长治县	ɕiəʔ²¹	ɕiəʔ²¹	ɕiəʔ²¹	ɕiəʔ²¹	iəʔ²¹
长子	səʔ²¹²	səʔ²¹²	səʔ⁴⁴	səʔ²¹²	i⁵³/iəʔ⁴⁴
屯留	səʔ⁵⁴	səʔ⁵⁴	səʔ¹	sʌʔ¹	iəʔ⁵⁴
黎城	ɕiɤʔ³¹	ɕiɤʔ³¹	ɕiɤʔ³¹	ɕiɤʔ³¹	iɤʔ²²
壶关	ʃiəʔ²¹	ʃiəʔ²	ʃiəʔ²	ʃiəʔ²¹	iəʔ²¹/i³⁵³
平顺	ɕiəʔ⁴²³	ɕiəʔ⁴²³	ɕiəʔ⁴²³	ɕiəʔ⁴²³	iəʔ⁴²³/i⁵³
沁县	səʔ²¹²	səʔ²¹²	səʔ³¹	səʔ²¹²	ʐəʔ³¹
武乡	səʔ³	səʔ³	səʔ³	səʔ⁴¹³	ʐəʔ³/ʐʅ⁵⁵
沁源	ʂəʔ³¹	ʂəʔ³¹	ʂəʔ³¹	ʂəʔ³¹/ʂʅ³³	ʐəʔ³¹
襄垣	sʌʔ⁴³	sʌʔ⁴³	sʌʔ³	sʌʔ⁴³	ʐʌʔ³
安泽	ʂʅ³⁵	ʂʅ³⁵	ʂʅ³⁵	ʂʅ³⁵	ʐʅ²¹
端氏	səʔ⁵⁴	səʔ⁵⁴	səʔ⁵⁴	səʔ⁵⁴	zaʔ²²
晋城	ʂəʔ²²	ʂəʔ²²	ʂəʔ²²	ʂəʔ²²	ʐəʔ²²/l̩²¹³
阳城	ʂəʔ²²	ʂəʔ²²	ʂəʔ²²	ʂəʔ²²	ʐʌʔ²²/ʐəʔ²²/ʐʅ⁵¹
陵川	ɕiəʔ²³	ɕiəʔ²³	ɕiəʔ³	ɕiəʔ²³	i²⁴
高平	ʂəʔ²²	ʂəʔ²²	ʂəʔ²²	ʂəʔ²²	ʐəʔ²²/ʐʅ⁵³

表 7-5

方言＼字目	逼 曾开三 入职帮	毕 臻开三 入质帮	必 臻开三 入质帮	匹 臻开三 入质滂	密 臻开三 入质明
新荣	piəʔ⁴	piəʔ⁴	piəʔ⁴	pʰi³²	miəʔ⁴|mi²⁴
阳高	piəʔ³³	piəʔ³³	piəʔ³³	pʰi⁵³	miəʔ³³
天镇	piəʔ⁴⁴	piəʔ⁴⁴	piəʔ⁴⁴	pʰiəʔ⁴⁴	miəʔ⁴⁴
左云	piəʔ⁴⁴	pi²⁴	pi²⁴	pʰi⁵⁴	miəʔ⁴⁴
右玉	piəʔ⁴⁴	piəʔ⁴⁴	piəʔ⁴⁴	pʰi²¹²	miəʔ⁴⁴
山阴	piəʔ⁴	piəʔ⁴	piəʔ⁴	pʰi³¹³	miəʔ⁴
怀仁	piəʔ⁴	piəʔ⁴	piəʔ⁴	pʰi⁴²	miəʔ⁴|mi²⁴
平定	piæʔ⁴⁴	piæʔ⁴⁴	piəʔ⁴⁴	pʰi⁴⁴/pʰi⁵³	miəʔ⁴⁴
昔阳	piʌʔ⁴³	piʌʔ⁴³	piʌʔ⁴³	pʰi⁵⁵	mi¹³
和顺	pieʔ²¹	pieʔ²¹	pieʔ²¹	pʰieʔ²¹	mieʔ²¹
灵丘	piəʔ⁵	piəʔ⁵	piəʔ⁵	pʰi⁴⁴²	mi⁵³
浑源	piəʔ⁴⁴	piəʔ⁴⁴	piəʔ⁴⁴	pʰi⁵²	miəʔ⁴⁴/mi¹³
应县	pieʔ⁴³	piəʔ⁴⁴	piəʔ⁴⁴	pʰi⁴³	mieʔ⁴³
平鲁	piəʔ³⁴	piəʔ³⁴	piəʔ³⁴/pi²⁴	pʰi²¹³	miəʔ³⁴
朔州	piəʔ³⁵	piəʔ³⁴	piəʔ³⁴	pʰi³¹²	miəʔ³⁵
忻州	piəʔ³²	piəʔ³⁵	piəʔ³⁵	pʰiəʔ³²	miəʔ³²
原平	piəʔ³⁴	piəʔ³⁴	piəʔ³⁴	pʰiəʔ³⁴	miəʔ³⁴
定襄	piəʔ¹	piəʔ³⁴	piəʔ³⁴	pʰiəʔ³³	miəʔ³³
五台	piəʔ³³	piəʔ³³	piəʔ³³	pʰiəʔ³³	miəʔ³³
岢岚	pieʔ⁴	piəʔ³³	piəʔ³³	pʰieʔ⁴	mieʔ⁴
神池	piəʔ⁴	piɛʔ⁴	piɛʔ⁴	pʰiəʔ⁴	miəʔ⁴
五寨	piəʔ⁴	piəʔ⁴	piəʔ⁴	pʰiəʔ⁴	miəʔ⁴
宁武	piəʔ⁴	piəʔ⁴	piəʔ⁴	pʰiəʔ⁴	miəʔ⁴
代县	piəʔ²²	piəʔ⁴	piəʔ⁴	pʰi²¹³	miəʔ²²
繁峙	piəʔ¹³	piəʔ²²	piəʔ²²	pʰi⁵³	miəʔ¹³
河曲	piəʔ⁴	pi²⁴	piəʔ¹³	pʰiəʔ⁴	miəʔ⁴
保德	pieʔ⁴	piəʔ⁴	piəʔ⁴	pʰiəʔ⁴	miəʔ⁴
偏关	piəʔ⁴	piəʔ⁴	pi⁵²	pʰiəʔ⁴	miəʔ⁴
阳曲	piɛʔ⁴	piəʔ⁴	piəʔ⁴	pʰiɛʔ⁴	miɛʔ⁴

续表

方言\字目	逼 曾开三入职帮	毕 臻开三入质帮	必 臻开三入质帮	匹 臻开三入质滂	密 臻开三入质明
古交	piəʔ²	piəʔ²	piəʔ²	pʰiəʔ²	miəʔ²
晋源	piəʔ²	piəʔ²	piəʔ²	pʰiəʔ²	miəʔ²
北郊	piəʔ²²	piəʔ²²	piəʔ²²	pʰiəʔ²²/pʰi³¹²	miəʔ²²
清徐	piəʔ¹¹	piəʔ¹¹	piəʔ¹¹	pʰiəʔ¹¹	miəʔ¹¹
娄烦	piəʔ³	piəʔ³	piəʔ³	pʰiəʔ³	miaʔ³
太谷	piəʔ³	piəʔ³	piəʔ³	pʰiəʔ³	miəʔ³
祁县	piəʔ³²/piI³¹⁴	piəʔ³²	piəʔ³²	pʰiəʔ³²	miəʔ³²
平遥	piʌʔ²¹²	piʌʔ²¹²	piʌʔ²¹²	pʰiʌʔ²¹²	miʌʔ⁵²³
介休	piʌʔ¹²	piʌʔ¹²	miʌʔ¹²	pʰiʌʔ¹²	miʌʔ³¹²
灵石	piəʔ⁴	piəʔ⁴	piəʔ⁴	pʰi²¹²	miəʔ⁴
寿阳	piəʔ²	piəʔ²	piəʔ²	pʰiəʔ²	miəʔ²
榆次	piəʔ¹¹	piəʔ¹¹	piəʔ¹¹	pʰiəʔ¹¹	miəʔ¹¹
榆社	piəʔ²²	piəʔ²²	piəʔ²²	pʰiəʔ²²	miəʔ²²
交城	piəʔ¹¹	piəʔ¹¹	piəʔ¹¹	pʰiəʔ¹¹	miəʔ¹¹
文水	piəʔ²	piəʔ²	miəʔ²	pʰiəʔ²	miəʔ²
孝义	piəʔ³	piəʔ⁴²³	piəʔ⁴²³	pʰiəʔ³	miəʔ³
盂县	piəʔ²²	piəʔ²²	piəʔ²²	pʰiəʔ²²	miəʔ²²
静乐	piəʔ⁴	piəʔ⁴	piəʔ⁴	pʰiəʔ⁴	miəʔ⁴
离石	pieʔ⁴	pieʔ⁴	pieʔ⁴	pʰieʔ⁴	mieʔ⁴
汾阳	pieʔ²²	pieʔ²²	pieʔ²²	pʰieʔ²²	mieʔ³¹²
方山	piɛʔ⁴	piɛʔ⁴	piɛʔ⁴	pʰiɛʔ⁴	miɛʔ⁴
柳林	pieʔ⁴	pi⁵³	pi⁵³	pʰiɛʔ⁴	mieʔ⁴²³
临县	piɐʔ³	piɐʔ³	piɐʔ³	pʰiɐʔ³	miɐʔ²⁴
中阳	pieʔ⁴	pieʔ⁴	pieʔ⁴	pʰieʔ⁴	mieʔ⁴
兴县	piəʔ⁵⁵	piəʔ⁵⁵	piəʔ⁵⁵	pʰiəʔ⁵⁵	miəʔ⁵⁵
岚县	piɛʔ⁴	piɛʔ⁴	piɛʔ⁴	pʰiɛʔ⁴	miɛʔ⁴
交口	pieʔ⁴	pieʔ⁴	pieʔ⁴	pʰieʔ⁴	mieʔ⁴
石楼	piəʔ⁴	piəʔ⁴	piəʔ⁴	pʰiəʔ⁴	miəʔ⁴
隰县	piəʔ³	piəʔ³	piəʔ³	pʰiəʔ³	miəʔ³

方言＼字目	逼 曾开三 入职帮	毕 臻开三 入质帮	必 臻开三 入质帮	匹 臻开三 入质滂	密 臻开三 入质明
大宁	piəʔ³¹	piəʔ³¹	piəʔ³¹	pʰiəʔ³¹	miəʔ³¹
永和	piəʔ³⁵	piəʔ³⁵	piəʔ³⁵	pʰiəʔ³⁵	miəʔ³¹²
汾西	piə¹	piə¹	piə¹	pʰz̞¹/pʰiə¹	miə¹
蒲县	pi⁵²	pi⁵²	pi⁵²	pʰi⁵²	mi⁵²
长治市	piəʔ⁵³	piəʔ⁵³	piəʔ⁵³	pʰi³¹²	miəʔ⁵³
长治县	piəʔ²¹	piəʔ²¹	piəʔ²¹	pʰiəʔ²¹	miəʔ²¹
长子	piəʔ⁴⁴	piəʔ⁴⁴	piəʔ⁴⁴	pʰi⁴³⁴	miəʔ⁴⁴
屯留	piəʔ¹	piəʔ¹	piəʔ¹	pʰi¹¹	miəʔ¹
黎城	piɤʔ²²	piɤʔ²²	piɤʔ²²	pʰi³³	miɤʔ²²
壶关	piəʔ²	piəʔ²	piəʔ²	pʰi⁴²	miəʔ²¹
平顺	piəʔ²¹²	piəʔ²¹²	piəʔ²¹²	pʰi⁵³	miəʔ⁴²³
沁县	piəʔ³¹	piəʔ³¹	piəʔ³¹	pʰiəʔ³¹/pʰɿ²²⁴	miəʔ³¹
武乡	piəʔ³	piəʔ³	piəʔ³	pʰiəʔ³	miəʔ³
沁源	piəʔ³¹	piəʔ³¹	piəʔ³¹	pʰiəʔ³¹/pʰi³²⁴	miəʔ³¹
襄垣	piʌʔ³	piʌʔ³	piʌʔ³	pʰi³³	miʌʔ³
安泽	piəʔ²¹/pi²¹	pi²¹	pi²¹	pʰi²¹/pʰi⁴²	mi²¹
端氏	piəʔ⁵⁴	piəʔ²²	piəʔ⁵⁴/piəʔ²²	pʰiəʔ²²/pʰi²¹	miəʔ²²
晋城	piəʔ²²	piəʔ²²	piəʔ²²	pʰi³³	miəʔ²²
阳城	piəʔ²²	piəʔ²²	piəʔ²²	pʰiəʔ²²	miəʔ²²/mi⁵¹
陵川	piəʔ³	piəʔ³	piəʔ³	pʰiəʔ³	miəʔ²³
高平	piəʔ²²	piəʔ²²	piəʔ²²	pʰi³³	miəʔ²²

表 7-6

方言＼字目	笛 梗开四 入锡定	踢 梗开四 入锡透	逆 梗开三 入陌疑	溺 梗开四 入锡泥	立 深开三 入缉来
新荣	ti³¹²	tʰiəʔ⁴	niəʔ⁴	niəʔ⁴	liəʔ⁴
阳高	ti²⁴	tʰiəʔ³³	niəʔ³³	ni²⁴	liəʔ³³
天镇	tiəʔ⁴⁴	tʰiəʔ⁴⁴	ni²⁴	ni²⁴	liəʔ⁴⁴
左云	tiəʔ³¹³	tʰiəʔ⁴⁴	ni²⁴	niəʔ⁴⁴/ni²⁴	liəʔ⁴⁴
右玉	ti²¹²	tʰiəʔ⁴⁴	niəʔ⁴⁴	niəʔ⁴⁴	liəʔ⁴⁴
山阴	ti³¹³	tɕʰiəʔ⁴	niəʔ⁴	niəʔ⁴	liəʔ⁴
怀仁	ti³¹²	tʰiəʔ⁴	niəʔ⁴	niəʔ⁴	liəʔ⁴
平定	tiæʔ²³	tʰiəʔ⁴⁴	niæʔ²³	niæʔ²³	lyəʔ²³/liəʔ²³
昔阳	ti³³	tʰiʌʔ⁴³	ni¹³	ni¹³	lei¹³
和顺	tieʔ²¹	tʰieʔ²¹	ȵieʔ²¹	ȵieʔ²¹	lieʔ²¹
灵丘	ti³¹	tʰiəʔ⁵	niəʔ⁵	ni⁵³	liəʔ⁵
浑源	ti²²	tʰiəʔ⁴⁴	ni¹³	ni¹³	li¹³/liəʔ⁴⁴
应县	ti³¹	tʰiɛʔ⁴³	niɛʔ⁴³/ni²⁴	niɛʔ⁴³/ni²⁴	liɛʔ⁴³/li²⁴
平鲁	tiəʔ³⁴/ti⁴⁴	tɕʰiəʔ³⁴	niəʔ³⁴	niəʔ³⁴	liəʔ³⁴
朔州	tiəʔ³⁵	tɕiəʔ³⁵	niəʔ³⁵	niəʔ³⁵	liəʔ³⁵
忻州	tiəʔ³²	tʰiəʔ³²	niəʔ³²	ni⁵³	liəʔ³²
原平	tiəʔ³⁴	tiəʔ³⁴	niəʔ³⁴	niəʔ³⁴	liəʔ³⁴
定襄	tiəʔ¹	tʰiəʔ¹	niəʔ³³	niəʔ³³	liəʔ³³
五台	tiəʔ³³	tɕʰiəʔ³³	ȵiəʔ³³	ȵiəʔ³³	li ʔ³³
岢岚	tieʔ⁴	tʰieʔ⁴	niɛʔ⁴	ni⁵²	lieʔ⁴
神池	tiəʔ⁴	tʰi²⁴	ni⁵²	ȵi⁵²	liəʔ⁴
五寨	tiəʔ⁴	tʰiəʔ⁴	niəʔ⁴	niəʔ⁴	liəʔ⁴
宁武	tiəʔ⁴	tɕʰiəʔ⁴	niəʔ⁴	niəʔ⁴	liəʔ⁴
代县	tiəʔ²²	tʰiəʔ²²	niəʔ²²	niəʔ²²	liəʔ²²
繁峙	tiəʔ¹³/tʰi³¹	tʰiəʔ¹³	ȵi²⁴	ȵiəʔ¹³	liəʔ¹³
河曲	tiəʔ⁴	tʰiəʔ⁴	niəʔ⁴	niəʔ⁴/ni⁵²	liəʔ⁴
保德	tiəʔ⁴	tʰiəʔ⁴	ni⁵²	ni⁵²	liəʔ⁴
偏关	tiəʔ⁴	tʰiəʔ⁴	niɛʔ⁴	niəʔ⁴	liəʔ⁴
阳曲	tiɛʔ²¹²	tʰiɛʔ⁴	ȵiɛʔ⁴	ni⁴⁵⁴	liɛʔ⁴

续表

方言＼字目	笛 梗开四 入锡定	踢 梗开四 入锡透	逆 梗开三 入陌疑	溺 梗开四 入锡泥	立 深开三 入缉来
古交	tiəʔ²¹²	tʰiəʔ²	ni⁵³	niəʔ²¹²/ɿ⁵³	li³³
晋源	tiəʔ²	tʰiəʔ²	ȵiəʔ²	ȵi³⁵	liəʔ²
北郊	tiəʔ⁴³	tʰiəʔ²²	niəʔ²²	niəʔ²²	liəʔ²²
清徐	tiəʔ⁵⁴	tʰiəʔ¹¹	ȵiəʔ¹¹	ȵiəʔ¹¹	liəʔ¹¹
娄烦	tiəʔ³	tʰiəʔ³	ȵiəʔ³	ȵiəʔ³	liəʔ³
太谷	tiəʔ⁴²³	tʰiəʔ³	ȵiəʔ³	ȵiəʔ³	liəʔ³
祁县	tiəʔ³²⁴	tʰiəʔ³²	ȵiəʔ³²	ȵiəʔ³²	liəʔ³²
平遥	tiʌʔ⁵²³	tʰiʌʔ²¹²	ȵiʌʔ⁵²³	ȵi²⁴	liʌʔ⁵²³
介休	tiʌʔ³¹²	tʰiʌʔ¹²	ȵiʌʔ¹²	ȵiʌʔ¹²	liʌʔ¹²
灵石	tiəʔ⁴	tʰiəʔ⁴	niəʔ⁴	niəʔ⁴	liəʔ⁴
寿阳	tiəʔ⁵⁴	tʰiəʔ²	ȵiəʔ²	ȵiəʔ²	liəʔ²
榆次	tiəʔ⁵³	tʰiəʔ¹¹	ni³⁵	ni³⁵	liəʔ¹¹
榆社	tiəʔ²²	tʰiəʔ²²	niəʔ²²	niəʔ²²	liəʔ²²
交城	tiəʔ⁵³	tʰiəʔ¹¹	niəʔ¹¹	niəʔ¹¹	ləʔ¹¹/liəʔ¹¹
文水	tiaʔ³¹² tiəʔ³¹²	tʰiəʔ²	ȵiəʔ²	ȵiəʔ²	liəʔ²
孝义	tiəʔ⁴²³	tʰiəʔ³	ȵiəʔ³	ȵiəʔ³	liəʔ³
盂县	tiəʔ⁵³	tʰiəʔ²²	ȵiəʔ²²	ȵiəʔ²²	liəʔ²²
静乐	tiəʔ⁴	tɕʰiəʔ⁴	ȵiəʔ⁴	ȵiəʔ⁴	liəʔ⁴
离石	tʰieʔ²³/tʰieʔ⁴	tʰieʔ⁴	nieʔ⁴	nieʔ⁴	lieʔ²³
汾阳	tieʔ³¹²	tʰieʔ²²	ȵieʔ³¹²	ȵieʔ³¹²	lieʔ³¹²
方山	tiɛʔ⁴	tʰiɛʔ⁴	niɛʔ²³	ni⁵²	liɛʔ²³
柳林	tʰiɛʔ³¹²/tiɛʔ⁴	tʰiɛʔ⁴	niɛʔ⁴²³	niɛʔ⁴²³	liɛʔ⁴²³
临县	tiɛʔ³	tʰiɛʔ³	ȵiɛʔ²⁴	ȵiɛʔ²⁴	liɛʔ²⁴
中阳	tieʔ⁴	tʰieʔ⁴	nieʔ⁴	nieʔ⁴	lieʔ³¹²
兴县	tiəʔ⁵⁵	tʰiəʔ⁵⁵	niəʔ⁵⁵	niəʔ⁵⁵	liəʔ³¹²
岚县	tiɛʔ⁴	tʰiɛʔ⁴	niɛʔ⁴	niɛʔ⁴	liɛʔ⁴
交口	tʰieʔ²¹²	tʰieʔ⁴	ȵieʔ⁴	ȵieʔ⁴	lieʔ⁴
石楼	tʰiəʔ²¹³	tʰiəʔ⁴	ȵiəʔ⁴/ȵi⁵¹	ȵiəʔ⁴	liəʔ⁴
隰县	tʰiəʔ³	tʰiəʔ³	ȵiəʔ³	ȵiəʔ³	liəʔ³

续表

方言＼字目	笛 梗开四 入锡定	踢 梗开四 入锡透	逆 梗开三 入陌疑	溺 梗开四 入锡泥	立 深开三 入缉来
大宁	tʰiəʔ³¹	tʰiəʔ³¹	niəʔ³¹	niəʔ³¹	liəʔ³¹
永和	tiəʔ³¹²	tʰiəʔ³⁵	niəʔ³¹²	niəʔ³⁵	liəʔ³¹²
汾西	tiə³/tʰiə³	tʰiə¹	nʐ⁵³/niə¹	nʐ⁵³	liə¹
蒲县	ti²⁴	tʰi⁵²	ȵi³³	ȵi³³	li⁵²
长治市	tiəʔ⁵³	tʰiəʔ⁵³	ȵi⁵⁴	ȵi⁵⁴	liəʔ⁵³
长治县	tiəʔ²¹	tʰiəʔ²¹	i⁴²	niəʔ²¹	liəʔ²¹
长子	tiəʔ²¹²	tʰiəʔ⁴⁴	ȵi⁵³	ȵi⁵³	liəʔ⁴⁴
屯留	tiəʔ⁵⁴	tʰiəʔ¹	i¹¹/ȵi¹¹	ȵi¹¹	liəʔ¹
黎城	tiɤʔ³¹	tʰiɤʔ²²	ni⁵³	ni⁵³	liɤʔ³¹
壶关	tiəʔ²¹	tʰiəʔ²	ȵi³⁵³/ɕi³⁵³	ȵiəʔ²¹	liəʔ²¹
平顺	tiəʔ⁴²³	tʰiəʔ²¹²	ni⁵³	niəʔ⁴²³	liəʔ⁴²³
沁县	tiəʔ²¹²	tɕiəʔ³¹	ȵiəʔ³¹	ȵi³¹	liəʔ³¹
武乡	tiəʔ⁴²³	tʰiəʔ³	nʐ̩⁵⁵	nʐ̩⁵⁵	liəʔ³
沁源	tiəʔ³¹	tʰiəʔ³¹	ȵiʌʔ³¹	ȵiəʔ³¹	liəʔ³¹
襄垣	tiʌʔ⁴³	tʰiʌʔ³	ȵiʌʔ³	ȵi³	liʌʔ³
安泽	ti³⁵	tʰiəʔ²¹	ȵi⁵³	ȵi⁵³	liəʔ²¹
端氏	tiəʔ⁵⁴	tʰiəʔ²²	ȵi⁵³	ȵi⁵³	liəʔ²²
晋城	tiəʔ²²	tʰiəʔ²²	i⁵³	ni⁵³	liəʔ²²
阳城	ti²²	tʰiəʔ²²	ni⁵¹	ni⁵¹	liəʔ²²
陵川	tiəʔ³	tʰiəʔ³	ni²⁴	niəʔ²³	liəʔ²³
高平	tiəʔ²²	tʰiəʔ²²	ni⁵³	ni⁵³	liəʔ²²

表 7-7

方言＼字目	力 曾开三 入职来	激 梗开四 入锡见	击 梗开四 入锡见	急 深开三 入缉见	疾 臻开三 入质从
新荣	liəʔ⁴	tɕiəʔ⁴	tɕiəʔ⁴	tɕiəʔ⁴/tɕi³¹²	tɕiəʔ⁴
阳高	liəʔ³³	tɕiəʔ³³	tɕiəʔ³³	tɕiəʔ³³	tɕiəʔ³³
天镇	liəʔ⁴⁴	tɕiəʔ⁴⁴	tɕiəʔ⁴⁴	tɕiəʔ⁴⁴	tɕiəʔ⁴⁴
左云	liəʔ⁴⁴	tɕiəʔ⁴⁴	tɕiəʔ⁴⁴	tɕiəʔ⁴⁴/tɕi²¹³	tɕiəʔ⁴⁴
右玉	liəʔ⁴⁴	tɕiəʔ⁴⁴	tɕiəʔ⁴⁴	tɕiəʔ⁴⁴	tɕiəʔ⁴⁴
山阴	liəʔ⁴	tɕiəʔ⁴	tɕiəʔ⁴	tɕi³¹³/tɕiəʔ⁴	tɕi³¹³
怀仁	liəʔ⁴	tɕiəʔ⁴	tɕiəʔ⁴	tɕiəʔ⁴/tɕi³¹²	tɕiəʔ⁴
平定	liəʔ²³	tɕiəʔ⁴⁴	tɕiəʔ⁴⁴	tɕiəʔ⁴⁴	tɕiəʔ⁴⁴
昔阳	lei¹³	tɕiʌʔ⁴³	tɕiʌʔ⁴³	tɕiʌʔ⁴³	tɕiʌʔ⁴³
和顺	lieʔ²¹	tɕieʔ²¹	tɕieʔ²¹	tɕieʔ²¹	tɕieʔ²¹
灵丘	li⁵³	tɕiəʔ⁵	tɕiəʔ⁵	tɕiəʔ⁵/tɕiə³¹	tɕiəʔ⁵
浑源	li¹³	tɕiəʔ⁴⁴	tɕiəʔ⁴⁴	tɕiəʔ⁴⁴/tɕi²²	tɕiəʔ⁴⁴
应县	liɛʔ⁴³/li²⁴	tɕiɛʔ⁴³	tɕiɛʔ⁴³/tɕi⁴³	tɕiɛʔ⁴³/tɕi³¹	tɕiɛʔ⁴³
平鲁	liəʔ³⁴	tɕiəʔ³⁴	tɕiəʔ³⁴	tɕiəʔ³⁴	tɕiəʔ³⁴
朔州	liəʔ³⁵	tɕiəʔ³⁵	tɕiəʔ³⁵	tɕiəʔ³⁵	tɕiəʔ³⁵
忻州	liəʔ³²	tɕiəʔ³²	tɕiəʔ³²	tɕiəʔ³²	tɕiəʔ³²
原平	liəʔ³⁴	tɕiəʔ³⁴	tɕiəʔ³⁴	tɕiəʔ³⁴	tɕiəʔ³⁴
定襄	liəʔ¹	tɕiəʔ¹	tɕiəʔ¹	tɕiəʔ¹	tɕiəʔ¹
五台	liəʔ³³	tɕiəʔ³³	tɕiəʔ³³	tɕiəʔ³³	tɕiəʔ³³
岢岚	liɛʔ⁴	tɕiɛʔ⁴	tɕiɛʔ⁴	tɕiɛʔ⁴	tɕiɛʔ⁴
神池	liəʔ⁴	tɕi²⁴	tɕi²⁴	tɕiəʔ⁴	tɕiəʔ⁴
五寨	liəʔ⁴	tɕiəʔ⁴	tɕiəʔ⁴	tɕiəʔ⁴	tɕiəʔ⁴
宁武	liəʔ⁴	tɕiəʔ⁴	tɕiəʔ⁴	tɕiəʔ⁴	tɕiəʔ⁴
代县	liəʔ²²	tɕiəʔ²²	tɕiəʔ²²	tɕiəʔ²²	tɕiəʔ²²
繁峙	liəʔ¹³/li²⁴	tɕiəʔ¹³	tɕiəʔ¹³	tɕiəʔ¹³	tɕiəʔ¹³
河曲	liəʔ⁴	tɕiəʔ⁴	tɕiəʔ⁴	tɕiəʔ⁴	tɕiəʔ⁴
保德	liəʔ⁴	tɕiəʔ⁴	tɕiəʔ⁴	tɕiəʔ⁴	tɕiəʔ⁴
偏关	liəʔ⁴	tɕiəʔ⁴	tɕiəʔ⁴	tɕiəʔ⁴	tɕiəʔ⁴
阳曲	liɛʔ⁴	tɕiɛʔ⁴	tɕiɛʔ⁴	tɕiɛʔ⁴	tɕiɛʔ⁴

续表

方言＼字目	力 曾开三 入职来	激 梗开四 入锡见	击 梗开四 入锡见	急 深开三 入缉见	疾 臻开三 入质从
古交	liəʔ²	tɕiəʔ²	tɕiəʔ²	tɕiəʔ²	tɕiəʔ²¹²
晋源	liəʔ²	tɕiəʔ²	tɕiəʔ²	tɕiəʔ²	tɕiəʔ²
北郊	liəʔ²²	tɕiəʔ²²	tɕiəʔ²²/tɕi³³	tɕiəʔ²²	tɕiəʔ⁴³
清徐	liəʔ¹¹	tɕiəʔ¹¹	tɕiəʔ¹¹	tɕiəʔ¹¹	tɕiəʔ⁵⁴
娄烦	liəʔ²¹	tɕiəʔ³	tɕiəʔ³	tɕiəʔ³	tɕiəʔ³
太谷	liəʔ³	tɕiəʔ³	tɕiəʔ³	tɕiəʔ³	tɕiəʔ³
祁县	liəʔ³²	tɕiəʔ³²	tɕiəʔ³²	tɕiəʔ³²	tɕiəʔ³²
平遥	liʌʔ⁵²³	tɕiʌʔ²¹²	tɕiʌʔ²¹²	tɕiʌʔ²¹²	tɕiʌʔ²¹²
介休	liʌʔ³¹²	tɕiʌʔ¹²	tɕiʌʔ¹²	tɕiʌʔ¹²	tɕiʌʔ¹²
灵石	liəʔ⁴	tɕiəʔ⁴	tɕiəʔ⁴	tɕiəʔ⁴	tɕiəʔ⁴
寿阳	liəʔ²	tɕiəʔ²	tɕiəʔ²	tɕiəʔ²	tɕiəʔ²
榆次	liəʔ¹¹	tɕiəʔ¹¹	tɕiəʔ¹¹	tɕiəʔ¹¹	tɕiəʔ¹¹
榆社	liəʔ²²	tɕiəʔ²²	tɕiəʔ²²	tɕiəʔ²²	tɕiəʔ²²
交城	liəʔ¹¹	tɕiəʔ¹¹	tɕiəʔ¹¹	tɕiəʔ¹¹	tɕiəʔ¹¹
文水	liəʔ²	tɕiəʔ²	tɕiəʔ²	tɕiəʔ²	tɕiəʔ²
孝义	liəʔ³	tɕiəʔ³	tɕiəʔ³	tɕiəʔ³	tɕiəʔ³
盂县	liəʔ²²	tɕiəʔ²²	tɕiəʔ²²	tɕiəʔ²²	tɕiəʔ²²
静乐	liəʔ⁴	tɕiəʔ⁴	tɕiəʔ⁴	tɕiəʔ⁴	tɕiəʔ⁴
离石	lieʔ²³	tɕieʔ⁴	tɕieʔ⁴	tɕieʔ⁴	tɕieʔ⁴
汾阳	lieʔ³¹²	tɕieʔ²²	tɕieʔ²²	tɕieʔ²²	tɕieʔ²²
方山	liɛʔ²³	tɕiɛʔ⁴	tɕiɛʔ⁴	tɕiɛʔ⁴	tɕiɛʔ⁴
柳林	liɛʔ⁴²³	tɕiɛʔ⁴	tɕiɛʔ⁴	tɕiɛʔ⁴	tɕiɛʔ⁴
临县	liɐʔ²⁴	tɕiɐʔ³	tɕiɐʔ³	tɕiɐʔ³	tɕiɐʔ³
中阳	lieʔ⁴	tɕieʔ⁴	tɕieʔ⁴	tɕieʔ⁴	tɕieʔ⁴
兴县	liəʔ³¹²	tɕiəʔ⁵⁵	tɕiəʔ⁵⁵	tɕiəʔ⁵⁵	tɕiəʔ⁵⁵
岚县	liɛʔ⁴	tɕiɛʔ⁴	tɕiɛʔ⁴	tɕiɛʔ⁴	tɕiɛʔ⁴
交口	lieʔ⁴	tɕieʔ⁴	tɕieʔ⁴	tɕieʔ⁴	tɕieʔ⁴
石楼	liəʔ⁴	tɕiəʔ⁴	tɕiəʔ⁴	tɕiəʔ⁴	tɕiəʔ⁴
隰县	liəʔ³	tɕiəʔ³	tɕiəʔ³	tɕiəʔ³	tɕiəʔ³

续表

方言 \ 字目	力 曾开三 入职来	激 梗开四 入锡见	击 梗开四 入锡见	急 深开三 入缉见	疾 臻开三 入质从
大宁	liəʔ³¹	tɕiəʔ³¹	tɕiəʔ³¹	tɕiəʔ⁴⁴	tɕiəʔ³¹
永和	liəʔ³⁵	tɕiəʔ³⁵	tɕiəʔ³⁵	tɕiəʔ³⁵	tɕiəʔ³⁵
汾西	liə¹	tɕiə¹	tɕiə¹	tɕiə³	tɕiə³
蒲县	li⁵²	tɕi⁵²	tɕi⁵²	tɕi³³	tɕi²⁴
长治市	liəʔ⁵³	tɕiəʔ⁵³	tɕiəʔ⁵³	tɕiəʔ⁵³	tɕiəʔ⁵³
长治县	liəʔ²¹	tɕiəʔ²¹	tɕiəʔ²¹	tɕiəʔ²¹	tɕiəʔ²¹
长子	liəʔ⁴⁴	tɕiəʔ⁴⁴	tɕiəʔ⁴⁴	tɕiəʔ⁴⁴	tɕiəʔ⁴⁴
屯留	liəʔ¹	tɕiəʔ¹	tɕiəʔ¹	tɕiəʔ¹	tɕiəʔ¹
黎城	liɤʔ³¹	ɕiɤʔ²²	ɕiɤʔ²²	ɕiɤʔ²²	tɕiɤʔ²²
壶关	liəʔ²¹	ɕiə²	ɕiə²	ɕiə²	tsiəʔ²¹
平顺	liəʔ⁴²³	ɕiəʔ²¹²	ɕiəʔ²¹²	ɕiəʔ²¹²	tɕiəʔ⁴²³
沁县	liəʔ³¹	tɕiəʔ³¹	tɕiəʔ³¹	tɕiəʔ³¹	tɕiəʔ³¹
武乡	liəʔ³	tɕiəʔ³	tɕiəʔ³	tɕiəʔ³	tɕiəʔ⁴²³
沁源	liəʔ³¹	tɕiəʔ³¹	tɕiəʔ³¹	tɕiəʔ³¹	tɕiəʔ³¹
襄垣	liʌʔ³	tɕiʌʔ³	tɕiʌʔ³	tɕiʌʔ³	tɕiʌʔ³
安泽	liəʔ²¹	tɕi²¹	tɕi²¹	tɕiəʔ²¹	tɕi³⁵
端氏	liəʔ²²	tɕiəʔ²²	tɕiəʔ²²	tɕiəʔ⁵⁴	tɕiəʔ²²
晋城	liəʔ²²	tɕiəʔ²²	tɕiəʔ²²	tɕiəʔ²²	tɕiəʔ²²
阳城	liəʔ²²	ɕiəʔ²²	ɕiəʔ²²	ɕiəʔ²²	tɕiəʔ²²
陵川	liəʔ²³	ɕiəʔ³	ɕiəʔ³	ɕiəʔ³	tɕiəʔ²³
高平	liəʔ²²	ɕiəʔ²²	ɕiəʔ²²	ɕiəʔ²²	tɕiəʔ²²

表 7-8

方言\字目	即 曾开三 入职精	籍 梗开三 入昔从	迹 梗开三 入昔精	绩 梗开四 入锡精	七 臻开三 入质清
新荣	tɕiəʔ⁴	tɕiəʔ⁴	tɕiəʔ⁴	tɕiəʔ⁴	tɕʰiəʔ⁴
阳高	tɕiəʔ³³	tɕiəʔ³³	tɕiəʔ³³	tɕiəʔ³³	tɕʰiəʔ³³
天镇	tɕi²⁴	tɕiəʔ⁴⁴	tɕiəʔ⁴⁴	tɕiəʔ⁴⁴	tɕʰiəʔ⁴⁴
左云	tɕiəʔ⁴⁴	tɕiəʔ⁴⁴	tɕiəʔ⁴⁴	tɕiəʔ⁴⁴	tɕʰiəʔ⁴⁴
右玉	tɕiəʔ⁴⁴	tɕiəʔ⁴⁴	tɕiəʔ⁴⁴	tɕiəʔ⁴⁴	tɕʰiəʔ⁴⁴
山阴	tɕiəʔ⁴	tɕiəʔ⁴	tɕiəʔ⁴	tɕiəʔ⁴	tɕʰiəʔ⁴
怀仁	tɕiəʔ⁴	tɕiəʔ⁴	tɕiəʔ⁴	tɕiəʔ⁴	tɕʰiəʔ⁴
平定	tɕiəʔ⁴⁴	tɕiəʔ⁴⁴	tɕiəʔ⁴⁴	tɕiəʔ⁴⁴	tɕʰiəʔ⁴⁴
昔阳	tɕiʌʔ⁴³	tɕiʌʔ⁴³	tɕiʌʔ⁴³	tɕiʌʔ⁴³	tɕʰiʌʔ⁴³
和顺	tɕieʔ²¹	tɕieʔ²¹	tɕieʔ²¹	tɕieʔ²¹	tɕʰieʔ²¹
灵丘	tɕiəʔ⁵	tɕiəʔ⁵	tɕiəʔ⁵	tɕiəʔ⁵	tɕʰiəʔ⁵
浑源	tɕiəʔ⁴⁴	tɕiəʔ⁴⁴	tɕiəʔ⁴⁴	tɕiəʔ⁴⁴	tɕʰiəʔ⁴⁴
应县	tɕiɛʔ⁴³	tɕiɛʔ⁴³	tɕiɛʔ⁴³	tɕiɛʔ⁴³	tɕʰiɛʔ⁴³
平鲁	tɕiəʔ³⁴	tɕiəʔ³⁴	tɕiəʔ³⁴	tɕiəʔ³⁴	tɕʰiəʔ³⁴
朔州	tɕiəʔ³⁵	tɕiəʔ³⁵	tɕiəʔ³⁵	tɕiəʔ³⁵	tɕʰiəʔ³⁵
忻州	tɕiəʔ³²	tɕiəʔ³²	tɕiəʔ³²	tɕiəʔ³²	tɕʰiəʔ³²
原平	tɕiəʔ³⁴	tɕiəʔ³⁴	tɕiəʔ³⁴	tɕiəʔ³⁴	tɕʰiəʔ³⁴
定襄	tɕiəʔ³³	tɕiəʔ³³	tɕiəʔ³³	tɕi⁵³	tɕʰiəʔ³³
五台	tɕiəʔ³³	tɕiəʔ³³	tɕiəʔ³³	tɕiəʔ³³	tɕʰiəʔ³³
岢岚	tɕiɛʔ⁴	tɕiɛʔ⁴	tɕiɛʔ⁴	tɕiɛʔ⁴	tɕʰiɛʔ⁴
神池	tɕiəʔ⁴	tɕi³²	tɕi⁵²	tɕi⁵²	tɕʰiəʔ⁴
五寨	tɕiɛʔ⁴	tɕiəʔ⁴	tɕiəʔ⁴	tɕiəʔ⁴	tɕʰiɛʔ⁴
宁武	tɕiəʔ⁴	tɕiəʔ⁴	tɕiəʔ⁴	tɕiəʔ⁴	tɕʰiəʔ⁴
代县	tɕiəʔ²²	tɕiəʔ²²	tɕiəʔ²²	tɕiəʔ²²	tɕʰiəʔ²²
繁峙	tɕiəʔ¹³	tɕiəʔ¹³	tɕiəʔ¹³	tɕiəʔ¹³	tɕʰiəʔ¹³
河曲	tɕiəʔ⁴	tɕiəʔ⁴	tɕiəʔ⁴	tɕiəʔ⁴	tɕʰiəʔ⁴
保德	tɕiəʔ⁴	tɕiəʔ⁴	tɕi⁵²	tɕiəʔ⁴	tɕʰiəʔ⁴
偏关	tɕiəʔ⁴	tɕiəʔ⁴	tɕiəʔ⁴	tɕiəʔ⁴	tɕʰiəʔ⁴
阳曲	tɕiɛʔ⁴	tɕiɛʔ⁴	tɕiɛʔ⁴	tɕiɛʔ⁴	tɕʰiɛʔ⁴

续表

方言＼字目	即 曾开三 入职精	籍 梗开三 入昔从	迹 梗开三 入昔精	绩 梗开四 入锡精	七 臻开三 入质清
古交	tɕiəʔ²	tɕiəʔ²¹²	tɕiəʔ²	tɕiəʔ²	tɕʰiəʔ²
晋源	tɕiəʔ²	tɕiəʔ²	tɕiəʔ²/tɕi¹¹	tɕiəʔ²	tɕʰiəʔ²
北郊	tɕiəʔ²²	tɕiəʔ⁴³	tɕiəʔ²²	tɕiəʔ²²	tɕʰiəʔ²²
清徐	tɕiəʔ¹¹	tɕiəʔ⁵⁴	tɕiəʔ¹¹	tɕiəʔ¹¹	tɕʰiəʔ¹¹
娄烦	tɕiəʔ³	tɕiəʔ³	tɕiəʔ³	tɕiəʔ³	tɕʰiəʔ³
太谷	tɕiəʔ³	tɕiəʔ³	tɕiəʔ³	tɕiəʔ³	tɕʰiəʔ³
祁县	tɕiəʔ³²	tɕiəʔ³²	tɕiəʔ³²	tɕiəʔ³²	tɕʰiəʔ³²
平遥	tɕiʌʔ²¹²	tɕiʌʔ⁵²³	tɕiʌʔ²¹²	tɕiʌʔ²¹²	tɕʰiʌʔ²¹²
介休	tɕiʌʔ¹²	tɕiʌʔ¹²	tɕiʌʔ¹²	tɕiʌʔ¹²	tɕʰiʌʔ¹²
灵石	tɕiəʔ⁴	tɕiəʔ⁴	tɕiəʔ⁴	tɕiəʔ⁴	tɕʰiəʔ⁴
寿阳	tɕiəʔ²	tɕiəʔ²	tɕiəʔ²	tɕiəʔ²	tɕʰiəʔ²
榆次	tɕiəʔ¹¹	tɕiəʔ¹¹	tɕi³⁵	tɕiəʔ¹¹	tɕʰiəʔ¹¹
榆社	tɕiəʔ²²	tɕiəʔ²²	tɕiəʔ²²	tɕiəʔ²²	tɕʰiəʔ²²
交城	tɕiaʔ¹¹	tɕiəʔ¹¹	tɕiəʔ¹¹	tɕiəʔ¹¹	tɕʰiəʔ¹¹
文水	tɕiəʔ²	tɕiəʔ²	tɕiəʔ²	tɕiəʔ²	tɕʰiəʔ²
孝义	tɕiəʔ³	tɕiəʔ³	tɕiəʔ³	tɕiəʔ³	tɕʰiəʔ³
盂县	tɕiəʔ²²	tɕiəʔ²²	tɕiəʔ²²	tɕiəʔ²²	tɕʰiəʔ²²
静乐	tɕiəʔ⁴	tɕiəʔ⁴	tɕiəʔ⁴	tɕiəʔ⁴	tɕʰiəʔ⁴
离石	tɕieʔ⁴	tɕieʔ⁴	tɕieʔ⁴	tɕieʔ⁴	tɕʰieʔ⁴
汾阳	tɕieʔ²²	tɕieʔ²²	tɕieʔ²²	tɕieʔ²²	tɕʰieʔ²²
方山	tɕiɛʔ⁴	tɕiɛʔ⁴	tɕiɛʔ⁴	tɕiɛʔ⁴	tɕiɛʔ⁴
柳林	tɕiɛʔ⁴	tɕiɛʔ⁴	tɕiɛʔ⁴	tɕiɛʔ⁴	tɕʰiɛʔ⁴
临县	tɕiɛʔ³	tɕiɛʔ³	tɕiɛʔ³	tɕiɛʔ³	tɕʰiɛʔ³
中阳	tɕieʔ⁴	tɕieʔ⁴	tɕieʔ⁴	tɕieʔ⁴	tɕʰieʔ⁴
兴县	tɕiəʔ⁵⁵	tɕiəʔ⁵⁵	tɕiəʔ⁵⁵	tɕiəʔ⁵⁵	tɕʰiəʔ⁵⁵
岚县	tɕiɛʔ⁴	tɕieʔ⁴	tɕiɛʔ⁴	tɕiɛʔ⁴	tɕʰieʔ⁴
交口	tɕieʔ⁴	tɕieʔ⁴	tɕieʔ⁴	tɕieʔ⁴	tɕʰieʔ⁴
石楼	tɕiəʔ⁴	tɕiəʔ⁴	tɕiəʔ⁴	tɕiəʔ⁴	tɕʰiəʔ⁴
隰县	tɕi⁴⁴	tɕiəʔ³	tɕiəʔ³	tɕiəʔ³	tɕʰiəʔ³

续表

方言＼字目	即 曾开三入职精	籍 梗开三入昔从	迹 梗开三入昔精	绩 梗开四入锡精	七 臻开三入质清
大宁	tɕiɛʔ³¹	tɕiəʔ³¹	tɕiəʔ³¹	tɕiəʔ³¹	tɕʰiəʔ³¹
永和	tɕiəʔ³⁵	tɕʰiəʔ³¹²/tɕiəʔ³¹²	tɕiəʔ³⁵	tɕiəʔ³⁵	tɕʰiəʔ³⁵
汾西	tɕiə¹	tɕiə¹/tɕʰiə³	tɕiə¹	tɕiə¹	tɕʰiə¹
蒲县	tɕi⁵²	tɕi²⁴	tɕi²⁴	tɕi²⁴	tɕʰi⁵²
长治市	tɕiəʔ⁵³	tɕiəʔ⁵³	tɕiəʔ⁵³	tɕiəʔ⁵³	tɕʰiəʔ⁵³
长治县	tɕiəʔ²¹	tɕiəʔ²¹	tɕiəʔ²¹	tɕiəʔ²¹	tɕʰiəʔ²¹
长子	tɕiəʔ⁴⁴	tɕiəʔ⁴⁴	tɕiəʔ⁴⁴	tɕiəʔ⁴⁴	tɕʰiəʔ⁴⁴
屯留	tɕiəʔ¹	tɕiəʔ¹	tɕiəʔ¹	tɕiəʔ¹	tɕʰiəʔ¹
黎城	tɕiɤʔ²²	tɕiɤʔ²²	tɕi⁵³	tɕiɤʔ²²	tɕʰiɤʔ²²
壶关	tsiəʔ²	tsiəʔ²¹	tsiəʔ²	tsiəʔ²	tsʰiəʔ²
平顺	tɕiəʔ²¹²	tɕiəʔ⁴²³	tɕiəʔ²¹²	tɕiəʔ²¹²	tɕʰiəʔ²¹²
沁县	tɕiəʔ³¹	tɕiəʔ³¹	tɕiəʔ³¹	tɕiəʔ³¹	tɕʰiəʔ³¹
武乡	tɕiəʔ³	tɕiəʔ⁴²³	tɕiəʔ³	tɕiəʔ³	tɕʰiəʔ³
沁源	tɕiəʔ³¹	tɕiəʔ³¹	tɕiəʔ³¹	tɕiəʔ³¹	tɕʰiəʔ³¹
襄垣	tɕiʌʔ³	tsiʌʔ³	tɕiʌʔ³	tɕiʌʔ³	tɕʰiʌʔ³
安泽	tɕi³⁵	tɕiɛ³⁵	tɕi²¹	tɕiəʔ²¹/tɕi²¹	tɕʰiəʔ²¹
端氏	tɕiəʔ²²	tɕiəʔ²²	tɕiəʔ²²	tɕiəʔ²²	tɕʰiəʔ²²
晋城	tɕiəʔ²²	tɕiəʔ²²	tɕiəʔ²²	tɕiəʔ²²	tɕʰiəʔ²²
阳城	tɕiəʔ²²	tɕiəʔ²²	tɕiəʔ²²	tɕiəʔ²²	tɕʰiəʔ²²
陵川	tɕiəʔ³	tɕiəʔ²³	ci²⁴	ci²⁴	tɕʰiəʔ³
高平	tɕiəʔ²²	tɕiəʔ²²	tɕiəʔ²²	tɕiəʔ²²	tɕʰiəʔ²²

表 7-9

方言＼字目	乞 臻开三 入迄溪	吸 深开三 入缉晓	悉 臻开三 入质心	息 曾开三 入职心	夕 梗开三 入昔邪
新荣	tɕʰiəʔ⁴	ɕiəʔ⁴	ɕiəʔ⁴	ɕiəʔ⁴	ɕiəʔ⁴
阳高	tɕʰiəʔ³³	ɕiəʔ³³	ɕiəʔ³³	ɕiəʔ³³	ɕi³¹/ɕiəʔ³³
天镇	tɕʰiəʔ⁴⁴	ɕiəʔ⁴⁴	ɕiəʔ⁴⁴	ɕiəʔ⁴⁴	ɕiəʔ⁴⁴
左云	tɕʰi⁵⁴	ɕiəʔ⁴⁴	ɕiəʔ⁴⁴	ɕiəʔ⁴⁴	ɕiəʔ⁴⁴
右玉	tɕʰiəʔ⁴⁴	ɕiəʔ⁴⁴	ɕiəʔ⁴⁴	ɕiəʔ⁴⁴	ɕiəʔ⁴⁴
山阴	tɕʰiəʔ⁴	ɕiəʔ⁴	ɕiəʔ⁴	ɕiəʔ⁴	ɕiəʔ⁴
怀仁	tɕʰiəʔ⁴	ɕiəʔ⁴	ɕiəʔ⁴	ɕiəʔ⁴	ɕiəʔ⁴
平定	tɕʰiəʔ⁴⁴	ɕiəʔ⁴⁴	ɕiəʔ⁴⁴	ɕiəʔ⁴⁴	ɕiəʔ⁴⁴
昔阳	tɕʰi⁵⁵	ɕiʌʔ⁴³	ɕiʌʔ⁴³	ɕiʌʔ⁴³	ɕiʌʔ⁴³
和顺	tɕʰieʔ²¹	ɕieʔ²¹	ɕieʔ²¹	ɕieʔ²¹	ɕieʔ²¹
灵丘	tɕʰiəʔ⁵	ɕiəʔ⁵	ɕiəʔ⁵	ɕiəʔ⁵	ɕiəʔ⁵
浑源	tɕʰiəʔ⁴⁴	ɕiəʔ⁴⁴	ɕiəʔ⁴⁴	ɕiəʔ⁴⁴	ɕiəʔ⁴⁴
应县	tɕʰi⁵⁴	ɕiɛʔ⁴³	ɕiɛʔ⁴³	ɕiɛʔ⁴³	ɕiɛʔ⁴³
平鲁	tɕʰiəʔ³⁴	ɕiəʔ³⁴	ɕiəʔ³⁴	ɕiəʔ³⁴	ɕiəʔ³⁴
朔州	tɕʰiəʔ³⁵	ɕiəʔ³⁵	ɕiəʔ³⁵	ɕiəʔ³⁵	ɕiəʔ³⁵
忻州	tɕʰiəʔ³²	ɕiəʔ³²	ɕiəʔ³²	ɕiəʔ³²	ɕiəʔ³²
原平	tɕʰiəʔ³⁴	ɕiəʔ³⁴	ɕiəʔ³⁴	ɕiəʔ³⁴	ɕiəʔ³⁴
定襄	tɕʰiəʔ³³	ɕiəʔ³³	ɕiəʔ³³	ɕiəʔ³³	ɕiəʔ³³
五台	tɕʰiəʔ³³	ɕiəʔ³³	ɕiəʔ³³	ɕiəʔ³³	ɕiəʔ³³
岢岚	tɕʰiɛʔ⁴	ɕiɛʔ⁴	ɕiɛʔ⁴	ɕiɛʔ⁴	ɕiɛʔ⁴
神池	tɕʰiəʔ⁴	ɕiəʔ⁴	ɕiəʔ⁴	ɕiəʔ⁴	ɕi²⁴
五寨	tɕʰiəʔ⁴	ɕiəʔ⁴	ɕiəʔ⁴	ɕiəʔ⁴	ɕiəʔ⁴
宁武	tɕʰiəʔ⁴	ɕiəʔ⁴	ɕiəʔ⁴	ɕiəʔ⁴	ɕiəʔ⁴
代县	tɕʰiəʔ²²	ɕiəʔ²²	ɕiəʔ²²	ɕiəʔ²²	ɕiəʔ²²
繁峙	tɕʰi⁵³	ɕiəʔ¹³	ɕiəʔ¹³	ɕiəʔ¹³	ɕiəʔ¹³
河曲	tɕʰiəʔ⁴	ɕiəʔ⁴	ɕiəʔ⁴	ɕiəʔ⁴	ɕiəʔ⁴
保德	tɕʰi²¹³	ɕiəʔ⁴	ɕiəʔ⁴	ɕiəʔ⁴	ɕi²¹³
偏关	tɕʰiəʔ⁴	ɕiəʔ⁴	ɕiəʔ⁴	ɕiəʔ⁴	ɕiəʔ⁴
阳曲	tɕʰiɛʔ⁴	ɕiɛʔ⁴	ɕiɛʔ⁴	ɕiɛʔ⁴	ɕiɛʔ⁴

方言＼字目	乞 臻开三 入迄溪	吸 深开三 入缉晓	悉 臻开三 入质心	息 曾开三 入职心	夕 梗开三 入昔邪
古交	tɕʰiəʔ²	ɕiəʔ²	ɕiəʔ²	ɕiəʔ²	ɕiəʔ²
晋源	tɕʰiəʔ²	ɕiəʔ²	ɕiəʔ²	ɕiəʔ²/ɕi⁴²	ɕiəʔ²
北郊	tɕʰiəʔ²²	ɕiəʔ²²	ɕiəʔ²²	ɕiəʔ²²	ɕiəʔ⁴³
清徐	tɕʰiəʔ¹¹	ɕiəʔ¹¹	ɕiəʔ¹¹	ɕi⁵⁴	ɕiəʔ⁵⁴
娄烦	tɕʰiəʔ³	ɕiəʔ³	ɕiəʔ³	ɕiəʔ³	ɕiəʔ³
太谷	tɕʰiəʔ³	ɕiəʔ³	ɕiəʔ³¹²	ɕiəʔ³	ɕiəʔ³
祁县	tɕʰiəʔ³²	ɕiəʔ³²	ɕiəʔ³²	ɕiəʔ³²/sʅ³¹	ɕiəʔ³²
平遥	tɕʰiʌʔ²¹²	ɕiʌʔ²¹²	ɕiʌʔ²¹²	ɕiʌʔ²¹²	ɕiʌʔ²¹²
介休	tɕʰiʌʔ¹²	ɕiʌʔ¹²	ɕiʌʔ³¹²	ɕiʌʔ¹²	ɕiʌʔ¹²
灵石	tɕʰiəʔ⁴	ɕiəʔ⁴	ɕiəʔ⁴	ɕiəʔ⁴	ɕiəʔ⁴
寿阳	tsʰʅ⁵³	ɕiəʔ²	ɕiəʔ²	ɕiəʔ⁵⁴	ɕiəʔ²
榆次	tɕʰiəʔ¹¹	ɕiəʔ¹¹	ɕiəʔ¹¹	ɕiəʔ¹¹	ɕiəʔ¹¹
榆社	tsʰʅ²²|tɕʰiəʔ²²	ɕiəʔ²²	ɕiəʔ²²	ɕiəʔ³¹²	ɕiəʔ³¹²
交城	tɕʰiəʔ¹¹	ɕiəʔ¹¹	ɕiəʔ⁵³	ɕiəʔ¹¹/ɕi¹¹	ɕiəʔ¹¹/ɕi¹¹
文水	tɕʰiəʔ²	ɕiəʔ²	ɕiəʔ³¹²	ɕiəʔ²	ɕiəʔ²
孝义	tɕʰiəʔ³	ɕiəʔ³	ɕiəʔ⁴²³	ɕiəʔ³	ɕiəʔ³
盂县	tɕʰiəʔ²²	ɕiəʔ²²	ɕiəʔ²²	ɕiəʔ²²	ɕiəʔ²²
静乐	tɕʰiəʔ⁴	ɕiəʔ⁴	ɕiəʔ²¹²	ɕiəʔ⁴	ɕiəʔ⁴
离石	tɕʰieʔ⁴	ɕeʔ⁴	ɕieʔ⁴	ɕeʔ⁴	ɕieʔ⁴
汾阳	tsʰʅ³¹²	ɕieʔ²²	ɕieʔ²²	ɕieʔ²²	ɕieʔ²²
方山	tɕʰiɛʔ⁴	ɕiɛʔ⁴	ɕiɛʔ⁴	ɕiɛʔ⁴	ɕiɛʔ⁴
柳林	tɕʰi⁴²³	ɕiɛʔ⁴⁴	ɕiɛʔ⁴	ɕiɛʔ⁴	ɕiɛʔ⁴
临县	tɕʰi³¹²	ɕiɐʔ³	ɕiɐʔ³	ɕiɐʔ³	ɕiɐʔ³
中阳	tɕʰieʔ⁴	ɕieʔ⁴	ɕieʔ⁴	ɕieʔ⁴	ɕieʔ⁴
兴县	tɕʰiəʔ⁵⁵	ɕiəʔ⁵⁵	ɕiəʔ⁵⁵	ɕiəʔ⁵⁵	ɕiəʔ⁵⁵
岚县	tɕʰiɛʔ⁴	ɕiɛʔ⁴	ɕiɛʔ⁴	ɕiɛʔ⁴	ɕiɛʔ⁴
交口	tɕʰi³²³	ɕieʔ⁴	ɕieʔ⁴	ɕieʔ⁴	ɕieʔ⁴
石楼	tɕʰi²¹³	ɕiəʔ⁴	ɕiəʔ⁴	ɕiəʔ⁴	ɕiəʔ⁴
隰县	tɕʰiəʔ³	ɕiəʔ³	ɕiəʔ³	ɕiəʔ³	ɕiəʔ³

续表

方言＼字目	乞 臻开三 入迄溪	吸 深开三 入缉晓	悉 臻开三 入质心	息 曾开三 入职心	夕 梗开三 入昔邪
大宁	tɕʰiəʔ⁴⁴	ɕiəʔ³¹	ɕiəʔ⁴⁴	ɕiəʔ⁴⁴	ɕiəʔ⁴⁴
永和	tɕʰiəʔ³⁵	ɕiəʔ³⁵	ɕiəʔ³¹²	ɕiəʔ³⁵	ɕiəʔ³⁵
汾西	tɕʰiə¹	ɕiə¹	ɕiə¹	ɕiə¹	ɕz¹¹
蒲县	tɕʰi²⁴	ɕi⁵²	ɕi³¹	ɕi³¹	ɕi⁵²
长治市	tɕʰiəʔ⁵³	ɕiəʔ⁵³	ɕiəʔ⁵³	ɕiəʔ⁵³	ɕiəʔ⁵³
长治县	tɕʰiəʔ²¹	ɕiəʔ²¹	ɕiəʔ²¹	ɕiəʔ²¹	ɕiəʔ²¹
长子	tɕʰiəʔ⁴⁴/tɕʰi⁴³⁴	ɕiəʔ⁴⁴	ɕiəʔ⁴⁴	ɕiəʔ⁴⁴	ɕiəʔ⁴⁴
屯留	tɕʰi⁴³	ɕiəʔ¹	ɕiəʔ¹	ɕiəʔ¹	ɕiəʔ¹
黎城	cʰiɤʔ²²	ɕiɤʔ²²	ɕiɤʔ²²	ɕiɤʔ²²	ɕiɤʔ²²
壶关	ɕiəʔ²	ɕiəʔ²	siəʔ²	siəʔ²	ɕi³³/siəʔ²¹
平顺	cʰiəʔ²¹²	ɕiəʔ²¹²	ɕiəʔ²¹²	ɕiəʔ²¹²	ɕi²¹³
沁县	tɕʰiəʔ³¹	ɕiəʔ³¹	ɕiəʔ³¹	ɕiəʔ³¹	ɕiəʔ³¹
武乡	tɕʰiəʔ³	ɕiəʔ³	ɕiəʔ³	ɕiəʔ³	ɕiəʔ³
沁源	tɕʰiəʔ³¹	ɕiəʔ³¹	ɕiəʔ³¹	ɕiəʔ³¹	ɕiəʔ³¹
襄垣	tɕʰiʌʔ³	ɕiʌʔ³	ɕiʌʔ³	ɕiʌʔ³	ɕiʌʔ⁴³
安泽	tɕʰi⁴²	ɕiəʔ²¹	ɕi²¹	ɕiəʔ²¹	ɕiəʔ²¹/ɕi²¹
端氏	tɕʰiəʔ²²	ɕiəʔ²²	ɕiəʔ²²	ɕiəʔ²²	ɕiəʔ²²
晋城	tɕʰi²¹³	ɕiəʔ²²	ɕiəʔ²²	ɕiəʔ²²	ɕiəʔ²²/ɕi³³
阳城	cʰiəʔ²²	ɕiəʔ²²	ɕiəʔ²²	ɕiəʔ²²	ɕiəʔ²²
陵川	cʰiəʔ³	ɕʰiəʔ³	ɕʰiəʔ³	ɕiəʔ³	ɕʰiəʔ²³
高平	cʰiəʔ²²	ɕiəʔ²²	ɕiəʔ²²	ɕiəʔ²²	ɕiəʔ²²/ɕi³³

表 7-10

方言 \ 字目	锡 梗开四 入锡心	习 深开三 入缉邪	袭 深开三 入缉邪	席 梗开三 入昔邪	一 臻开三 入质影
新荣	ɕiəʔ⁴	ɕiəʔ⁴	ɕiəʔ⁴	ɕi³¹²	iəʔ⁴
阳高	ɕiəʔ³³	ɕiəʔ³³	ɕiəʔ³³	ɕiəʔ³³	iəʔ³³
天镇	ɕiəʔ⁴⁴	ɕiəʔ⁴⁴	ɕiəʔ⁴⁴	ɕiəʔ⁴⁴	iəʔ⁴⁴
左云	ɕiəʔ⁴⁴	ɕiəʔ⁴⁴	ɕiəʔ⁴⁴	ɕi³³	iəʔ⁴⁴
右玉	ɕiəʔ⁴⁴	ɕiəʔ⁴⁴	ɕiəʔ⁴⁴	ɕiəʔ⁴⁴	iəʔ⁴⁴
山阴	ɕiəʔ⁴	ɕiəʔ⁴	ɕiəʔ⁴	ɕiəʔ⁴	iəʔ⁴
怀仁	ɕiəʔ⁴	ɕiəʔ⁴	ɕiəʔ⁴	ɕiəʔ⁴|ɕi³¹²	iəʔ⁴
平定	ɕiəʔ⁴⁴	ɕiəʔ⁴⁴	ɕiəʔ⁴⁴	ɕi⁴⁴	iəʔ⁴⁴
昔阳	ɕiʌʔ⁴³	ɕiʌʔ⁴³	ɕiʌʔ⁴³	ɕiʌʔ⁴³	iʌʔ⁴³
和顺	ɕieʔ²¹	ɕieʔ²¹	ɕieʔ²¹	ɕieʔ²¹	ieʔ²¹
灵丘	ɕiəʔ⁵	ɕiəʔ⁵	ɕiəʔ⁵	ɕi³¹	iəʔ⁵
浑源	ɕiəʔ⁴⁴	ɕiəʔ⁴⁴	ɕiəʔ⁴⁴	ɕiəʔ⁴⁴	iəʔ⁴⁴
应县	ɕiɛʔ⁴³	ɕiɛʔ⁴³	ɕiɛʔ⁴³	ɕi³¹/ɕiɛʔ⁴³	iɛʔ⁴³
平鲁	ɕiəʔ³⁴	ɕiəʔ³⁴	ɕiəʔ³⁴	ɕiəʔ³⁴/ɕi⁴⁴	iəʔ³⁴
朔州	ɕiəʔ³⁵	ɕiəʔ³⁵	ɕiəʔ³⁵	ɕiəʔ³⁵	iəʔ³⁵
忻州	ɕiəʔ³²	ɕiəʔ³²	ɕiəʔ³²	ɕiəʔ³²	iəʔ³²
原平	ɕiəʔ³⁴	ɕiəʔ³⁴	ɕiəʔ³⁴	ɕiəʔ³⁴	iəʔ³⁴
定襄	ɕiəʔ¹	ɕiəʔ³³	ɕiəʔ³³	ɕiəʔ¹	iəʔ¹
五台	ɕiəʔ³³	ɕiəʔ³³	ɕiəʔ³³	ɕiəʔ³³	iəʔ³³
岢岚	ɕiɛʔ⁴	ɕiɛʔ⁴	ɕiɛʔ⁴	ɕiɛʔ⁴	iɛʔ⁴
神池	ɕiəʔ⁴	ɕiəʔ⁴	ɕiəʔ⁴	ɕiəʔ⁴	iəʔ⁴
五寨	ɕiəʔ⁴	ɕiəʔ⁴	ɕiəʔ⁴	ɕiəʔ⁴	iəʔ⁴
宁武	ɕiəʔ⁴	ɕiəʔ⁴	ɕiəʔ⁴	ɕiəʔ⁴	iəʔ⁴
代县	ɕiəʔ²²	ɕiəʔ²²	ɕiəʔ²²	ɕi⁴⁴	iəʔ²²
繁峙	ɕiəʔ¹³	ɕiəʔ¹³	ɕiəʔ¹³	ɕiəʔ¹³/ɕi³¹	iəʔ¹³
河曲	ɕiəʔ⁴	ɕiəʔ⁴	ɕiəʔ⁴	ɕiəʔ⁴	iəʔ⁴
保德	ɕiəʔ⁴	ɕiəʔ⁴	ɕiəʔ⁴	ɕiəʔ⁴	iəʔ⁴
偏关	ɕiəʔ⁴	ɕiəʔ⁴	ɕiəʔ⁴	ɕiəʔ⁴	iəʔ⁴
阳曲	ɕiɛʔ⁴	ɕiɛʔ⁴	ɕiɛʔ⁴	ɕiɛʔ²¹²	iɛʔ⁴

续表

方言＼字目	锡 梗开四 入锡心	习 深开三 入缉邪	袭 深开三 入缉邪	席 梗开三 入昔邪	一 臻开三 入质影
古交	ɕiəʔ²	ɕiəʔ²¹²	ɕiəʔ²¹²	ɕiəʔ²¹²	iəʔ²
晋源	ɕiəʔ²	ɕiəʔ²	ɕiəʔ²	ɕiəʔ²	iəʔ²
北郊	ɕiəʔ²²	ɕiəʔ²²	ɕiəʔ²²	ɕiəʔ⁴³	iəʔ²²
清徐	ɕiəʔ¹¹	ɕiəʔ⁵⁴	ɕiəʔ⁵⁴	ɕiəʔ⁵⁴	iəʔ¹¹
娄烦	ɕiəʔ³	ɕiəʔ³	ɕiəʔ³	ɕiaʔ³	iəʔ³
太谷	ɕiəʔ³	ɕiəʔ³¹²	ɕiəʔ³	ɕiəʔ⁴²³/ɕiəʔ³	iəʔ³
祁县	ɕiəʔ³²	ɕiəʔ³²⁴	ɕiəʔ³²	ɕiəʔ³²⁴	iəʔ³²
平遥	ɕiʌʔ²¹²	ɕiʌʔ⁵²³	ɕiʌʔ²¹²	ɕiʌʔ⁵²³	iʌʔ²¹²
介休	ɕiʌʔ¹²	ɕiʌʔ³¹²	ɕiʌʔ³¹²	ɕiʌʔ³¹²/ɕiʌʔ¹²	iʌʔ¹²
灵石	ɕiəʔ⁴	ɕiəʔ⁴	ɕiəʔ⁴	ɕiəʔ⁴	iəʔ⁴
寿阳	ɕiəʔ²	ɕiəʔ⁵⁴	ɕiəʔ²	ɕiəʔ⁵⁴	iəʔ²
榆次	ɕiəʔ¹¹	ɕiəʔ⁵³	ɕiəʔ¹¹	ɕiəʔ⁵³	iəʔ¹¹
榆社	ɕiəʔ²²	ɕiəʔ³¹²	ɕiəʔ²²	ɕiəʔ³¹²	iəʔ²²
交城	ɕiəʔ¹¹	ɕiəʔ⁵³	ɕiəʔ¹¹	ɕiəʔ⁵³	iəʔ¹¹
文水	ɕiəʔ²	ɕiəʔ³¹²	ɕiəʔ³¹²	ɕiəʔ³¹²	iəʔ²
孝义	ɕiaʔ³	ɕiaʔ³	ɕiəʔ⁴²³	ɕiaʔ⁴²³/ɕiəʔ³	iəʔ³
盂县	ɕiəʔ²²	ɕiəʔ⁵³	ɕiəʔ²²	ɕiəʔ⁵³	iəʔ²²
静乐	ɕiəʔ⁴	ɕiəʔ²¹²	ɕiəʔ⁴	ɕiəʔ²¹²	iəʔ⁴
离石	ɕieʔ⁴	ɕieʔ²³	ɕieʔ⁴	ɕieʔ²³	ieʔ⁴
汾阳	ɕieʔ²²	ɕieʔ³¹²	ɕieʔ³¹²	ɕieʔ³¹²	ieʔ²²
方山	ɕiɛʔ⁴	ɕiɛʔ⁴	ɕiɛʔ⁴	ɕiɛʔ⁴	iɛʔ⁴
柳林	ɕiɛʔ⁴	ɕiɛʔ⁴²³	ɕiɛʔ⁴	ɕiɛʔ⁴²³	iɛʔ⁴
临县	ɕiɜʔ³	ɕiɜʔ²⁴	ɕiɜʔ²⁴	ɕiɜʔ²⁴	iɜʔ³
中阳	ɕieʔ⁴	ɕieʔ³¹²	ɕieʔ⁴	ɕieʔ³¹²	ieʔ⁴
兴县	ɕiəʔ⁵⁵	ɕiəʔ⁵⁵	ɕiəʔ⁵⁵	ɕiəʔ³²⁴	iəʔ⁵⁵
岚县	ɕiɛʔ⁴	ɕiɛʔ⁴	ɕiɛʔ⁴	ɕiɛʔ⁴	iɛʔ⁴
交口	ɕieʔ⁴	ɕieʔ⁴	ɕieʔ⁴	ɕieʔ²¹²	ieʔ⁴
石楼	ɕiəʔ⁴	ɕiəʔ⁴	ɕiəʔ⁴	ɕiəʔ⁴	iəʔ⁴
隰县	ɕiəʔ³	ɕiəʔ³	ɕiəʔ³	ɕiəʔ³	iəʔ³

续表

方言＼字目	锡 梗开四 入锡心	习 深开三 入缉邪	袭 深开三 入缉邪	席 梗开三 入昔邪	一 臻开三 入质影
大宁	ɕiəʔ³¹	ɕiəʔ⁴⁴	ɕiəʔ³¹	ɕiəʔ⁴⁴	iəʔ³¹
永和	ɕiəʔ³⁵	ɕiəʔ³¹²	ɕiəʔ³¹²	ɕiəʔ³⁵	iəʔ³⁵
汾西	ɕiə¹	ɕiə³	ɕiə³	ɕiə³	iə³/ʐ̩⁵⁵
蒲县	ɕi⁵²	ɕi³³	ɕi⁵²	ɕi³³	i³³
长治市	ɕiəʔ⁵³	ɕiəʔ⁵³	ɕiəʔ⁵³	ɕiəʔ⁵³	iəʔ⁵³
长治县	ɕiəʔ²¹	ɕiəʔ²¹	ɕiəʔ²¹	ɕiəʔ²¹	iəʔ²¹
长子	ɕiəʔ⁴⁴	ɕiəʔ⁴⁴	ɕiəʔ⁴⁴	ɕiəʔ⁴⁴	iəʔ⁴⁴
屯留	ɕiəʔ¹	ɕiəʔ¹	ɕiəʔ¹	ɕiəʔ⁵⁴	iəʔ¹
黎城	ɕiɤʔ²	ɕiɤʔ²²	ɕiɤʔ²²	ɕiɤʔ²²	iɤʔ²²
壶关	siəʔ²	siəʔ²	siəʔ²	siəʔ²¹	iəʔ²¹
平顺	ɕiəʔ²¹²	ɕiəʔ²¹²	ɕiəʔ²¹²	ɕiəʔ⁴²³	iəʔ⁴²³
沁县	ɕiəʔ³¹	ɕiəʔ²¹²	ɕiəʔ³¹	ɕiəʔ²¹²	iəʔ³¹
武乡	ɕiəʔ³	ɕiəʔ⁴²³	ɕiəʔ³	ɕiəʔ⁴²³	iəʔ³
沁源	ɕiəʔ³¹	ɕiəʔ³¹	ɕiəʔ³¹	ɕiəʔ³¹	iəʔ³¹
襄垣	ɕiʌʔ³	ɕiʌʔ⁴³	ɕiʌʔ⁴³	ɕiʌʔ⁴³	iʌʔ³
安泽	ɕiəʔ²¹/ɕi²¹	ɕi³⁵	ɕi³⁵	ɕi³⁵	iəʔ²¹/i²¹
端氏	ɕiəʔ²²	ɕiəʔ²²	ɕiəʔ²²	ɕiəʔ²²	iəʔ²²
晋城	ɕiəʔ²²	ɕiəʔ²²	ɕiəʔ²²	ɕiəʔ²²	iəʔ²²
阳城	ɕiəʔ²²	ɕiəʔ²²	ɕiəʔ²²	ɕi²²	iəʔ²²/i²²⁴
陵川	ɕiəʔ³	cʰiəʔ²³	cʰiəʔ²³	cʰiəʔ³	iəʔ³/ie²⁴
高平	ɕiəʔ²²	ɕiəʔ²²	ɕiəʔ²²	ɕiəʔ²²	iəʔ²²

表 7-11

方言\字目	忆 曾开三 入职影	益 梗开三 入昔影	易 梗开三 入昔以	疫 梗合三 入昔以	不 臻合三 入物帮
新荣	i²⁴	i²⁴	i²⁴	i²⁴	pəʔ⁴
阳高	i²⁴	i²⁴	i²⁴	i²⁴	pəʔ³³
天镇	i²⁴	iəʔ⁴⁴	i²⁴	i²⁴	pəʔ⁴⁴/pɑʔ⁴⁴
左云	i²⁴	i²⁴	i²⁴	i²⁴	pəʔ⁴⁴
右玉	i²⁴	i²⁴	i²⁴	i²⁴	pəʔ⁴⁴
山阴	i³³⁵	i³³⁵	i³³⁵	i³³⁵	pəʔ⁴
怀仁	i²⁴	i²⁴	i²⁴	i²⁴	pəʔ⁴
平定	i²⁴	i²⁴	i²⁴	i²⁴	pəʔ⁴⁴/pʰəʔ⁴⁴
昔阳	i¹³	i¹³	i¹³	i¹³	pʌɣʔ⁴³
和顺	i¹³	ieʔ²¹	i¹³	i¹³	pəʔ²¹
灵丘	i⁵³	i⁵³	i⁵³	i⁵³	pu⁵³
浑源	i¹³	i¹³	i¹³	i¹³	pəʔ⁴⁴
应县	i²⁴	i²⁴	i²⁴	i²⁴	pəʔ⁴³
平鲁	i²¹³	iəʔ³⁴/i²¹³	i²¹³	i²¹³	pəʔ³⁴
朔州	i⁵³	i⁵³	i⁵³	i⁵³	pəʔ³⁵
忻州	i⁵³	iəʔ³²	i⁵³	iəʔ³²	pəʔ³²
原平	i⁵³	iəʔ³⁴	i⁵³	iəʔ³⁴	pəʔ³⁴
定襄	i⁵³	iəʔ¹/i⁵³	iəʔ³³	iəʔ³³	pəʔ³³
五台	i⁵²	iəʔ³³	i⁵²	iəʔ³³	pəʔ³³
岢岚	i⁵²	iɛʔ⁴	i⁵²	iɛʔ⁴	pəʔ⁴
神池	iəʔ⁴	iəʔ⁴	i⁵²	i⁵²	puəʔ⁴
五寨	i⁵²	iəʔ⁴	i⁵²	iəʔ⁴	pəʔ⁴
宁武	i⁵²	iəʔ⁴	iəʔ⁴	iəʔ⁴	pəʔ⁴
代县	i⁵³	iəʔ²²	i⁵³	iəʔ²²	pəʔ²²
繁峙	i²⁴	iəʔ¹³	i²⁴	iəʔ¹³	pəʔ¹³
河曲	i⁵²	iəʔ⁴	i⁵²	i⁵²	pəʔ⁴
保德	i⁵²	iəʔ⁴	i⁵²	i⁵²	pəʔ⁴
偏关	ɿ⁵²	iəʔ⁴	ɿ⁵²	iəʔ⁴	pəʔ⁴
阳曲	i⁴⁵⁴	iɛʔ⁴	i⁴⁵⁴	iɛʔ⁴	pəʔ⁴

续表

方言 \ 字目	忆 曾开三 入职影	益 梗开三 入昔影	易 梗开三 入昔以	疫 梗合三 入昔以	不 臻合三 入物帮
古交	iəʔ²	iəʔ²	iəʔ²/ʅ⁵³	iəʔ²	pəʔ²¹²
晋源	i³⁵	iəʔ²	i³⁵	iəʔ²	pəʔ²
北郊	iəʔ²²/i³⁵	iəʔ²²	i³⁵	iəʔ²²	pəʔ²²
清徐	i⁴⁵	iəʔ¹¹	i⁴⁵	iəʔ¹¹	pəʔ¹¹
娄烦	i⁵⁴	iəʔ³	i⁵⁴	iəʔ³	pəʔ³
太谷	i⁵³	iəʔ³	i⁵³	iəʔ³	pəʔ³
祁县	ʅ⁴⁵	iəʔ³²	ʅ⁴⁵	iəʔ³²	pəʔ³²
平遥	i²⁴	iʌʔ⁵²³	i²⁴	iʌʔ⁵²³	pʌʔ²¹²
介休	i⁴⁵	iʌʔ³¹²	i⁴⁵	iʌʔ¹²	pʌʔ¹²
灵石	i⁵³	i⁵³	i⁵³	i⁵³	pəʔ⁴
寿阳	zʅ⁴⁵	iəʔ²	zʅ⁴⁵	iəʔ²	pəʔ²
榆次	i³⁵	iəʔ¹¹	i³⁵	iəʔ¹¹	pəʔ¹¹
榆社	zʅ⁴⁵	iəʔ²²	zʅ⁴⁵	iəʔ²²	pəʔ²²
交城	i²⁴	iəʔ¹¹	i²⁴	iəʔ¹¹/yəʔ¹¹	pəʔ¹¹
文水	ʅ³⁵	iəʔ²	ʅ³⁵	iəʔ²|ʅ³⁵	pəʔ²
孝义	i⁴⁵⁴	iəʔ³	i⁴⁵⁴	iəʔ³	pəʔ³
盂县	i⁵⁵	iəʔ²²	i⁵⁵	iəʔ²²	pəʔ²²
静乐	i⁵³	iəʔ⁴	i⁵³	iəʔ⁴	pəʔ⁴
离石	zʅ⁵³	ieʔ⁴	zʅ⁵³	ieʔ⁴	pəʔ⁴
汾阳	zʅ⁵⁵	ieʔ²²	zʅ⁵⁵	ieʔ²²	pəʔ²²
方山	i⁵²	iɛʔ⁴	i⁵²	i⁴⁴	pəʔ⁴
柳林	i⁵³	iɛʔ⁴	i⁵³	i⁵³	pəʔ⁴
临县	i⁵²	iɛʔ³	i⁵²	iɛʔ³	pɐʔ³
中阳	i⁵³	iɛʔ⁴	i⁵³	ieʔ⁴	pəʔ⁴
兴县	i⁵³	i⁵³	i⁵³	iəʔ⁵⁵	pəʔ⁵⁵
岚县	i⁵¹	iɛʔ⁴	i⁵¹	iɛʔ⁴	pəʔ⁴
交口	i⁵³	ieʔ⁴	i⁵³	i⁵³	pəʔ⁴
石楼	i⁵¹	iəʔ⁴	i⁵¹	i⁵¹	pəʔ⁴
隰县	i⁴⁴	iəʔ³	i⁴⁴	iɛʔ³	pəʔ³

第 7 章　晋方言入声字读音对照集

续表

方言＼字目	忆 曾开三 入职影	益 梗开三 入昔影	易 梗开三 入昔以	疫 梗合三 入昔以	不 臻合三 入物帮
大宁	i^{55}	iəʔ^{31}	i^{55}	i^{55}	pəʔ^{44}
永和	i^{53}	i^{35}	i^{53}	i^{33}	pəʔ^{35}
汾西	niə^1/ʐ^{55}	iə^1	ʐ^{55}	iə^1/ʐ^{53}	pə^3
蒲县	i^{33}	i^{33}	i^{33}	i^{33}	pu^{52}
长治市	i^{44}	i^{54}	i^{54}	i^{54}	pəʔ^{53}
长治县	i^{42}	i^{42}	i^{42}	i^{42}	pəʔ^{21}
长子	i^{53}	i^{53}	i^{53}	i^{53}	pəʔ^{44}
屯留	i^{11}	i^{11}	i^{11}	i^{11}	pəʔ^{1}
黎城	i^{53}	i^{53}	i^{53}	i^{53}	pɤʔ^{22}
壶关	i^{42}	i^{42}	i^{353}	i^{42}	pəʔ^{2}
平顺	i^{53}	i^{53}	i^{53}	i^{53}	pəʔ^{212}
沁县	ʐɿ^{55}	iəʔ^{31}	ʐɿ^{55}	iəʔ^{31}	pəʔ^{31}
武乡	ʐɿ^{55}	iəʔ^{3}	ʐɿ^{55}	iəʔ^{3}	pəʔ^{3}
沁源	i^{53}	iəʔ^{31}	i^{53}	iəʔ^{31}	pəʔ^{31}
襄垣	i^{53}	iʌʔ^{3}	i^{45}	i^{53}	pʌʔ^{3}
安泽	i^{53}	i^{35}	i^{53}	i^{35}	pəʔ^{21}
端氏	i^{53}	i^{53}	i^{53}	i^{53}	pəʔ^{22}
晋城	i^{53}	i^{53}	i^{53}	i^{53}	pəʔ^{22}
阳城	i^{51}	iəʔ^{22}	i^{51}	iəʔ^{22}	pəʔ^{22}
陵川	i^{24}	i^{24}	i^{24}	i^{24}	pəʔ^{3}
高平	i^{53}	iəʔ^{22}	i^{53}	i^{53}	pəʔ^{22}

表 7-12

方言＼字目	扑 通合一 入屋滂	幕 宕开一 入铎明	木 通合一 入屋明	目 通合三 入屋明	福 通合三 入屋非
新荣	pʰaʔ24	mu24	mu24	mu24	fəʔ24
阳高	pʰəʔ33	mu24	mu24	mu24	fəʔ33
天镇	pʰəʔ44/pʰɑʔ44	mu24	məʔ44/mu24	mu24	fəʔ44
左云	pʰəʔ44	mu24	mu24	məʔ44	fəʔ44
右玉	pʰaʔ44	mu24	mu24	mu24	fəʔ44
山阴	pʰəʔ4/pʰʌʔ4	mu335	mu335	məʔ4	fəʔ4
怀仁	pʰəʔ4	mu24	mu24	mu24	fəʔ4
平定	pʰaʔ44	mu24	məʔ23	məʔ23	fəʔ44
昔阳	pʰʌʔ43	mu13	mu13	mu13	fʌʔ43
和顺	pʰəʔ21	mu13	məʔ21	məʔ21	fəʔ21
灵丘	pʰəʔ5	mu53	mu53	mu53	fəʔ5
浑源	pʰʌʔ44	mu13	mu13	mu13	fəʔ44
应县	pʰaʔ43/pʰəʔ43	mu24	mu24	mu24	fəʔ43
平鲁	pʰu44/pʰʌʔ34	mu52	mu52	məʔ34/mu52	fəʔ34
朔州	pʰəʔ35/pʰʌʔ35	mu53	mu53	məʔ35	fəʔ35
忻州	pʰuəʔ32	mu53	məʔ32	məʔ32	fəʔ32
原平	pʰəʔ34	məʔ34	məʔ34	məʔ34	fəʔ34
定襄	pʰəʔ1	mu53	muə11	məʔ1	fəʔ1
五台	pʰəʔ33	mu52	məʔ33	məʔ33	fəʔ33
岢岚	pʰəʔ4	mu52	məʔ4	məʔ4	fəʔ4
神池	pʰu24	məʔ4	məʔ4	məʔ4	fəʔ4
五寨	pʰaʔ4	mu52	məʔ4	məʔ4	fəʔ4
宁武	pʰəʔ4	məʔ4	məʔ4	məʔ4	fəʔ4
代县	pʰu53	mu53	məʔ22	məʔ22	fəʔ22
繁峙	pʰəʔ13	mu24	məʔ13	məʔ13	fuəʔ13
河曲	pʰəʔ4	ma24	məʔ4	tiəʔ4	fəʔ4
保德	pʰəʔ4	mu52	məʔ4	məʔ4	fəʔ4
偏关	pʰʌʔ4	mʌʔ4	məʔ4	məʔ4	fəʔ4
阳曲	pʰəʔ4	mu454	məʔ4	məʔ4	fəʔ4

续表

方言＼字目	扑 通合一 入屋滂	幕 宕开一 入铎明	木 通合一 入屋明	目 通合三 入屋明	福 通合三 入屋非
古交	pʰəʔ²	məʔ²	məʔ²	məʔ²	fəʔ²
晋源	pəʔ²/pʰəʔ²	mu³⁵	məʔ²	məʔ²	fəʔ²
北郊	pʰəʔ²²	maʔ²²/mu³⁵	məʔ²²	məʔ²²	fəʔ²²
清徐	pʰəʔ¹¹	mu⁴⁵	məʔ¹¹	məʔ¹¹	fəʔ¹¹
娄烦	pʰəʔ³	mu⁵⁴	məʔ³	məʔ³	fəʔ³
太谷	pʰəʔ³	mu⁵³	məʔ³	məʔ³	fəʔ³
祁县	pʰəʔ³²	muβ⁴⁵	məʔ³²	məʔ³²	xuəʔ³²
平遥	pʰʌʔ²¹²	mu²⁴	mʌʔ⁵²³	mʌʔ⁵²³	xuʌʔ²¹²
介休	pʰʌʔ¹²	mu⁴⁵	mʌʔ¹²	mʌʔ³¹²	xuʌʔ¹²
灵石	pʰəʔ⁴	mu⁵³	məʔ⁴	məʔ⁴	xuəʔ⁴
寿阳	pʰəʔ²	mu⁴⁵	məʔ²	məʔ²	fəʔ²
榆次	pʰəʔ¹¹	mu³⁵	məʔ¹¹	məʔ¹¹	fəʔ¹¹
榆社	pʰaʔ²²	mɣ⁴⁵	məʔ²²	məʔ²²	fəʔ²²
交城	pʰəʔ¹¹/pʰu²⁴	mu²⁴	məʔ¹¹	məʔ¹¹	xuəʔ¹¹
文水	pʰəʔ²	məɸ³⁵	məʔ²	məʔ²	xuəʔ²
孝义	pʰəʔ³	mu⁴⁵⁴	məʔ³	məʔ³	xuəʔ³
盂县	pʰəʔ²²/pʰu⁵⁵	mu⁵⁵	məʔ²²	məʔ²²	fəʔ²²
静乐	pʰaʔ⁴	mu⁵³	məʔ⁴	məʔ⁴	fəʔ⁴
离石	pʰəʔ⁴	mu⁵³	məʔ²³	məʔ²³	xuəʔ⁴
汾阳	pʰəʔ²²	məʊ⁵⁵	məʔ³¹²	məʔ³¹²	fəʔ²²
方山	pʰu²⁴	mu⁵²	məʔ²³	məʔ²³	xuəʔ⁴
柳林	pʰəʔ⁴	mu⁵³	məʔ⁴²³	məʔ⁴²³	xuəʔ⁴
临县	pʰɑʔ³	mu⁵²	mɐʔ²⁴	mɐʔ²⁴	fɤʔ³
中阳	pʰəʔ⁴	mu⁵³	məʔ⁴	məʔ⁴	xuəʔ⁴
兴县	pʰəʔ⁵⁵	mu⁵³	məʔ⁵⁵	məʔ⁵⁵	xuəʔ⁵⁵
岚县	pʰieʔ⁴	mu⁵¹	muəʔ⁴	muəʔ⁴	fəʔ⁴
交口	pʰəʔ⁴	mu⁵³	məʔ⁴	məʔ⁴	xuəʔ⁴
石楼	pʰəʔ⁴	mu⁵¹	məʔ⁴	məʔ⁴	xuəʔ⁴
隰县	pʰu²¹	mu⁴⁴	məʔ³	məʔ³	xuəʔ³

续表

方言＼字目	扑 通合一 入屋滂	幕 宕开一 入铎明	木 通合一 入屋明	目 通合三 入屋明	福 通合三 入屋非
大宁	$p^h ə ʔ^{31}$	mu^{55}	$m ə ʔ^{31}$	$m ə ʔ^{31}$	$f ə ʔ^{31}$
永和	$p^h ə ʔ^{35}$	mu^{53}	$m ə ʔ^{35}$	$m ə ʔ^{35}$	$xu ə ʔ^{35}$
汾西	$p^h y ə ŋ^1 / p^h β^{11}$	$mβ^{53}$	$mə^1$	$mə^1$	$fə^1$
蒲县	$p^h u^{33}$	mu^{52}	$p ə ʔ^{43}/mu^{52}$	mu^{52}	fu^{52}
长治市	$p^h ə ʔ^{53}$	$m ə ʔ^{53}$	$m ə ʔ^{53}$	$m ə ʔ^{53}$	$f ə ʔ^{53}$
长治县	$p^h ə ʔ^{21}$	mu^{42}	$m ə ʔ^{21}$	$m ə ʔ^{21}$	$f ə ʔ^{21}$
长子	$p^h ə ʔ^{44}$	$m̩^{53}/mu^{53}$	$m ə ʔ^{44}$	$m ə ʔ^{44}$	$f ə ʔ^{44}$
屯留	$p^h ʌ ʔ^1$	mu^{11}	$m ʌ ʔ^1$	$m ʌ ʔ^1$	$f ʌ ʔ^1$
黎城	$p^h ɤ ʔ^{22}$	$muɤ^{213}$	$m ʌ ʔ^{31}$	mu^{53}	$fɤ ʔ^{22}$
壶关	$p^h ə ʔ^2$	mu^{353}	$m ə ʔ^{21}$	$m ə ʔ^{21}/mu^{353}$	$f ə ʔ^2$
平顺	$p^h ə ʔ^{212}$	mu^{53}	$m ə ʔ^{423}$	mu^{53}	$f ə ʔ^{212}$
沁县	$p^h ə ʔ^{31}$	mu^{53}	$m ə ʔ^{31}$	$m ə ʔ^{31}$	$f ə ʔ^{31}$
武乡	$p^h ə ʔ^3$	mu^{55}	$m ə ʔ^3$	$m ə ʔ^3$	$f ə ʔ^3$
沁源	$p^h ʌ ʔ^{31}$	mu^{53}	$m ə ʔ^{31}$	$m ə ʔ^{31}$	$f ə ʔ^{31}$
襄垣	$p^h ʌ ʔ^3$	$muə^{42}$	$m ʌ ʔ^3$	$m ʌ ʔ^3$	$f ʌ ʔ^3$
安泽	$p^h u^{21}$	mu^{53}	$m ə ʔ^{21}$	$m ə ʔ^{21}$	$f ə ʔ^{21}$
端氏	$p^h ə ʔ^{22}$	$moŋ^{53}$	$m ə ʔ^{22}$	$m ə ʔ^{22}$	$f ə ʔ^{22}$
晋城	$p^h ə ʔ^{22}$	mu^{53}	$m ə ʔ^{22}$	$m ə ʔ^{22}$	$f ə ʔ^{22}$
阳城	$p^h ʌ ʔ^{22}$	$muoŋ^{51}$	$m ʌ ʔ^{22}$	$m ə ʔ^{22}$	$f ə ʔ^{22}$
陵川	$p^h ə ʔ^3$	mu^{24}	$m ə ʔ^3$	mu^{24}	$f ə ʔ^{23}$
高平	$p^h ə ʔ^{22}$	$m̩^{53}$	$m ə ʔ^{22}$	$m ə ʔ^{22}$	$f ə ʔ^{22}$

表 7-13

方言 \ 字目	复 通合三 入屋非	覆 通合三 入屋敷	督 通合一 入沃端	读 通合一 入屋定	毒 通合一 入沃定
新荣	fəʔ⁴	fəʔ⁴	tuəʔ⁴	tuəʔ⁴	tu³¹²
阳高	fu²⁴/fəʔ³³	fəʔ³³	tu³¹	tuəʔ³³	tuəʔ³³
天镇	fəʔ⁴⁴	fəʔ⁴⁴	tuəʔ⁴⁴	tuəʔ⁴⁴	tuəʔ⁴⁴
左云	fəʔ⁴⁴	fəʔ⁴⁴	tuəʔ⁴⁴	tuəʔ⁴⁴	tu³¹³
右玉	fəʔ⁴⁴	fəʔ⁴⁴	tuəʔ⁴⁴	tuəʔ⁴⁴	tuʔ⁴⁴
山阴	fəʔ⁴	fəʔ⁴	tuəʔ⁴	tuəʔ⁴	tu³¹³
怀仁	fəʔ⁴	fəʔ⁴	tuəʔ⁴	tuəʔ⁴	tu³¹²
平定	fəʔ⁴⁴	fəʔ⁴⁴	tuəʔ⁴⁴	tuəʔ⁴⁴	tuəʔ⁴⁴
昔阳	fʌʔ⁴³	fʌʔ⁴³	tu⁴²	tuʌʔ⁴³	tuʌʔ⁴³
和顺	fəʔ²¹	fəʔ²¹	tuəʔ²¹	tuəʔ²¹	tuəʔ²¹
灵丘	fu⁵³	fu⁵³	tuəʔ⁵	tuəʔ⁵	tu³¹
浑源	fəʔ⁴⁴	fəʔ⁴⁴	tuəʔ⁴⁴	tuəʔ⁴⁴	tu²²
应县	fəʔ⁴³	fəʔ⁴³	tuəʔ⁴³	tuəʔ⁴³/təu²⁴	tu³¹
平鲁	fəʔ³⁴	fəʔ³⁴	tuəʔ³⁴	tuəʔ³⁴	tuəʔ³⁴/tu⁴⁴
朔州	fəʔ³⁵	fəʔ³⁵	tuəʔ³⁵	tuəʔ³⁵	tuəʔ³⁵
忻州	fəʔ³²	fəʔ³²	tuəʔ³²	tuəʔ³²	tuəʔ³²
原平	fəʔ³⁴	fəʔ³⁴	tuəʔ³⁴	tuəʔ³⁴	tuəʔ³⁴
定襄	fəʔ³³	fəʔ³³	tuəʔ³³	tuəʔ¹	tuəʔ¹
五台	fəʔ³³	fəʔ³³	tuəʔ³³	tuəʔ³³	tuəʔ³³
岢岚	fəʔ⁴	fəʔ⁴	tuəʔ⁴	tuəʔ⁴	tuəʔ⁴
神池	fu⁵²	fu⁵²	tu²⁴	tuəʔ⁴	tuəʔ⁴
五寨	fəʔ⁴	fəʔ⁴	tuəʔ⁴	tuəʔ⁴	tuəʔ⁴
宁武	fəʔ⁴	fəʔ⁴	tuəʔ⁴	tuəʔ⁴	tuəʔ⁴
代县	fəʔ²²	fəʔ²²	tuəʔ²²	tuəʔ²²	tuəʔ²²
繁峙	fəʔ¹³	fəʔ¹³	tuəʔ¹³	tuəʔ¹³	tuəʔ¹³
河曲	fəʔ⁴	fəʔ⁴	tuəʔ⁴	tuəʔ⁴	tuəʔ⁴
保德	fəʔ⁴	fəʔ⁴	tu²¹³	tuəʔ⁴	tuəʔ⁴
偏关	fəʔ⁴	fəʔ⁴	tuəʔ⁴	tuəʔ⁴	tuəʔ⁴
阳曲	fu⁴⁵⁴/fəʔ⁴	fəʔ⁴	tuəʔ⁴	tuəʔ²¹²	tuəʔ²¹²

续表

方言\字目	复 通合三入屋非	覆 通合三入屋敷	督 通合一入沃端	读 通合一入屋定	毒 通合一入沃定
古交	fəʔ²	fəʔ²	tuəʔ²	tuəʔ²¹²	tuəʔ²¹²
晋源	fəʔ²	fəʔ²	tuəʔ²	tuəʔ²	tuəʔ²
北郊	fəʔ²²	fəʔ²²	tuəʔ²²	tuəʔ⁴³	tuəʔ⁴³
清徐	fu⁴⁵	fəʔ¹¹	tuəʔ¹¹	tuəʔ⁵⁴	tuəʔ⁵⁴
娄烦	fəʔ³	fəʔ³	tuəʔ³	tuəʔ³	tuəʔ³
太谷	fəʔ⁴²³	fəʔ⁴²³	tuəʔ³	tuəʔ⁴²³	tuəʔ⁴²³
祁县	xuəʔ³²⁴	xuəʔ³²⁴	tuəʔ³²⁴	tuəʔ³²⁴	tuəʔ³²⁴
平遥	xuʌʔ²¹²	xuʌʔ²¹²	tuʌʔ⁵²³	tuʌʔ⁵²³	tuʌʔ⁵²³
介休	xuʌʔ¹²	xuʌʔ¹²	tuʌʔ¹²	tuʌʔ³¹²	tuʌʔ³¹²
灵石	xuəʔ²¹²	xuəʔ⁴	tuəʔ⁴	tuəʔ²¹²	tuəʔ²¹²
寿阳	fəʔ²	fəʔ⁵⁴	tuəʔ²	tuəʔ⁵⁴	tuəʔ⁵⁴
榆次	fəʔ¹¹	fəʔ¹¹	tuəʔ¹¹	tuəʔ⁵³	tuəʔ⁵³
榆社	fəʔ³¹²	fəʔ³¹²	tuəʔ²²	tuəʔ²²	tuəʔ²²
交城	xuəʔ⁵³	xuəʔ¹¹	tuəʔ⁵³	tuəʔ⁵³	tuəʔ⁵³
文水	xuəʔ²	xuəʔ²	tuəʔ²	tuəʔ³¹²	tuəʔ³¹²
孝义	xuəʔ³	xuəʔ³	tuəʔ⁴²³	tuəʔ⁴²³	tuəʔ⁴²³
盂县	fəʔ²²	fəʔ⁵³	tuəʔ²²	tuəʔ⁵³	tuəʔ⁵³
静乐	fəʔ⁴	fəʔ⁴	tuəʔ²¹²	tuəʔ²¹²	tuəʔ²¹²
离石	xuəʔ⁴	xuəʔ⁴	tuəʔ⁴	tuəʔ⁴	tuəʔ⁴
汾阳	fəʔ²²	fəʔ³¹²	tuəʔ²²	tuəʔ³¹²	tuəʔ³¹²
方山	xuəʔ⁴	xuəʔ⁴	tu²⁴	tuəʔ⁴	tuəʔ⁴
柳林	xuɤʔ⁴	xuɤʔ⁴	tuɤʔ⁴	tuɤʔ⁴	tuɤʔ⁴
临县	fɐʔ³	fɐʔ³	tu²⁴	tuɐʔ³	tuɐʔ³
中阳	xuɤʔ⁴	xuɤʔ⁴	tuɤʔ⁴	tuɤʔ⁴	tuəʔ⁴/tʰuəʔ³¹²
兴县	xuəʔ⁵⁵	xuəʔ⁵⁵	tuəʔ⁵⁵	tuəʔ⁵⁵	tuəʔ⁵⁵
岚县	fəʔ⁴	fəʔ⁴	tuəʔ⁴	tuəʔ⁴	tuəʔ⁴
交口	xuəʔ⁴/xuɤʔ²¹²	xuəʔ⁴	tuəʔ⁴	tuəʔ²¹²	tʰuəʔ²¹²/tuəʔ⁴
石楼	xuəʔ⁴	xuəʔ⁴	tuəʔ⁴/tu²¹³	tuəʔ⁴	tʰuəʔ²¹³
隰县	xuəʔ³	xuəʔ³	tuəʔ³	tuəʔ³	tʰuəʔ³

续表

方言＼字目	复 通合三 入屋非	覆 通合三 入屋敷	督 通合一 入沃端	读 通合一 入屋定	毒 通合一 入沃定
大宁	fəʔ^{31}	fəʔ^{31}	tuəʔ^{31}	tʰuəʔ^{44}	tʰuəʔ^{44}
永和	xuəʔ^{35}	xuəʔ^{35}	tuəʔ^{35}	tʰuəʔ^{35}/tuəʔ^{35}	tʰuəʔ^{312}/tuəʔ^{312}
汾西	fə^{1}	fə^{1}	tβ^{11}	tʰuə^{3}/tuə^{3}	tʰuə^{3}/tuə^{3}
蒲县	fu^{33}	fu^{33}	tu^{52}	tu^{24}	tu^{24}
长治市	fəʔ^{53}	fəʔ^{53}	tuəʔ^{53}	tuəʔ^{53}	tuəʔ^{53}
长治县	fəʔ^{21}	fəʔ^{21}	tuəʔ^{21}	tuəʔ^{21}	tuəʔ^{21}
长子	fəʔ^{44}	fəʔ^{44}	tuəʔ^{212}	tuəʔ^{212}	tuəʔ^{212}
屯留	fəʔ^{1}	fəʔ^{1}	tu^{31}	tuəʔ^{54}	tuəʔ^{54}
黎城	fɤʔ^{22}	fɤʔ^{22}	tuɤʔ^{22}	tuɤʔ^{31}	tuɤʔ^{31}
壶关	fəʔ^{2}	fəʔ^{2}	tuəʔ^{2}	tuəʔ^{21}	tuəʔ^{21}
平顺	fəʔ^{212}	fəʔ^{212}	tuəʔ^{212}	tuəʔ^{423}	tuəʔ^{423}
沁县	fəʔ^{31}	fəʔ^{31}	tuəʔ^{212}	tuəʔ^{212}	tuəʔ^{212}
武乡	fəʔ^{3}	fəʔ^{3}	tuəʔ^{3}	tuəʔ^{423}	tuəʔ^{423}
沁源	fəʔ^{31}	fəʔ^{31}	tuəʔ^{31}	tuəʔ^{31}	tuəʔ^{31}
襄垣	fʌʔ^{3}	fʌʔ^{3}	tuʌʔ^{3}	tuʌʔ^{43}	tuʌʔ^{43}
安泽	fu^{21}	fu^{21}	tu^{21}	tu^{35}	tu^{35}
端氏	fəʔ^{22}	fəʔ^{22}	tuəʔ^{22}	tuəʔ^{54}	tuəʔ^{54}
晋城	fəʔ^{22}	fəʔ^{22}	tuəʔ^{22}	tuəʔ^{22}	tuəʔ^{22}
阳城	fəʔ^{22}	fəʔ^{22}	tuəʔ^{22}	tuəʔ^{22}	tuəʔ^{22}
陵川	fu^{24}	fəʔ^{3}	tuəʔ^{3}	tuəʔ^{23}	tuəʔ^{23}
高平	fəʔ^{22}	fəʔ^{22}	tuəʔ^{22}	tuəʔ^{22}	tuəʔ^{22}

表 7-14

方言＼字目	突 臻合一 入没透	陆 通合三 入屋来	卒 臻合一 入没精	足 通合三 入烛精	俗 通合三 入烛邪
新荣	tʰuəʔ⁴	luəʔ⁴	tsu³¹²	tɕyəʔ⁴|tsuəʔ⁴	ɕyəʔ⁴
阳高	tʰuəʔ³³	luəʔ³³	tsu³¹²	tsuəʔ³³	ɕyəʔ³³/su³¹²
天镇	tʰuəʔ⁴⁴	liɤu²⁴	tsuəʔ⁴⁴	tɕyəʔ⁴⁴	ɕyəʔ⁴⁴
左云	tʰuəʔ⁴⁴	luəʔ⁴⁴	tsuəʔ⁴⁴	tɕyəʔ⁴⁴|tsuəʔ⁴⁴	ɕyəʔ⁴⁴/suəʔ⁴⁴
右玉	tʰuəʔ⁴⁴	luəʔ⁴⁴	tsu²¹²	tɕyəʔ⁴⁴	ɕyəʔ⁴⁴
山阴	tʰuəʔ⁴	ləu³¹³	tsu³¹³	tɕyəʔ⁴	ɕyəʔ⁴
怀仁	tʰuəʔ⁴	luəʔ⁴	tsu³¹²	tɕyəʔ⁴	ɕyəʔ⁴
平定	tʰuəʔ⁴⁴	luəʔ²³	tsu⁴⁴	tɕyəʔ⁴⁴	ɕyəʔ⁴⁴
昔阳	tʰʌʔ⁴³	lu¹³	tsu³³	tsuʌʔ⁴³	su³³
和顺	tʰuəʔ²¹	luəʔ²¹	tsuəʔ²¹	tsuəʔ²¹	ɕyeʔ²¹
灵丘	tʰuəʔ⁵	luəʔ⁵	tsu²²	tɕyəʔ⁵	ɕyəʔ⁵
浑源	tʰuəʔ⁴⁴	luəʔ⁴⁴	tsu²²	tsuəʔ⁴⁴/tɕyəʔ⁴⁴	ɕyəʔ⁴⁴
应县	tʰuəʔ⁴³	liəu³¹|luəʔ⁴³	tsu³¹	tɕyɛʔ⁴³/tsu³¹	ɕyɛʔ⁴³
平鲁	tuəʔ³⁴/tʰuəʔ³⁴	liəu⁵²|luəʔ³⁴	tsu⁴⁴	tɕyəʔ³⁴	ɕyəʔ³⁴
朔州	tʰuəʔ³⁵	luəʔ³⁵	tsu³⁵	tsuəʔ³⁵	ɕyəʔ³⁵
忻州	tʰuəʔ³²	luəʔ³²	tsu²¹	tɕyɛʔ³²/tsu²¹	ɕyɛʔ³²
原平	tʰuəʔ³⁴	luəʔ³⁴	tsuəʔ³⁴	tɕyəʔ³⁴	ɕyəʔ³⁴
定襄	tʰuəʔ³³	luəʔ³³	tsuəʔ³³	tɕyəʔ¹	suə²¹³
五台	tʰuəʔ³³	luəʔ³³	tsu³³	tɕyəʔ³³	ɕyəʔ³³
岢岚	tʰuəʔ⁴	luəʔ⁴	tʂuəʔ⁴	tɕyɛʔ⁴	ɕyɛʔ⁴
神池	tʰuəʔ⁴	lu⁵²	tsuəʔ⁴	tɕyəʔ⁴	su³²
五寨	tʰuəʔ⁴	luəʔ⁴	tsuəʔ⁴	tɕyəʔ⁴	ɕyəʔ⁴
宁武	tʰuəʔ⁴	luəʔ⁴	tsuəʔ⁴	tɕyəʔ⁴	ɕyəʔ⁴
代县	tʰuəʔ²²	luəʔ²²	tsu⁴⁴	tɕyəʔ²²	ɕyəʔ²²
繁峙	tʰuəʔ¹³	luəʔ¹³	tsu³¹	tɕyəʔ¹³	suəʔ¹³
河曲	tʰuəʔ⁴	luəʔ⁴	tsuəʔ⁴	tɕyəʔ⁴	ɕyəʔ⁴
保德	tʰuəʔ⁴	luəʔ⁴	tsuəʔ⁴	tɕyəʔ⁴/tsuəʔ⁴	ɕyəʔ⁴
偏关	tʰuəʔ⁴	luəʔ⁴	tsuəʔ⁴	tɕyəʔ⁴	ɕyəʔ⁴
阳曲	tʰuəʔ⁴	luəʔ⁴	tsuəʔ⁴	tsuəʔ⁴/tɕye⁴	ɕyɛʔ⁴/suəʔ⁴

续表

方言＼字目	突 臻合一 入没透	陆 通合三 入屋来	卒 臻合一 入没精	足 通合三 入烛精	俗 通合三 入烛邪
古交	tʰuəʔ²	luəʔ²	tɕyəʔ²¹²	tɕyəʔ²¹²	ɕyəʔ²¹²
晋源	tʰu²	luəʔ²	tɕyəʔ²	tɕyəʔ²	ɕyəʔ⁴³
北郊	tʰuəʔ²²	lueʔ²²/leiʔ³⁵	tsuəʔ²²	tɕyəʔ²²	ɕyəʔ⁴³
清徐	tʰuəʔ⁵⁴	luəʔ¹¹	tɕyəʔ⁵⁴	tɕyəʔ¹¹	ɕyəʔ⁵⁴
娄烦	tʰuəʔ³	luəʔ³	tsuəʔ³	tɕyəʔ³	ɕyəʔ²¹
太谷	tʰuəʔ³	luəʔ³	tɕyəʔ⁴²³	tɕyəʔ³	ɕyəʔ⁴²³
祁县	tʰuəʔ³²	luəʔ³²	tsuəʔ³²⁴	tɕyəʔ³²	ɕyəʔ³²⁴
平遥	tʰuʌʔ²¹²	luʌʔ⁵²³	tɕyʌʔ⁵²³	tɕyʌʔ²¹²	ɕyʌʔ⁵²³
介休	tʰuʌʔ¹²	luʌʔ¹²	tsuʌʔ³¹²	tɕyʌʔ¹²|tsuʌʔ¹²	ɕyʌʔ³¹²
灵石	tʰuəʔ⁴	luəʔ⁴	tsuəʔ⁴	suəʔ⁴	ɕyəʔ²¹²
寿阳	tʰuəʔ²	luəʔ²	tsuəʔ²	tɕyəʔ²	ɕyəʔ⁵⁴
榆次	tʰuəʔ¹¹	luəʔ¹¹	tsuəʔ⁵³	tsuəʔ⁵³/tɕyəʔ⁵³	ɕyəʔ⁵³
榆社	tʰuəʔ²²	luəʔ²²	tsuəʔ²²	tɕyəʔ²²	ɕyəʔ³¹²
交城	tʰuəʔ¹¹	luəʔ¹¹	tɕyəʔ⁵³	tɕyəʔ¹¹	ɕyəʔ⁵³
文水	tʰuəʔ²	luəʔ²	tɕyəʔ²/tsuəʔ²	tɕyəʔ²/tsuəʔ²	ɕyəʔ³¹²/suəʔ³¹²
孝义	tʰuəʔ³	luəʔ³	tsuəʔ⁴²³	tɕyəʔ³	ɕyəʔ³
盂县	tʰuəʔ²²	luəʔ²²	tɕyəʔ⁵³	tɕyəʔ²²	ɕyəʔ⁵³
静乐	tʰuəʔ⁴	luəʔ⁴⁴	tɕyəʔ²¹²	tsuəʔ⁴	suəʔ²¹²
离石	tʰuəʔ⁴	luəʔ²³	tɕʰyeʔ²³	tɕyeʔ	ɕyeʔ²³
汾阳	tʰəʊ³²⁴	luəʔ³¹²	tsuəʔ³¹²	tsuəʔ²²	suəʔ³¹²
方山	tʰuəʔ⁴	luəʔ²³	tsʰuəʔ²³	tɕyɛʔ⁴	ɕyeʔ⁴
柳林	tʰuəʔ⁴	luəʔ⁴²³	tɕʰyɛʔ⁴²³	tɕyɛʔ⁴	ɕyɛʔ⁴²³
临县	tʰuɐʔ³	luɐʔ³	tsʰəʔ²⁴	tɕyɐʔ³	suɐʔ³
中阳	tʰuəʔ⁴	luəʔ³¹²	tɕʰyeʔ³¹²	tɕyeʔ⁴	ʂuəʔ³¹²
兴县	tʰuəʔ⁵⁵	luəʔ⁵⁵	tsuəʔ⁵⁵	tsuəʔ⁵⁵	ɕyəʔ³¹²
岚县	tʰuəʔ⁴	luəʔ⁴	tɕyɛʔ²³	tɕyɛʔ⁴	ɕyɛʔ²³
交口	tʰuəʔ⁴	luəʔ⁴	tsʰuəʔ⁴	tɕyeʔ⁴	ɕyeʔ²¹²
石楼	tʰuəʔ⁴	luəʔ⁴	tʂʰuəʔ²¹³	tɕyəʔ⁴	ɕyəʔ²¹³
隰县	tʰuəʔ³	luəʔ³	tsʰou²⁴	tɕyəʔ³/tsuəʔ³	ɕyəʔ³

续表

方言＼字目	突 臻合一入没透	陆 通合三入屋来	卒 臻合一入没精	足 通合三入烛精	俗 通合三入烛邪
大宁	tʰuəʔ³¹	luəʔ³¹	tsuəʔ³¹	tɕyəʔ³¹	ɕyəʔ³¹
永和	tʰəʔ³¹²	luəʔ³⁵	tsʰəʔ³⁵	tɕyəʔ³¹²	ɕyəʔ³⁵
汾西	tʰuə³	luə³	tsʰou³⁵	tɕyə¹	ɕyə³
蒲县	tʰuo⁵²	lu⁵²	tsu²⁴	tsu²⁴	su²⁴
长治市	tʰuəʔ⁵³	luəʔ⁵³	tsuəʔ⁵³	tɕyəʔ⁵³	ɕyəʔ⁵³
长治县	tʰuəʔ²¹	luəʔ²¹	tsuəʔ²¹	tɕyəʔ²¹	ɕyəʔ²¹
长子	tʰuəʔ⁴⁴	luəʔ⁴⁴	tsuəʔ²¹²	tɕyəʔ⁴⁴	ɕyəʔ²¹²
屯留	tʰuəʔ¹	luəʔ¹	tsuəʔ⁵⁴	tsuəʔ¹	syəʔ¹
黎城	tʰuɤʔ²²	luɤʔ²²	tsuɤʔ²²	tɕyɤʔ²²/tsuɤʔ²²	ɕyɤʔ²²
壶关	tʰuəʔ²¹	luəʔ²¹	tʂuəʔ²	tsyəʔ²	syəʔ²
平顺	tʰuəʔ⁴²³	luəʔ⁴²³	tsuəʔ⁴²³	tsyəʔ²¹²	syəʔ⁴²³
沁县	tʰuəʔ³¹	luəʔ³¹	tsuaʔ²¹²	tɕyəʔ³¹	ɕyəʔ²¹²
武乡	tʰuəʔ³	luəʔ³	tsuəʔ³	tsuəʔ³	ɕyəʔ⁴²³
沁源	tʰuəʔ³¹	luəʔ³¹	tsuʌʔ³¹	tɕyəʔ³¹	ɕyəʔ³¹
襄垣	tʰuʌʔ³	luʌʔ³	tsuʌʔ⁴³	tsyʌʔ³	ɕyʌʔ⁴³
安泽	tʰuəʔ²¹	ləu⁵³/lu⁵³	tsəu³⁵/tsu³⁵	tsuəʔ²¹|tsu³⁵	ɕy²¹/su³⁵
端氏	tʰuəʔ²²	luəʔ²²	tsuəʔ⁵⁴	tɕyəʔ²²	ɕyəʔ²²
晋城	tʰuəʔ²²	luəʔ²²	tʂuəʔ²²	tɕyəʔ²²	ɕyəʔ²²
阳城	tʰuəʔ²²	luəʔ²²	tsu²²	tɕyəʔ²²	ɕyəʔ²²
陵川	tʰuəʔ³	luəʔ²³	tʂuəʔ³	tɕyəʔ³	ɕyəʔ²³
高平	tʰuəʔ²²	luəʔ²²	tʂuəʔ²²	tɕiəʔ²²	suəʔ²²

表 7-15

方言＼字目	速 通合一 入屋心	宿 通合三 入屋心	竹 通合三 入屋知	烛 通合三 入烛章	祝 通合三 入屋章
新荣	suəʔ⁴	ɕyəʔ⁴	tʂuəʔ⁴	tʂuəʔ⁴	tʂuəʔ⁴
阳高	suəʔ³³	ɕyəʔ³³/suəʔ³³	tʂuəʔ³³	tʂuəʔ³³	tʂuəʔ³³
天镇	suəʔ⁴⁴	ɕyəʔ⁴⁴	tʂuəʔ⁴⁴	tʂuəʔ⁴⁴	tʂuəʔ⁴⁴
左云	suəʔ⁴⁴	ɕyəʔ⁴⁴	tʂuəʔ⁴⁴	tʂuəʔ⁴⁴	tʂuəʔ⁴⁴
右玉	suəʔ⁴⁴	ɕyəʔ⁴⁴	tʂuəʔ⁴⁴	tʂuəʔ⁴⁴	tʂuəʔ⁴⁴
山阴	suəʔ⁴	ɕyəʔ⁴	tʂuəʔ⁴	tʂuəʔ⁴	tʂuəʔ⁴
怀仁	suəʔ⁴	ɕyəʔ⁴	tʂuəʔ⁴	tʂuəʔ⁴	tʂuəʔ⁴
平定	suəʔ⁴⁴	ɕyəʔ⁴⁴	tʂuəʔ⁴⁴	tʂuəʔ⁴⁴	tʂuəʔ⁴⁴
昔阳	ɕyʌʔ⁴³	ɕyʌʔ⁴³/su¹³	tʂuʌʔ⁴³	tʂuʌʔ⁴³	tʂuʌʔ⁴³
和顺	suəʔ²¹	ɕyeʔ²¹	tʂuəʔ²¹	tʂuəʔ²¹	tʂuəʔ²¹
灵丘	suəʔ⁵	ɕyəʔ⁵	tʂuəʔ⁵	tʂuəʔ⁵	tʂuəʔ⁵
浑源	suəʔ⁴⁴	ɕyəʔ⁴⁴	tʂuəʔ⁴⁴	tʂuəʔ⁴⁴	tʂuəʔ⁴⁴
应县	ɕyɛʔ⁴³	ɕyɛʔ⁴³	tʂuəʔ⁴³	tʂuəʔ⁴³	tʂuəʔ⁴³
平鲁	suəʔ³⁴	ɕyəʔ³⁴	tʂuəʔ³⁴	tʂuəʔ³⁴	tʂuəʔ³⁴
朔州	suəʔ³⁵	ɕyəʔ³⁵	tʂuəʔ³⁵	tʂuəʔ³⁵	tʂuəʔ³⁵
忻州	suəʔ³²	ɕyɛʔ³²/su⁵³	tʂuəʔ³²	tʂuəʔ³²	tʂuəʔ³²
原平	suəʔ³⁴	ɕyəʔ³⁴	tʂuəʔ³⁴	tʂuəʔ³⁴	tʂuəʔ³⁴
定襄	suəʔ³³	ɕyəʔ¹	tʂuəʔ¹	tʂuəʔ³³	tʂuəʔ³³
五台	suəʔ³³	ɕyəʔ³³	tʂuəʔ³³	tʂuəʔ³³	tʂuəʔ³³
岢岚	suəʔ⁴	ɕyɛʔ⁴	tʂuəʔ⁴	tʂuəʔ⁴	tʂuəʔ⁴
神池	su⁵²	ɕyəʔ⁴	tʂuəʔ⁴	tʂuəʔ⁴	tsu⁵²
五寨	suəʔ⁴	ɕyəʔ⁴	tʂuəʔ⁴	tʂuəʔ⁴	tʂuəʔ⁴
宁武	suəʔ⁴	ɕyəʔ⁴	tʂuəʔ⁴	tʂuəʔ⁴	tʂuəʔ⁴
代县	suəʔ²²	ɕyəʔ²²	tʂuəʔ²²	tʂuəʔ²²	tʂuəʔ²²
繁峙	suəʔ¹³	suəʔ¹³|ɕyəʔ¹³	tʂuəʔ¹³	tʂuəʔ¹³	tʂuəʔ¹³
河曲	suəʔ⁴	ɕyəʔ⁴	tʂuəʔ⁴	tʂuəʔ⁴	tʂuəʔ⁴
保德	suəʔ⁴	suəʔ⁴	tʂuəʔ⁴	tʂuəʔ⁴	tʂuəʔ⁴
偏关	suəʔ⁴	ɕyəʔ⁴	tʂuəʔ⁴	tʂuəʔ⁴	tʂuəʔ⁴
阳曲	suəʔ⁴	suəʔ⁴	tʂuəʔ²¹²	tʂuəʔ⁴	tʂuəʔ⁴

方言\字目	速 通合一入屋心	宿 通合三入屋心	竹 通合三入屋知	烛 通合三入烛章	祝 通合三入屋章
古交	suəʔ²	ɕyəʔ²	tsuəʔ²¹²	tsuəʔ²¹²	tsuəʔ²
晋源	suəʔ²	ɕyəʔ²	tsuəʔ⁴³	tsuəʔ⁴³	tsuəʔ⁴³
北郊	suəʔ²²	ɕyəʔ²²	tsuəʔ²²	tsuəʔ²²	tsuəʔ²²
清徐	suəʔ¹¹	ɕyəʔ⁵⁴	tsuəʔ¹¹	tsuəʔ¹¹	tsuəʔ¹¹
娄烦	suəʔ³	ɕyəʔ³	pfəʔ³	pfəʔ³	pfəʔ³
太谷	ɕyəʔ³	ɕyəʔ³	tsuəʔ³	tsuəʔ³¹²	tsuəʔ³
祁县	suəʔ³²	ɕyəʔ³²	tsuəʔ³²	tsuəʔ³²⁴	tsuəʔ³²
平遥	suʌʔ²¹²	ɕyʌʔ²¹²	tsuʌʔ²¹²	tsuʌʔ⁵²³	tsuʌʔ²¹²
介休	suʌʔ¹²	ɕyʌʔ³¹²	tsuʌʔ¹²	tsuʌʔ¹²	tsuʌʔ¹²
灵石	suəʔ⁴	suəʔ⁴	tsuəʔ⁴	tsuəʔ⁴	tsuəʔ⁴
寿阳	ɕyəʔ²	ɕyəʔ⁵⁴	tsuəʔ²	tsuəʔ⁵⁴	tsʮ⁴⁵
榆次	suəʔ¹¹	ɕyəʔ¹¹	tsuəʔ¹¹	tsuəʔ¹¹	tsuəʔ¹¹/tsu³⁵
榆社	ɕyəʔ²²	ɕyəʔ²²	tsuəʔ³¹²	tsuəʔ²²	tsuəʔ²²
交城	suəʔ¹¹	ɕyəʔ¹¹	tsuəʔ¹¹	tsuəʔ⁵³	tsuəʔ¹¹
文水	¹ɕyəʔ²/suəʔ²	ɕyəʔ²/suəʔ²	tsuəʔ²	tsuəʔ²	tsuəʔ²
孝义	suəʔ³	ɕyəʔ³	tsuəʔ³	tsuəʔ⁴²³	tsuəʔ⁴²³
盂县	ɕyəʔ²²	ɕyəʔ²²	tsuəʔ²²	tsuəʔ⁵³	tsuəʔ²²
静乐	suəʔ⁴	suəʔ⁴	tsuəʔ⁴	tsuəʔ⁴	tsuəʔ⁴
离石	suəʔ⁴	ɕyeʔ⁴	tsuəʔ⁴	tsuəʔ⁴	tsuəʔ⁴
汾阳	suəʔ²²	ɕyeʔ²²	tʂuəʔ²²	tʂuəʔ²²	tʂuəʔ²²
方山	suəʔ⁴	ɕyɛʔ⁴	tsuəʔ⁴	tsuəʔ⁴	tsuəʔ⁴
柳林	suɐʔ⁴	ɕyɛʔ⁴	tsuɐʔ⁴	tsuɐʔ⁴	tsuɐʔ⁴
临县	suɐʔ³	suɐʔ³	tʂɐʔ³	tʂuɐʔ³	tʂuɐʔ³
中阳	ʂuɐʔ⁴	ɕyeʔ⁴	tʂuɐʔ⁴	tʂuɐʔ⁴	tʂuɐʔ⁴
兴县	ɕyəʔ⁵⁵	ɕyəʔ⁵⁵	tsuəʔ⁵⁵	tsuəʔ⁵⁵	tsuəʔ⁵⁵
岚县	ɕyɛʔ⁴	ɕyɛʔ⁴	tsuəʔ⁴	tsuəʔ⁴	tsuəʔ⁴
交口	suɐʔ⁴	ɕyeʔ⁴	tsuəʔ⁴	tsuəʔ⁴	tsuəʔ⁴
石楼	ʂuəʔ⁴	ɕyəʔ⁴	tʂuəʔ⁴	tʂuəʔ⁴	tʂuəʔ⁴/tʂu⁵¹
隰县	suɐʔ³	ɕyəʔ³	tsuəʔ³	tsuɐʔ³	tsuəʔ³

第 7 章 晋方言入声字读音对照集

续表

方言＼字目	速 通合一 入屋心	宿 通合三 入屋心	竹 通合三 入屋知	烛 通合三 入烛章	祝 通合三 入屋章
大宁	suəʔ^{31}	ɕyəʔ^{31}	tʂuəʔ^{31}	tʂuəʔ^{31}	tʂuəʔ^{31}
永和	suəʔ^{35}	ɕyəʔ^{35}	tʂuəʔ^{35}	tʂuəʔ^{35}	tʂuɐʔ^{35}
汾西	suə^{1}	suə^{1}/ɕyə^{1}	tsuə^{1}	tsuə^{1}	tsuə^{1}
蒲县	su^{33}	ɕy^{52}/su^{52}	tʂu^{52}	tʂu^{24}	tʂu^{33}
长治市	suəʔ^{53}	suəʔ^{53}/su^{54}	tsuəʔ^{53}	tsuəʔ^{53}	tsuəʔ^{53}
长治县	suəʔ^{21}	ɕyəʔ^{21}	tsuəʔ^{21}	tsuəʔ^{21}	tsuəʔ^{21}
长子	suəʔ^{44}	ɕyəʔ^{44}/suəʔ^{44}	tsuəʔ^{44}	tsuəʔ^{44}	tsuəʔ^{44}
屯留	suəʔ^{1}	ɕyəʔ^{1}	tsuəʔ^{1}	tsuəʔ^{1}	tsuəʔ^{54}
黎城	suɤʔ^{22}	ɕyɤʔ^{22}	tɕyɤʔ^{22}	tsuɤʔ^{22}	tsuɤʔ^{22}
壶关	ʂəʔ^{2}	syəʔ^{2}	tʂuəʔ^{2}	tsuəʔ^{2}	tsuəʔ^{2}
平顺	suəʔ^{212}	suəʔ^{212}	tsuəʔ^{212}	tsuəʔ^{423}	tsuəʔ^{212}
沁县	suəʔ^{31}	ɕyəʔ^{31}	tsuəʔ^{31}	tsuəʔ^{212}	tsuəʔ^{31}
武乡	suəʔ^{3}	ɕyəʔ^{3}	tsuəʔ^{3}	tsuəʔ^{3}	tsuəʔ^{3}
沁源	suəʔ^{31}	ɕyəʔ^{31}	tʂuəʔ^{31}	tsuəʔ^{31}	tsuʌʔ^{31}
襄垣	suʌʔ^{3}	ɕyʌʔ^{3}	tsuʌʔ^{3}	tsuʌʔ^{3}	tsuʌʔ^{3}
安泽	səu^{21}/su^{21}	ɕyəʔ^{21}	tsuəʔ^{21}	tsu^{35}	tsu^{53}
端氏	suəʔ^{22}	ɕyəʔ^{22}	tsuəʔ^{22}	tsuəʔ^{22}	tsuəʔ^{22}
晋城	ʂuəʔ^{22}	ɕyəʔ^{22}	tʂuəʔ^{22}	tʂuəʔ^{22}	tʂuəʔ^{22}
阳城	suəʔ^{22}	ɕyəʔ^{22}	tʂuəʔ^{22}	tʂuəʔ^{22}	tʂuəʔ^{22}
陵川	ʂəʔ^{3}	ɕyəʔ^{3}	tʂuəʔ^{3}	tʂuəʔ^{3}	tʂuəʔ^{3}
高平	ʂuəʔ^{22}	ɕiəʔ^{22}	tʂuəʔ^{22}	tʂuəʔ^{22}	tʂuəʔ^{22}

表 7-16

方言\字目	出 臻合三入术昌	触 通合三入烛昌	叔 通合三入屋书	属 通合三入烛禅	术 臻合三入术船
新荣	tʂʰuəʔ⁴	tʂuəʔ⁴|tʂʰuəʔ⁴	ʂuəʔ⁴|siəu³²	ʂuəʔ⁴|ʂu⁵⁴	ʂu²⁴|tʂuəʔ⁴
阳高	tsʰuəʔ³³/tsuɤ³¹²	tsuəʔ³³/tsʰu²⁴	suəʔ³³/su³¹	su⁵³	suəʔ³³|su²⁴
天镇	tsʰuəʔ⁴⁴	tsuəʔ⁴⁴/tsʰuəʔ⁴⁴	suəʔ⁴⁴/sɤu³¹	suəʔ⁴⁴	suəʔ⁴⁴
左云	tsʰuəʔ⁴⁴	tsʰuəʔ⁴⁴	səu³¹	suəʔ⁴⁴/su⁵⁴	suəʔ⁴⁴/su²⁴
右玉	tʂʰua?⁴⁴/tʂʰuəʔ⁴⁴	tʂuəʔ⁴⁴	ʂuəʔ⁴⁴	ʂuəʔ⁴⁴	tʂuəʔ⁴⁴
山阴	tʂʰuəʔ⁴	tʂuəʔ⁴	ʂuəʔ⁴	ʂuəʔ⁴/ʂuʌʔ⁴	ʂuəʔ⁴
怀仁	tsʰuəʔ⁴	tsuəʔ⁴	suəʔ⁴/sɤu⁴²	suəʔ⁴	suəʔ⁴
平定	tsʰuəʔ⁴⁴	tsuəʔ⁴⁴	suəʔ⁴⁴	suəʔ⁴⁴	tsuəʔ⁴⁴/suəʔ⁴⁴
昔阳	tsʰuʌʔ⁴³	tsʰuʌʔ⁴³	suʌʔ⁴³	suʌʔ⁴³/su⁵⁵	suʌʔ⁴³
和顺	tsʰuəʔ²¹/tsʰuɤ²²	tsuəʔ²¹	suəʔ²¹	suəʔ²¹	suəʔ²¹
灵丘	tsʰuəʔ⁵	tsʰuəʔ⁵/tsʰeiu⁵³	suəʔ⁵/siəu⁴⁴²	suəʔ⁵	tsuəʔ⁵|su⁵³
浑源	tsʰuəʔ⁴⁴	tsʰuəʔ⁴⁴/tsʰu¹³	suəʔ⁴⁴/səieu⁵²	suəʔ²⁴	tsuəʔ⁴⁴|su¹³
应县	tsʰuəʔ⁴³	tsuəʔ⁴³	su⁴³/səu⁴³	tsuəʔ⁴³/su⁵⁴	su²⁴
平鲁	tsʰuəʔ³⁴	tsuəʔ³⁴	suəʔ³⁴/səu²¹³	suʌʔ³⁴/su³⁴	tsuəʔ³⁴|suəʔ³⁴
朔州	tsʰuəʔ³⁵	tsʰuəʔ³⁵	səu³¹²	suəʔ³⁵/suʌʔ³³	suəʔ³⁵
忻州	tsʰuəʔ³²	tsuəʔ³²	suəʔ³²	suəʔ³²	suəʔ³²
原平	tsʰuəʔ³⁴	tsuəʔ³⁴	suəʔ³⁴	suəʔ³⁴	suəʔ³⁴
定襄	tsʰuəʔ³³	tsʰuəʔ³³	suəʔ¹	suəʔ³³	suəʔ³³
五台	tsʰuəʔ³³	tsuəʔ³³	suəʔ³³	suəʔ³³	suəʔ³³
岢岚	tsʰuəʔ⁴	tʂuəʔ⁴	ʂuəʔ⁴	suəʔ⁴/suaʔ⁴	suəʔ⁴
神池	tsʰuəʔ⁴	tsʰu⁵²	suəʔ⁴	zuəʔ⁴	suəʔ⁴
五寨	tsʰuəʔ⁴	tsuəʔ⁴	suəʔ⁴	suəʔ⁴	suəʔ⁴
宁武	tsʰuəʔ⁴	tsuəʔ⁴	suəʔ⁴	suəʔ⁴	tsuəʔ⁴/suəʔ⁴
代县	tsʰuəʔ²²	tsuəʔ²²	suəʔ²²	suəʔ²²	suəʔ²²
繁峙	tsʰuəʔ¹³	tsʰuəʔ¹³	suəʔ¹³	suəʔ¹³	suəʔ¹³
河曲	tʂʰuəʔ⁴	tʂuəʔ⁴	ʂuəʔ⁴	ʂuəʔ⁴	ʂuəʔ⁴
保德	tʂʰuəʔ⁴	tʂuəʔ⁴	ʂuəʔ⁴	ʂuəʔ⁴	ʂuəʔ⁴
偏关	tsʰuəʔ⁴	tsʰuəʔ⁴	ʂuəʔ⁴	ʂu²¹³	suəʔ⁴
阳曲	tsʰuəʔ⁴	tsuəʔ⁴/tsʰuəʔ⁴	suəʔ⁴	suəʔ²¹²	suəʔ⁴|tsuɤ³¹²

续表

方言 \ 字目	出 臻合三 入术昌	触 通合三 入烛昌	叔 通合三 入屋书	属 通合三 入烛禅	术 臻合三 入术船
古交	tsʰuəʔ²	tsuəʔ²	suəʔ²	suəʔ²	suəʔ²
晋源	tsʰuəʔ²	tsuəʔ⁴³	fəʔ²	su⁴³	tsuəʔ²/su⁴³
北郊	tsʰuəʔ²²	tsuəʔ²²/tsʰu³⁵	suəʔ²²	suəʔ⁴³	tsuəʔ⁴³
清徐	tsʰuəʔ¹¹	tsʰuəʔ¹¹	suəʔ¹¹	suəʔ⁵⁴	suəʔ⁵⁴
娄烦	pfʰə³	pfə³	fə³	fə³	pfə³
太谷	tsʰuəʔ³	tsʰuaʔ³/tsʰuəʔ³	fəʔ³	fəʔ⁴²³	fəʔ⁴²³/suəʔ³
祁县	tsʰuəʔ³²	tsuəʔ³²/tsʰuɑʔ³²	suəʔ³²	suəʔ³²⁴	suəʔ³²
平遥	tsʰuʌʔ²¹²	tsuʌʔ²¹²	suʌʔ²¹²	suʌʔ⁵²³	suʌʔ⁵²³
介休	tsʰuʌʔ¹²	tsʰuʌʔ¹²	suʌʔ¹²	suʌʔ³¹²	suʌʔ¹²
灵石	tsʰuəʔ⁴	tsʰuəʔ⁴	suəʔ¹	suəʔ²¹²	suəʔ²¹²
寿阳	tsʰuəʔ²	tsʰuəʔ⁵⁴	suəʔ²	suəʔ⁵⁴	suəʔ⁵⁴
榆次	tsʰuəʔ¹¹	tsuəʔ⁵³	suəʔ¹¹	suəʔ⁵³	suəʔ¹¹
榆社	tsʰuəʔ²²	tsuəʔ²²	suəʔ²²	suəʔ³¹²	suəʔ³¹²
交城	tsʰuəʔ¹¹	tsuəʔ⁵³/tsʰuəʔ¹¹	suəʔ¹¹	suəʔ⁵³	suəʔ¹¹
文水	tsʰuəʔ²	tsuəʔ²/tsʰuəʔ²	suəʔ²	suəʔ³¹²	suəʔ²
孝义	tsʰuəʔ²	tsuəʔ³	suəʔ³	suəʔ⁴²³	ʂuəʔ³
盂县	tsʰuəʔ²²	tsuəʔ²²/tsʰuəʔ²²	suəʔ²²	suəʔ⁵³	suəʔ²²|tsu⁴¹²
静乐	tsʰuəʔ⁴	tsʰuəʔ⁴	suəʔ⁴	suəʔ²¹²	suəʔ²¹²
离石	tsʰuəʔ⁴	tsuəʔ⁴	suəʔ⁴	suəʔ²³	suəʔ⁴
汾阳	tʂʰuəʔ²²	tʂuəʔ²²	ʂuəʔ²²	ʂuəʔ³¹²	ʂuəʔ³¹²
方山	tsuəʔ⁴	tsuəʔ⁴	suəʔ⁴	suəʔ²³	suəʔ⁴
柳林	tsʰuəʔ⁴	tsuəʔ⁴	suəʔ⁴	suəʔ⁴²³	suəʔ⁴
临县	tsʰaʔ³	tsʰų⁵²	suas³	suas³	suas³
中阳	tʂʰeŋ⁴	tʂuəʔ⁴	ʂeŋ⁴	ʂeŋ³¹²	ʂeŋ⁴
兴县	tsʰuəʔ⁵⁵	tsuəʔ⁵⁵/tsʰuəʔ⁵⁵	suəʔ⁵⁵	suəʔ⁵⁵	suəʔ⁵⁵
岚县	tsʰeŋ⁴	tsuəʔ⁴	sueŋ⁴	suəʔ⁴	suəʔ⁴
交口	tsʰuəʔ⁴	tsʰuəʔ⁴/tsuəʔ⁴	suəʔ⁴	suəʔ²¹²	suəʔ⁴
石楼	tʂʰuəʔ⁴	tʂuəʔ⁴/tʂʰu⁵¹	ʂuəʔ⁴/ʂu⁵¹	ʂuəʔ²¹³	ʂuəʔ⁴
隰县	tsʰuəʔ³	tsʰuəʔ³	suas³	suəʔ³	suəʔ³

续表

方言\字目	出 臻合三入术昌	触 通合三入烛昌	叔 通合三入屋书	属 通合三入烛禅	术 臻合三入术船
大宁	tʂʰuəʔ³¹	tʂuəʔ³¹	suəʔ³¹	ʂuəʔ⁴⁴	ʂuəʔ⁴⁴
永和	tʂʰuəʔ³⁵	tʂuəʔ³⁵	ʂuəʔ³⁵	ʂuəʔ³⁵	ʂuəʔ³¹²
汾西	tsʰuə¹	tsʰuə³/tsuə³	fy¹	suə³	suə³
蒲县	tʂʰu⁵²	tʂʰu³¹	ʂu⁵²	ʂu³³	ʂu⁵²
长治市	tsʰuəʔ⁵³	tsuəʔ⁵³	suəʔ⁵³	suəʔ⁵³	suəʔ⁵³
长治县	tsʰuəʔ²¹	tsuəʔ²¹	suəʔ²¹	suəʔ²¹	tsʰuəʔ²¹/suəʔ²¹
长子	tsʰuəʔ⁴⁴	tsuəʔ⁴⁴/tsʰuəʔ⁴⁴	suəʔ⁴⁴	suəʔ²¹²	ɕyəʔ⁴⁴/suəʔ⁴⁴
屯留	tsʰuəʔ¹	tsuəʔ¹	suəʔ¹	suəʔ⁵⁴	suəʔ¹
黎城	tɕʰyɤʔ²²	tsʰuɤʔ²²	ɕyɤʔ³¹/suɤʔ²²	suɤʔ²²	suɤʔ²²
壶关	tʂʰuəʔ²	tʂuəʔ²	ʂuəʔ²	ʂuəʔ²¹	ʂuəʔ²¹/tʂuəʔ²¹
平顺	tsʰuəʔ²¹²	tsuəʔ²¹²	suəʔ²¹²	suəʔ⁴²³	suəʔ⁴²³
沁县	tsʰuəʔ³¹	tsuəʔ²¹²	suəʔ³¹	suəʔ²¹²	suəʔ³¹
武乡	tsʰuəʔ³	tsuəʔ³	suəʔ³	suəʔ⁴²³	suəʔ⁴²³
沁源	tʂʰuəʔ³¹	tʂʰuəʔ³¹/tʂʰu⁵³	ʂuəʔ³¹	ʂuəʔ³¹	ʂuəʔ³¹
襄垣	tsʰuʌʔ³	tsʰuʌʔ³	suʌʔ³	suʌʔ⁴³	suʌʔ⁴³
安泽	tsʰuəʔ²¹	tsʰu³⁵	suəʔ²¹	suo²¹/su⁴²	tsu³⁵/su³⁵
端氏	tsʰuəʔ²²	tsuəʔ²²	suəʔ⁵⁴	suəʔ⁵⁴	suəʔ²²/su⁵³
晋城	tʂʰuəʔ²²	tʂuəʔ²²	ʂu³³/ʂuəʔ²²	ʂuəʔ²²	ʂuəʔ²²
阳城	tʂʰuəʔ²²	tʂuəʔ²²	ʂu⁵¹	ʂuəʔ²²	ʂuəʔ²²/tʂuəʔ²²
陵川	tʂʰuəʔ³	tʂʰuəʔ³	ʂuəʔ³	ʂuəʔ³	ʂuəʔ³
高平	tsʰuəʔ²²	tsʰuəʔ²²	suəʔ²²	suəʔ²²	tsuəʔ²²

表 7-17

方言＼字目	辱 通合三 入烛日	入 深开三 入缉日	骨 臻合一 入没见	谷 通合一 入屋见	哭 通合一 入屋溪
新荣	z̩u⁵⁴	z̩uəʔ²⁴∣z̩u²⁴	kuəʔ²⁴	kuəʔ²⁴	kʰuəʔ²⁴
阳高	z̩u⁵³	z̩uəʔ³³	kuəʔ³³	kuəʔ³³	kʰuəʔ³³
天镇	z̩uəʔ⁴⁴	z̩uəʔ⁴⁴	kuəʔ⁴⁴	kuəʔ⁴⁴	kʰuəʔ⁴⁴
左云	z̩uəʔ⁴⁴	z̩uəʔ⁴⁴	kuəʔ⁴⁴	kuəʔ⁴⁴	kʰuəʔ⁴⁴
右玉	z̩u⁵³	z̩uəʔ⁴⁴	kuəʔ⁴⁴	kuəʔ⁴⁴	kʰuəʔ⁴⁴
山阴	z̩uəʔ⁴	z̩uəʔ⁴	kuəʔ⁴/ku³¹³	kuəʔ⁴	kʰuəʔ⁴
怀仁	z̩uəʔ⁴	z̩uəʔ⁴	kuəʔ⁴	kuəʔ⁴	kʰuəʔ⁴
平定	z̩uəʔ²³	z̩uəʔ²³	kuəʔ⁴⁴	kuəʔ⁴⁴	kʰuəʔ⁴⁴
昔阳	z̩u⁵⁵	z̩u¹³	kʌʔ⁴³/kuʌʔ⁴³	kuʌʔ⁴³	kʰuʌʔ⁴³
和顺	z̩uəʔ²¹	z̩uəʔ²¹	kuəʔ²¹	kuəʔ²¹	kʰuəʔ²¹
灵丘	z̩u⁴⁴²	z̩uəʔ⁵/z̩u⁵³	kuəʔ⁵	kuəʔ⁵	kʰuəʔ⁵
浑源	z̩u⁵²	z̩uəʔ⁴⁴/z̩u¹³	kuəʔ⁴⁴	kuəʔ⁴⁴	kʰuəʔ⁴⁴
应县	z̩u⁵⁴	z̩uəʔ⁴³	kuəʔ⁴³	kuəʔ⁴³	kʰuəʔ⁴³
平鲁	z̩uəʔ³⁴/z̩u²¹³	z̩uəʔ³⁴	kuəʔ³⁴	kuəʔ³⁴	kʰuəʔ³⁴
朔州	z̩uəʔ³⁵	z̩uəʔ³⁵	kuəʔ³⁵	kuəʔ³⁵	kʰuəʔ³⁵
忻州	z̩u³¹³	z̩uəʔ³²	kuəʔ³²	kuəʔ³²	kʰuəʔ³²
原平	z̩uəʔ³⁴	z̩uəʔ³⁴	kuəʔ³⁴	kuəʔ³⁴	kʰuəʔ³⁴
定襄	z̩uəʔ³³	z̩uəʔ³³	kuəʔ³³	kuəʔ³³	kʰuəʔ¹
五台	z̩uəʔ³³	z̩uəʔ³³	kuəʔ³³	kuəʔ³³	kʰuəʔ³³
岢岚	z̩u¹³	z̩uəʔ⁴	kuəʔ⁴	kuəʔ⁴	kʰuəʔ⁴
神池	z̩u¹³	zəʔ⁴	kuəʔ⁴	ku¹³	kʰuəʔ⁴
五寨	z̩uəʔ⁴	z̩uəʔ⁴	kuəʔ⁴	kuəʔ⁴	kʰuəʔ⁴
宁武	z̩uəʔ⁴	z̩uəʔ⁴	kuəʔ⁴	kuəʔ⁴	kʰuəʔ⁴
代县	z̩uəʔ²²	z̩uəʔ²²	kuəʔ²²	kuəʔ²²	kʰuəʔ²²
繁峙	z̩u⁵³	z̩uəʔ¹³	kuəʔ¹³	kuəʔ¹³	kʰuəʔ¹³
河曲	z̩uəʔ⁴	z̩uəʔ⁴	kuəʔ⁴	kuəʔ⁴	kʰuəʔ⁴
保德	z̩u²¹³	z̩uəʔ⁴	kuəʔ⁴	kuəʔ⁴	kʰuəʔ⁴
偏关	z̩uəʔ⁴	z̩uəʔ⁴	kuəʔ⁴/ku²¹³	kuəʔ⁴	kʰuəʔ⁴
阳曲	z̩uəʔ⁴	zɛʔ⁴	kuəʔ⁴	kuəʔ⁴	kʰuəʔ⁴

续表

方言\字目	辱 通合三 入烛日	入 深开三 入缉日	骨 臻合一 入没见	谷 通合一 入屋见	哭 通合一 入屋溪
古交	ʐuəʔ²	ʐuəʔ²	kuəʔ²	kuəʔ²	kuəʔ²
晋源	ʐu⁴²	vəʔ²	kuə²	kuə²	kʰuəʔ²
北郊	ʐuəʔ²²	ʐuəʔ²²	kuəʔ²²	kuəʔ²²	kʰuəʔ²²
清徐	ʐuəʔ¹¹	ʐuəʔ¹¹	kuəʔ¹¹	kuəʔ¹¹	kʰuəʔ¹¹
娄烦	ʐəʔ³	vəʔ³	kuəʔ³	kuəʔ³	kʰuəʔ³
太谷	vu³¹²/ʐu³¹²	vəʔ³	kuəʔ³	kuəʔ³	kʰuəʔ³
祁县	ʐuəʔ³²	ʐuəʔ³²	kuəʔ³²	kuəʔ³²	kʰuəʔ³²
平遥	ʐɿ⁵¹²	ʐuʌʔ⁵²³	kuʌʔ²¹²	kuʌʔ²¹²	kʰuʌʔ²¹²
介休	ʐuʌʔ³¹²	ʐʌʔ³¹²	kuʌʔ¹²	kuʌʔ¹²	kʰuʌʔ¹²
灵石	ʐuəʔ⁴	ʐuəʔ⁴	kuəʔ⁴	kuəʔ⁴	kʰuəʔ⁴
寿阳	ʐɿ⁵³	ʐuəʔ²	kuaʔ²	kuəʔ²	kʰuəʔ²
榆次	ʐuəʔ¹¹	ʐuəʔ¹¹	kuəʔ⁵³	kuəʔ⁵³	kʰuəʔ¹¹
榆社	ʐuəʔ²²	ʐuəʔ³¹²	kuəʔ²²	kuəʔ²²	kʰuəʔ²²
交城	ʐuəʔ¹¹	ʐuəʔ¹¹	kuəʔ¹¹	kuəʔ¹¹	kʰuəʔ¹¹
文水	ʐuəʔ²|ʐəɸ⁴²³	ʐuəʔ²	kuəʔ²	kuəʔ²	kʰɿəʔ²
孝义	ʐuəʔ³	ʐuəʔ³	kuəʔ³	kuəʔ³	kʰuəʔ³
盂县	ʐuəʔ²²	ʐuəʔ²²	kuəʔ²²	kuəʔ²²	kʰuəʔ²²
静乐	ʐuəʔ²¹²	ʐuəʔ⁴	kuəʔ⁴	kuəʔ⁴	kuəʔ⁴
离石	ʐuəʔ²³	ʐuəʔ²³	kuəʔ⁴	kuəʔ⁴	kʰuəʔ⁴
汾阳	ʐuəʔ²²	ʐuəʔ³¹²	kuəʔ²²	kuəʔ²²	kʰuəʔ²²
方山	ʐuəʔ⁴	ʐuəʔ²³	kuəʔ⁴	kuəʔ⁴	kʰuəʔ⁴
柳林	ʐu³¹²	ʐuəʔ⁴²³	kuəʔ⁴	kuei⁴⁴	kʰuəʔ⁴
临县	ʐɿ³¹²	ʐuɐʔ²⁴	kuɐʔ³	kuɐʔ³	kʰuɐʔ³
中阳	ʐuəʔ³¹²	ʐuəʔ⁴	kuəʔ⁴	kuɛəʔ³³	kʰuəʔ⁴
兴县	ʐuəʔ⁵⁵	ʐuəʔ⁵⁵	kuəʔ⁵⁵	kuəʔ⁵⁵	kʰuəʔ⁵⁵
岚县	ʐuəʔ²⁴	ʐuəʔ⁴	kuəʔ⁴	kuəʔ⁴	kʰuəʔ⁴
交口	ʐɿ³²³	ʐuəʔ⁴	kuəʔ⁴	kuəʔ⁴	kʰuəʔ⁴
石楼	ʐu²¹³	ʐuəʔ⁴	kəʔ⁴/kuəʔ⁴	kuəʔ⁴	kʰuəʔ⁴
隰县	ʐuəʔ³	ʐuəʔ³	kəʔ³/kuəʔ³	kuəʔ³	kʰuəʔ³

续表

方言＼字目	辱 通合三 入烛日	入 深开三 入缉日	骨 臻合一 入没见	谷 通合一 入屋见	哭 通合一 入屋溪
大宁	ʐuʔ^{31}	ʐuʔ^{31}	kuəʔ^{31}	kuəʔ^{31}	kʰuəʔ^{31}
永和	ʐuʔ^{35}	ʐuʔ^{312}	kəʔ^{35}/kuəʔ^{35}	kuəʔ^{35}	kʰuəʔ^{35}
汾西	vyəŋ^{1}/zou^{35}	vyəŋ^{1}/zuə^{1}	kuə^{1}	kuə^{1}	kʰuə^{1}
蒲县	ʐu^{31}	ʐu^{43}	ku^{52}	kuəʔ^{43}	kʰu^{52}
长治市	ʐu^{535}	yəʔ^{53}	kəʔ^{53}/kuəʔ^{53}	kuəʔ^{53}	kʰuəʔ^{53}
长治县	zu^{535}	yəʔ^{21}	kuəʔ^{21}	kuəʔ^{21}	kʰuəʔ^{21}
长子	yəʔ^{212}	yəʔ^{44}	kuəʔ^{44}	kuəʔ^{44}	kʰuəʔ^{44}
屯留	yəʔ^{1}	yəʔ^{1}	kʌʔ^{1}/kuəʔ^{1}	kuəʔ^{1}	kʰuəʔ^{1}
黎城	luɤʔ^{22}	yɤʔ^{31}	kuɤʔ^{22}	kuɤʔ^{22}	kʰuɤʔ^{22}
壶关	ʐuəʔ^{2}	yəʔ^{21}	kuəʔ^{2}	kuəʔ^{2}	kʰuəʔ^{2}
平顺	yəʔ^{423}	yəʔ^{423}	kuəʔ^{212}	kuəʔ^{212}	kʰuʌʔ^{212}
沁县	ʐuəʔ^{31}	ʐuəʔ^{31}	kuəʔ^{31}	kuəʔ^{31}	kʰuəʔ^{31}
武乡	ʐuəʔ^{3}	ʐuəʔ^{3}	kuəʔ^{3}	kuəʔ^{3}	kʰuəʔ^{3}
沁源	ʐuəʔ^{31}	ʐuəʔ^{31}	kəʔ^{31}/kuəʔ^{31}	kuəʔ^{31}	kʰuəʔ^{31}
襄垣	ʐuʌʔ^{3}	ʐuʌʔ^{3}	kuʌʔ^{3}	kuʌʔ^{3}	kʰuʌʔ^{3}
安泽	zu^{42}	zuəʔ^{21}/zu^{21}	kuəʔ^{21}	kuəʔ^{21}	kʰuəʔ^{21}/kʰu^{21}
端氏	zu^{31}	zuəʔ^{22}	kəʔ^{22}/kuəʔ^{22}/ku^{31}	kuəʔ^{22}	kʰuəʔ^{22}
晋城	ʐuəʔ^{22}	ʐuəʔ^{22}	kuəʔ^{22}	kuəʔ^{22}	kʰuəʔ^{22}
阳城	ʐuəʔ^{22}	ʐuəʔ^{22}	kuəʔ^{22}	kuəʔ^{22}	kʰuəʔ^{22}
陵川	ʐuəʔ^{23}	luəʔ^{23}	kəʔ^{3}/kuəʔ^{3}	kuəʔ^{3}	kʰuəʔ^{3}
高平	ʐuəʔ^{22}	ʐuəʔ^{22}	kuəʔ^{22}	kuəʔ^{22}	kuəʔ^{22}

表 7-18

方言＼字目	屋 通合一 入屋影	律 臻合三 入术来	绿 通合三 入烛来	橘 臻合三 入术见	局 通合三 入烛群
新荣	u³² | vəʔ²⁴	ly²⁴	ly²⁴ | lyə²⁴ | luə²⁴	tɕyə²⁴	tɕy³¹²
阳高	vu³¹	lyə³³/ly²⁴	luə³³	tɕyə³³	tɕy³¹²
天镇	vəʔ⁴⁴	lyəʔ⁴⁴	luəʔ⁴⁴	tɕyəʔ⁴⁴	tɕyəʔ⁴⁴
左云	vəʔ⁴⁴	ly²⁴	luəʔ⁴⁴	tɕyəʔ⁴⁴	tɕy³¹³
右玉	vəʔ⁴⁴	ly²⁴	luəʔ⁴⁴	tɕyəʔ⁴⁴	tɕy³¹
山阴	uəʔ⁴	lyəʔ⁴	lyəʔ⁴/ly³³⁵	tɕyəʔ⁴	tɕy³¹³
怀仁	u⁴²	ly²⁴	ly²⁴	tɕyəʔ⁴	tɕy³¹²
平定	u⁴⁴	luei²⁴	luəʔ²³	tɕyəʔ⁴⁴	tɕy⁴⁴
昔阳	vʌʔ⁴³	luei¹³	lu¹³	tɕyəʔ⁴³	tɕy³³
和顺	vəʔ²¹	lyeʔ²¹	luəʔ²¹	tɕyeʔ²¹	tɕyeʔ²¹
灵丘	vəʔ⁵	ly⁵³	ly⁵³	tɕyəʔ⁵	tɕy³¹
浑源	vəʔ⁴⁴	ly¹³	ly¹³	tɕyəʔ⁴⁴	tɕy²²
应县	uəʔ⁴³	ly²⁴	ly²⁴	tɕyɛʔ⁴³	tɕy³¹
平鲁	uəʔ³⁴	lyəʔ³⁴	luəʔ³⁴	tɕyəʔ³⁴	tɕyəʔ³⁴
朔州	vəʔ³⁵	lyəʔ³⁵	luəʔ³⁵	tɕyəʔ³⁵	tɕyəʔ³⁵
忻州	vəʔ²	lyɛʔ²	luəʔ²	tɕyɛʔ²	tɕyɛʔ²
原平	uəʔ³⁴	lyəʔ³⁴	luəʔ³⁴	tɕyəʔ³⁴	tɕyəʔ³⁴
定襄	uəʔ¹	liəʔ¹	luəʔ¹	tɕyəʔ¹	tɕyəʔ¹
五台	uəʔ³³	lyəʔ³³	luəʔ³³	tɕyəʔ³³	tɕyəʔ³³
岢岚	vəʔ⁴	lyɛʔ⁴	luəʔ⁴	tɕyɛʔ⁴	tɕyɛʔ⁴
神池	vəʔ⁴	lyəʔ⁴	luəʔ⁴	tɕyəʔ⁴	tɕyəʔ⁴
五寨	vəʔ⁴	lyəʔ⁴	luəʔ⁴	tɕyəʔ⁴	tɕyəʔ⁴
宁武	vəʔ⁴	lyəʔ⁴	luəʔ⁴	tɕyəʔ⁴	tɕyəʔ⁴
代县	uəʔ²²	lyəʔ²²	lyəʔ²²	tɕyəʔ²²	tɕyəʔ²²
繁峙	vəʔ¹³	lyəʔ¹³	luəʔ¹³|lyəʔ¹³	tɕyəʔ¹³	tɕyəʔ¹³
河曲	vəʔ⁴	lyəʔ⁴	luəʔ⁴	tɕyəʔ⁴	tɕyəʔ⁴
保德	vəʔ⁴	lyəʔ⁴	luəʔ⁴	tɕyəʔ⁴	tɕyəʔ⁴
偏关	vəʔ⁴	lyəʔ⁴	luəʔ⁴	tɕyəʔ⁴	tɕyəʔ⁴
阳曲	vəʔ⁴	lyɛʔ⁴	luəʔ⁴	tɕyɛʔ⁴	tɕyɛʔ²¹²

续表

方言＼字目	屋 通合一 入屋影	律 臻合三 入术来	绿 通合三 入烛来	橘 臻合三 入术见	局 通合三 入烛群
古交	vəʔ²	lyəʔ²	luəʔ²	tɕyəʔ²¹²	tɕyəʔ²¹²
晋源	vəʔ²	lyəʔ²	luəʔ²	tɕyəʔ²	tɕyəʔ⁴³
北郊	vəʔ²²	lyəʔ²²	luəʔ²²	tɕyəʔ²²	tɕyəʔ⁴³
清徐	vəʔ¹¹	lyəʔ¹¹	luəʔ¹¹	tɕyəʔ¹¹	tɕyəʔ⁵⁴
娄烦	vəʔ³	luəʔ³	luəʔ³	tɕyəʔ³	tɕyəʔ³
太谷	vəʔ³	lyəʔ³	luəʔ³	tɕyəʔ⁴²³	tɕyəʔ⁴²³
祁县	uəʔ³²	lyəʔ³²	luəʔ³²	tɕyəʔ³²⁴	tɕyəʔ³²⁴
平遥	uʌʔ²¹²	luʔ⁵²³	luʌʔ⁵²³	tɕyʌʔ²¹²	tɕyʌʔ⁵²³
介休	u¹³	luʌʔ³¹²	luʌʔ³¹²	tɕyʌʔ³¹²	tɕyʌʔ³¹²
灵石	u⁴⁴	luəʔ⁴	luəʔ⁴	tɕyəʔ⁴	tɕyəʔ²¹²
寿阳	uəʔ²	lyəʔ²	luəʔ²	tɕyəʔ⁵⁴	tɕyəʔ⁵⁴
榆次	vuəʔ¹¹	lyəʔ¹¹	luəʔ¹¹	tɕyəʔ⁵³	tɕyəʔ⁵³
榆社	vəʔ²²	lyəʔ²²	luəʔ²²	tɕyəʔ³¹²	tɕyəʔ³¹²
交城	uəʔ¹¹	lyəʔ¹¹	luəʔ¹¹	tɕyəʔ⁵³	tɕyəʔ⁵³
文水	uəʔ²	lyəʔ²	luəʔ²	tɕyəʔ³¹²	tɕyəʔ³¹²
孝义	uaʔ³	luəʔ⁴²³	luəʔ³	tɕyəʔ³	tɕyəʔ⁴²³
盂县	vəʔ²²	lyəʔ²²	luəʔ²²	tɕyəʔ⁵³	tɕyəʔ⁵³
静乐	vəʔ⁴	luəʔ⁴	luəʔ⁴	tɕyəʔ²¹²	tɕyəʔ²¹²
离石	uəʔ⁴	luəʔ²³	luəʔ²³	tɕyeʔ⁴	tɕyeʔ⁴
汾阳	uəʔ²²	luəʔ³¹²	luəʔ³¹²	tɕyeʔ²²	tɕyeʔ³¹²
方山	uəʔ⁴	luəʔ²³	luəʔ²³	tɕyɛʔ⁴	tɕyɛʔ⁴
柳林	uəʔ⁴	luəʔ⁴²³	luəʔ⁴²³	tɕyɛʔ⁴	tɕyɛʔ⁴
临县	ɐʔ³	luɐʔ²⁴	luɐʔ²⁴	tɕyɐʔ³	tɕyɐʔ³
中阳	uəʔ⁴	luʔ⁴	luəʔ⁴	tɕyeʔ⁴	tɕyeʔ⁴
兴县	uəʔ⁵⁵	luəʔ⁵⁵	luəʔ³¹²	tɕyəʔ⁵⁵	tɕyəʔ⁵⁵
岚县	əʔ⁴	luəʔ⁴	luəʔ⁴	tɕyɛʔ⁴	tɕyɛʔ⁴
交口	uaʔ⁴	luəʔ⁴	lyeʔ⁴	tɕyeʔ⁴	tɕyeʔ⁴
石楼	uəʔ⁴	luəʔ⁴	lyəʔ⁴	tɕyəʔ⁴	tɕyəʔ⁴
隰县	uəʔ³	lyəʔ³	lyəʔ³	tɕyəʔ³	tɕyəʔ³

续表

方言＼字目	屋 通合一 入屋影	律 臻合三 入术来	绿 通合三 入烛来	橘 臻合三 入术见	局 通合三 入烛群
大宁	u³¹	lyəʔ⁴⁴	luəʔ³¹/lyəʔ⁴⁴	tɕyəʔ³¹	tɕʰy²⁴
永和	uəʔ³⁵	luəʔ³¹²	lyəʔ³¹²/luəʔ³¹²	tɕyəʔ³⁵	tɕyəʔ³⁵
汾西	uə¹	ly³⁵	lyə¹	tɕyə¹	tɕʰyə³/tɕyə³
蒲县	u⁵²	ly⁵²	ly⁵²	tɕy⁵²	tɕʰy²⁴/tɕy²⁴
长治市	uəʔ⁵³	ly⁵⁴	lyəʔ⁵³	tɕyəʔ⁵³	tɕyəʔ⁵³
长治县	uəʔ²¹	luəʔ²¹	lyəʔ²¹	tɕyəʔ²¹	tɕyəʔ²¹
长子	vəʔ⁴⁴	luəʔ⁴⁴/ly⁵³	luəʔ⁴⁴	tɕyəʔ²¹²	tɕyəʔ²¹²
屯留	vəʔ¹	luəʔ¹/ly⁵³	lyəʔ¹	tɕyəʔ¹	tɕyəʔ⁵⁴
黎城	uɤʔ²²	luɤʔ²²	luɤʔ²²	ɕyɤʔ²²	ɕyɤʔ²²
壶关	u³³	lyəʔ²¹	lyəʔ²¹	ɕyə²	ɕyəʔ²¹
平顺	u²¹³	lyəʔ⁴²³	lyəʔ⁴²³	ɕyəʔ²¹²	ɕyəʔ⁴²³
沁县	vəʔ³¹	luəʔ³¹	lyəʔ³¹	tɕyəʔ²¹²	tɕyəʔ²¹²
武乡	u¹¹³	lyəʔ³	lyəʔ³	tɕyəʔ⁴²³	tɕyəʔ⁴²³
沁源	vʌʔ³¹	luəʔ³¹	lyəʔ³¹	tɕyəʔ³¹	tɕyəʔ³¹
襄垣	vʌʔ³	lyʌʔ³	lyʌʔ³	tɕyʌʔ⁴³	tɕyʌʔ⁴³
安泽	u²¹	ly⁵³	lyəʔ²¹	tɕyəʔ²¹	tɕy³⁵
端氏	vəʔ²²	lyəʔ²²	lyəʔ²²	tɕyəʔ⁵⁴	tɕyəʔ⁵⁴
晋城	uəʔ²²	lyəʔ²²	lyəʔ²²/luəʔ²²	tɕyəʔ²²	tɕyəʔ²²
阳城	vəʔ²²/u²²⁴	luəʔ²²/lyəʔ²²	luəʔ²²/lyəʔ²²	tɕyəʔ²²	ɕyəʔ²²
陵川	u²⁴	ly²⁴	lyəʔ²³	ɕyəʔ²³	ɕyəʔ²³
高平	vəʔ²²	li⁵³	liɛʔ²²	ɕiəʔ²²	ɕiəʔ²²

表 7-19

方言＼字目	屈 臻合三 入物溪	曲 通合三 入烛溪	恤 臻合三 入术心	畜 通合三 入屋晓	郁 通合三 入屋影
新荣	tɕʰyəʔ⁴	tɕʰyəʔ⁴	ɕy²⁴	ɕyəʔ²⁴	y²⁴
阳高	tɕʰyəʔ³³	tɕʰyəʔ³³	ɕyəʔ³³	ɕyəʔ³³	y²⁴
天镇	tɕʰyəʔ⁴⁴	tɕʰyəʔ⁴⁴	ɕy²²	ɕyəʔ⁴⁴	yəʔ⁴⁴
左云	tɕʰyəʔ⁴⁴	tɕʰyəʔ⁴⁴	ɕyəʔ⁴⁴	ɕyəʔ⁴⁴	yəʔ⁴⁴
右玉	tɕʰyəʔ⁴⁴	tɕʰyəʔ⁴⁴	ɕyəʔ⁴⁴	ɕyəʔ⁴⁴	yəʔ⁴⁴
山阴	tɕʰyəʔ⁴	tɕʰyəʔ⁴	ɕyəʔ⁴	ɕyəʔ⁴	yəʔ⁴
怀仁	tɕʰyəʔ⁴	tɕʰyəʔ⁴	ɕyəʔ⁴	ɕyəʔ⁴	yəʔ⁴
平定	tɕʰyəʔ⁴⁴	tɕʰyəʔ⁴⁴	ɕy²⁴	ɕyəʔ⁴⁴	y²⁴
昔阳	tɕʰyʌʔ⁴³	tɕʰyʌʔ⁴³	ɕyʌʔ⁴³	ɕyʌʔ⁴³	yʌʔ⁴³
和顺	tɕʰyeʔ²¹	tɕʰyeʔ²¹	ɕyeʔ²¹	ɕyeʔ²¹	y¹³
灵丘	tɕʰyəʔ⁵	tɕʰyəʔ⁵	ɕyʌʔ⁵	ɕyəʔ⁵	y⁵³
浑源	tɕʰyəʔ⁴⁴	tɕʰyəʔ⁴⁴	ɕyʌʔ⁴⁴	ɕyəʔ⁴⁴	y¹³
应县	tɕʰyɛʔ⁴³	tɕʰyɛʔ⁴³	ɕy²⁴	ɕyɛʔ⁴³	y²⁴|yɛʔ⁴³
平鲁	tɕʰyəʔ³⁴	tɕʰyəʔ³⁴	ɕyʌʔ³⁴	ɕyəʔ³⁴	yəʔ³⁴
朔州	tɕʰyəʔ³⁵	tɕʰyəʔ³⁵	ɕyəʔ³⁵	ɕyəʔ³⁵	y⁵³
忻州	tɕʰyɛʔ³²	tɕʰyɛʔ³²	ɕyɛʔ³²	ɕyɛʔ³²	y⁵³
原平	tɕʰyəʔ³⁴	tɕʰyəʔ³⁴	ɕyəʔ³⁴	ɕyəʔ³⁴	yəʔ³⁴
定襄	tɕʰyəʔ³³	tɕʰyəʔ³³	ɕyəʔ³³	ɕyəʔ³³	yəʔ³³
五台	tɕʰyəʔ³³	tɕʰyəʔ³³	ɕy⁵²	ɕyəʔ³³	yəʔ³³
岢岚	tɕʰyɛʔ⁴	tɕʰyɛʔ⁴	ɕyɛʔ⁴	ɕyɛʔ⁴	yɛʔ⁴
神池	tɕʰyəʔ⁴	tɕʰyəʔ⁴	ɕyəʔ⁴	ɕy⁵²	yəʔ⁴
五寨	tɕʰyəʔ⁴	tɕʰyəʔ⁴	ɕyəʔ⁴	ɕyəʔ⁴	yɛʔ⁴
宁武	tɕʰyəʔ⁴	tɕʰyəʔ⁴	ɕyəʔ⁴	ɕyəʔ⁴	yəʔ⁴
代县	tɕʰyəʔ²²	tɕʰyəʔ²²	ɕyəʔ²²	ɕyəʔ²²	yəʔ²²
繁峙	tɕʰyəʔ¹³	tɕʰyəʔ¹³	ɕyəʔ¹³	ɕyəʔ¹³	y²⁴
河曲	tɕʰyəʔ⁴	tɕʰyəʔ⁴	ɕyəʔ⁴	ɕyəʔ⁴	yəʔ⁴
保德	tɕʰyəʔ⁴	tɕʰyəʔ⁴	ɕy⁵²	ɕyəʔ⁴	y⁵²
偏关	tɕʰyəʔ⁴	tɕʰyəʔ⁴	ɕyəʔ⁴	ɕyəʔ⁴	yəʔ⁴
阳曲	tɕʰyɛʔ⁴	tɕʰyɛʔ⁴	ɕyɛʔ⁴	ɕyɛʔ⁴	y⁴⁵⁴

续表

方言＼字目	屈 臻合三 入物溪	曲 通合三 入烛溪	恤 臻合三 入术心	畜 通合三 入屋晓	郁 通合三 入屋影
古交	tɕʰyəʔ²	tɕʰyəʔ²	ɕyəʔ²	ɕyəʔ²	yəʔ²
晋源	tɕʰyəʔ¹¹	tɕʰyəʔ¹¹	ɕyəʔ¹¹	ɕyəʔ²	y³⁵
北郊	tɕʰyəʔ²²	tɕʰyəʔ²²	ɕyəʔ²²	ɕyəʔ²²	yəʔ²²
清徐	tɕʰyəʔ¹¹	tɕʰyəʔ¹¹	ɕyəʔ¹¹	ɕyəʔ¹¹	yəʔ¹¹
娄烦	tɕʰyəʔ³	tɕʰyəʔ³	ɕyəʔ³	ɕyəʔ³	y⁵⁴
太谷	tɕʰyəʔ³	tɕʰyəʔ³	ɕyəʔ³	ɕyəʔ³	yəʔ³
祁县	tɕʰyəʔ³²	tɕʰyəʔ³²	ɕyəʔ³²	ɕyəʔ³²	yəʔ³²
平遥	tɕʰyʌʔ²¹²	tɕʰyʌʔ²¹²	ɕyʌʔ²¹²	ɕyʌʔ²¹²	y²⁴
介休	tɕʰyʌʔ¹²	tɕʰyʌʔ³¹²	ɕyʌʔ¹²	ɕyʌʔ¹²	y⁴⁵
灵石	tɕʰyəʔ⁴	tɕʰyəʔ⁴	ɕy⁵³	ɕyəʔ⁴	y⁵³
寿阳	tɕʰyəʔ²	tɕʰyəʔ²	sʯ⁴⁵	ɕyəʔ²	zʯ⁴⁵
榆次	tɕʰyəʔ¹¹	tɕʰyəʔ¹¹/tɕʰy⁵³	ɕyəʔ¹¹	ɕyəʔ¹¹	y³⁵
榆社	tɕʰyəʔ²²	tɕʰyəʔ²²	ɕyaʔ²²	ɕyəʔ²²	y⁴⁵
交城	tɕʰyəʔ¹¹	tɕʰyəʔ¹¹	ɕyaʔ¹¹	ɕyəʔ¹¹	yəʔ¹¹
文水	tɕʰyəʔ²	tɕʰyəʔ²	ɕyəʔ²	ɕyəʔ² | tsʰəɸ³⁵	yəʔ² | ʯ³⁵
孝义	tɕʰyəʔ³	tɕʰyəʔ³	ɕyəʔ³	ɕyəʔ³	yəʔ³
孟县	tɕʰyəʔ²²	tɕʰyəʔ²²	ɕyəʔ⁵³	ɕyəʔ⁵³	y⁵⁵
静乐	tɕʰyəʔ⁴	tɕʰyəʔ⁴	ɕy⁵³	ɕyəʔ⁴	yəʔ⁴
离石	tɕʰyeʔ⁴	tɕʰyeʔ⁴	ɕyeʔ⁴	ɕyeʔ⁴	yeʔ⁴
汾阳	tɕʰyeʔ²²	tɕʰyeʔ²²	ɕyeʔ²²	tʂʰuəʔ²²	y⁵⁵
方山	tɕʰyɛʔ⁴	tɕʰyɛʔ⁴	ɕyɛʔ⁴	ɕyɛʔ⁴	yɛʔ⁴
柳林	tɕʰyɛʔ⁴	tɕʰyɛʔ⁴	ɕyɛʔ⁴	ɕyɛʔ⁴	yɛʔ⁴
临县	tɕʰyɐʔ³	tɕʰyɐʔ³	ɕy⁵²	ɕyɐʔ³	y⁵²
中阳	tɕʰyeʔ⁴	tɕʰyeʔ⁴	ɕyeʔ⁴	ɕyeʔ⁴	yeʔ⁴
兴县	tɕʰyəʔ⁵⁵	tɕʰyəʔ⁵⁵	ɕyəʔ⁵⁵	ɕyəʔ⁵⁵	y⁵³
岚县	tɕʰyɛʔ⁴	tɕʰyɛʔ⁴	ɕyɛʔ⁴	ɕyɛʔ⁴	yɛʔ⁴
交口	tɕʰyeʔ⁴	tɕʰyeʔ⁴	ɕyeʔ⁴	ɕyeʔ⁴	y⁵³
石楼	tɕʰyəʔ⁴	tɕʰyəʔ⁴	ɕyəʔ⁴	tʂʰuəʔ²¹³	y⁵¹
隰县	tɕʰyəʔ³	tɕʰyəʔ³	ɕyəʔ³	ɕyəʔ³	y⁴⁴

方言\字目	屈 臻合三 入物溪	曲 通合三 入烛溪	恤 臻合三 入术心	畜 通合三 入屋晓	郁 通合三 入屋影
大宁	tɕʰyəʔ³¹	tɕʰyəʔ³¹	ɕyɐʔ³¹	ɕyəʔ³¹	y⁵⁵
永和	tɕʰyəʔ³⁵	tɕʰyəʔ³⁵	ɕyəʔ³⁵	ɕyəʔ³⁵	y³⁵
汾西	tɕʰyə¹	tɕʰyə¹	ɕyə¹/ɕyɪ¹¹	ɕy¹¹	yə¹
蒲县	tɕʰy⁵²	tɕʰy³³	ɕy⁵²	ɕy⁵²	y³³
长治市	tɕʰyəʔ⁵³	tɕʰyəʔ⁵³	ɕyəʔ⁵³	tsʰuəʔ⁵³	y⁴⁴
长治县	tɕʰyəʔ²¹	tɕʰyəʔ²¹	ɕyəʔ²¹	ɕyəʔ²¹	y⁴²
长子	tɕʰyəʔ⁴⁴	tɕʰyəʔ⁴⁴/tɕʰy⁴³⁴	ɕyəʔ⁴⁴	ɕyəʔ⁴⁴	y⁵³
屯留	tɕʰyəʔ¹	tɕʰyəʔ¹	ɕyəʔ¹	ɕyəʔ¹	yəʔ¹
黎城	ɕʰyɤʔ²²	ɕʰyɤʔ²²	ɕy⁵³	ɕyɤʔ²²	y⁵³
壶关	ɕʰyəʔ²	ɕʰyəʔ²	ɕyəʔ²	tʂʰuəʔ²丨ɕyəʔ²	y³⁵³
平顺	ɕʰyəʔ²¹²	ɕʰyəʔ²¹²	ɕyəʔ²¹²	tʂʰuəʔ²¹²	y⁵³
沁县	tɕʰyəʔ³¹	tɕʰyəʔ²¹²	ɕyəʔ³¹	ɕyəʔ³¹	yəʔ³¹
武乡	tɕʰyəʔ³	tɕʰyəʔ³	ɕyəʔ³	ɕyəʔ³	yəʔ³
沁源	tɕʰyəʔ³¹	tɕʰyəʔ³¹	ɕyəʔ³¹	ɕyəʔ³¹	y⁵³
襄垣	tɕʰyʌʔ³	tɕʰyʌʔ³	ɕiʌʔ³/ɕyʌʔ⁴³	ɕyʌʔ³	yʌʔ⁴³
安泽	tɕʰyəʔ²¹	tɕʰyəʔ²¹	ɕy²¹	ɕy⁵³	y⁴⁵
端氏	tɕʰyəʔ²²	tɕʰyəʔ²²	ɕyəʔ²²	ɕyəʔ²²	y⁵³
晋城	tɕʰyəʔ²²	tɕʰyəʔ²²	ɕiʌʔ²²	tʂʰuəʔ²²	y⁵³
阳城	ɕʰyəʔ²²	ɕʰyəʔ²²	ɕyʌʔ²²	ɕʰyəʔ²²	y⁵¹
陵川	ɕʰyəʔ³	ɕʰyəʔ³	ɕyəʔ³	ɕyəʔ³	y²⁴
高平	ɕʰiəʔ²²	ɕʰiəʔ²²	ɕiɛʔ²²	ɕiɔʔ²²	i⁵³

表 7-20

方言 \ 字目	育 通合三 入屋以	玉 通合三 入烛疑	欲 通合三 入烛以	八 山开二 入黠帮	发 山合三 入月非
新荣	y²⁴	y²⁴	y²⁴	paʔ²⁴	faʔ²⁴
阳高	yəʔ³³	y²⁴	yəʔ³³	pɑʔ³³	fɑʔ³³
天镇	yəʔ⁴⁴	y²⁴	yəʔ⁴⁴	pɑʔ⁴⁴	fɑʔ⁴⁴
左云	yəʔ⁴⁴	y²⁴	yəʔ⁴⁴	paʔ⁴⁴	faʔ⁴⁴
右玉	yəʔ⁴⁴	y²⁴	yəʔ⁴⁴	paʔ⁴⁴	faʔ⁴⁴
山阴	yəʔ⁴	y³³⁵	yəʔ⁴	pʌʔ⁴	fʌʔ⁴/fəʔ⁴
怀仁	y²⁴	y²⁴	yəʔ⁴	paʔ⁴	faʔ⁴
平定	y²⁴	y²⁴	y²⁴	paʔ⁴⁴	faʔ⁴⁴
昔阳	yʌʔ⁴³	y¹³	y¹³	pʌʔ⁴³	fʌʔ⁴³
和顺	y¹³	i¹³/y¹³	y¹³	paʔ²¹	faʔ²¹
灵丘	y⁵³	y⁵³	y⁵³	pʌʔ⁵	fʌʔ⁵
浑源	y¹³	y¹³	y¹³	pʌʔ⁴⁴	fʌʔ⁴⁴
应县	y²⁴	y²⁴	y²⁴/yɛʔ⁴³	pɑʔ⁴³	fɑʔ⁴³
平鲁	yəʔ³⁴	y⁵²	yəʔ³⁴	pʌʔ³⁴	fəʔ³⁴
朔州	yəʔ³⁵	y⁵³	yəʔ³⁵	pʌʔ³⁵	fʌʔ³⁵
忻州	yɛʔ²	y⁵³	y⁵³	pɑʔ²	fɑʔ²
原平	yəʔ³⁴	yʉ⁵³	yəʔ³⁴	pɑʔ³⁴	fɑʔ³⁴
定襄	yəʔ¹	y⁵³	yəʔ³³	paʔ¹	faʔ¹
五台	yəʔ³³	y⁵²	yəʔ³³	paʔ³³	faʔ³³
岢岚	y⁵²	y⁵²	yɛʔ⁴	paʔ⁴	faʔ⁴
神池	yəʔ⁴	y⁵²	y⁵²	pʌʔ⁴	fʌʔ⁴
五寨	y⁵²	y⁵²	y⁵²	paʔ⁴	faʔ⁴
宁武	yəʔ⁴	y⁵²	yəʔ⁴	pʌʔ⁴	fʌʔ⁴
代县	yəʔ²²	y⁵³	yəʔ²²	paʔ²²	faʔ²²
繁峙	y²⁴	y²⁴	y²⁴	paʔ¹³	faʔ¹³
河曲	yəʔ⁴	y⁵²	yəʔ⁴	paʔ⁴	faʔ⁴
保德	y⁵²	y⁵²	y⁵²	pʌ⁴⁴	fa⁴⁴/fʌ⁴⁴
偏关	yəʔ⁴	ɥ⁵²	yəʔ⁴	pa⁴⁴	fʌʔ⁴
阳曲	yɛʔ⁴	y⁴⁵⁴	y⁴⁵⁴	paʔ⁴	faʔ⁴/fəʔ⁴

续表

方言\字目	育 通合三 入屋以	玉 通合三 入烛疑	欲 通合三 入烛以	八 山开二 入黠帮	发 山合三 入月非
古交	yəʔ²	y⁵³	y⁴¹²	pɑ³³	fɑ³³
晋源	yəʔ²	y³⁵	yəʔ²	pa²	faʔ²
北郊	yəʔ²²	y³⁵	yəʔ²²	paʔ²²	faʔ²²
清徐	yəʔ¹¹	yəʔ¹¹/y⁴⁵	yəʔ¹¹	pa¹¹	fa¹¹
娄烦	yəʔ³	y⁵⁴	yəʔ³	paʔ³	faʔ³
太谷	yəʔ³	y⁵³	yəʔ³	paʔ³	faʔ³
祁县	yəʔ³²	iəβ⁴⁵	yəʔ³²	pɑʔ³²	xuɑʔ³²
平遥	yʌʔ²¹²	y²⁴	y²⁴	pʌʔ²¹²	xuʌʔ²¹²
介休	yʌʔ³¹²	y⁴⁵	yʌʔ¹²	pʌʔ¹²	xuʌʔ¹²
灵石	y⁵³	y⁵³	y⁵³	pʌʔ²⁴	xuaʔ²⁴
寿阳	yəʔ²	zʮ⁴⁵	zʮ⁴⁵	paʔ²	faʔ²
榆次	yəʔ¹¹	y³⁵	yəʔ¹¹	pɒʔ¹¹	faʔ¹¹
榆社	zʮ⁴⁵	zʮ⁴⁵	yəʔ²²	paʔ²²	faʔ²²
交城	yəʔ¹¹	y²⁴	yəʔ¹¹	paʔ¹¹	xuaʔ¹¹
文水	yəʔ²	ʮ³⁵	yəʔ²|ʮ³⁵	paʔ²	xuaʔ²
孝义	yəʔ⁴²³	y⁴⁵⁴	y⁴⁵⁴	paʔ³	xuaʔ³
盂县	yaʔ⁴²³	y⁵⁵	yəʔ²²	pʌʔ²²	fʌʔ²²
静乐	yəʔ⁴	y⁵³	yəʔ⁴	paʔ⁴	faʔ⁴
离石	yeʔ⁴	zu⁵³	yeʔ⁴	pɑʔ⁴	xuɑʔ⁴
汾阳	yeʔ²²	ʮ⁵⁵	yeʔ²²	paʔ²²	faʔ²²
方山	yɛʔ⁴	y⁵²	yɛʔ⁴	paʔ⁴	xuɑʔ⁴/xuæ⁴⁴
柳林	yɛʔ⁴	y⁵³	yɛʔ⁴	paʔ⁴	xuɑʔ⁴
临县	yɐʔ³	y⁵²	y⁵²	paʔ³	faʔ³
中阳	yeʔ⁴	y⁵³	yeʔ⁴	pɑʔ⁴	xuɑʔ⁴
兴县	y⁵³	y⁵³	yəʔ⁵⁵	paʔ⁵⁵	xuaʔ⁵⁵
岚县	y⁵¹	y⁵¹	yɛʔ⁴	paʔ⁴	faʔ⁴
交口	yeʔ⁴	y⁵³	yeʔ⁴	paʔ⁴	xuaʔ²¹²
石楼	yəʔ⁴	y⁵¹	y⁵¹	pʌʔ⁴	xuʌʔ²⁴/xuaŋ²¹³
隰县	yəʔ³	y⁴⁴	yəʔ³	paʔ³	xuæ⁵³

续表

方言＼字目	育 通合三 入屋以	玉 通合三 入烛疑	欲 通合三 入烛以	八 山开二 入黠帮	发 山合三 入月非
大宁	y^{55}	$yəʔ^{31}$	$yəʔ^{31}$	$pɐʔ^{31}$	$fɐʔ^{31}$
永和	y^{35}	y^{53}	y^{35}	$pɐʔ^{35}$	$xuɐʔ^{312}$
汾西	$yə^{1}$	$yə^{1}$	$yə^{1}$	$pɑ^{11}$	$fɑ^{11}$
蒲县	y^{33}	y^{52}	y^{33}	$pʌʔ^{43}$	fa^{31}
长治市	y^{54}	y^{54}	y^{54}	$pʌʔ^{53}$	$fʌʔ^{53}$
长治县	y^{42}	y^{42}	y^{42}	$pɑ^{21}$	$fɑ^{21}$
长子	y^{53}	$yəʔ^{44}/y^{53}$	y^{53}	$paʔ^{44}$	$faʔ^{44}$
屯留	y^{11}	$yəʔ^{1}$	y^{11}	$pʌʔ^{1}$	$fʌʔ^{1}$
黎城	y^{53}	y^{53}	y^{53}	$pʌʔ^{22}$	$fʌʔ^{22}$
壶关	y^{42}	y^{42}	y^{353}	$pʌʔ^{2}$	$fʌʔ^{2}$
平顺	y^{53}	y^{53}	y^{53}	$pʌʔ^{212}$	$fʌʔ^{212}$
沁县	$yəʔ^{31}$	$zʮ^{53}$	$yəʔ^{31}$	$paʔ^{31}$	$faʔ^{31}$
武乡	$yəʔ^{3}$	$yəʔ^{3}$	$yəʔ^{3}$	$pʌʔ^{3}$	$fʌʔ^{3}$
沁源	$yəʔ^{31}$	y^{53}	y^{53}	$pʌʔ^{31}$	$fʌʔ^{31}$
襄垣	y^{45}	y^{45}	y^{45}	$pʌʔ^{3}$	$fʌʔ^{3}$
安泽	y^{21}	y^{53}	y^{53}	$pəʔ^{21}$	$fʌʔ^{21}$
端氏	y^{53}	$i^{53}\|yəʔ^{22}$	y^{53}	$paʔ^{22}$	$fəʔ^{22}$
晋城	y^{53}	$yəʔ^{22}$	y^{53}	$pʌʔ^{22}$	$fʌʔ^{22}$
阳城	y^{51}	y^{51}	y^{51}	$pʌʔ^{22}$	$fʌʔ^{22}$
陵川	y^{24}	y^{24}	y^{24}	$pʌʔ^{3}$	$fʌʔ^{3}$
高平	i^{53}	$iəʔ^{22}/i^{53}$	i^{53}	$pʌʔ^{22}$	$fʌʔ^{22}$

表 7-21

方言＼字目	乏 咸合三入乏奉	答 咸开一入合端	达 山开一入曷定	塔 咸开一入盍透	纳 咸开一入合泥
新荣	fʌ³¹² / fʌ⁵⁴	taʔ⁴	taʔ⁴	tʰaʔ⁴	naʔ⁴
阳高	fɑʔ³³ / fɑ³¹²	tɑʔ³³	tɑʔ³³	tʰɑʔ³³	nɑ²⁴
天镇	faʔ⁴⁴	taʔ⁴⁴	tɑʔ⁴⁴	tʰɑʔ⁴⁴	naʔ⁴⁴
左云	fa³¹³	taʔ⁴⁴	taʔ⁴⁴	tʰaʔ⁴⁴	naʔ⁴⁴ / na²⁴
右玉	fa²¹²	taʔ⁴⁴	taʔ⁴⁴	tʰaʔ⁴⁴	naʔ⁴⁴
山阴	fa³¹³	tʌʔ⁴	tʌʔ⁴	tʰʌʔ⁴	nʌʔ⁴
怀仁	fa³¹²	taʔ⁴	taʔ⁴	tʰaʔ⁴	naʔ⁴
平定	faʔ⁴⁴	taʔ⁴⁴	taʔ⁴⁴ / ta³¹	tʰaʔ⁴⁴	naʔ²³
昔阳	fʌ⁴³	tʌ⁴³	tʌʔ⁴³	tʰʌ⁴³	nʌʔ⁴³
和顺	faʔ²¹	taʔ²¹	taʔ²¹	tʰaʔ²¹	naʔ²¹
灵丘	fʌ³¹	tʌʔ⁵	tʌʔ⁵	tʰʌʔ⁵	nʌʔ⁵
浑源	fʌ²²	tʌʔ⁴⁴	tʌʔ⁴⁴	tʰʌʔ⁴⁴	nʌʔ⁴⁴
应县	fa³¹	taʔ⁴³	taʔ⁴³	tʰaʔ⁴³	na²⁴ / naʔ⁴³
平鲁	fɑ⁴⁴	tʌʔ³⁴	tʌʔ³⁴	tʰʌʔ³⁴	nʌʔ³⁴
朔州	fʌʔ³⁵	tʌʔ³⁵	tʌʔ³⁵	tʌʔ³⁵	nʌʔ³⁵
忻州	fɑʔ³²	tɑʔ³²	tɑʔ²	tʰɑʔ²	nɑʔ³² / nɑ⁵³
原平	fɑʔ³⁴	tɑʔ³⁴	tɑʔ³⁴	tʰɑ²¹³	nɑʔ³⁴
定襄	faʔ¹	taʔ¹	taʔ¹	tʰaʔ¹	na⁵³
五台	fa³³	taʔ³³	taʔ³³	tʰa³³	naʔ³³
岢岚	faʔ⁴	taʔ⁴	taʔ⁴	tʰaʔ⁴	naʔ⁴
神池	faʔ⁴	taʔ⁴	tʌʔ⁴	tʰʌʔ⁴	naʔ⁴
五寨	faʔ⁴	taʔ⁴	taʔ⁴	tʰaʔ⁴	naʔ⁴
宁武	fʌʔ⁴	tʌʔ⁴	tʌʔ⁴	tʰʌʔ⁴	nʌʔ⁴
代县	fa⁴⁴	taʔ²²	taʔ²²	tʰaʔ²²	naʔ²²
繁峙	faʔ¹³	taʔ¹³	taʔ¹³	tʰaʔ¹³	naʔ¹³
河曲	faʔ⁴	taʔ⁴	taʔ⁴	tʰaʔ⁴	naʔ⁴
保德	fʌ⁴	tʌ⁴⁴	tʌ⁴⁴	tʰʌ⁴⁴	nʌ⁴⁴
偏关	fa⁴⁴	ta⁴⁴	ta⁴⁴	tʰa⁴⁴	nʌʔ⁴
阳曲	faʔ⁴	taʔ⁴	taʔ⁴	tʰaʔ⁴	naʔ⁴

续表

方言\字目	乏 咸合三入乏奉	答 咸开一入合端	达 山开一入曷定	塔 咸开一入盍透	纳 咸开一入合泥
古交	fʌʔ²	tɑ³³	tɑ³³	tʰɑ⁴¹²	nɑ⁵³
晋源	faʔ⁴³	taʔ²	taʔ⁴³	tʰaʔ²	naʔ²
北郊	faʔ⁴³	taʔ²²	taʔ⁴³	tʰaʔ²²	naʔ²²/nɑ³⁵
清徐	fa⁵⁴	ta⁵⁴/ta¹¹	ta⁵⁴	tʰa¹¹	na¹¹
娄烦	faʔ²¹	taʔ³	taʔ²¹	tʰaʔ²¹	naʔ³
太谷	faʔ⁴²³	taʔ³	taʔ⁴²³	tʰaʔ³	naʔ³
祁县	xuaʔ³²⁴	tɑʔ³²	tɑʔ³²⁴	tʰɑʔ³²	nɑʔ³²
平遥	xuʌʔ⁵²³	tʌʔ⁵²³	tʌʔ⁵²³	tʰʌʔ²¹²	nʌʔ⁵²³
介休	xuʌʔ³¹²	tʌʔ¹²	tʌʔ³¹²	tʰʌʔ¹²	nʌʔ¹²
灵石	xuaʔ²¹²	tʌʔ⁴	tʌʔ⁴	tʰʌʔ⁴	nʌʔ⁴
寿阳	faʔ⁵⁴	taʔ²	taʔ⁵⁴	tʰaʔ²	naʔ²
榆次	faʔ¹¹	taʔ¹¹	taʔ¹¹	taʔ¹¹	naʔ¹¹
榆社	faʔ³¹²	taʔ³¹²	taʔ³¹²	tʰaʔ²²	naʔ²²
交城	xuaʔ⁵³	taʔ¹¹	taʔ⁵³	tʰaʔ¹¹	naʔ¹¹
文水	xuaʔ³¹²	taʔ²	taʔ³¹²	tʰaʔ²	naʔ²
孝义	xuaʔ⁴⁵⁴	taʔ⁴²³	taʔ⁴²³	tʰaʔ³	naʔ³
盂县	fʌʔ⁵³	tʌʔ²²	tʌʔ²²	tʰʌʔ²²	nʌʔ²²
静乐	faʔ²¹²	taʔ⁴	taʔ²¹²	tʰaʔ⁴	nɑʔ⁴
离石	xuɑʔ²³	tɑʔ⁴	tɑʔ⁴	tʰɑʔ⁴	nɑʔ²³
汾阳	faʔ³¹²	taʔ²²	taʔ³¹²	tʰaʔ²²	naʔ³¹²
方山	faʔ⁴	tɑʔ⁴	tɑʔ⁴	tʰɑʔ⁴	nɑʔ⁴
柳林	xuɑʔ⁴²³	tɑʔ⁴	tɑʔ⁴	tʰɑʔ⁴	nɑ⁵³
临县	faʔ³	taʔ³	taʔ³	tʰaʔ³	naʔ³
中阳	xuɑʔ³¹²	tɑʔ⁴	tɑʔ⁴	tʰaʔ⁴	nɑʔ³¹²
兴县	xuaʔ³¹²	taʔ⁵⁵	tʰaʔ⁵⁵	tʰaʔ⁵⁵	naʔ³¹²
岚县	faʔ²³	taʔ⁴	taʔ⁴	tʰaʔ⁴	nɑʔ⁴
交口	xuaʔ²¹²	taʔ⁴	taʔ⁴	tʰaʔ⁴	naʔ⁴
石楼	xuʌʔ²¹³	tʌʔ⁴	tʌʔ⁴	tʰʌʔ⁴	nʌʔ⁴
隰县	xuaʔ³	taʔ³	taʔ³	tʰaʔ³	naʔ³

续表

方言\字目	乏 咸合三入乏奉	答 咸开一入合端	达 山开一入曷定	塔 咸开一入盍透	纳 咸开一入合泥
大宁	fɐʔ⁴⁴	tɐʔ⁴⁴	tɐʔ⁴⁴	tɐʔ³¹	nɐʔ³¹
永和	xuɐʔ³¹²	tɐʔ³⁵	tɐʔ³¹²	tʰɐʔ³⁵	nɐʔ³⁵
汾西	fɑ³⁵	tɑ¹¹	tɑ³⁵	tʰɑ³³	nɑ¹¹
蒲县	fʌʔ²³	tʌʔ⁴³	tɑ²⁴	tʰʌʔ⁴³	nʌʔ⁴³
长治市	fʌʔ⁵³	tʌʔ⁵³	tʌʔ⁵³	tʰʌʔ⁵³	nʌʔ⁵³
长治县	fɑʔ²¹	tɑʔ²¹	tɑʔ²¹	tʰɑʔ²¹	nɑʔ²¹
长子	fɑʔ²¹²	tɑʔ⁴⁴	tɑʔ⁴⁴	tʰɑʔ⁴⁴	nɑʔ⁴⁴
屯留	fʌʔ⁵⁴	tʌʔ¹	tʌʔ¹	tʰʌʔ¹	nʌʔ¹
黎城	fʌʔ³¹	tʌʔ²²	tʌʔ²²	tʰʌʔ²²	nʌʔ²²
壶关	fʌʔ²¹	tʌʔ²	tʌʔ²¹	tʰʌʔ²	nʌʔ²¹
平顺	fʌʔ⁴²³	tʌʔ²¹²	tʌʔ⁴²³	tʰʌʔ²¹²	nʌʔ⁴²³
沁县	fɑʔ²¹²	tɑʔ³¹	tɑʔ³¹	tʰɑʔ³¹	nɑ⁵³
武乡	fʌʔ⁴²³	tʌʔ³	tʌʔ³	tʰʌʔ³	nʌʔ³
沁源	fʌʔ³¹	tʌʔ³¹	tʌʔ³¹	tʰʌʔ³¹	nʌʔ³¹
襄垣	fʌʔ³	tʌʔ³	tʌʔ⁴³	tʰʌʔ³	nʌʔ³
安泽	fɑ³⁵	təʔ²¹	tɑ³⁵	tʰʌʔ²¹	nʌʔ²¹
端氏	fɑʔ⁵⁴	tɑʔ⁵⁴	tɑʔ²²	tʰɑʔ²²	nɑʔ²²
晋城	fʌʔ²²	tʌʔ²²	tʌʔ²²	tʰʌʔ²²	nʌʔ²²
阳城	fʌʔ²²	tʌʔ²²	tʌʔ²²	tʰʌʔ²²	nʌʔ²²/nɑ⁵¹
陵川	fʌʔ²³	tʌʔ²³	tʌʔ²³	tʰʌʔ³	nʌʔ²³
高平	fʌʔ²²	tʌʔ²²	tʌʔ²²	tʰʌʔ²²	nʌʔ²²

表 7-22

方言\字目	拉 咸开一入合来	辣 山开一入曷来	擦 山开一入曷清	炸 咸开二入洽崇	铡 山开二入鎋崇
新荣	lʌ³²|lɑʔ²⁴	lɑ²⁴	tsʰɑʔ²⁴	tsɑ²⁴|tsɑ³¹²	tsɑ³¹²
阳高	lɑ³¹	lɑʔ³³	tsʰɑʔ³³	tsɑ²⁴	tsɑʔ³³
天镇	lɑʔ⁴⁴/lɑ³¹	lɑʔ⁴⁴	tsʰɑʔ⁴⁴	tsɑ²⁴	tsɑ⁵⁵
左云	lɑ³¹	lɑ²⁴	tsʰɑʔ⁴⁴	tsɑ³¹³	tsɑ³¹³
右玉	lɑ³¹|lɑ²⁴	lɑ²⁴	tsʰɑʔ⁴⁴	tsɑ²¹²|tsɑ²⁴	tsɑ³¹
山阴	lʌʔ⁴	lʌ³³⁵	tsʰʌʔ⁴	tsʌ³¹³	tsʌ³¹³
怀仁	lɑ⁴²	lɑ²⁴	tsʰɑʔ⁴	tsɑ³¹²	tsɑ³¹²
平定	lɑ³¹	lɑʔ²³	tsʰɑʔ⁴⁴	tsɑ²⁴	tsɑ⁴⁴
昔阳	lɑ⁴²	lɑ¹³	tsʰʌʔ⁴³	tsɑ¹³	tsɑ³³
和顺	lɑ⁴²/lɑʔ²¹	lɑʔ²¹	tsʰɑʔ²¹	tsɑʔ²¹	tsɑʔ²¹
灵丘	lʌʔ⁵|lʌ⁴⁴²	lʌ⁵³	tsʰʌʔ⁵	tsʌ⁵³	tsʌ⁵³
浑源	lʌ⁵²	lʌʔ⁴⁴/lʌ¹³	tsʰʌʔ⁴⁴	tsʌ²²	tsʌ⁵²
应县	lɑ⁴³	lɑ²⁴	tsʰɑ⁴³	tsɑ²⁴	tsɑ³¹
平鲁	nɑ⁵²	lʌʔ³⁴/lɑ⁵²	tsʰʌʔ³⁴	tsɑ⁵²	tsɑ⁴⁴
朔州	lʌ³¹²	lʌ⁵³	tsʰʌʔ³³	tsʌ⁵³	tsʌ³⁵
忻州	lɑ³¹³	lɑʔ²	tsʰɑʔ²	tsɑ⁵³	tsɑʔ³²
原平	lɑʔ³⁴	lɑʔ³⁴	tsʰɑʔ³⁴	tsɑ²¹³	tsɑʔ³⁴
定襄	lɑ²⁴	lɑʔ¹	tsʰɑʔ¹	tsɑ⁵³	tsɑʔ¹
五台	lɑ²¹³	lɑʔ³³	tsʰɑʔ³³	tsɑ²¹³	tsɑ³³
岢岚	lɑ¹³|lɑʔ⁴	lɑʔ⁴	tsʰɑʔ⁴	tsɑʔ⁴	tsɑ¹³
神池	lʌ²⁴	lʌʔ⁴	tsʰʌʔ⁴	tsɑʔ⁴	tsɑʔ⁴
五寨	lɑ¹³|lɑʔ⁴	lɑʔ⁴	tsʰɑʔ⁴	tsɑʔ⁴	tsɑ¹³
宁武	lʌ²³	lʌʔ⁴	tsʰʌʔ⁴	tsʌ²¹³	tsʌʔ⁴
代县	lɑʔ²²	lɑʔ²²	tsʰɑʔ²²	tsɑ⁵³	tsɑ²¹³
繁峙	lɑ⁵³	lɑʔ¹³	tsʰɑʔ¹³	tsɑ³¹|tsɑ²⁴	tsɑʔ¹³
河曲	lɑ²¹³	lɑʔ⁴	tsʰɑʔ⁴	tsɑ²¹³	tsɑʔ⁴
保德	lʌ²¹³	lʌ⁴⁴	tsʰʌ⁴⁴	tsʌ⁴⁴	tsʌ⁴⁴
偏关	lɑ⁴⁴	lɑ⁴⁴	tsʰɑ⁴⁴	tsɑ⁴⁴	tsɑ⁴⁴
阳曲	lɑ³¹²	lɑʔ⁴	tsʰɑʔ⁴	tsɑʔ²¹²	tsɑʔ⁴

第 7 章　晋方言入声字读音对照集

续表

方言＼字目	拉 咸开一 入合来	辣 山开一 入曷来	擦 山开一 入曷清	炸 咸开二 入洽崇	铡 山开二 入鎋崇
古交	lɑ^{33}	lɑ^{33}	tsʰɑ^{33}	tsa^{53}	tsɑ^{412}
晋源	la^{11}/la^{35}/la^{42}	laʔ^{2}	tsʰaʔ^{2}	tsa^{35}	tsaʔ^{2}
北郊	laʔ^{22}	laʔ^{22}	tsʰaʔ^{22}	tsa^{43}/tsa^{35}	tsaʔ^{22}
清徐	lɒ^{11}/la^{11}	la^{11}	tsʰa^{11}	tsɒ^{45}	tsa^{54}
娄烦	lã^{33}	laʔ^{3}	tsʰaʔ^{3}	tsã^{54}	tsaʔ^{21}
太谷	lɒ^{33}	laʔ^{3}	tsʰaʔ^{3}	tsɒ^{53}	tsaʔ^{3}
祁县	lɑʔ^{324}/lɑ^{42}	lɑʔ^{32}	tsʰɑʔ^{32}	tsaʔ^{324}	sɑʔ^{32}
平遥	lɑ^{213}	lʌʔ^{523}	tsʰʌʔ^{212}	tsʌʔ^{523}	sʌʔ^{523}
介休	la^{13}	lʌʔ^{312}	tsʰʌʔ^{12}	tsʌʔ^{312}	tsʌʔ^{312}
灵石	lʌʔ^{4}	lʌʔ^{4}	tsʰʌʔ^{4}	tsʌʔ^{4}	tsʌʔ^{4}
寿阳	lɑ^{31}	laʔ^{2}	tsʰaʔ^{2}	tsɑ^{45}	tsaʔ^{54}
榆次	laʔ^{11}	laʔ^{11}	tsʰaʔ^{11}	tsɒ^{35}	tsaʔ^{11}
榆社	lɒ^{22}	laʔ^{22}	tsʰaʔ^{22}	tsaʔ^{312}	tsaʔ^{312}
交城	laʔ^{11}/lɑ^{11}	laʔ^{11}	tsʰaʔ^{11}	tsaʔ^{53}	saʔ^{53}
文水	la^{22}	laʔ^{2}	tsʰaʔ^{2}	saʔ^{312}/tsaʔ^{312}	tsaʔ^{312}
孝义	la^{33}	laʔ^{3}	tsʰaʔ^{3}	tsaʔ^{423}	saʔ^{3}
盂县	lʌʔ^{22}/lɑ^{412}	lʌʔ^{22}	tsʰʌʔ^{22}	tsa^{55}	tsʌʔ^{53}
静乐	lã^{24}	lɑʔ^{4}	tsʰɑʔ^{4}	tsaʔ^{212}	tsaʔ^{212}
离石	lɑ^{24}	lɑʔ^{23}	tsʰɑʔ^{4}	tsʰɑʔ^{23}	tsɑʔ^{4}
汾阳	la^{324}	laʔ^{312}	tsʰaʔ^{312}	tsaʔ^{312}	saʔ^{312}
方山	lɑ^{24}	lɑʔ^{23}	tsʰɑʔ^{4}	tsa^{52}	tsɑʔ^{4}
柳林	lɑ^{24}	lɑʔ^{423}	tsʰɑʔ^{4}	tsʰɑʔ^{423}	tsʰɑʔ^{423}
临县	lɑ^{24}	laʔ^{24}	tsʰaʔ^{3}	tsa^{52}	tsʰa^{24}
中阳	lɑ^{24}	lɑʔ^{4}	tsʰɑʔ^{4}	tsʰɑʔ^{312}	tsɑʔ^{4}
兴县	laʔ^{55}/lʌ^{324}	laʔ^{312}	tsʰaʔ^{55}	tsʌ^{53}	tsaʔ^{55}
岚县	lɑ^{24}	lɑʔ^{4}	tsʰɑʔ^{4}	tsa^{23}	tsa^{24}
交口	lɑ^{323}	lɑʔ^{4}	tsʰɑʔ^{4}	tsʰɑʔ^{212}	tsʰa^{4}
石楼	lɑ^{213}	lʌʔ^{4}	tsʰʌʔ^{4}	tsʰʌʔ^{213}	tsa^{213}
隰县	la^{53}	laʔ^{3}	tsʰaʔ^{3}	tsʰaʔ^{3}	tsʰa^{3}

续表

方言＼字目	拉 咸开一入合来	辣 山开一入曷来	擦 山开一入曷清	炸 咸开二入洽崇	铡 山开二入鎋崇
大宁	lɐ³¹	lɐʔ³¹	tsʰɐʔ³¹	tsʰɐ⁴⁴	tsɐʔ³¹
永和	la³³	lɐʔ³¹²	tsʰɐ³⁵	tsʰɐʔ³¹²/tsɐʔ³¹²	tsʰɐʔ³¹²/tsɐʔ³¹²
汾西	lɑ¹¹/lɑ³⁵	lɑ¹¹	tsʰɑ¹¹	tsɑ⁵⁵	sɑ³⁵/tsɑ³⁵
蒲县	la⁵²	la⁵²	tsʰʌʔ⁴³	tsʌʔ³	tsʌʔ³
长治市	lʌʔ⁵³/lɑ³¹²	lʌʔ⁵³	tsʰʌʔ⁵³	tsʌʔ⁵³	tsʌʔ⁵³
长治县	lɑ²¹³	lɑʔ²¹	tsʰɑʔ²¹	tsɑ²²	tsɑʔ²¹
长子	laʔ³¹²	laʔ⁴⁴	tsʰaʔ⁴⁴	tsa²¹²	tsaʔ²¹²
屯留	lʌʔ¹/lɑ³¹	lʌʔ¹	tsʰʌʔ¹	tsʌʔ⁵⁴	tsʌʔ⁵⁴
黎城	la³³	lʌʔ³¹	tsʰʌʔ²²	tsʌʔ³¹	tsʌʔ³¹
壶关	la³³	lʌʔ²¹	tʂʰʌʔ²	tʂa⁴²	tʂʌʔ²¹
平顺	la²¹³	lʌʔ⁴²³	tsʰʌʔ²¹²	tsa⁵³	tsʌʔ⁴²³
沁县	la²²⁴	lʌʔ³¹	tsʰaʔ³¹	tsaʔ³¹	saʔ³¹
武乡	lʌʔ³/lɑ¹¹³/lɑ⁵⁵	lʌʔ³	tsʰʌʔ³	tsa⁵⁵	tsʌʔ³
沁源	la³²⁴	lʌʔ³¹	tsʰʌʔ³¹	tsʌʔ³¹	tsʌʔ³¹
襄垣	lʌʔ⁴³/lɑ³³	lʌʔ³	tsʰʌʔ³	tsʌʔ⁴³	tsʌʔ⁴³
安泽	la²¹	lʌʔ²¹	tsʰʌʔ²¹	tsɑ⁵³	tsɑ³⁵
端氏	laʔ²²	laʔ²²	tsʰaʔ²²	tsaʔ⁵⁴	tsaʔ⁵⁴
晋城	lɑ³³/lʌʔ²²	lʌʔ²²	tsʰʌʔ²²	tʂʌʔ²²	tʂʌʔ²²
阳城	la²²⁴	lʌʔ²²	tsʰʌʔ²²	tʂɑ²²	tʂʌʔ²²
陵川	la³³	lʌʔ²³	tʂʰʌʔ²³	tʂʌʔ²³	tʂʌʔ²³
高平	lʌʔ²²	lʌʔ²²	tʂʰʌʔ²²/tʂʰɑ³³	tʂʌʔ²²	tʂʌʔ²²

表 7-23

方言＼字目	察 山开二 入黠初	杀 山开二 入黠生	夹 咸开二 入洽见	掐 咸开二 入洽溪	瞎 山开二 入鎋晓
新荣	tsʰA³¹²	saʔ⁴	tɕiaʔ⁴	tɕʰiA³² | tɕʰiaʔ⁴	ɕiaʔ⁴
阳高	tsʰɑʔ³³	saʔ³³	tɕiɑʔ³³	tɕʰiɑʔ³³	ɕiɑʔ³³
天镇	tsʰɑ²²	saʔ⁴⁴	tɕiɑʔ⁴⁴	tɕʰiɑʔ⁴⁴	ɕiɑʔ⁴⁴
左云	tsʰɑʔ⁴⁴	saʔ⁴⁴	tɕiɑʔ⁴⁴	tɕʰiɑʔ⁴⁴	ɕiɑʔ⁴⁴
右玉	tsʰɑʔ⁴⁴	saʔ⁴⁴	tɕiɑʔ⁴⁴	tɕʰiɑʔ⁴⁴	ɕiɑʔ⁴⁴
山阴	tsʰA³¹³	sAʔ⁴	tɕiAʔ⁴	tɕʰiAʔ⁴	ɕiAʔ⁴
怀仁	tsʰaʔ⁴	saʔ⁴	tɕiaʔ⁴	tɕʰiaʔ⁴	ɕiaʔ⁴
平定	tsʰaʔ⁴⁴	saʔ⁴⁴	tɕiæʔ⁴⁴	tɕʰiæʔ⁴⁴	ɕiæʔ⁴⁴
昔阳	tsʰɑ³³	sʌʔ⁴³	tɕiʌʔ⁴³	tɕʰiʌʔ⁴³	ɕiʌʔ⁴³
和顺	tsʰaʔ²¹	saʔ²¹	tɕiaʔ²¹	tɕʰiaʔ²¹	ɕiaʔ²¹
灵丘	tsʰAʔ⁵	sAʔ⁵	tɕiAʔ⁵	tɕʰiAʔ⁵	ɕiAʔ⁵
浑源	tsʰʌʔ⁴⁴	sʌʔ⁴⁴	tɕiʌʔ⁴⁴	tɕʰiʌʔ⁴⁴	ɕiʌʔ⁴⁴
应县	tsʰaʔ⁴³	saʔ⁴³	tɕiaʔ⁴³	tɕʰiaʔ⁴³/tɕia⁴³	ɕiaʔ⁴³
平鲁	tsʰʌʔ³⁴/tsʰɑ⁴⁴	sʌʔ³⁴	tɕiʌʔ³⁴/tɕiəʔ³⁴	tɕʰiʌʔ³⁴/tɕʰia²¹³	ɕiʌʔ³⁴/ɕia⁴⁴
朔州	tsʰAʔ³⁵	sAʔ³⁵	tɕiAʔ³⁵	tɕʰiAʔ³⁵	ɕiAʔ³⁵
忻州	tsʰɑʔ³²	sɑʔ²	tɕiɑʔ²	tɕʰiɑʔ³²	xɑʔ²
原平	tsʰɑ³³	sɑʔ³⁴	tɕiɑʔ³⁴	tɕʰiɑʔ³⁴	xɑʔ³⁴
定襄	tsʰaʔ¹/tsʰa²⁴	sa¹¹	tɕiaʔ¹	tɕʰiaʔ³³	xaʔ¹
五台	tsʰaʔ³³	saʔ³³	tɕiaʔ³³	tɕʰiaʔ³³	xaʔ³³
岢岚	tsʰaʔ⁴	saʔ⁴	tɕiɛʔ⁴	tɕʰiɛʔ⁴	ɕiɛʔ⁴
神池	tsʰaʔ⁴	sAʔ⁴	tɕiAʔ⁴	tɕʰiAʔ⁴	ɕiAʔ⁴
五寨	tsʰaʔ⁴	saʔ⁴	tɕiaʔ⁴	tɕʰiɛʔ⁴	ɕiɛʔ⁴
宁武	tsʰA³³	sAʔ⁴	tɕiAʔ⁴	tɕiAʔ⁴	xiAʔ⁴
代县	tsʰaʔ²²	saʔ²²	tɕiaʔ²²	tɕʰiaʔ²²	ɕiaʔ²²
繁峙	tsʰaʔ¹³	saʔ¹³	tɕiaʔ¹³	tɕʰiaʔ¹³	ɕiaʔ¹³
河曲	tsʰaʔ⁴	saʔ⁴	tɕiaʔ⁴	tɕʰiaʔ⁴	ɕiaʔ⁴
保德	tsʰA⁴⁴	sA⁴⁴	tɕiA⁴⁴	tɕʰiA⁴⁴	xA⁴⁴
偏关	tsʰa⁴⁴	sa⁴⁴	tɕia⁴⁴	tɕʰia⁴⁴	ɕia⁴⁴
阳曲	tsʰaʔ⁴	saʔ⁴	tɕiaʔ⁴	tɕʰiaʔ⁴	xaʔ⁴

续表

方言＼字目	察 山开二 入黠初	杀 山开二 入黠生	夹 咸开二 入洽见	掐 咸开二 入洽溪	瞎 山开二 入鎋晓
古交	tsʰɑ³³	sɑ³³	tɕiəʔ²	tɕʰiaʔ²	xɑʔ²
晋源	tsʰaʔ²	saʔ²	tɕiaʔ²	tɕʰiaʔ³⁵	xaʔ²
北郊	tsʰa³³	sa²²	tɕiaʔ²²	tɕʰiaʔ²²	ɕiaʔ²²
清徐	tsʰa¹¹	sa¹¹	tɕia¹¹	tɕʰia¹¹	ɕia¹¹
娄烦	tsʰaʔ³	saʔ³	tɕiaʔ³	tɕʰiəʔ³	xaʔ³
太谷	tsʰaʔ³	saʔ³	tɕiaʔ³	tɕʰiaʔ³	xaʔ³
祁县	tsʰɑʔ³²	sɑʔ³²	tɕiɑʔ³²	tɕʰiɑʔ³²	xɑʔ³²
平遥	tsʌʔ²¹²	sʌʔ²¹²	tɕiʌʔ²¹²	tɕʰiʌʔ²¹²	xʌʔ²¹²
介休	tsʰʌʔ¹²	sʌʔ¹²	tɕiʌʔ¹²	tɕʰiʌʔ³¹²	xʌʔ¹²
灵石	tsʰʌʔ⁴	sʌʔ⁴	tɕiaʔ⁴	tɕʰiaʔ⁴	xʌʔ⁴
寿阳	tsʰɑ²²	saʔ²	tɕiɛʔ²	tɕʰiɛʔ²	xaʔ²
榆次	tsʰaʔ¹¹	saʔ¹¹	tɕiaʔ¹¹	tɕʰiaʔ¹¹	xɒ¹¹
榆社	tsʰaʔ²²	saʔ²²	tɕiaʔ²²	tɕʰiaʔ²²	ɕiaʔ²²
交城	tsʰaʔ¹¹/tsʰɑʔ¹¹	saʔ¹¹	tɕiaʔ¹¹	tɕʰia¹¹|tɕʰia²⁴	ɕiaʔ¹¹
文水	tsʰaʔ²|tsʰaʔ²²	saʔ²	tɕiaʔ²	tɕʰiaʔ²|tɕʰia³⁵	xaʔ²
孝义	tsʰaʔ³	saʔ³	tɕiaʔ³	tɕʰiaʔ³	xaʔ³
盂县	tsʰʌʔ²²	sʌʔ²²	tɕiʌʔ²²	tɕʰiʌʔ²²	xʌʔ²²
静乐	tsʰã³³	saʔ⁴	tɕiəʔ⁴	tɕʰiəʔ⁴	xaʔ⁴|ɕiəʔ⁴
离石	tsʰaʔ⁴	saʔ⁴	tɕiɑʔ⁴	tɕʰiaʔ⁴	xɑʔ⁴
汾阳	tsʰaʔ²²	saʔ²²	tɕiaʔ²²	tɕʰiaʔ²²	xaʔ²²
方山	tsʰaʔ⁴	saʔ⁴	tɕiaʔ⁴	tɕʰiaʔ⁴	xɑʔ⁴
柳林	tsʰɑʔ⁴	sɑʔ⁴	tɕiaʔ⁴	tɕʰiaʔ⁴⁴	xɑʔ⁴
临县	tsʰaʔ³	saʔ³	tɕiaʔ³	tɕʰiaʔ³	xaʔ³
中阳	tsʰɑʔ⁴	sɑʔ⁴	tɕiaʔ⁴	tɕʰiaʔ⁴	xɑʔ⁴
兴县	tsʰaʔ⁵⁵	saʔ⁵⁵	tɕiɛʔ⁵⁵	tɕʰiɛʔ⁵⁵	xaʔ⁵⁵
岚县	tsʰaʔ⁴	saʔ⁴	tɕiaʔ⁴	tɕʰia²⁴	xɑʔ⁴
交口	tsʰaʔ⁴	saʔ⁴	tɕiaʔ⁴	tɕʰiaʔ⁴	xaʔ⁴
石楼	tsʰʌʔ⁴	sʌʔ⁴	tɕiəʔ⁴	tɕʰiəʔ⁴	xʌʔ⁴³|ɕiʌʔ⁴
隰县	tsʰaʔ³	saʔ³	tɕiəʔ³	tɕʰiəʔ³	xaʔ³

续表

字目\方言	察 山开二 入黠初	杀 山开二 入黠生	夹 咸开二 入洽见	掐 咸开二 入洽溪	瞎 山开二 入鎋晓
大宁	tsʰɐʔ⁴⁴	sɐʔ³¹	tɕiɛʔ³¹	tɕʰiɛʔ³¹	xɐʔ³¹/ɕiɑ³¹
永和	tsʰɐʔ³¹²	sɐʔ³⁵	tɕiɛʔ³⁵	tɕʰiɛʔ³⁵	xɐʔ³⁵
汾西	tsɑ³⁵	sɑ¹¹	tɕiɑ¹¹|tɕi¹¹|tiɑ¹¹/tɕz̩¹¹	tʰiɑ¹¹	xɑ¹¹/ɕiɑ¹¹
蒲县	tsʰa⁵²	sʌʔ⁴³	tiʌʔ⁴³/tɕiʌʔ⁴³	tɕʰiʌʔ⁴³	xʌʔ⁴³
长治市	tsʰa²⁴	sʌʔ⁵³	tɕiʌ⁵³	tɕʰiʌʔ⁵³	ɕiɑʔ⁵³
长治县	tsʰaʔ²¹	saʔ²¹	tɕiɑ²¹	tɕʰiɑʔ²¹	ɕiɑʔ²¹
长子	tsʰaʔ⁴⁴	saʔ⁴⁴	tɕiɑ⁴⁴	tɕʰiɑ⁴⁴	ɕiɑʔ⁴⁴
屯留	tsʰa¹¹	sʌʔ¹	tɕiʌʔ¹	tɕʰiʌʔ¹	ɕiəʔ¹
黎城	tsʰʌʔ²²	sʌʔ²²	ciʌʔ²²	tɕʰiʌʔ²²	ɕiʌʔ²²
壶关	tʂʰʌʔ²	ʂʌʔ²	ciʌʔ²	cʰiʌʔ²	çiʌʔ²
平顺	tsʰʌʔ²¹²	sʌʔ²¹²	ciʌʔ²¹²	tɕʰiʌʔ²¹²	ɕiəʔ²¹²
沁县	tsʰa³¹	saʔ³¹	tɕiæʔ³¹	tɕʰiɑʔ⁵³	ɕiæʔ³¹
武乡	tsʰʌʔ³	sʌʔ³	tɕiʌʔ³	tɕʰiʌʔ³	ɕiʌʔ³
沁源	tsʰʌʔ³¹	sʌʔ³¹	tɕiʌʔ³¹	tɕʰiʌʔ³¹	xʌʔ³¹
襄垣	tsʰʌʔ³	sʌʔ³	tɕiʌʔ³	tɕʰiʌʔ³	ɕiʌʔ³
安泽	tsʰəʔ²¹	sʌʔ²¹	tɕiʌʔ²¹	tɕʰiʌʔ²¹	xɑ²¹|ɕiɑ²¹
端氏	tsʰaʔ²²	saʔ²²	tɕiɑʔ²²	tɕʰiɑʔ²²	ɕiɑʔ²²
晋城	tʂʰʌʔ²²	ʂʌʔ²²	tɕiʌʔ²²	tɕʰiʌʔ²²	ɕiʌʔ²²
阳城	tʂʰʌʔ²²	ʂʌʔ²²	ciʌʔ²²	cʰiʌʔ²²	çiʌʔ²²
陵川	tʂʰʌʔ³	ʂʌʔ³	ciʌʔ³	cʰiʌʔ³	ɕiəʔ³
高平	tʂʰʌʔ²²	ʂʌʔ²²	ciɛʔ²²	tɕʰiɛʔ²²|tɕʰiɑ³³	ɕiɛʔ²²

表 7-24

方言＼字目	辖 山开二入鎋匣	鸭 咸开二入狎影	刷 山合二入鎋生	滑 山合二入黠匣	挖 山合二入黠影
新荣	ɕiA³¹²	iaʔ⁴	ʂuaʔ⁴	xuA³¹²	vA³²|væ³²|vaʔ⁴
阳高	ɕiɑʔ³³	iɑ³¹²	suɑʔ³³	xuɑ³¹²	vɑ³¹
天镇	ɕiɑʔ²²	iɑʔ⁴⁴	suɑʔ⁴⁴	xuɑ²²	vɑ³¹/vɑʔ⁴⁴
左云	ɕiaʔ⁴⁴	iaʔ⁴⁴	suaʔ⁴⁴	xua³¹³	væ³¹|va³¹
右玉	ɕiaʔ⁴⁴	iaʔ⁴⁴	ʂuʌʔ⁴⁴	xua²¹²	vaʔ⁴⁴
山阴	ɕiʌʔ⁴	iʌʔ⁴	ʂuʌʔ⁴	xua³¹³	uʌʔ⁴
怀仁	ɕiaʔ⁴	iaʔ⁴	suaʔ⁴	xua³¹²	vaʔ⁴|va⁴²
平定	ɕiæʔ⁴⁴	iæʔ⁴⁴	suaʔ⁴⁴	xuaʔ⁴⁴	vɑ³¹
昔阳	ɕiʌʔ⁴³	iɑ⁴²	suʌʔ⁴³	xuʌʔ⁴³	vɑ⁴²
和顺	ɕiaʔ²¹	iaʔ²¹	suəʔ²¹	xuəʔ²¹	vɑ⁴²
灵丘	ɕiA³¹	iAʔ⁵	suAʔ⁵	xuA³¹	vAʔ⁵|vA⁴⁴²|væ⁴⁴²
浑源	ɕiA²²	iʌʔ⁴⁴	suʌʔ⁴⁴	xuA²²	vA⁵²
应县	xua³¹	iaʔ⁴³	suaʔ⁴³/sua²⁴	xua³¹	vaʔ⁴³
平鲁	ɕiʌʔ³⁴/ɕiɑ⁴⁴	iʌʔ³⁴	suʌʔ³⁴	xuɑ⁴⁴	uʌʔ³⁴
朔州	ɕiAʔ³⁵	iAʔ³⁵	suAʔ³⁵	xuA³⁵	vAʔ³⁵
忻州	ɕiɑʔ³²	ŋiɑʔ²	ʂuʌʔ²	xuʌʔ²	vɑ³¹³
原平	ɕiɑʔ³⁴	iɑ²¹³	suɑʔ³⁴	xuɑʔ³⁴	vɑ²¹³
定襄	ɕiaʔ³³	iaʔ¹	saʔ¹	xuaʔ¹	ua²⁴
五台	ɕiaʔ³³	iaʔ³³	suaʔ³³	xuaʔ³³	ua²¹³
岢岚	ɕia⁴⁴	iɛʔ⁴|ia⁴⁴	ʂua⁴	xua⁴	vaʔ⁴/va¹³
神池	ɕia⁴	iAʔ⁴	suAʔ⁴	xuAʔ⁴	vAʔ⁴
五寨	ɕia⁴⁴	ia⁴⁴	suaʔ⁴	xuaʔ⁴	vaʔ⁴/va¹³
宁武	ɕiAʔ⁴	iAʔ⁴	suAʔ⁴	xuAʔ⁴	vA²³
代县	ɕia⁴⁴	ia²²	suaʔ²²	xua⁴⁴	ua²¹³
繁峙	ɕiaʔ¹³	iaʔ¹³	suaʔ¹³	xua³¹	vaʔ¹³/va⁵³
河曲	ɕiaʔ⁴	iaʔ⁴	suaʔ⁴	xuaʔ⁴	vaʔ⁴
保德	ɕiA⁴⁴	iA⁴⁴	ʂuA⁴⁴	xuA⁴⁴	vA²¹³
偏关	ɕia⁴⁴	ia⁴⁴	ʂua⁴⁴	xua⁴⁴	va²⁴
阳曲	ɕiaʔ⁴	iaʔ⁴	suaʔ⁴	xua²¹²	va³¹²

续表

方言＼字目	辖 山开二 入鎋匣	鸭 咸开二 入狎影	刷 山合二 入鎋生	滑 山合二 入黠匣	挖 山合二 入黠影
古交	ɕiɛʔ²¹²	iəʔ²	suɑ³³	xuɑʔ²	vɑ³³
晋源	ɕia²	iaʔ²/ia¹¹	faʔ²	xuaʔ⁴³	va¹¹
北郊	ɕiaʔ²²	iaʔ²²	suaʔ²²	xuaʔ⁴³	vaʔ²²
清徐	ɕia⁵⁴	ŋa¹¹｜ia¹¹	sua¹¹	xua⁵⁴	va¹¹
娄烦	ɕiaʔ³	ŋaʔ³	faʔ³	xuaʔ²¹	ṽɑ³³
太谷	ɕiaʔ³	iaʔ³	faʔ³	xuaʔ⁴²³	vɒ³³
祁县	ɕiaʔ³²	ŋaʔ³²/iaʔ³²	suaʔ³²	xuaʔ³²⁴	ua³¹
平遥	ɕiʌʔ⁵²³	ŋʌʔ²¹²	suʌʔ²¹²	xuʌʔ⁵²³	ua²¹³
介休	ɕiʌʔ¹²	n̠iʌʔ¹²	suʌʔ¹²	xuʌʔ³¹²/xua¹³	uʌʔ¹²/ua¹³
灵石	ɕiaʔ⁴	niaʔ⁴	suaʔ⁴	xuaʔ²¹²	uaʔ⁴
寿阳	ia³¹	n̠iɛʔ²	suaʔ²	xuaʔ⁵⁴	vɑ³¹
榆次	ɕiaʔ¹¹	iɒ¹¹	suaʔ¹¹	xuaʔ¹¹	vaʔ¹¹
榆社	ɕiaʔ³¹²	niaʔ²²	suaʔ²²	xuaʔ³¹²	vɒ²²
交城	ɕiaʔ¹¹	ŋaʔ¹¹｜iaʔ¹¹	suaʔ¹¹	xuaʔ⁵³	ua¹¹
文水	ɕiaʔ²	ŋaʔ²/iaʔ²²	suaʔ²	xuaʔ³¹²	ua²²
孝义	ɕiaʔ⁴⁵⁴	n̠iaʔ³	suaʔ³	xuaʔ⁴²³	ua³³
盂县	ɕiʌʔ²²	n̠iʌʔ²²/ia⁴¹²	suʌʔ²²	xuʌʔ⁵³	vɑ⁴¹²
静乐	ɕiəʔ⁴	iəʔ⁴	faʔ⁴	xuaʔ²¹²	ṽɑ²⁴
离石	ɕiaʔ⁴	niaʔ⁴	suaʔ⁴	xuaʔ²³	ua²⁴
汾阳	ɕiaʔ²²	ŋaʔ²	ʂuaʔ²²	xuaʔ³¹²	ua³²⁴
方山	ɕiaʔ⁴	niaʔ⁴	suaʔ⁴	xuaʔ²³	ua²⁴
柳林	ɕiaʔ⁴	niaʔ⁴	suaʔ⁴²³	xuaʔ⁴²³	ua²⁴
临县	ɕiaʔ³	niaʔ³	suaʔ³	xuaʔ²⁴	ua²⁴
中阳	ɕiaʔ⁴	niaʔ⁴	ʂuaʔ⁴	xuaʔ³¹²	ua²⁴
兴县	ɕiɛʔ⁵⁵	niɛʔ⁵⁵	suaʔ⁵⁵	xuaʔ³¹²	uʌ³²⁴
岚县	ɕiaʔ⁴	niaʔ⁴	suaʔ⁴	xuɑ⁴	ua²⁴
交口	ɕiaʔ⁴	n̠iaʔ⁴	suaʔ⁴	xuaʔ²¹²	ua³²³
石楼	ɕia⁴⁴	n̠iaʔ⁴/iaʔ⁴⁴	ʂuʌʔ⁴	xuʌʔ²¹³	ua²¹³
隰县	ɕiəʔ³	n̠iəʔ³	suaʔ³	xuaʔ³	ua⁵³

续表

方言＼字目	辖 山开二入鎋匣	鸭 咸开二入狎影	刷 山合二入鎋生	滑 山合二入黠匣	挖 山合二入黠影
大宁	ɕiɑ^{24}	ȵiɐʔ^{31}	ʂuɐʔ^{31}	xuɐʔ^{44}	vɐʔ^{31}
永和	ɕiɐʔ^{35}	niɐʔ^{35}	ʂuɐʔ^{35}	xuɐʔ^{312}	uɑ^{35}
汾西	ɕiɑ^{35}	niɑ^{11}	suɑ^{11}/suɑ^{55}	xuɑ^{35}	uɑ^{11}
蒲县	ɕiɑ^{24}	ȵiʌʔ^{43}	suʌʔ^{43}	xuɑ^{24}	uɑ^{52}
长治市	ɕiʌʔ^{53}/ɕiɑ^{24}	iʌʔ^{53}	suʌʔ^{53}	xuʌʔ^{53}	uɑ^{312}
长治县	ɕiɑʔ^{21}	iɑʔ^{21}	suɑʔ^{21}	xuɑʔ^{21}	uɑ^{213}
长子	ɕiɑʔ^{44}	iɑʔ^{44}	suɑʔ^{44}	xuɑʔ^{212}	vɑ^{312}
屯留	ɕiʌʔ^{1}	iʌʔ^{1}	suəʔ^{1}	xuəʔ^{54}	vɑ^{31}
黎城	ɕiʌʔ^{22}	iʌʔ^{31}	suʌʔ^{22}	xuʌʔ^{31}	uʌʔ^{22}
壶关	ɕiʌʔ^{21}	iɑʔ^{42}/iʌʔ^{2}	ʂuʌʔ^{2}	xuʌʔ^{21}	uɑ^{33}
平顺	ɕiʌʔ^{212}	iʌʔ^{212}	suʌʔ^{212}	xuʌʔ^{423}	uɑ^{213}
沁县	ɕiæʔ^{31}	iæʔ^{31}	suɑʔ^{31}	xuɑʔ^{212}	vɑ^{224}
武乡	ɕiʌʔ^{3}	ȵiʌʔ^{3}	suʌʔ^{3}	xuʌʔ^{423}	vɑ^{113}
沁源	ɕiʌʔ^{31}	ȵiʌʔ^{31}	ʂuʌʔ^{31}	xuʌʔ^{31}	vɒ^{324}
襄垣	ɕiʌʔ^{3}	iʌʔ^{3}	suʌʔ^{3}	xuʌʔ^{43}	vɑ^{33}
安泽	ɕiɑ^{35}	ȵiɑ^{21}	suɑ^{21}	xuɑ^{35}	vɑ^{21}
端氏	ɕiɒ^{24}	iɒ^{21}	suɑʔ^{22}	xuɑʔ^{54}/xɒ^{24}	vɒ^{21}
晋城	ɕiʌʔ^{22}	iɑ^{33}	ʂuʌʔ^{22}	xuʌʔ^{22}	uɑ^{33}
阳城	ɕiʌʔ^{22}	iɑ^{224}	ʂuʌʔ^{22}	xuɑ^{22}	vɑ^{224}
陵川	ɕiʌʔ^{23}	iɑ^{24}	ʂuʌʔ^{3}	xuʌʔ^{23}	uɑ^{33}
高平	ɕiɛʔ^{22}	iɛʔ^{22}	ʂuʌʔ^{22}	xuʌʔ^{22}	vʌʔ^{22}

表 7-25

方言＼字目	得 曾开一 入德端	特 曾开一 入德定	乐 宕开一 入铎来	责 梗开二 入麦庄	侧 曾开三 入职庄
新荣	tiəʔ⁴	tʰəʔ⁴	luaʔ⁴	tsaʔ⁴	tsʰaʔ⁴
阳高	tiəʔ³³	tʰɑʔ³³	lɤ²⁴/luəʔ³³	tsaʔ³³	tsʰɑʔ³³
天镇	tiəʔ⁴⁴	tʰəʔ⁴⁴	luaʔ⁴⁴	tsaʔ⁴⁴	tsʰəʔ⁴⁴
左云	tiəʔ⁴⁴	tʰəʔ⁴⁴	lə²⁴	tsaʔ⁴⁴	tsʰaʔ⁴⁴
右玉	tiəʔ⁴⁴	tʰəʔ⁴⁴	luaʔ⁴⁴	tsaʔ⁴⁴	tsʰaʔ⁴⁴
山阴	tiəʔ⁴	tʰəʔ⁴	luʌʔ⁴	tsʌʔ⁴	tsʌʔ⁴/tsʰʌʔ⁴
怀仁	tiəʔ⁴	tʰəʔ⁴	luaʔ⁴	tsaʔ⁴	tsaʔ⁴/tsʰʌʔ⁴
平定	təʔ⁴⁴/tiəʔ⁴⁴	tʰaʔ⁴⁴	luaʔ²³	tsaʔ⁴⁴	tsʰaʔ⁴⁴
昔阳	tiʌʔ⁴³	tʰʌʔ⁴³	luʌʔ⁴³/lə⁴³	tsʌʔ⁴³	tsʰʌʔ⁴³/tsʌʔ⁴³
和顺	təʔ²¹	tʰəʔ²¹	luəʔ²¹	tsəʔ²¹	tsəʔ²¹/tsʰəʔ²¹
灵丘	tiəʔ⁵	tʰəʔ⁵	luʌʔ⁵	tsʌʔ⁵	tsʰʌʔ⁵
浑源	tiəʔ⁴⁴	tʰəʔ⁴⁴	luʌʔ⁴⁴	tsʌʔ⁴⁴	tsʰʌʔ⁴⁴
应县	tiẽʔ⁴³	tʰəʔ⁴³	luaʔ⁴³	tsaʔ⁴³	tsʰaʔ⁴³
平鲁	təʔ³⁴/tiəʔ³⁴	tʰəʔ³⁴	luʌʔ³⁴	tsʌʔ³⁴	tsʌʔ³⁴/tsʰʌʔ³⁴
朔州	tiəʔ³⁵	tʰəʔ³⁵	luʌ³⁵	tsʌʔ³⁵	tsʰʌʔ³⁵
忻州	tiəʔ²	tʰɑʔ²	ləʔ³²	tsɑʔ³²	tsʰɑʔ²
原平	tiəʔ³⁴	tʰəʔ³⁴	lɔʔ³⁴	tsɔʔ³⁴	tsʰɔʔ³⁴
定襄	tiəʔ¹	tʰuəʔ¹	laʔ³³	tsaʔ³³	tsʰɔʔ¹
五台	tiəʔ³³	tʰuəʔ³³	luɔʔ³³	tsɔʔ³³	tsʰɔʔ³³
岢岚	tiɛʔ⁴	tʰaʔ⁴	luaʔ⁴/lɤ⁵²	tsaʔ⁴	tsʰaʔ⁴/tsaʔ⁴
神池	tiəʔ⁴	tʰəʔ⁴	laʔ⁴	tsɤ³²	tsʰʌʔ⁴/tsʌʔ⁴
五寨	tiəʔ⁴	tʰəʔ⁴	luaʔ⁴	tsaʔ⁴	tsʰaʔ⁴/tsaʔ⁴
宁武	tiɛʔ⁴	tʰəʔ⁴	luəʔ⁴	tsəʔ⁴	tsʰʌʔ⁴/tsʌʔ⁴
代县	tiəʔ²²	tʰəʔ²²	luaʔ²	tsaʔ²²	tsʰaʔ²²
繁峙	tiəʔ¹³	tʰəʔ¹³	laʔ¹³	tsaʔ¹³	tsʰaʔ¹³/tsaʔ¹³
河曲	tiəʔ⁴	tʰəʔ⁴	luaʔ⁴	tsaʔ⁴	tsʰəʔ⁴
保德	tiəʔ⁴	tʰəʔ⁴	ləʔ⁴	tʰəʔ⁴	tsʰəʔ⁴/tsəʔ⁴
偏关	tiəʔ⁴	tʰʌʔ⁴	luʌʔ⁴	tsei²¹³	tsʰʌʔ⁴/tsʌʔ⁴
阳曲	tiɛʔ⁴	tʰəʔ⁴	luaʔ⁴	tsɔʔ⁴	tsʰəʔ⁴/tsəʔ⁴

续表

方言＼字目	得 曾开一 入德端	特 曾开一 入德定	乐 宕开一 入铎来	责 梗开二 入麦庄	侧 曾开三 入职庄
古交	təʔ²¹²	tʰəʔ²	la³³	tsʌʔ²¹²	tsʰʌʔ²
晋源	təʔ²/tiəʔ²	tʰəʔ²	luaʔ²	tsaʔ²	tsʰaʔ²
北郊	tiəʔ²²	tʰəʔ²²	luaʔ²²∣luəʔ²²	tsaʔ²²	tsaʔ²²∣tsʰəʔ²²
清徐	təʔ¹¹/tiəʔ¹¹	tʰəʔ¹¹	ia¹¹	tsa¹¹	tsʰa¹¹
娄烦	tiəʔ³	tʰaʔ²¹	lou⁵⁴/laʔ³	tsaʔ³	tsʰaʔ³
太谷	tiəʔ³/ti³³	tʰəʔ³	laʔ³	tsəʔ⁴²³	tsʰəʔ³/tsəʔ³
祁县	təʔ³²/tiəʔ³²	tʰəʔ³²	laʔ³²	tsaʔ³²⁴	tsʰɑʔ³²/tsəʔ³²
平遥	tʌʔ²¹²/tiʌʔ²¹²	tʰʌʔ²¹²	lʌʔ⁵²³	tsʌʔ⁵²³	tsʰʌʔ²¹²
介休	tʌʔ¹²	tʰʌʔ¹²	lʌʔ³¹²∣yʌʔ³¹²	tsʌʔ¹²	tʂʌʔ¹²∣tsʰʌʔ¹²
灵石	təʔ⁴	tʰʌʔ⁴	lʌʔ⁴	tsʌʔ⁴	tsʰʌʔ⁴
寿阳	tiəʔ²/təʔ²	tʰəʔ²	luaʔ²/lə⁴⁵	tsaʔ²	tsʰaʔ²/tsaʔ²
榆次	tiəʔ¹¹	tʰəʔ¹¹	luaʔ¹¹	tsaʔ¹¹	tsʰaʔ¹¹
榆社	tiəʔ²²	tʰiəʔ³¹²	laʔ²²	tsəʔ³¹²	tsəʔ²²
交城	təʔ¹¹/tiəʔ¹¹	tʰəʔ¹¹	laʔ¹¹	tsaʔ¹¹	tsʰaʔ¹¹
文水	tiəʔ²	tʰəʔ²	laʔ²∣iaʔ²	tsaʔ²	tsʰaʔ²
孝义	təʔ³/tiəʔ³	tʰaʔ³	laʔ³	tsaʔ³	tsaʔ³∣tsʰaʔ³
盂县	təʔ²²/tiəʔ²²	tʰəʔ²²	luʌʔ²²/lau⁵⁵	tsʌʔ²²	tsʰʌʔ²²
静乐	tiəʔ⁴	tʰaʔ⁴	laʔ⁴	tsaʔ⁴	tsʰaʔ⁴
离石	təʔ⁴	tʰɑʔ⁴	laʔ⁴	tsɑʔ⁴	tsʰɑʔ⁴/tsɑʔ⁴
汾阳	təʔ²²	tʰəʔ²²	ləʔ³¹²	tsaʔ²²	tsʰaʔ²²
方山	təʔ⁴	tʰəʔ⁴	laʔ⁴	tsaʔ⁴	tsʰaʔ⁴
柳林	təʔ⁴	tʰɑʔ⁴	laʔ⁴²³	tsaʔ⁴	tsʰaʔ⁴
临县	tɐ³	tʰɐ³	lɐ³	tsɐ³	tsʰɐ³
中阳	təʔ⁴	tʰəʔ⁴	lɑʔ⁴	tsɑʔ⁴	tsʰɑʔ⁴
兴县	təʔ⁵⁵∣tiəʔ⁵⁵	tʰəʔ⁵⁵	lɤ⁵³	tsəʔ⁵⁵	tsʰəʔ⁵⁵
岚县	tiɛʔ⁴	tʰiɛʔ⁴	liɛʔ⁴	tsɿeʔ⁴	tsʰɿeʔ⁴
交口	təʔ⁴	tʰaʔ⁴	laʔ⁴	tsaʔ⁴	tsaʔ⁴∣tsʰaʔ⁴
石楼	təʔ⁴	tʰʌʔ⁴	lʌʔ⁴	tsʌʔ⁴	tsʰʌʔ⁴
隰县	təʔ³	tʰaʔ³	ləʔ³	tsaʔ³	tsaʔ³

续表

方言＼字目	得 曾开一 入德端	特 曾开一 入德定	乐 宕开一 入铎来	责 梗开二 入麦庄	侧 曾开三 入职庄
大宁	təʔ³¹	tʰɐʔ³¹	lɤʔ³¹	tsɐʔ⁴⁴	tsɐʔ⁴⁴/tsʰɐʔ⁴⁴
永和	təʔ³⁵	tʰɐʔ³⁵	lɐʔ³⁵	tsɐʔ³⁵	tsʰɐʔ³⁵/tsɐʔ³⁵
汾西	tə¹	tʰə³	lu¹¹	tsɤ⁵²	tsʰɿ¹¹
蒲县	tɤ⁵²	tʰəʔ⁴³	luo⁵²	tsɤ²⁴	tsɤ⁵²/tsʰɤ⁵²
长治市	təʔ⁵³/tiəʔ⁵³/ti³¹²	tʰəʔ⁵³	luəʔ⁵³ | ləʔ⁵⁴	tsəʔ⁵³	tsəʔ⁵³/tsʰəʔ⁵³
长治县	tiəʔ²¹	tʰɑʔ²¹	luəʔ²¹	tsəʔ²¹	tsʰəʔ²¹
长子	tiəʔ⁴⁴	tʰaʔ⁴⁴	ləʔ⁴⁴	tsəʔ⁴⁴	tsəʔ⁴⁴/tsʰəʔ⁴⁴
屯留	təʔ¹	tʰəʔ¹	ləʔ¹	tsəʔ¹	tsʌʔ¹/tsʰʌʔ¹
黎城	tiɤʔ²²	tʰʌʔ²²	luʌʔ²²	tsɤʔ³¹	tsɤʔ³¹/tsʰɤʔ³¹
壶关	tiəʔ²	tʰəʔ²¹/tʰʌʔ²¹	luʌʔ²¹	tʂəʔ²	tʂʰəʔ²
平顺	tiəʔ²¹²	tʰəʔ⁴²³	luʌʔ⁴²³	tsəʔ²¹²	tsʰəʔ²¹²
沁县	təʔ³¹	tʰəʔ³¹	luaʔ³¹	tsəʔ²¹²	tsəʔ³¹/tsʰəʔ³¹
武乡	tiəʔ³	tʰiəʔ³	luʌʔ³	tsʌʔ³	tsʰʌʔ³
沁源	təʔ³¹	tʰʌʔ³¹	ləʔ³¹	tsʌʔ³¹	tsʌʔ³¹/tsʰʌʔ³¹
襄垣	tiʌʔ³	tʰʌʔ³	luʌʔ³	tsʌʔ⁴³	tsʌʔ³/tsʰʌʔ³
安泽	təʔ<u>²¹</u>/tei⁴²	tʰəʔ<u>²¹</u>	luo²¹	tsəʔ<u>²¹</u>	tsʰəʔ<u>²¹</u>
端氏	taʔ²²	tʰaʔ²²	luaʔ²²	tsaʔ²²	tsʰaʔ²²
晋城	tʌʔ²²	tʰʌʔ²²	luʌʔ²²	tʂʌʔ²²	tʂʰʌʔ²²
阳城	tʌʔ²² | təʔ²²	tʰʌʔ²²	luʌʔ²²	tsʌʔ²²	tsʰai²²⁴/tsʰʌʔ²²
陵川	tiʌʔ³	tʰʌʔ³	luʌʔ²³	tʂəʔ³	tʂəʔ³/tʂʰəʔ³
高平	tɛʔ²²	tʰʌʔ²²	luʌʔ²²	tʂəʔ²²	tʂʰəʔ²²

表 7-26

方言＼字目	塞 曾开一 入德心	色 曾开三 入职生	涩 深开三 入缉生	哲 山开三 入薛知	彻 山开三 入薛彻
新荣	sɛe²⁴|səʔ²⁴	saʔ²⁴	saʔ²⁴	tʂaʔ²⁴	tʂʰaʔ²⁴
阳高	sei²⁴	sɑʔ³³	sɑʔ³³	tʂɑʔ³³	tʂʰɑʔ³³
天镇	səʔ⁴⁴	saʔ⁴⁴	saʔ⁴⁴	tʂaʔ⁴⁴	tʂʰɑʔ⁴⁴
左云	səʔ⁴⁴/ɕiəʔ⁴⁴/sei²⁴	saʔ⁴⁴	saʔ⁴⁴	tʂəʔ⁴⁴	tʂʰaʔ⁴⁴
右玉	sɛe²⁴	saʔ⁴⁴	saʔ⁴⁴	tʂaʔ⁴⁴	tʂʰaʔ⁴⁴
山阴	sɛe³¹³/sɛe³³⁵	sʌʔ⁴	sʌʔ⁴	tʂʌʔ⁴	tʂʰʌʔ⁴
怀仁	səʔ⁴/sɛe⁴²/sɛe²⁴	saʔ⁴	saʔ⁴	tʂaʔ⁴	tʂʰaʔ⁴
平定	ɕiəʔ⁴⁴/sɛe²⁴	saʔ⁴⁴	saʔ⁴⁴	tʂaʔ⁴⁴	tʂʰaʔ⁴⁴
昔阳	ɕiʌʔ⁴³/sɛe⁴²	sʌʔ⁴³	sʌʔ⁴³	tʂə³³	tʂʰʌʔ⁴³
和顺	ɕieʔ²¹	səʔ²¹	səʔ²¹	tʂəʔ²¹	tʂʰəʔ²¹
灵丘	ɕiəʔ⁵|sɛe⁵³	sʌʔ⁵	səʔ⁵	tʂəʔ⁵	tʂʰəʔ⁵
浑源	səʔ⁴⁴/sɛe⁵²	sʌʔ⁴⁴	səʔ⁴⁴	tʂʌʔ⁴⁴	tʂʰʌʔ⁴⁴
应县	səʔ⁴³/sɛ̃i²⁴	səʔ⁴³	səʔ⁴³	tʂaʔ⁴³	tʂʰaʔ⁴³
平鲁	sei⁵²	sʌʔ³⁴	sʌʔ³⁴	tʂʌʔ³⁴	tʂʰʌʔ³⁴
朔州	sei⁵³	sʌʔ³⁵	sʌʔ³⁵	tɕɛʌʔ³⁵	tʂʰʌʔ³⁵
忻州	ɕiəʔ²|sæe³¹³|sæe⁵³	sʌʔ²	səʔ³²	tʂɑʔ³²	tʂʰɑʔ³²
原平	səɔʔ³⁴	səʔ³⁴	səʔ³⁴	tʂɔʔ³⁴	tʂʰɔʔ³⁴
定襄	ɕieʔ¹	səʔ¹	səʔ³³	tʂaʔ³³	tʂʰəʔ³³
五台	ɕiəʔ³³	səʔ³³	səʔ³³	tʂaʔ³³	tʂʰəʔ³³
岢岚	sei⁵²|ɕieʔ⁴	saʔ⁴	saʔ⁴	tʂaʔ⁴	tʂʰaʔ⁴
神池	sɛe⁵²	sʌʔ⁴	saʔ⁴	tʂaʔ⁴	tʂʰaʔ⁴
五寨	sei¹³|sei⁵²|ɕiəʔ⁴	saʔ⁴	saʔ⁴	tʂaʔ⁴	tʂʰaʔ⁴
宁武	sɛe²³	sʌʔ⁴	səʔ⁴	tʂʌʔ⁴	tʂʰʌʔ⁴
代县	ɕiəʔ²²	saʔ²²	saʔ²²	tʂaʔ²²	tʂʰaʔ⁵³
繁峙	sei²⁴	saʔ¹³	səʔ¹³	tʂaʔ¹³	tʂʰaʔ¹³
河曲	ɕiəʔ⁴/sɛe⁵²	səʔ⁴	səʔ⁴	tʂaʔ⁴	tʂʰaʔ⁴
保德	səʔ⁴/sai⁵²	səʔ⁴	sɤ⁴⁴	tʂəʔ⁴	tʂʰəʔ⁴
偏关	ɕiəʔ⁴/sei⁴²	sʌʔ⁴	səʔ⁴	tʂʌʔ⁴	tʂʰʌʔ⁴
阳曲	sai³¹²|sai⁴⁵⁴	səʔ⁴	sɔʔ⁴	tʂɔʔ⁴	tʂʰɔʔ⁴

续表

方言＼字目	塞 曾开一 入德心	色 曾开三 入职生	涩 深开三 入缉生	哲 山开三 入薛知	彻 山开三 入薛彻
古交	sʌʔ²	sʌʔ²	saʔ²	tsaʔ³³	tsʰaʔ²
晋源	ɕiəʔ²/sai¹¹/sai⁴²	saʔ²	səʔ²	tsaʔ⁴³	tsʰaʔ⁴³
北郊	sai³³	saʔ²²	səʔ²²	tsaʔ²²	tsʰəʔ²²
清徐	ɕiəʔ¹¹/sai⁴⁵	sa¹¹	səʔ¹¹	tsa¹¹	tsʰəʔ¹¹
娄烦	ɕiəʔ³	saʔ³	səʔ³	tsaʔ³	tsʰaʔ³
太谷	ɕiəʔ³	səʔ³	səʔ³	tsaʔ³	tsʰaʔ³
祁县	ɕiəʔ³²/sœɛ³¹	saʔ³²/səʔ³²	səʔ³²	tʂaʔ³²	tʂʰaʔ³²
平遥	sʌʔ²¹²	sʌʔ²¹²	ʂʌʔ²¹²	tʂʌʔ²¹²	tʂʰʌʔ²¹²
介休	sʌʔ¹²/sai⁴⁵	sʌʔ¹²/sai⁴²³	sʌʔ¹²	tʂʌʔ¹²	tʂʰʌʔ¹²
灵石	sʌʔ⁴	sʌʔ⁴	sʌʔ⁴	tsəʔ⁴	tsʰʌʔ⁴
寿阳	ɕiəʔ²/sai²²	saʔ²	saʔ²	tsaʔ²	tsʰaʔ²
榆次	ɕiəʔ¹¹	saʔ¹¹	səʔ¹¹	tsaʔ¹¹	tsʰaʔ¹¹
榆社	ɕiəʔ²²	səʔ²²	səʔ²²	tsəʔ²²	tsʰaʔ²²
交城	sɤɯ²⁴	saʔ¹¹	səʔ¹¹	tsaʔ¹¹	tsʰaʔ¹¹
文水	səʔ²/sai³⁵	saʔ²	saʔ²	tsaʔ²	tsʰaʔ²
孝义	səʔ³	saʔ³/saʔ³	ʂaʔ³	tʂəʔ³	tʂʰaʔ
盂县	ɕiəʔ²²/sɑɛ⁵⁵	sʌʔ²²/sɑɛ²²	sʌʔ²²	tsʌʔ²²	tsʰʌʔ²²
静乐	ɕiəʔ⁴	saʔ⁴	saʔ⁴	tsaʔ⁴	tsʰaʔ⁴
离石	səʔ⁴	sɑʔ⁴	sɑʔ⁴	tsəʔ⁴	tsʰəʔ⁴
汾阳	səʔ²²	saʔ²²	saʔ²²	tʂəʔ²²	tʂʰəʔ²²
方山	səʔ⁴	saʔ⁴	sɑʔ⁴	tʂəʔ⁴	tʂʰəʔ⁴
柳林	səʔ⁴	saʔ⁴	saʔ⁴	tsaʔ⁴	tsʰəʔ⁴
临县	ɕiɜʔ³	saʔ³	ʂaʔ³	tʂɐʔ³	tʂʰɐʔ³
中阳	səʔ⁴	saʔ⁴	saʔ⁴	tsaʔ⁴	tsʰəʔ⁴
兴县	səʔ⁵⁵	səʔ⁵⁵	səʔ⁵⁵	tʂəʔ⁵⁵	tʂʰəʔ⁵⁵
岚县	səʔ⁴	sɿeʔ⁴	sɿeʔ⁴	tsɿeʔ⁴	tsʰɿeʔ⁴
交口	səʔ⁴	saʔ⁴	saʔ⁴	tsaʔ⁴	tsʰaʔ⁴
石楼	səʔ²⁴/sɛi⁵¹	sʌʔ⁴	sʌʔ⁴	tʂʌʔ⁴	tʂʰʌʔ⁴
隰县	səʔ³	saʔ³	saʔ³	tsaʔ³	tsʰaʔ³

续表

方言\字目	塞 曾开一 入德心	色 曾开三 入职生	涩 深开三 入缉生	哲 山开三 入薛知	彻 山开三 入薛彻
大宁	ɕiəʔ³¹|səʔ³¹	sɐʔ³¹	sɐʔ³¹	tʂɐʔ³¹	tʂʰɐʔ³¹
永和	səʔ³⁵	sɐʔ³⁵	sɐʔ³⁵	tʂɐʔ³⁵	tʂʰɐʔ³⁵
汾西	sɑi⁵³	sɪ¹¹	sɪ¹¹	tsɪ¹¹	tsə¹
蒲县	səʔ⁴³	sɤ⁵²	səʔ⁴³	tʂəʔ⁴³	tʂʰəʔ⁴³
长治市	səʔ⁵³	səʔ⁵³	səʔ⁵³	tsəʔ⁵³	tsʰəʔ⁵³
长治县	səʔ²¹	səʔ²¹	səʔ²¹	tɕiəʔ²¹	tɕʰiəʔ²¹
长子	səʔ⁴⁴	səʔ⁴⁴	səʔ⁴⁴	tsəʔ⁴⁴	tsʰəʔ⁴⁴
屯留	sʌʔ¹	sʌʔ¹	səʔ¹	tsəʔ¹	tsʰəʔ¹
黎城	sɤʔ²²	sɤʔ²²	sɤʔ²²	tɕiʌʔ²²	tɕʰiʌʔ²²
壶关	ʂəʔ²	ʂəʔ²	ʂəʔ²	tʃiʌʔ²	tʃʰiʌʔ²
平顺	səʔ²¹²	səʔ²¹²	səʔ²¹²	tɕiʌʔ²¹²	tɕʰiʌʔ²¹²
沁县	səʔ³¹	səʔ³¹	səʔ³¹	tsaʔ³¹	tsʰaʔ³¹
武乡	səʔ³	səʔ³	tsəʔ³	tsʌʔ³	tsʰʌʔ³
沁源	sʌʔ³¹	sʌʔ³¹	sʌʔ³¹	tʂʌʔ³¹	tʂʰʌʔ³¹
襄垣	sʌʔ³	sʌʔ	sʌʔ³	tsʌʔ³	tsʰʌʔ³
安泽	sʌʔ²¹	səʔ²¹	səʔ²¹	tsəʔ²¹	tsʰɤ⁵³
端氏	saʔ²²	saʔ²²	saʔ²²	tsaʔ²²	tsʰaʔ²²
晋城	ʂəʔ²²	ʂəʔ²²	ʂəʔ²²	tʂʌʔ²²	tʂʰʌʔ²²
阳城	səʔ²²|sʌʔ²²	sʌʔ²²	sʌʔ²²	tʂʌʔ²²	tʂʰʌʔ²²
陵川	ʂəʔ³	ʂəʔ³	ʂəʔ³	tɕiʌʔ³	tɕʰiʌʔ³
高平	ʂəʔ²²	ʂəʔ²²	ʂəʔ²²	tsʌʔ²²	tsʰʌʔ²²

表 7-27

方言＼字目	舌 山开三 入薛船	热 山开三 入薛日	鸽 咸开一 入合见	格 梗开二 入陌见	各 宕开一 入铎见
新荣	ʂɤ³¹²	ʐʅ²⁴/ʐa̩ʔ²⁴	kaʔ²⁴	kaʔ²⁴	kaʔ²⁴
阳高	səʔ³³/ʂɤ³¹²	ʐa̩ʔ³³	kɑ³¹²	kɑʔ³³	kaʔ³³
天镇	sɑʔ⁴⁴	ʐa̩ʔ⁴⁴	kɑʔ⁴⁴	kɑʔ⁴⁴	kɑʔ⁴⁴
左云	sə³¹³	ʐa̩ʔ²⁴	kaʔ⁴⁴	kaʔ⁴⁴	kaʔ⁴⁴
右玉	ʂɤ²¹²	ʐa̩ʔ²⁴	kaʔ⁴⁴	kaʔ⁴⁴	kaʔ⁴⁴
山阴	ʂʅʌrʔ³¹³	ʐʌʔ²⁴	kʌʔ²⁴	kʌʔ²⁴	kʌʔ²⁴
怀仁	ʂɤ³¹²	ʐa̩ʔ²⁴/ʐɤ²⁴	kaʔ²⁴	kaʔ²⁴	kaʔ²⁴
平定	ʂaʔ⁴⁴	ʐɤ²⁴/ʐa̩ʔ²³	kaʔ⁴⁴	kaʔ⁴⁴	kaʔ⁴⁴
昔阳	ʂʌʔ⁴³	ʐə¹³	kɑ⁴²	kʌʔ⁴³	kʌʔ⁴³
和顺	ʂəʔ²¹	ʐəʔ²¹	kaʔ²¹	kəʔ²¹	kəʔ²¹
灵丘	se³¹	ʐʌʔ⁴⁴/ʐə¹³	kʌʔ⁵	kʌʔ⁵	kʌʔ⁵
浑源	sə²²	ʐʌʔ⁴⁴/ʐə¹³	kʌʔ⁴⁴	kʌʔ⁴⁴	kʌʔ⁴⁴
应县	sɤ³¹	ʐa̩ʔ⁴³/ʐɤ²⁴	kaʔ⁴³	kaʔ⁴³	kaʔ⁴³
平鲁	sɤ⁴⁴	ʐʌʔ³⁴/ʐɤ⁵²	kʌʔ³⁴	kʌʔ³⁴	kʌʔ³⁴
朔州	səʔ³⁵	ʐʌʔ³⁵	kʌʔ³⁵	kʌʔ³⁵	kʌʔ³⁵
忻州	ʂəʔ²	ʐəʔ²	kɑʔ²	kɑʔ²	kəʔ²
原平	ʂɔʔ³⁴	ʐɔʔ³⁴	kɔʔ³⁴	kɔʔ³⁴	kɔʔ³⁴
定襄	ʂəʔ¹	ʐəʔ¹	kə¹	kə¹	kə¹
五台	səʔ³³	ʐəʔ³³	kɔʔ³³	kɔʔ³³	kɔʔ³³
岢岚	ʂaʔ⁴	ʐa̩ʔ⁴	kaʔ⁴	kaʔ⁴	kaʔ⁴
神池	sʌʔ⁴	ʐʌʔ⁴	kʌʔ⁴	kʌʔ⁴	kʌʔ⁴
五寨	saʔ⁴	ʐa̩ʔ⁴	kaʔ⁴	kaʔ⁴	kaʔ⁴
宁武	sʌʔ⁴	ʐʌʔ⁴	kʌʔ⁴	kʌʔ⁴	kʌʔ⁴
代县	sɤ⁴⁴	ʐa̩ʔ²²	kaʔ²²	kaʔ²²	kaʔ²²
繁峙	sɤ³¹	ʐa̩ʔ¹³	kaʔ¹³	kaʔ¹³	kaʔ¹³
河曲	ʂaʔ⁴	ʐa̩ʔ⁴	kaʔ⁴	kaʔ⁴	kaʔ⁴
保德	ʂəʔ⁴	ʐəʔ⁴	kɤ⁴⁴	kaʔ⁴	kaʔ⁴
偏关	ʂʌʔ⁴	ʐʌʔ⁴	kʌʔ⁴	kʌʔ⁴	kʌʔ⁴
阳曲	səʔ⁴	ʐəʔ⁴	kəʔ⁴	kəʔ⁴	kəʔ⁴

续表

方言＼字目	舌 山开三入薛船	热 山开三入薛日	鸽 咸开一入合见	格 梗开二入陌见	各 宕开一入铎见
古交	sɐʔ⁴¹²	zɐʔ⁵³	kaʔ²	kʌʔ²	kʌʔ²
晋源	saʔ⁴³	zaʔ²	kəʔ²/kaʔ²	kaʔ²	kaʔ²
北郊	səʔ⁴³	zaʔ²²∣zəʔ²²	kaʔ²²/kəʔ²²	kaʔ²²/kəʔ²²	kaʔ²²/kəʔ²²
清徐	səʔ⁵⁴	zaʔ¹¹	kaʔ¹¹	kaʔ¹¹	kəʔ¹¹
娄烦	saʔ³	zaʔ³	kaʔ³	kaʔ³	kaʔ³
太谷	saʔ⁴²³	zaʔ³	kiaʔ³	kiaʔ³	kiaʔ³
祁县	ʂɑʔ³²⁴	zɑʔ³²	kɑʔ³²	kɑʔ³²	kɑʔ³²
平遥	ʂʌʔ⁵²³	zʌʔ²¹²	kʌʔ²¹²	kʌʔ²¹²	kʌʔ²¹²
介休	ʂʌʔ³¹²	zʌʔ³¹²	kʌʔ¹²	kʌʔ¹²	kʌʔ¹²
灵石	ʂəʔ²¹²	zʌʔ⁴	kʌʔ⁴	kʌʔ⁴	kʌʔ⁴
寿阳	saʔ⁵⁴	zaʔ²	kaʔ²	kaʔ²	kaʔ²
榆次	saʔ¹¹	zaʔ¹¹	kaʔ¹¹	kaʔ¹¹	kaʔ¹¹
榆社	saʔ²²	zaʔ²²	kaʔ²²	kaʔ²²	kaʔ²²
交城	saʔ⁵³	zaʔ¹¹	kaʔ¹¹	kaʔ¹¹	kaʔ¹¹
文水	saʔ³¹²	zaʔ²	kaʔ²	kaʔ²	kaʔ²
孝义	ʂəʔ⁴²³	zaʔ³	kəʔ³	kəʔ³	kəʔ³
盂县	sʌʔ⁵³	zʌʔ²²	kʌʔ²²	kʌʔ²²	kʌʔ²²
静乐	saʔ²¹²	zaʔ⁴	kaʔ⁴	kaʔ⁴	kaʔ⁴
离石	səʔ²³	zəʔ²³	kəʔ⁴	kəʔ⁴	kəʔ⁴
汾阳	ʂəʔ³¹²	zəʔ²²	kəʔ²²	kəʔ²²	kəʔ²²
方山	ʂəʔ²³	zəʔ²³	kəʔ³	kəʔ³	kəʔ³
柳林	saʔ⁴²³/sɑʔ⁴²³	zaʔ⁴²³	kəʔ⁴	kəʔ⁴	kəʔ⁴
临县	ʂaʔ²⁴	zɐʔ³	kaʔ³	tsɑʔ²⁴	kɐʔ³
中阳	saʔ³¹²	zəʔ⁴	kəʔ⁴	kəʔ⁴	kəʔ⁴
兴县	ʂəʔ⁵⁵	zəʔ⁵⁵	kəʔ⁵⁵	kəʔ⁵⁵	kəʔ⁵⁵
岚县	səʔ⁴	zɿeʔ⁴	kieʔ⁴	kieʔ⁴	kieʔ⁴
交口	saʔ²¹²	zaʔ⁴	kəʔ⁴	kəʔ⁴	kəʔ⁴
石楼	sʌʔ²¹³	zʌʔ⁴	kʌʔ⁴	kʌʔ⁴	kʌʔ⁴
隰县	saʔ³	zaʔ³	kaʔ³	kaʔ³	kəʔ³

第 7 章　晋方言入声字读音对照集

续表

方言＼字目	舌 山开三 入薛船	热 山开三 入薛日	鸽 咸开一 入合见	格 梗开二 入陌见	各 宕开一 入铎见
大宁	ʂɐʔ^{44}	zʐʔ^{31}	kɐʔ^{31}	kɐʔ^{31}	kɐʔ^{31}
永和	ʂɑʔ^{312}	zʐʔ^{312}	kɐʔ^{35}	kɐʔ^{35}	kɐʔ^{35}
汾西	sə^{3}	zɿ^{55}	ku^{11}	ku^{11}	ku^{11}
蒲县	ʂʅ^{52}	zəʔ^{43}	kɤ^{52}	kəʔ^{43}	kɤ^{52}
长治市	səʔ^{53}	iəʔ^{53}	kəʔ^{53}	kəʔ^{53}	kəʔ^{53}
长治县	ɕiəʔ^{21}	iəʔ^{21}	kəʔ^{21}	kəʔ^{21}	kəʔ^{21}
长子	səʔ^{212}	iəʔ^{44}	kəʔ^{44}	kəʔ^{44}	kəʔ^{44}
屯留	səʔ^{1}	iəʔ^{1}	kəʔ^{1}	kəʔ^{1}	kəʔ^{1}
黎城	ɕiʌʔ^{22}	iɤʔ^{31}	kʌʔ^{22}	kʌʔ^{22}	kʌʔ^{22}
壶关	ʃiʌʔ^{21}	iʌʔ^{21}	kʌʔ^{2}	kʌʔ^{2}	kʌʔ^{2}
平顺	ɕiəʔ^{423}	iʌʔ^{423}	kʌʔ^{212}	kʌʔ^{212}	kʌʔ^{212}
沁县	saʔ^{212}	zaʔ^{31}	kaʔ^{31}	kaʔ^{31}	kaʔ^{31}
武乡	zʌʔ^{3}	zʌʔ^{3}	kʌʔ^{3}	kʌʔ^{3}	kʌʔ^{3}
沁源	ʂʌʔ^{31}	zʌʔ^{31}	kʌʔ^{31}	kʌʔ^{31}	kʌʔ^{31}
襄垣	sʌʔ^{43}	zʌʔ^{3}	kʌʔ^{3}	kʌʔ^{3}	kʌʔ^{3}
安泽	sɤ^{35}	zəʔ^{21}	kəʔ^{21}	kəʔ^{21}	kəʔ^{21}
端氏	səʔ^{54}	zaʔ^{22}	kəʔ^{22}	kaʔ^{22}	kaʔ^{22}
晋城	ʂʌʔ^{22}	zʌʔ^{22}	ka^{53}	kəʔ^{22}	kʌʔ^{22}
阳城	ʂʅə^{22}	zʌʔ^{22}	kʌʔ^{22}	kʌʔ^{22}	kʌʔ^{22}
陵川	ɕiʌʔ^{23}	iʌʔ^{23}	kɤ^{24}	kʌʔ^{3}	kʌʔ^{3}
高平	ʂɛʔ^{22}	zɛʔ^{22}	kʌʔ^{22}	kʌʔ^{22}	kʌʔ^{22}

表 7-28

方言 \ 字目	磕 咸开一 入盍溪	壳 江开二 入觉溪	盒 咸开一 入合匣	喝 山开一 入曷晓	吓 梗开二 入陌晓
新荣	kʰaʔ⁴	kʰaʔ⁴	xɤ³¹²	xaʔ⁴	ɕiʌ²⁴|xɤ²⁴
阳高	kʰɑʔ³³	kʰɑʔ³³	xɤ³¹	xɑʔ³³	xɑʔ³³
天镇	kʰɑʔ⁴⁴	kʰɑʔ⁴⁴	xɑʔ⁴⁴	xɑʔ⁴⁴	xəʔ⁴⁴
左云	kʰə³¹	kʰaʔ⁴⁴	xə³¹³	xa⁴⁴	xəʔ⁴⁴
右玉	kʰaʔ⁴⁴	kʰaʔ⁴⁴	xɤ²¹²	xaʔ⁴⁴	xəʔ⁴⁴
山阴	kʰʌʔ⁴	kʰʌʔ⁴	xuə³¹³	xʌʔ⁴	ɕiʌʔ⁴
怀仁	kʰaʔ⁴	kʰɤ³¹²|tɕʰiɔu	xɤ³¹²	xaʔ⁴	xəʔ⁴
平定	kʰaʔ⁴⁴	kʰaʔ⁴⁴	xaʔ⁴⁴	xaʔ⁴⁴	xaʔ⁴⁴/ɕia²⁴
昔阳	kʰʌʔ⁴³	kʰʌʔ⁴³	xʌʔ⁴³	xʌʔ⁴³	xʌʔ⁴³
和顺	kʰaʔ²¹	kʰɔ²²	xaʔ²¹	xaʔ²¹	xəʔ²¹
灵丘	kʰaʔ⁵	kʰʌʔ⁵	xɤ³¹	xaʔ⁵	xʌʔ⁵
浑源	kʰʌʔ⁴⁴	kʰʌʔ⁴⁴	xʌʔ⁴⁴	xiə⁴⁴/xʌʔ⁴⁴	xʌʔ⁴⁴
应县	kʰaʔ⁴³	tɕʰiau³¹	xɤ³¹	xaʔ⁴³	xəʔ⁴³
平鲁	kʰʌʔ³⁴	kʰʌʔ³⁴	xʌʔ³⁴/xuə⁴⁴	xʌʔ³⁴	ɕia⁵²
朔州	kʰʌʔ³⁵	kʰʌʔ³⁵	xəʔ³⁵	xʌʔ³⁵	ɕiʌ⁵³
忻州	kʰəʔ³²	kʰʌʔ²	xəʔ	xəʔ³²	xa⁵³
原平	kʰɔʔ³⁴	kʰɔʔ³⁴	xɔʔ³⁴	xɔʔ³⁴	xa⁵³/xɤ⁵³
定襄	kʰuəʔ³³	kʰaʔ¹	xəʔ¹	xaʔ³³	xa⁵³/ɕia⁵³
五台	kʰɔʔ³³	kʰɔʔ³³	xɔʔ³³	xɔʔ³³	xa⁵²
岢岚	kʰaʔ⁴	kʰaʔ⁴	xaʔ⁴	xaʔ⁴	ɕia⁵²
神池	kʰaʔ⁴	kʰʌʔ⁴	xʌʔ⁴	xaʔ⁴	xaʔ⁴
五寨	kʰaʔ⁴	kʰaʔ⁴	xaʔ⁴	xaʔ⁴	ɕia⁵²
宁武	kʰʌʔ⁴	kʰʌʔ⁴	xʌʔ⁴	xʌʔ⁴	xɒ⁵²
代县	kʰaʔ²²	kʰaʔ²²	xaʔ²²	xaʔ²²	xɤ⁵³
繁峙	kʰaʔ¹³	kʰaʔ¹³	xɤ³¹	xaʔ¹³	xaʔ¹³
河曲	kʰaʔ⁴	kʰaʔ⁴	xaʔ⁴	xaʔ⁴	xaʔ⁴
保德	kʰəʔ⁴	kʰɤ⁴⁴	xɤ⁴⁴	xəʔ⁴	xʌʔ⁴
偏关	kʰʌʔ⁴	kʰʌʔ⁴	xʌʔ⁴	xʌʔ⁴	xəʔ⁴
阳曲	kʰɔʔ⁴	kʰəʔ⁴	xaʔ²¹²/xəʔ²¹²	xɔʔ⁴	xɔʔ⁴/xa⁴⁵⁴

续表

方言\字目	磕 咸开一 入盍溪	壳 江开二 入觉溪	盒 咸开一 入合匣	喝 山开一 入曷晓	吓 梗开二 入陌晓
古交	kʰʌʔ²	kʰuəʔ²	xɑ⁵³	xɑ³³	xəʔ⁵³/xʌʔ²
晋源	kʰaʔ²	kʰaʔ²	xa²	xaʔ²	xa³⁵
北郊	kʰaʔ²²/kʰəʔ²²	kʰəʔ²²	xaʔ⁴³/xəʔ⁴³	xaʔ²²/xəʔ²²	xa³⁵/ɕia³⁵
清徐	kʰɤɯ¹¹	kʰa¹¹	xa⁵⁴	xa¹¹	xɒ⁴⁵/ɕiɒ⁴⁵
娄烦	kʰaʔ³	kʰaʔ³	xaʔ²¹	xaʔ³	xã⁵⁴
太谷	kʰiaʔ³	kʰiaʔ³	xiaʔ⁴²³	xiaʔ³	xɒ⁵³
祁县	kʰɑʔ³²	kʰɑʔ³²	xɑʔ³²⁴	xɑʔ³²	xa⁴⁵
平遥	kʰʌʔ²¹²	kʰʌʔ²¹²	xʌʔ⁵²³	xʌʔ²¹²	xʌʔ²¹²
介休	kʰʌʔ¹²	kʰʌʔ¹²	xʌʔ³¹²	xʌʔ¹²	xa⁴⁵
灵石	kʰʌʔ⁴	kʰʌʔ⁴	xʌʔ⁴	xʌʔ⁴	xʌʔ⁴/ɕia⁵³
寿阳	kʰaʔ²	kʰaʔ²	xaʔ⁵⁴	xaʔ²	xaʔ²/xɑ⁴⁵
榆次	kʰaʔ¹¹	kʰaʔ¹¹	xaʔ¹¹	xaʔ¹¹	xa³⁵
榆社	kʰaʔ²²	kʰaʔ²²	xaʔ³¹²	xaʔ²²	ɕiɒ⁴⁵
交城	kʰaʔ¹¹	kʰaʔ¹¹	xaʔ⁵³	xaʔ¹¹	xaʔ¹¹
文水	kʰaʔ²	kʰaʔ²	xaʔ³¹²	xaʔ²	xaʔ²/xa³⁵
孝义	kʰəʔ³	kʰəʔ³	xaʔ⁴²³	xəʔ³	xəʔ³
盂县	kʰuo⁴¹²	kʰʌʔ²²	xʌʔ⁵³	xʌʔ²²	xɑ⁵⁵/ɕia⁵⁵
静乐	kʰaʔ⁴	kʰaʔ⁴	xaʔ²¹²	xaʔ⁴	xã⁵³/ɕiã⁵³
离石	kʰəʔ⁴	kʰəʔ⁴	xɑʔ²³	xəʔ⁴	xɑ⁵³
汾阳	kʰəʔ²²	kʰəʔ²²	xaʔ³¹²	xəʔ²²	xa⁵⁵
方山	kʰəʔ⁴	kʰəʔ⁴	xɑʔ²³	xəʔ⁴	xə⁵²
柳林	kʰəʔ⁴	kʰəʔ⁴	xɑʔ⁴²³	xəʔ⁴	xɑ⁵³
临县	kʰɐʔ³	kʰɐʔ³	xɐʔ²⁴	xɐʔ³	xa⁵²
中阳	kʰəʔ⁴	kʰəʔ⁴	xɑʔ³¹²	xəʔ⁴	xɑ⁵³
兴县	kʰəʔ⁵⁵	kʰəʔ⁵⁵	xaʔ⁵⁵	xəʔ⁵⁵	xʌ⁵³
岚县	kʰieʔ⁴	kʰieʔ⁴	xɑʔ²³	xieʔ⁴	xa⁵¹
交口	kʰəʔ⁴	kʰəʔ⁴	xəʔ²¹²	xəʔ⁴	xa⁵³/ɕia⁵³
石楼	kʰʌʔ⁴	kʰʌʔ⁴	xʌʔ²¹³	xʌʔ⁴	xa⁵¹/ɕia⁵¹
隰县	kʰaʔ³	kʰaʔ³	xaʔ³	xaʔ³	xaʔ³

续表

方言 \ 字目	磕 咸开一 入盍溪	壳 江开二 入觉溪	盒 咸开一 入合匣	喝 山开一 入曷晓	吓 梗开二 入陌晓
大宁	$k^h\textsc{e}\textipa{P}^{31}$	$k^h\textsc{e}\textipa{P}^{31}$	$x\textsc{e}\textipa{P}^{31}$	$x\textsc{e}\textipa{P}^{31}$	$x\alpha^{55}$
永和	$k^h\textsc{e}\textipa{P}^{35}$	$k^h\textsc{e}\textipa{P}^{35}$	$x\textsc{e}\textipa{P}^{312}$	$x\textsc{e}\textipa{P}^{35}$	$\textcommatailz ia^{53}$
汾西	k^hu^{11}	$k^h\textschwa^1$	$x\textschwa^3$	xu^{11}	$x\alpha^{55}$
蒲县	$k^h\textgamma\textipa{P}^{43}$	$k^h\textgamma^{52}$	$x\textgamma^{33}$	$x\textschwa\textipa{P}^{43}$	xa^{33}
长治市	$k^h\textschwa\textipa{P}^{53}$	$k^h\textschwa\textipa{P}^{53}$	$x\textschwa\textipa{P}^{53}$	$x\textschwa\textipa{P}^{53}$	$x\textschwa\textipa{P}^{53}$
长治县	$k^h\textschwa\textipa{P}^{21}$	$k^h\textschwa\textipa{P}^{21}$	$x\textschwa\textipa{P}^{21}$	$x\textschwa\textipa{P}^{21}/x\textschwa^{213}$	$\textcommatailz i\alpha^{22}$
长子	$k^ha\textipa{P}^{44}$	$k^h\textschwa\textipa{P}^{44}$	$x\textschwa\textipa{P}^{212}$	$x\textschwa^{53}$	$x\textschwa^{53}$
屯留	$k^h\textschwa\textipa{P}^1$	$k^h\textschwa\textipa{P}^1$	$x\textschwa\textipa{P}^{54}$	$x\textschwa\textipa{P}^1$	$x\textschwa\textipa{P}^1$
黎城	$k^h\textturnv\textipa{P}^{22}$	$k^h\textgamma\textipa{P}^{31}$	$x\textturnv\textipa{P}^{31}$	$x\textturnv\textipa{P}^{22}$	$\textcommatailz ia^{53}$
壶关	$k^h\textturnv\textipa{P}^2$	$k^h\textturnv\textipa{P}^{21}$	$x\textturnv\textipa{P}^{21}$	$x\textturnv\textipa{P}^2/x\textschwa^{33}$	$x\textturnv\textipa{P}^2/\textcommatailz ia^{42}$
平顺	$k^h\textturnv\textipa{P}^{212}$	$k^h\textturnv\textipa{P}^{212}$	$x\textturnv\textipa{P}^{23}$	$x\textturnv\textipa{P}^{212}$	$x\textturnv\textipa{P}^{212}$
沁县	$k^ha\textipa{P}^{31}$	$k^ha\textipa{P}^{31}$	$xa\textipa{P}^{212}$	$x\alpha\textipa{P}^{31}$	$\textcommatailz ia^{53}$
武乡	$k^h\textturnv\textipa{P}^3$	$k^h\textturnv\textipa{P}^3$	$x\textturnv\textipa{P}^{423}$	$x\textturnv\textipa{P}^3$	$\textcommatailz ia^{55}$
沁源	$k^h\textturnv\textipa{P}^{31}$	$k^h\textturnv\textipa{P}^{31}$	$x\textturnv\textipa{P}^{31}$	$x\textturnv\textipa{P}^{31}$	$xi\textsc{e}^{53}$
襄垣	$k^h\textturnv\textipa{P}^3$	$k^h\textturnv\textipa{P}^3$	$x\textturnv\textipa{P}^{43}$	$x\textturnv\textipa{P}^3$	$x\textturnv\textipa{P}^3$
安泽	$k^h\textturnv\textipa{P}^{21}$	$k^h\textschwa\textipa{P}^{21}$	$x\textschwa\textipa{P}^{21}$	$x\textschwa\textipa{P}^{21}$	$x\textschwa\textipa{P}^{21}$
端氏	$k^ha\textipa{P}^{22}$	$k^ha\textipa{P}^{22}$	$x\textschwa\textipa{P}^{54}$	$xa\textipa{P}^{22}$	$\textcommatailz i\textscripta^{53}$
晋城	$k^h\textturnv\textipa{P}^{22}$	$k^h\textturnv\textipa{P}^{22}$	$x\textturnv\textipa{P}^{22}$	$x\textturnv\textipa{P}^{22}$	$x\textgamma^{53}$
阳城	$k^h\textturnv\textipa{P}^{22}$	$k^h\textturnv\textipa{P}^{22}$	$x\textturnv\textipa{P}^{22}$	$x\textturnv\textipa{P}^{22}$	$x\textturnv\textipa{P}^{22}$
陵川	$k^h\textturnv\textipa{P}^3$	$k^h\textgamma^{24}$	$x\textgamma^{24}$	$x\textturnv\textipa{P}^3$	$x\textturnv\textipa{P}^3$
高平	$k^h\textturnv\textipa{P}^{22}$	$k^h\textturnv\textipa{P}^{22}$	$x\textturnv\textipa{P}^{22}$	$x\textturnv\textipa{P}^{22}$	$\textcommatailz ia^{53}$

表 7-29

方言＼字目	恶 宕开一 入铎影	别 山开三 入薛帮	撒 山开四 入屑滂	灭 山开三 入薛明	跌 山开四 入屑定
新荣	ŋaʔ^{24}	piɛ^{312}	pʰiaʔ^{24}	miaʔ^{24}	tiaʔ^{24}
阳高	ŋɑʔ^{33}	piɑʔ^{33}	pʰiəʔ^{33}	miɑʔ^{33}	tiɑʔ^{33}
天镇	ŋaʔ^{44}	piɑʔ^{44}	pʰiaʔ^{44}	miɑʔ^{44}	tiaʔ^{44}
左云	naʔ^{44}	piɛ^{313}	pʰiaʔ^{44}/pʰiɛ^{54}	miaʔ^{44}	tiaʔ^{44}
右玉	ŋaʔ^{44}	piaʔ^{44}	pʰiaʔ^{44}	miaʔ^{44}	tiaʔ^{44}
山阴	nʌʔ^{4}	piʌʔ^{4}	pʰiʌʔ^{4}	miʌʔ^{4}	tiʌʔ^{4}
怀仁	naʔ^{4}	piɛ^{313}	pʰiaʔ^{4}	miaʔ^{4}/mei^{53}	tiaʔ^{4}
平定	ŋaʔ^{44}	piɛ^{53}|piɛʔ^{44}|piæʔ^{44}	pʰiɛ^{53}/pʰiɛʔ^{44}	mei^{24}/miæʔ^{23}	tiæʔ^{44}
昔阳	ŋʌʔ^{43}	piɛ^{33}	pʰiɛ^{55}	miɛ^{13}	tiʌʔ^{43}
和顺	ŋəʔ^{21}	pieʔ^{21}	pʰieʔ^{21}	mieʔ^{21}	tieʔ^{21}
灵丘	nʌʔ^{5}	piɛ^{31}	pʰiʌʔ^{44}	miʌʔ^{5}|mei^{442}	tiʌʔ^{5}
浑源	nʌʔ^{44}	piɛ^{22}	pʰiʌʔ^{44}	miʌʔ^{44}	tiʌʔ^{44}
应县	naʔ^{43}	piɛ^{31}	pʰiɛ^{54}/pʰaʔ^{43}	miaʔ^{43}	tiaʔ^{43}
平鲁	nʌʔ^{34}	piɛ^{213}|piɛ^{52}|piʌʔ^{34}	pʰiʌʔ^{34}	miʌʔ^{34}/miəʔ^{34}	tiʌʔ^{34}
朔州	nʌʔ^{35}	piʌʔ^{35}	pʰiʌʔ^{35}	miʌʔ^{35}	tiʌʔ^{35}
忻州	ŋəʔ^{2}	pieʔ^{21}	pʰiɛ^{313}	mieʔ^{2}	tieʔ^{2}
原平	ŋəʔ^{34}	piəʔ^{34}	pʰiəʔ^{34}	miəʔ^{34}	tiəʔ^{34}
定襄	ŋəʔ^{1}	piəʔ^{1}	pʰiəʔ^{33}	miəʔ^{1}	tiəʔ^{1}
五台	ŋəʔ^{33}	piəʔ^{33}	pʰiəʔ^{33}	miəʔ^{33}	tieʔ^{33}
岢岚	ŋaʔ^{4}	pieʔ^{4}	pʰiɛ^{13}	mieʔ^{4}	tieʔ^{4}
神池	ŋʌʔ^{4}	piɛ^{32}	pʰiaʔ^{4}	miʌʔ^{4}	tiʌʔ^{4}
五寨	ŋaʔ^{4}	pieʔ^{4}	pʰiɛʔ^{4}	mieʔ^{4}	tieʔ^{4}
宁武	ŋʌʔ^{4}	piɛ^{33}	pʰiəʔ^{4}	miʌʔ^{4}	tiʌʔ^{4}
代县	ŋaʔ^{22}	piaʔ^{22}	pʰiaʔ^{22}	miaʔ^{22}	tiaʔ^{22}
繁峙	ŋaʔ^{13}	piaʔ^{13}/piɛ^{31}	pʰiaʔ^{13}	miaʔ^{13}|mi^{53}|mie^{24}	tiaʔ^{13}
河曲	ŋaʔ^{4}	pieʔ^{4}	pʰiɛʔ^{4}	mieʔ^{4}	tieʔ^{4}
保德	ɤ^{44}	piɛ^{44}	pʰiɛ^{213}	miɛ^{44}	tiɛ^{44}
偏关	ŋʌʔ^{4}	piɛ^{44}	pʰiɛʔ^{4}	miɛʔ^{4}	tiɛʔ^{4}
阳曲	ŋəʔ^{4}	pieʔ^{212}	pʰieʔ^{4}	mieʔ^{4}	tieʔ^{4}

续表

字目 方言	恶 宕开一 入铎影	别 山开三 入薛帮	撇 山开四 入屑滂	灭 山开三 入薛明	跌 山开四 入屑定
古交	ŋʌʔ²²	piəʔ²²	pʰiəʔ²²	miəʔ²	tiʌʔ²
晋源	aʔ²	piəʔ⁴³	pʰiəʔ⁴³	miəʔ⁴³	tiəʔ²
北郊	ɣaʔ²²	piəʔ²²	pʰiəʔ²²	miəʔ²²	tiəʔ²²
清徐	ŋa¹¹	pia¹¹	pʰia¹¹	mia¹¹	tia¹¹
娄烦	ŋaʔ²³	piaʔ²¹	pʰiəʔ²³	miaʔ³	tiaʔ³
太谷	ŋəʔ²³/ŋiaʔ³	piaʔ⁴²³	pʰiaʔ³	miaʔ³	tiaʔ³
祁县	ŋɑʔ³²/ŋəʔ³²	piɑʔ³²⁴	pʰiɑʔ³²	miɑʔ³²	tiɑʔ³²
平遥	ŋʌʔ²¹²	piʌʔ⁵²³	pʰiʌʔ²¹²	miʌʔ⁵²³	tiʌʔ²¹²
介休	ŋʌʔ¹²	piʌʔ³¹²	pʰiʌʔ¹²	miʌʔ³¹²	tiʌʔ¹²
灵石	ʌʔ⁴	piəʔ⁴	pʰiəʔ⁴	miəʔ⁴	tiɛʔ⁴
寿阳	ŋaʔ²	piɛʔ⁵⁴	piɛʔ²	miɛʔ²	tiɛʔ²
榆次	ŋaʔ¹¹	piaʔ¹¹	pʰiaʔ¹¹	miaʔ¹¹	tiaʔ¹¹
榆社	ŋaʔ²²	piaʔ³¹²	pʰiaʔ²²	miaʔ²²	tiaʔ²²
交城	ŋaʔ¹¹	piaʔ⁵³	pʰiaʔ¹¹	miaʔ¹¹	tiaʔ¹¹
文水	ŋaʔ²	piaʔ³¹²	pʰiaʔ²	miaʔ²	tiaʔ²
孝义	ŋəʔ³	piəʔ⁴²³	pʰiəʔ³	miəʔ³	tiəʔ³
盂县	ŋʌʔ²²	piʌʔ⁵³	pʰiɛʔ⁵³/pʰiʌʔ²²	miʌʔ²²	tiʌʔ²²
静乐	ŋaʔ⁴	piəʔ²¹²	pʰiəʔ⁴	miəʔ⁴	tiəʔ⁴
离石	ŋəʔ⁴	pieʔ²³	pʰiɛʔ³¹²	mieʔ²³	tieʔ⁴
汾阳	ŋəʔ²²	pieʔ²²	pʰieʔ³¹²	mieʔ³¹²	tieʔ²²
方山	ŋəʔ⁴	pieʔ²³	pʰiɛʔ⁴	miɛʔ²³	tiɛʔ⁴
柳林	ŋəʔ⁴	piɛʔ⁴²³	pʰiɛʔ⁴	miɛʔ⁴²³	tiɛʔ⁴
临县	ŋɐʔ³	piɐʔ³	pʰiɐʔ³	miɐʔ²⁴	tiɐʔ³
中阳	ŋəʔ⁴	pieʔ³¹²	pʰie⁴²³	mieʔ	tieʔ⁴
兴县	ŋəʔ⁵⁵	piəʔ⁵⁵	pʰiəʔ⁵⁵	miəʔ⁵⁵	tiəʔ⁵⁵
岚县	ŋieʔ⁴	piɛʔ⁴	pʰiɛʔ⁴	miɛʔ⁴	tiɛʔ⁴
交口	ŋəʔ⁴	pʰieʔ²¹²	pʰieʔ⁴	mieʔ⁴	tieʔ⁴
石楼	ŋʌʔ⁴	piəʔ²¹³	pʰiəʔ⁴	miəʔ⁴	tieʔ⁴
隰县	ŋaʔ³	piəʔ³	pʰiəʔ³	miəʔ³	tiəʔ³

续表

方言 \ 字目	恶 宕开一 入铎影	别 山开三 入薛帮	撇 山开四 入屑滂	灭 山开三 入薛明	跌 山开四 入屑定
大宁	ŋɐʔ³¹	pʰiɛʔ⁴⁴/piɛʔ⁴⁴	pʰiɐʔ³¹	miɛʔ³¹	tiɛʔ³¹
永和	ŋɐʔ³¹²	piɛʔ³¹²	pʰiɐʔ³⁵	miɛʔ³¹²	tiɛʔ³⁵
汾西	ŋu¹/ŋe¹	pyəŋ³	pʰiɪ¹¹	miə¹	tiɪ¹¹/tiə¹
蒲县	ŋɤ⁵²	pʰiɛ³³/piɛ²⁴	pʰiɛ³¹	miɛʔ⁴³	tiɛʔ⁴³
长治市	əʔ⁵³	piəʔ⁵³	pʰiəʔ⁵³	miəʔ⁵³	tiəʔ⁵³
长治县	əʔ²¹	piəʔ²¹	pʰiəʔ²¹	miəʔ²¹	tiəʔ²¹
长子	ŋəʔ⁴⁴	piəʔ²¹²	pʰiəʔ⁴⁴	miəʔ²¹²	tiəʔ⁴⁴
屯留	ŋəʔ¹	piəʔ⁵⁴	pʰiəʔ¹	miəʔ¹	tiəʔ¹
黎城	ʌʔ²²	piʌʔ³¹	pʰiʌʔ²²	miʌʔ²²	tiʌʔ²²
壶关	u⁴²/ɣʌʔ²	piʌʔ²	pʰiʌʔ²	miʌʔ²¹	tiʌʔ²
平顺	ɣɤ⁵³	piʌʔ⁴²³	pʰiʌʔ²¹²	miʌʔ⁴²³	tiəʔ²¹²
沁县	ŋaʔ³¹	piæʔ²¹²	pʰiæʔ³¹	miæʔ³¹	tiæʔ³¹
武乡	ŋʌʔ³	piʌʔ⁴²³	pʰiʌʔ³	miʌʔ³	tiʌʔ³
沁源	ŋʌʔ³¹	piəʔ³¹	pʰiʌʔ³¹	miəʔ³¹	tiəʔ³¹
襄垣	ʌʔ³	piʌʔ⁴³	pʰiʌʔ³	miʌʔ³	tiʌʔ³
安泽	ŋəʔ²¹	piəʔ²¹	pʰiəʔ²¹	miɛ²¹	tiəʔ²¹
端氏	aʔ²²	piaʔ⁵⁴	pʰiaʔ²²	miaʔ²²	tiaʔ²²
晋城	ɣʌʔ²²	piʌʔ²²	pʰiʌʔ²²	miʌʔ²²	tiʌʔ²²
阳城	ɣʌʔ²²	piʌʔ²²	pʰiʌʔ²²	miʌʔ²²	tiʌʔ²²
陵川	ɣɤ³³	pie²⁴	pʰiʌʔ³	miʌʔ²³	tiʌʔ²³
高平	ʌʔ²²	piɛʔ²²	pʰiɛʔ²²	miɛʔ²²	tiɛʔ²²

表 7-30

方言\字目	贴 咸开四 入帖透	捏 山开四 入屑泥	列 山开三 入薛来	接 咸开三 入叶精	捷 咸开三 入叶从
新荣	tʰiaʔ²⁴	niaʔ²⁴	liaʔ²⁴	tɕiaʔ²⁴	tɕiaʔ²⁴
阳高	tʰiaʔ³³	niaʔ³³	liaʔ³³	tɕiaʔ³³	tɕiaʔ³³
天镇	tʰiaʔ⁴⁴	niaʔ⁴⁴	liaʔ⁴⁴	tɕiaʔ⁴⁴	tɕiaʔ⁴⁴
左云	tʰiaʔ⁴⁴	niaʔ⁴⁴	liaʔ⁴⁴	tɕiaʔ⁴⁴	tɕiaʔ⁴⁴
右玉	tʰiaʔ⁴⁴	niaʔ⁴⁴	liaʔ⁴⁴	tɕiaʔ⁴⁴	tɕiaʔ⁴⁴
山阴	tɕʰiᴀʔ⁴	niᴀʔ⁴	liᴀʔ⁴	tɕiᴀʔ⁴	tɕiᴀʔ⁴
怀仁	tʰiaʔ⁴	niaʔ⁴	liaʔ⁴	tɕiaʔ⁴	tɕiaʔ⁴
平定	tʰiæʔ⁴⁴	niæʔ²³	liæʔ²³	tɕiaʔ⁴⁴	tɕiæʔ⁴⁴
昔阳	tʰiʌʔ⁴³	niɛ¹³	liɛ¹³	tɕiʌʔ⁴³	tɕiʌʔ⁴³
和顺	tʰieʔ²¹	nieʔ²¹	lieʔ²¹	tɕieʔ²¹	tɕieʔ²¹
灵丘	tʰiᴀʔ⁵	nie⁴⁴²	liᴀʔ⁵	tɕiᴀʔ⁵	tɕiᴀʔ⁵
浑源	tʰiʌʔ⁴⁴	niʌʔ⁴⁴	liʌʔ⁴⁴	tɕiʌʔ⁴⁴	tɕiʌʔ⁴⁴
应县	tɕʰiaʔ⁴³	niaʔ⁴³	liaʔ⁴³|lieʔ²⁴	tɕiaʔ⁴³	tɕiaʔ⁴³
平鲁	tɕʰiʌʔ³⁴	niʌʔ³⁴	liʌʔ³⁴	tɕiʌʔ³⁴	tɕiʌʔ³⁴
朔州	tɕʰiᴀʔ³⁵	niᴀʔ³⁵	liᴀʔ³⁵	tɕiᴀʔ³⁵	tɕiᴀʔ³⁵
忻州	tʰiɛʔ²	nieʔ²	lieʔ²	tɕieʔ²	tɕieʔ³²
原平	tʰiəʔ³⁴	niəʔ³⁴	liəʔ³⁴	tɕiəʔ³⁴	tɕiəʔ³⁴
定襄	tʰiəʔ¹	niəʔ¹	liəʔ¹	tɕiəʔ¹	tɕiəʔ³³
五台	tɕʰiəʔ³³	niəʔ³³	liəʔ³³	tɕiəʔ³³	tɕiəʔ³³
岢岚	tʰiɛʔ⁴	nieʔ⁴	lieʔ⁴	tɕieʔ⁴	tɕieʔ⁴
神池	tɕʰiᴀʔ⁴	niᴀʔ⁴	liᴀʔ⁴	tɕiᴀʔ⁴	tɕiᴀʔ⁴
五寨	tʰiaʔ⁴	nieʔ⁴	lieʔ⁴	tɕiaʔ⁴	tɕiəʔ⁴
宁武	tɕʰiᴀʔ⁴	niᴀʔ⁴	liᴀʔ⁴	tɕiᴀʔ⁴	tɕiəʔ⁴
代县	tʰiaʔ²²	niaʔ²²	liaʔ²²	tɕiaʔ²²	tɕiaʔ²²
繁峙	tʰiaʔ¹³	niaʔ¹³	liaʔ¹³	tɕiaʔ¹³	tɕiaʔ¹³
河曲	tʰiɛʔ⁴	nieʔ⁴	lieʔ⁴	tɕieʔ⁴	tɕieʔ⁴
保德	tʰiɛ⁴⁴	nie⁴⁴	lie⁴⁴	tɕiəʔ⁴	tɕieʔ⁴
偏关	tʰiɛʔ⁴	nieʔ⁴	lieʔ⁴	tɕieʔ⁴	tɕieʔ⁴
阳曲	tʰiɛʔ⁴	nieʔ⁴	lieʔ⁴	tɕieʔ⁴	tɕieʔ⁴

续表

方言 \ 字目	贴 咸开四 入帖透	捏 山开四 入屑泥	列 山开三 入薛来	接 咸开三 入叶精	捷 咸开三 入叶从
古交	tʰiʌʔ²	niəʔ²	liəʔ²	tɕiəʔ²	tɕiəʔ²¹²
晋源	tʰiəʔ⁴³	niəʔ²	liəʔ²	tɕiəʔ²	tɕiəʔ²
北郊	tʰiəʔ²²	niəʔ²²	liəʔ²²	tɕiəʔ²²	tɕiəʔ⁴³
清徐	tʰia¹¹	nia¹¹	lia¹¹	tɕia¹¹	tɕia⁵⁴
娄烦	tɕʰia³	nia³	liə³	tɕiəʔ³	tɕiəʔ³
太谷	tʰiaʔ³	niaʔ³	liaʔ³	tɕiaʔ³	tɕiaʔ⁴²³
祁县	tʰiɑʔ³²	niɑʔ³²	liɑʔ³²	tɕiɑʔ³²	tɕiɑʔ³²
平遥	tʰiʌʔ²¹²	niʌʔ⁵²³	liʌʔ⁵²³	tɕiʌʔ²¹²	tɕiʌʔ²¹²
介休	tʰiʌʔ¹²	niʌʔ³¹²	liʌʔ³¹²	tɕiʌʔ¹²	tɕiʌʔ¹²
灵石	tʰiəʔ⁴	niəʔ⁴	liəʔ⁴	tɕiəʔ⁴	tɕiəʔ⁴
寿阳	tʰiɛʔ²	niɛʔ²	liɛʔ²	tɕiɛʔ²	tɕiɛʔ²
榆次	tʰiaʔ¹¹	niaʔ¹¹	liaʔ¹¹	tɕiaʔ¹¹	tɕiaʔ¹¹
榆社	tʰiaʔ²²	niaʔ²²	liaʔ²²	tɕiaʔ²²	tɕiaʔ²²
交城	tʰiaʔ¹¹	niaʔ¹¹	liaʔ¹¹	tɕiaʔ¹¹	tɕiaʔ⁵³
文水	tʰiaʔ²	niaʔ²	liaʔ²	tɕiaʔ²	tɕiaʔ²
孝义	tʰiəʔ³	niəʔ³	liəʔ³	tɕiəʔ³	tɕiəʔ³
盂县	tʰiʌʔ²²	niʌʔ²²	liʌʔ²²	tɕiʌʔ²²	tɕiʌʔ²²
静乐	tʰiəʔ⁴	niəʔ⁴	liəʔ⁴	tɕiəʔ⁴	tɕiəʔ⁴
离石	tʰieʔ⁴	nieʔ²³	lieʔ⁴	tɕieʔ⁴	tɕieʔ⁴
汾阳	tʰieʔ²²	nieʔ³¹²	lieʔ³¹²	tɕieʔ²²	tɕieʔ²²
方山	tʰiɛʔ⁴	niɛʔ²³	liɛʔ⁴	tɕiɛʔ⁴	tɕiɛʔ⁴
柳林	tʰiɛʔ³	niɛʔ⁴²³	liɛʔ³	tɕiɛʔ⁴	tɕiɛʔ⁴
临县	tʰiɐʔ³	niɐʔ²⁴	liɐʔ³	tɕiɐʔ²⁴	tɕʰiɐʔ²⁴
中阳	tʰieʔ⁴	nieʔ⁴	lieʔ⁴	tɕieʔ⁴	tɕieʔ⁴
兴县	tʰiəʔ⁵⁵	niəʔ³¹²	liəʔ⁵⁵	tɕiəʔ⁵⁵	tɕiəʔ⁵⁵/tɕʰiəʔ⁵⁵
岚县	tɕʰiɛʔ⁴	niɛʔ⁴	liɛʔ⁴	tɕiɛʔ⁴	tɕiɛʔ⁴
父口	tʰieʔ⁴	nieʔ⁴	lieʔ⁴	tɕieʔ⁴	tɕʰieʔ²¹²/tɕieʔ⁴
石楼	tʰiəʔ⁴	niəʔ⁴	liəʔ⁴	tɕiəʔ⁴	tɕiəʔ⁴
隰县	tʰiəʔ³	niəʔ³	liəʔ³	tɕiəʔ³	tɕiəʔ³

方言＼字目	贴 咸开四 入帖透	捏 山开四 入屑泥	列 山开三 入薛来	接 咸开三 入叶精	捷 咸开三 入叶从
大宁	$t^hiɐʔ^{31}$	$ȵiɐʔ^{31}$	$liɐʔ^{31}$	$tɕiɐʔ^{31}$	$tɕiɐʔ^{31}$
永和	$t^hiɐʔ^{35}$	$ȵiɐʔ^{312}$	$liɐʔ^{312}$	$tɕiɐʔ^{35}$	$tɕiɐʔ^{312}$
汾西	t^hiu^{11}	$niɹ^{11}$	$liə^1$	$tɕiɹ^{11}$	$tɕiə^1$
蒲县	$t^hiɛʔ^{43}$	$ȵiɛʔ^{43}$	$liɛʔ^{43}$	$tɕiɛʔ^{43}$	$tɕiɛ^{24}$
长治市	$t^hiəʔ^{53}$	$ȵiəʔ^{53}$	$liəʔ^{53}$	$tɕiəʔ^{53}$	$tɕiəʔ^{53}$
长治县	$t^hiəʔ^{21}$	$niəʔ^{21}$	$liəʔ^{21}$	$tɕiəʔ^{21}$	$tɕiəʔ^{21}$
长子	$t^hiəʔ^{44}$	$ȵiəʔ^{44}$	$liəʔ^{44}$	$tɕiəʔ^{44}$	$tɕiəʔ^{44}$
屯留	$t^hiəʔ^1$	$ȵiəʔ^1$	$liəʔ^1$	$tɕiəʔ^1$	$tɕiəʔ^1$
黎城	$t^hiʌʔ^{22}$	$niʌʔ^{31}$	$liʌʔ^{22}$	$tɕiʌʔ^{22}$	$tɕiʌʔ^{22}$
壶关	$t^hiʌʔ^2$	$ȵiʌʔ^{21}$	$liʌʔ^{21}$	$tsiʌʔ^2$	$tsiʌʔ^{21}$
平顺	$t^hiʌʔ^{212}$	$ȵiʌʔ^{423}$	$liʌʔ^{423}$	$tɕiʌʔ^{212}$	$tɕiʌʔ^{423}$
沁县	$tɕʰiæʔ^{31}$	$ȵiæʔ^{31}$	$liæʔ^{31}$	$tɕiæʔ^{31}$	$tɕiæʔ^{31}$
武乡	$t^hiʌʔ^3$	$ȵiʌʔ^3$	$liʌʔ^3$	$tɕiʌʔ^3$	$tɕiʌʔ^{423}$
沁源	$t^hiəʔ^{31}$	$ȵiəʔ^{31}$	$liəʔ^{31}$	$tɕiəʔ^{31}$	$tɕiəʔ^{31}$
襄垣	$t^hiʌʔ^3$	$ȵiʌʔ^3$	$liʌʔ^3$	$tɕiʌʔ^3$	$tɕiʌʔ^3$
安泽	$t^hiəʔ^{\underline{21}}$	$ȵiəʔ^{\underline{21}}$/$ȵiɛʔ^{21}$	$liɛ^{21}$	$tɕiəʔ^{\underline{21}}$	$tɕiɛ^{35}$
端氏	t^hia^{22}	$ȵia^{22}$	lia^{22}	$tɕia^{22}$	$tɕia^{22}$
晋城	$t^hiʌʔ^{22}$	$niʌʔ^{22}$	$liʌʔ^{22}$	$tɕiʌʔ^{22}$	$tɕiʌʔ^{22}$
阳城	$t^hiʌʔ^{22}$	$niʌʔ^{22}$	$liʌʔ^{22}$	$tɕiʌʔ^{22}$	$tɕiʌʔ^{22}$
陵川	$t^hiʌʔ^3$	$niʌʔ^{23}$	$liʌʔ^3$	$tɕiʌʔ^3$	$ciʌʔ^{23}$
高平	$t^hiɛʔ^{22}$	$niɛʔ^{22}$	$liɛʔ^{22}$	$tɕiɛʔ^{22}$	$tɕiɛʔ^{22}$

表 7-31

方言＼字目	竭 山开三 入月群	切 山开四 入屑清	妾 咸开三 入葉清	歇 山开三 入月晓	协 咸开四 入帖匣
新荣	tɕiaʔ⁴	tɕʰiaʔ⁴	tɕʰiɛ²⁴	ɕiaʔ⁴	ɕiaʔ⁴
阳高	tɕiɑʔ³³	tɕʰiɑʔ³³	tɕʰiɑʔ³³	ɕiɑʔ³³	ɕiɑʔ³³
天镇	tɕiaʔ⁴⁴	tɕʰiaʔ⁴⁴	tɕʰiaʔ⁴⁴	ɕiaʔ⁴⁴	ɕiaʔ⁴⁴
左云	tɕiaʔ⁴⁴	tɕʰiaʔ⁴⁴	tɕʰiɛ²⁴	ɕiaʔ⁴⁴	ɕiaʔ⁴⁴
右玉	tɕiaʔ⁴⁴	tɕʰiaʔ⁴⁴	tɕʰiaʔ⁴⁴	ɕiaʔ⁴⁴	ɕiaʔ⁴⁴
山阴	tɕiʌʔ⁴	tɕʰiʌʔ⁴	tɕʰiʌʔ⁴	ɕiʌʔ⁴	ɕiʌʔ⁴
怀仁	tɕiaʔ⁴	tɕʰiaʔ⁴	tɕʰiaʔ⁴	ɕiaʔ⁴	ɕiaʔ⁴
平定	tɕiæʔ⁴⁴	tɕʰiæʔ⁴⁴	tɕʰiæʔ⁴⁴	ɕiæʔ⁴⁴	ɕiəʔ⁴⁴
昔阳	tɕiʌʔ⁴³	tɕʰiʌʔ⁴³	tɕʰiɛ¹³	ɕiʌʔ⁴³	ɕiʌʔ⁴³
和顺	tɕieʔ²¹	tɕʰieʔ²¹	tɕʰieʔ²¹	ɕieʔ²¹	ɕieʔ²¹
灵丘	tɕiʌʔ⁵	tɕʰiʌʔ⁵	tɕʰiʌʔ⁵	ɕiʌʔ⁵	ɕiʌʔ⁵
浑源	tɕiʌʔ⁴⁴	tɕʰiʌʔ⁴⁴	tɕʰiɛ¹³	ɕiʌʔ⁴⁴	ɕiʌʔ⁴⁴
应县	tɕiaʔ⁴³	tɕʰiaʔ⁴³	tɕʰiɛ²⁴	ɕiaʔ⁴³	ɕiaʔ⁴³
平鲁	tɕiʌʔ³⁴	tɕʰiʌʔ³⁴	tɕʰiʌʔ³⁴	ɕiʌʔ³⁴	ɕiʌʔ³⁴
朔州	tɕiʌʔ³⁵	tɕʰiʌʔ³⁵	tɕʰiʌʔ³⁵	ɕiʌʔ³⁵	ɕiʌʔ³⁵
忻州	tɕiɛʔ³²	tɕʰiɛʔ²	tɕʰiɛ⁵³	ɕiɛʔ²	ɕiɛʔ²
原平	tɕiəʔ³⁴	tɕʰiəʔ³⁴	tɕʰiəʔ³⁴	ɕiəʔ³⁴	ɕiəʔ³⁴
定襄	tɕiəʔ³³	tɕʰiəʔ¹	tɕʰiaʔ³³	ɕiəʔ¹	ɕiəʔ¹
五台	tɕiəʔ³³	tɕʰiəʔ³³	tɕʰiəʔ³³	ɕiəʔ³³	ɕiəʔ³³
岢岚	tɕiɛʔ⁴	tɕʰiɛʔ⁴	tɕʰiɛʔ⁴	ɕiɛʔ⁴	ɕiɛʔ⁴
神池	tɕiaʔ⁴	tɕʰiʌʔ⁴	tɕʰiaʔ⁴	ɕiʌʔ⁴	ɕiʌʔ⁴
五寨	tɕiɛʔ⁴	tɕʰiɛʔ⁴	tɕʰiɛʔ⁴	ɕiɛʔ⁴	ɕiɛʔ⁴
宁武	tɕiʌʔ⁴	tɕʰiʌʔ⁴	tɕʰiəʔ⁴	ɕiʌʔ⁴	ɕiʌʔ⁴
代县	tɕiaʔ²²	tɕʰiaʔ²²	tɕʰieʔ²²	ɕiaʔ²²	ɕiaʔ²²
繁峙	tɕiaʔ¹³	tɕʰiaʔ¹³	tɕʰiəʔ³³	ɕiaʔ¹³	ɕiaʔ¹³/ɕiɛʔ³¹
河曲	tɕiɛʔ⁴	tɕʰiɛʔ⁴	tɕʰiɛʔ⁴	ɕiɛʔ⁴	ɕiɛʔ⁴
保德	tɕiɛʔ⁴	tɕʰiəʔ⁴	tɕʰiɛ⁵²	ɕiɛʔ⁴⁴	ɕiəʔ⁴
偏关	tɕiɛʔ⁴	tɕʰiɛʔ⁴	tɕʰiɛʔ⁴	ɕiɛʔ⁴	ɕiɛʔ⁴
阳曲	tɕiɛ³¹²	tɕʰiɛʔ⁴	tɕʰiɛ⁴⁵⁴	ɕiɛʔ⁴	ɕiɛʔ⁴

方言＼字目	竭 山开三入月群	切 山开四入屑清	姜 咸开三入葉清	歇 山开三入月晓	协 咸开四入帖匣
古交	tɕiəʔ^{212}	tɕʰiəʔ^{2}	tɕʰiɛ^{53}	ɕiəʔ^{2}	ɕiəʔ^{212}
晋源	tɕiəʔ^{2}	tɕʰiəʔ^{2}	tɕʰiəʔ^{2}	ɕiəʔ^{2}	ɕiəʔ^{2}
北郊	tɕiəʔ^{22}	tɕʰiəʔ^{22}	tɕʰiəʔ^{22}	ɕiəʔ^{22}	ɕiəʔ^{22}
清徐	tɕia^{54}	tɕʰia^{11}	tɕʰia^{11}	ɕia^{11}	ɕia^{54}
娄烦	tɕiəʔ^{3}	tɕʰiaʔ^{3}	tɕʰiəʔ^{3}	ɕiəʔ^{3}	ɕiəʔ^{21}
太谷	tɕiaʔ^{423}	tɕʰiaʔ^{3}	tɕʰiaʔ^{3}	ɕiaʔ^{3}	ɕiaʔ^{3}
祁县	tɕiɑʔ^{324}	tɕʰiaʔ^{32}	tɕʰiɑʔ^{32}	ɕiɑʔ^{32}	ɕiɑʔ^{324}
平遥	ɕiʌʔ^{212}	tɕʰiʌʔ^{212}	tɕʰiɛ^{24}	ɕiʌʔ^{212}	ɕiʌʔ^{523}
介休	tɕiʌʔ^{12}	tɕʰiʌʔ^{12}	tɕʰiʌʔ^{12}	ɕiʌʔ^{12}	ɕiʌʔ^{312}
灵石	tɕiəʔ^{4}	tɕʰiəʔ^{4}	tɕʰiɛ^{53}	ɕiəʔ^{4}	ɕiɛ^{44}
寿阳	tɕiɛʔ^{2}	tɕʰiɛʔ^{2}	tɕʰiɿ^{45}	ɕiɛʔ^{2}	ɕiɛʔ^{2}
榆次	tɕiaʔ^{11}	tɕʰiaʔ^{11}	tɕʰiɛ^{35}	ɕiaʔ^{11}	ɕiaʔ^{11}
榆社	tɕiaʔ^{22}	tɕʰiaʔ^{22}	tɕʰiaʔ^{22}	ɕiaʔ^{22}	ɕiaʔ^{22}
交城	tɕiaʔ^{53}	tɕʰiaʔ^{11}	tɕʰiaʔ^{11}	ɕiaʔ^{11}	ɕiaʔ^{11}/ɕiaʔ^{53}
文水	tɕiaʔ^{2}	tɕʰiaʔ^{2}	tɕʰiaʔ^{2}	ɕiaʔ^{2}	ɕiaʔ^{312}
孝义	tɕiəʔ^{3}	tɕʰiəʔ^{3}	tɕʰiəʔ^{3}	ɕiəʔ^{3}	ɕiəʔ^{3}
盂县	tɕiʌʔ^{22}	tɕʰiʌʔ^{22}	tɕʰiʌʔ^{22}	ɕiʌʔ^{22}	ɕiʌʔ^{22}
静乐	tɕiəʔ^{4}	tɕʰiəʔ^{4}	tɕʰiəʔ^{4}	ɕiəʔ^{4}	ɕiəʔ^{4}
离石	tɕiɛʔ^{4}	tɕʰiɛʔ^{4}	tɕʰiɛ^{53}	ɕiɛʔ^{4}	ɕiɑʔ^{4}
汾阳	tɕieʔ^{22}	tɕʰieʔ^{22}	tɕʰieʔ^{22}	ɕieʔ^{22}	ɕieʔ^{312}
方山	tɕiɛʔ^{4}	tɕʰiɛʔ^{4}	tɕʰiɛ^{52}	ɕiɛʔ^{4}	ɕiɑʔ^{4}
柳林	tɕiɛʔ^{4}	tɕʰiɛʔ^{4}	tɕʰiɛʔ^{4}	ɕiɛʔ^{4}	ɕiɑʔ^{4}
临县	tɕiɛʔ^{3}	tɕʰiɐʔ^{3}	tɕʰiɐʔ^{3}	ɕiɛʔ^{3}	ɕiɛʔ^{3}
中阳	tɕieʔ^{4}	tɕʰieʔ^{4}	tɕʰie^{53}	ɕieʔ^{4}	ɕiɑʔ^{4}
兴县	tɕiəʔ^{55}	tɕʰiəʔ^{55}	tɕʰiəʔ^{33}	ɕiəʔ^{55}	ɕiəʔ^{55}
岚县	tɕiɛʔ^{4}	tɕʰiɛʔ^{4}	tɕʰiɛʔ^{51}	ɕiɛʔ^{4}	ɕiɛʔ^{4}
交口	tɕieʔ^{4}	tɕʰieʔ^{4}	tɕʰiɛ^{53}	ɕieʔ^{4}	ɕieʔ^{4}
石楼	tɕiəʔ^{4}	tɕʰiəʔ^{4}	tɕʰiəʔ^{4}	ɕiəʔ^{4}	ɕiəʔ^{4}
隰县	tɕiəʔ^{3}	tɕʰiəʔ^{3}	tɕʰiəʔ^{3}	ɕiəʔ^{3}	ɕiəʔ^{3}

续表

方言＼字目	竭 山开三 入月群	切 山开四 入屑清	妾 咸开三 入葉清	歇 山开三 入月晓	协 咸开四 入帖匣
大宁	tɕiəʔ³¹	tɕʰiəʔ³¹	tɕʰiəʔ³¹	ɕiɐʔ³¹	ɕiɐʔ³¹
永和	tɕiɐʔ³⁵	tɕʰiɐʔ³⁵	tɕʰiɐʔ³⁵	ɕiɐʔ³⁵	ɕiɐʔ³⁵
汾西	tɕiə¹	tɕʰiɪ¹¹	tɕʰiəʔ¹	ɕiɪ¹¹	ɕiə³
蒲县	tɕiɛ²⁴	tɕʰiɛʔ⁴³	tɕʰiɛ⁵²	ɕiɛʔ⁴³	ɕiɛ²⁴
长治市	tɕiəʔ⁵³	tɕʰiəʔ⁵³	tɕʰiəʔ⁵³	ɕiəʔ⁵³	ɕiɛ²⁴
长治县	tɕiəʔ²¹	tɕʰiəʔ²¹	tɕʰiəʔ²¹	ɕiəʔ²¹	ɕie⁴⁴
长子	tɕiəʔ⁴⁴	tɕʰiəʔ⁴⁴	tɕʰiəʔ⁴⁴	ɕiəʔ⁴⁴	ɕiɛ²⁴
屯留	tɕiəʔ¹	tɕʰiəʔ¹	tɕʰiəʔ¹	ɕiəʔ¹	ɕie¹¹
黎城	ciʌʔ²²	tɕʰiʌʔ²²	tɕʰiɤ⁵³	ɕiʌʔ²²	ɕiɤ⁵³
壶关	tsiʌʔ²	tsʰiʌʔ²	tsʰiʌʔ²	ɕiɛ³³	ɕiɛ¹³
平顺	ciʌʔ⁴²³	tɕʰiʌʔ²¹²	tɕʰiʌʔ²¹²	ɕiəʔ²¹²	ɕiɛʔ¹³
沁县	tɕiæʔ³¹	tɕʰiæʔ³¹	tɕʰiæʔ³¹	ɕiæʔ³¹	ɕiæʔ³¹
武乡	tɕiʌʔ⁴²³	tɕʰiʌʔ³	tɕʰiʌʔ³	ɕiʌʔ³	ɕiʌʔ³
沁源	tɕiəʔ³¹	tɕʰiəʔ³¹	tɕʰiəʔ³¹	ɕiəʔ³¹	ɕyəʔ³¹/ɕiəʔ³¹
襄垣	tɕiʌʔ³	tɕʰiʌʔ³	tɕʰie⁵³	ɕiʌʔ³	ɕiʌʔ⁴³/ɕyʌʔ⁴³
安泽	tɕiəʔ²¹	tɕʰiəʔ²¹	tɕʰiəʔ²¹	ɕiəʔ²¹/ɕiɛ²¹	ɕiɛ³⁵
端氏	tɕia²²	tɕʰiaʔ²²	tɕʰiɛ⁵³	ɕiaʔ²²	ɕie²⁴
晋城	tɕiʌʔ⁵²	tɕʰiʌʔ²²	tɕʰiʌʔ²²	ɕiʌʔ²²	ɕiɛ³²⁴
阳城	tɕiʌʔ⁵²	tɕʰiʌʔ²²	tɕʰiʌʔ²²	ɕiʌʔ²²	ɕiɛ²²
陵川	ciʌʔ²³	tɕʰiʌʔ³	cʰiʌʔ³	ɕiə³	ɕie⁵³
高平	tɕʰiɛʔ²²	tɕʰiɛʔ²²	tɕʰiɛʔ²²	ɕiɛʔ²²	ɕiɛ³³

表 7-32

方言＼字目	噎 山开四 入屑影	叶 咸开三 入葉以	虐 宕开三 入药疑	略 宕开三 入药来	绝 山合三 入薛从
新荣	iaʔ⁴	iE²⁴	niaʔ⁴	liaʔ⁴/lyaʔ⁴	tɕyaʔ⁴/tɕyE³¹²
阳高	iɑʔ³³	iaʔ³³	niɑʔ³³	liɑʔ³³	tɕyaʔ³³
天镇	iɑʔ⁴⁴	iɑʔ⁴⁴	niɑʔ⁴⁴	lɑʔ⁴⁴	tɕyaʔ⁴⁴
左云	iɑʔ⁴⁴	iE²⁴	nyaʔ⁴⁴	lyaʔ⁴⁴	tɕyaʔ⁴⁴/tɕyE³¹³
右玉	iɑʔ⁴⁴	iE²⁴	niaʔ⁴⁴	liaʔ⁴⁴/lyaʔ⁴⁴	tɕyaʔ⁴⁴
山阴	iʌʔ⁴	iʌʔ⁴	niʌʔ⁴	liʌʔ⁴	tɕyʌʔ⁴
怀仁	iaʔ⁴	iE²⁴	niaʔ⁴	lyaʔ⁴	tɕyaʔ⁴
平定	iæʔ⁴⁴	iæʔ⁴⁴	niæʔ²³	liæʔ²³	tɕyæʔ⁴⁴
昔阳	iʌʔ⁴³	iE¹³	nyʌʔ⁴³	lyʌʔ⁴³	tɕyʌʔ⁴³
和顺	ieʔ²¹	ieʔ²¹	ɳieʔ²¹	lyɛ¹³	tɕyeʔ²¹
灵丘	iʌʔ⁴⁴	iE⁵³	niʌʔ⁵	liʌʔ⁵	tɕyʌʔ⁵
浑源	iaʔ⁴³	iaʔ⁴³	niaʔ⁴³	liʌʔ⁴⁴	tɕyʌʔ⁴⁴
应县	iʌʔ⁴³	iʌʔ⁴³/iE⁵²	niʌʔ⁴³	lyaʔ⁴³	tɕyaʔ⁴³/tɕyE³¹
平鲁	iʌʔ³⁵	iE⁵³	niʌʔ³⁵	liʌʔ³⁴	tɕyʌʔ³⁴
朔州	iəʔ³²	iɛʔ³²	niɛʔ³²	liʌʔ³⁵	tɕyʌʔ³⁵
忻州	iəʔ³⁴	iəʔ³⁴	niaʔ³⁴	lieʔ³²	tɕyʌʔ³²
原平	iəʔ³³	iəʔ³³	niəʔ³⁴	liəʔ³⁴	tɕyəʔ³⁴
定襄	iəʔ³³	iəʔ¹	nyəʔ³³	lyəʔ³³	tɕyəʔ¹
五台	iɛʔ³³	iɛʔ³³	ɳiəʔ³³	liəʔ³³	tɕyəʔ³³
岢岚	iaʔ⁴	iɛʔ⁴	niɛʔ⁴	lieʔ⁴	tɕyeʔ⁴
神池	ieʔ⁴	iʌʔ⁴	ɳyaʔ⁴	lyaʔ⁴	tɕyʌʔ⁴
五寨	iəʔ⁴	iaʔ⁴	nyɪʔ⁵²	lieʔ⁴	tɕyɛʔ⁴
宁武	iaʔ²²	iʌʔ⁴	niəʔ⁴	liəʔ⁴	tɕyʌʔ⁴
代县	iaʔ¹³	iaʔ¹³	niaʔ²²	laʔ²²	tɕyaʔ²²
繁峙	iaʔ⁴	iaʔ¹³	ɳyaʔ¹³	lyaʔ¹³	tɕyaʔ¹³
河曲	iɛ⁴⁴	iɛʔ⁴	nyɛʔ⁴	lyɛʔ⁴	tɕyɛ⁴⁴
保德	iɛʔ⁴	iɛʔ⁴⁴	nyɛʔ⁵²	lyɛ⁴⁴	tɕyɛ⁴⁴
偏关	iɛʔ⁴	iɛʔ⁴	niɛʔ⁴	lyɛʔ⁴	tɕyɛʔ⁴
阳曲	iɛʔ⁴	iɛʔ⁴/iE²⁴	niɛʔ⁴	lyɛ⁴⁵⁴	tɕyɛʔ⁴

续表

方言＼字目	噎 山开四 入屑影	叶 咸开三 入葉以	虐 宕开三 入药疑	略 宕开三 入药来	绝 山合三 入薛从
古交	iəʔ²	iəʔ²	nyəʔ²	liəʔ²	tɕyəʔ²¹²
晋源	iaʔ²	iaʔ²	ȵiəʔ²	lyəʔ²	tɕyəʔ²
北郊	iəʔ²²	iəʔ²²	nyəʔ²²	lyəʔ²²	tɕyəʔ⁴³
清徐	ia¹¹	iɛ⁴⁵	nya¹¹	lya¹¹	tɕya⁵⁴
娄烦	iaʔ³	iaʔ³	ȵiəʔ³	liəʔ³	tɕyaʔ³
太谷	iaʔ³	iaʔ³	ȵiaʔ³	lyaʔ³	tɕyaʔ⁴²³
祁县	iɑʔ³²	iɑʔ³²	ȵiɑʔ³²	liɑʔ³²	tɕyɑʔ³²
平遥	iʌʔ²¹²	iʌʔ⁵²³	ȵiʌʔ²¹²	liʌʔ²¹²	tɕyʌʔ⁵²³
介休	iʌʔ¹²	iʌʔ¹²	nyʌʔ¹²	lyʌʔ¹²	tɕyʌʔ³¹²
灵石	iəʔ⁴	iəʔ⁴	nyəʔ⁴	liəʔ⁴	tɕyəʔ²¹²
寿阳	iɛʔ²	iɛʔ²	ȵiɛʔ²	liɛʔ²	tɕyɛʔ⁵⁴
榆次	iaʔ¹¹	iaʔ¹¹	niaʔ¹¹	lyaʔ¹¹	tɕyaʔ¹¹
榆社	iaʔ²²	iaʔ²²	nyaʔ²²	lyaʔ²²	tɕyaʔ³¹²
交城	iaʔ¹¹	iaʔ¹¹	niaʔ¹¹	liaʔ¹¹	tɕyaʔ⁵³
文水	iaʔ²	iaʔ²	ȵiaʔ²/nyaʔ²	liaʔ²	tɕyaʔ³¹²
孝义	iəʔ³	iəʔ³	ȵiəʔ³	liəʔ³	tɕyəʔ⁴²³
盂县	iʌʔ²²	iʌʔ²²	nyʌʔ²²	liʌʔ²²	tɕyʌʔ⁵³
静乐	iəʔ⁴	iəʔ⁴	ȵiəʔ⁴	liəʔ⁴	tɕyəʔ²¹²
离石	ieʔ⁴	ieʔ²³	nyeʔ⁴	lyeʔ⁴	tɕyeʔ⁴
汾阳	ieʔ²²	ieʔ³¹²	ȵieʔ³¹²	lieʔ³¹²	tɕyeʔ³¹²
方山	iɛʔ⁴	iɛʔ²³	yɛʔ⁴	liɛʔ⁴	tɕyɛʔ⁴
柳林	iɛʔ⁴	iɛʔ⁴²³	iɛʔ⁴	liɛʔ⁴	tɕyɛʔ⁴
临县	iɐʔ³	iɐʔ³	nyɐ⁵²	lyɐʔ³	tɕyɐʔ³
中阳	ieʔ⁴	ieʔ⁴	nyeʔ⁴	lyeʔ⁴	tɕyeʔ⁴
兴县	iəʔ⁵⁵	iəʔ³¹²	niəʔ⁵⁵	liəʔ⁵⁵	tɕyəʔ⁵⁵
岚县	iəʔ⁴	iəʔ⁴	niɛʔ⁴	liɛʔ⁴	tɕyɛʔ⁴
交口	ieʔ⁴	ieʔ⁴	nyeʔ⁴	lieʔ⁴	tɕyeʔ⁴
石楼	iəʔ⁴	iəʔ⁴	nyəʔ⁴	liəʔ⁴/lyəʔ⁴	tɕyəʔ⁴
隰县	iəʔ³	iəʔ³	ȵyəʔ³	lyəʔ³	tɕyəʔ³

续表

方言\字目	噎 山开四 入屑影	叶 咸开三 入叶以	虐 宕开三 入药疑	略 宕开三 入药来	绝 山合三 入薛从
大宁	iɛʔ³¹	iɛʔ³¹	ȵiɛʔ³¹	liɛʔ³¹	tɕyɛʔ⁴⁴
永和	iɛʔ³⁵	iɛʔ³¹²	ȵiɛʔ³¹²	liɛʔ³⁵	tɕyɛʔ³⁵
汾西	iɪ¹¹	iɪ¹¹	iu¹¹/ȵiɪ¹¹	liu¹¹	tɕuə³
蒲县	iæ³³	iɛ³³	ȵiɛ⁵²	liɛʔ⁴³	tɕyɛʔ³
长治市	iəʔ⁵³	iəʔ⁵³	ȵyəʔ⁵³	liəʔ⁵³	tɕyəʔ⁵³
长治县	iəʔ²¹	iəʔ²¹	ȵyəʔ²¹	lyəʔ²¹	tɕyəʔ²¹
长子	iəʔ⁴⁴	iəʔ²¹²	ȵiəʔ⁴⁴	liəʔ⁴⁴	tɕyəʔ²¹²
屯留	iəŋ⁴³	iəʔ¹	ȵyəʔ¹	liəʔ¹/lyəʔ¹	tɕyəʔ⁵⁴
黎城	iʌʔ²²	iʌʔ³¹	yʌʔ²²	liʌʔ²²	tɕyʌʔ³¹
壶关	iʌʔ²	iʌʔ²¹	iʌʔ²¹	liʌʔ²¹	tsyʌʔ²¹
平顺	iʌʔ²¹²	iʌʔ⁴²³	iʌʔ⁴²³	liʌʔ⁴²³	tɕyʌʔ⁴²³
沁县	iæʔ³¹	iæʔ³¹	ȵiæʔ³¹	liəʔ³¹	tɕyæʔ²¹²
武乡	iʌʔ³	iʌʔ³	ȵiʌʔ³	lyʌʔ³	tɕyʌʔ⁴²³
沁源	iəʔ³¹	iəʔ³¹	ȵiəʔ³¹	liəʔ³¹	tɕyəʔ³¹
襄垣	iʌʔ³	iʌʔ³	ȵiʌʔ³	liʌʔ³	tɕyʌʔ⁴³
安泽	iɛ²¹	iɛ⁵³	ȵyəʔ²¹	lyɛ⁵³	tɕyɛ³⁵
端氏	iəʔ²²	iəʔ²²	ȵiaʔ²²	liaʔ²²	tɕyaʔ⁵⁴
晋城	iʌʔ²²	iʌʔ²²	ȵiʌʔ²²	liʌʔ²²	tɕyʌʔ²²
阳城	iʌʔ²²	iʌʔ²²	yʌʔ²²	lyʌʔ²²	tɕyʌʔ²²
陵川	iʌʔ³	iʌʔ²³	ȵyʌʔ²³	lyʌʔ³	tɕyʌʔ²³
高平	iɛʔ²²	iɛʔ²²	iɛʔ²²	liɛʔ²²	tɕiɛʔ²²

表 7-33　　　　　　　　　　　ye

方言＼字目	缺 山合四 入屑溪	削 宕开三 入药心	学 江开二 入觉匣	雪 山合三 入薛心	约 宕开三 入药影
新荣	tɕʰyaʔ44	ɕyaʔ4|ɕyəʔ4|ɕiɔu32	ɕyaʔ4|ɕiɔu312	ɕyaʔ4	yaʔ4
阳高	tɕʰyaʔ33	ɕyəʔ33	ɕyaʔ33	ɕyaʔ33	yaʔ33
天镇	tɕʰyaʔ44	ɕyaʔ44/ɕyəʔ44	ɕyaʔ44	ɕyaʔ44	iaʔ44
左云	tɕʰyaʔ44	ɕyaʔ44/ɕyəʔ44	ɕiɔu313/ɕyaʔ44	ɕyaʔ44	yaʔ44
右玉	tɕʰyaʔ44	ɕyaʔ44/ɕyəʔ44	ɕyaʔ44	ɕyaʔ44	yaʔ44
山阴	tɕʰyʌʔ4	ɕyʌʔ4/ɕyəʔ4	ɕyʌʔ4	ɕyʌʔ4	iʌʔ4
怀仁	tɕʰyaʔ	ɕyəʔ	ɕyaʔ	ɕyaʔ	yaʔ
平定	tɕʰyæʔ44	ɕyæʔ44	ɕiɔ31/ɕiæʔ44	ɕyæʔ44	yæʔ44/iɔ31
昔阳	tɕʰyʌʔ43	ɕyʌʔ43/ɕiɔo42	ɕyʌʔ43/ɕiʌʔ43/ɕiɔo33	ɕyʌʔ43	iʌʔ43
和顺	tɕʰyeʔ21	ɕyeʔ21	ɕyeʔ21	ɕyeʔ21	ieʔ21
灵丘	tɕʰyʌ44	ɕyəʔ5	ɕyaʔ5/ɕiɔo22	ɕyʌʔ5	yʌʔ5
浑源	tɕʰyʌʔ44	ɕyʌʔ44	ɕyʌʔ44	ɕyʌʔ44	iʌʔ44
应县	tɕʰyaʔ43	ɕyaʔ43/ɕyɛʔ43	ɕyaʔ43	ɕyaʔ43	yaʔ43/iau43
平鲁	tɕʰyʌʔ34	ɕyʌʔ34	ɕiɔ44/ɕyʌʔ34	ɕyʌʔ34	iʌʔ34
朔州	tɕʰyʌʔ35	ɕyʌʔ35	ɕyʌʔ35	ɕyʌʔ35	iʌʔ35
忻州	tɕʰyʌʔ32	ɕyʌʔ32	ɕiɛʔ32/ɕiɔo21	ɕyʌʔ32	ieʔ32
原平	tɕʰyəʔ34	ɕyəʔ34	ɕyəʔ34	ɕyəʔ34	iəʔ34
定襄	tɕʰyəʔ1	ɕyəʔ1	ɕyəʔ1	ɕyəʔ1	yəʔ1
五台	tɕʰyəʔ33	ɕyəʔ33	ɕyəʔ33	ɕyəʔ33	iəʔ33
岢岚	tɕʰyɛʔ4	ɕyɛʔ4	ɕyɛʔ4	ɕyɛʔ4	iɛʔ4
神池	tɕʰyʌʔ4	ɕyəʔ4	ɕiʌʔ4	ɕyʌʔ4	iʌʔ4
五寨	tɕʰyɛʔ4	ɕyəʔ4	ɕyɛʔ4	ɕyɛʔ4	iɛʔ4
宁武	tɕʰyʌʔ4	ɕyəʔ4	ɕyʌʔ4	ɕyʌʔ4	iʌ
代县	tɕʰyaʔ22	ɕyaʔ22	ɕyaʔ22	ɕyaʔ22	iaʔ22
繁峙	tɕʰyaʔ13	ɕyəʔ13/ɕiɑo53	ɕyaʔ13	ɕyaʔ4	iaʔ13
河曲	tɕʰyɛʔ4	ɕyəʔ4	ɕyɛʔ4	ɕyɛʔ4	iɛʔ4
保德	tɕʰyɛ44	ɕiəʔ4	ɕiɛʔ4/ɕyueʔ44	ɕyɛ44	iɛ44
偏关	tɕʰyɛʔ4	ɕyɛʔ4	ɕyɛʔ4/ɕiɛʔ4/ɕiɔo44	ɕyɛʔ4	iɛʔ4
阳曲	tɕʰyɛʔ4	ɕyɛʔ4	ɕiɛʔ4	ɕyɛʔ4	iɛʔ4/iɔo312

续表

方言\字目	缺 山合四 入屑溪	削 宕开三 入药心	学 江开二 入觉匣	雪 山合三 入薛心	约 宕开三 入药影
古交	tɕʰyəʔ²	ɕyəʔ²	ɕyəʔ²¹²	ɕyəʔ²	yəʔ²/iəʔ²
晋源	tɕʰyəʔ²	ɕyəʔ²	ɕiəʔ²	ɕyəʔ²	iaʔ²/iau¹¹
北郊	tɕʰyəʔ²²	ɕyəʔ²²	ɕyəʔ⁴³	ɕyəʔ²²	yəʔ²²
清徐	tɕʰya¹¹	ɕya¹¹	ɕia⁵⁴	ɕya¹¹	ya¹¹
娄烦	tɕʰyaʔ³	ɕyəʔ³	ɕiaʔ²¹	ɕyaʔ³	iaʔ³
太谷	tɕʰyaʔ³	ɕyəʔ³	ɕiaʔ⁴²³	ɕyaʔ³	yaʔ³
祁县	tɕʰyɑʔ³²	ɕyəʔ³²	ɕiɑʔ³²⁴	ɕyɑʔ³²	yɑʔ³²
平遥	tɕʰyʌʔ²¹²	ɕyʌʔ²¹²	ɕiʌʔ⁵²³	ɕyʌʔ²¹²	yʌʔ²¹²
介休	tɕʰyʌʔ¹²	ɕyʌʔ¹²/ɕiɔoʔ¹³	ɕiʌʔ³¹²/ɕiɔoʔ¹³	ɕyʌʔ¹²	yʌʔ¹²
灵石	tɕʰyəʔ⁴	ɕyəʔ²⁴/ɕyəʔ²	ɕyaʔ²¹²	ɕyəʔ⁴	yaʔ⁴
寿阳	tɕʰyɛʔ²	ɕyɛʔ⁵⁴	ɕieʔ⁵⁴	ɕyɛʔ²	iɛʔ²
榆次	tɕʰyaʔ¹¹	ɕyaʔ¹¹	ɕiaʔ⁵³/ɕyaʔ⁵³	ɕyaʔ¹¹	iaʔ¹¹
榆社	tɕʰyaʔ³¹²	ɕyəʔ²²	ɕiaʔ³¹²	ɕyəʔ²²	iaʔ²²
交城	tɕʰyaʔ¹¹	ɕyəʔ¹¹	ɕiaʔ⁵³/ɕiouʔ¹¹	ɕyəʔ¹¹	iaʔ¹¹
文水	tɕʰyaʔ²	ɕyəʔ²/ɕyaʔ²	ɕiaʔ³¹²	ɕyaʔ²	iaʔ²
孝义	tɕʰyəʔ³	ɕyəʔ³	ɕiaʔ⁴²³	ɕyəʔ³	yaʔ³
孟县	tɕʰyʌʔ²²	ɕyəʔ²²/ɕyʌʔ⁵³	ɕiʌʔ⁵³/ɕiauʔ²²	ɕyʌʔ²²	iʌʔ²²/iauʔ⁴¹²
静乐	tɕʰyəʔ⁴	ɕyəʔ⁴	ɕyəʔ²¹²	ɕyəʔ⁴	iəʔ⁴
离石	tɕʰyeʔ⁴	ɕyeʔ⁴	ɕieʔ²³	ɕyeʔ⁴	ieʔ⁴
汾阳	tɕʰyeʔ²²	ɕyeʔ²²	ɕiaʔ³¹²/ɕiauʔ²²	ɕyeʔ²²	iaʔ²²
方山	tɕʰyɛʔ⁴	ɕyɛʔ⁴	ɕiɛʔ²³/ɕiouʔ⁴⁴	ɕyɛʔ⁴	yɛʔ⁴
柳林	tɕʰyɛʔ⁴	ɕyɛʔ⁴	ɕiɛʔ⁴²³/ɕiouʔ⁴	ɕyɛʔ⁴	iaʔ⁴
临县	tɕʰyɐʔ³	ɕyɐʔ³	ɕiɐʔ²⁴/ɕiouʔ³³	ɕyɐʔ³	yɐʔ³
中阳	tɕʰyeʔ⁴	ɕyeʔ⁴	ɕieʔ³¹²	ɕyeʔ⁴	iaʔ⁴
兴县	tɕʰyəʔ⁵⁵	ɕyəʔ⁵⁵	ɕiəʔ⁵⁵	ɕyəʔ⁵⁵	iəʔ³¹²
岚县	tɕʰyɛʔ⁴	ɕyɛʔ⁴	ɕiɛʔ⁴	ɕyɛʔ⁴	iɛʔ⁴
交口	tɕʰyeʔ⁴	ɕyeʔ⁴	ɕieʔ²¹²/ɕiaoʔ⁴⁴	ɕyeʔ⁴	yeʔ⁴/iaoʔ³²³
石楼	tɕʰyəʔ⁴	ɕyəʔ⁴	ɕyəʔ²¹³/ɕiɔoʔ⁴⁴	ɕyəʔ⁴	yəʔ⁴
隰县	tɕʰyəʔ³	ɕyəʔ³/ɕiaoʔ⁵³	ɕiəʔ³/ɕiaoʔ²⁴	ɕyəʔ³	yəʔ³/iaoʔ⁵³

续表

方言＼字目	缺 山合四 入屑溪	削 宕开三 入药心	学 江开二 入觉匣	雪 山合三 入薛心	约 宕开三 入药影
大宁	tɕʰyɐʔ³¹	ɕyɐʔ³¹	ɕiɐʔ⁴⁴	ɕyɐʔ³¹	iɐʔ³¹
永和	tɕʰyɐʔ³⁵	ɕyɐʔ³⁵	ɕiɐʔ³⁵	ɕyɐʔ³⁵	iɐʔ³⁵
汾西	tɕʰyɪ¹¹	ɕiu¹¹/ɕyɪ¹¹	ɕiu¹¹	ɕyɪ¹¹	iɑo¹¹/niu¹¹
蒲县	tɕʰyɛʔ⁴³	ɕyɛʔ⁴³	ɕiɛʔ⁴³	ɕyɛʔ⁴³	yɛʔ⁴³
长治市	tɕʰyəʔ⁵³	ɕyəʔ⁵³	ɕyəʔ⁵³	ɕyəʔ⁵³	yəʔ⁵³
长治县	tɕʰyəʔ²¹	ɕyəʔ²¹	ɕyəʔ²¹	ɕyəʔ²¹	yəʔ²¹
长子	tɕʰyəʔ⁴⁴	ɕyəʔ⁴⁴	ɕyəʔ²¹²	ɕyəʔ⁴⁴	yəʔ⁴⁴
屯留	tɕʰyəʔ¹	ɕyəʔ⁵⁴	ɕyəʔ⁵⁴	ɕyəʔ¹	yəʔ¹
黎城	cʰiʌʔ²²	ɕyʌʔ²²	ɕiʌʔ³¹	ɕyʌʔ²²	yʌʔ²²
壶关	cʰyʌʔ²	syʌʔ²	ɕyʌʔ²¹	syʌʔ²	iʌʔ²¹
平顺	cʰyəʔ²¹²	ɕyʌʔ²¹²	ɕyʌʔ⁴²³	ɕyʌʔ²¹²	iʌʔ²¹²
沁县	tɕʰyæʔ³¹	ɕyəʔ³¹	ɕiæʔ²¹²	ɕyæʔ³¹	iæʔ³¹
武乡	tɕʰyʌʔ³	ɕyʌʔ³	ɕiʌʔ⁴²³	ɕyʌʔ³	iʌʔ³
沁源	tɕʰyəʔ³¹	ɕyəʔ³¹	ɕiəʔ³¹	ɕyəʔ³¹	iəʔ³¹
襄垣	tɕʰyʌʔ³	ɕyʌʔ³	ɕiʌʔ⁴³	ɕyʌʔ³	iʌʔ³
安泽	tɕʰyəʔ²¹	ɕyɛ²¹	ɕyɛ³⁵	ɕyəʔ²¹	yəʔ²¹
端氏	tɕʰyaʔ²²	ɕyaʔ²²	ɕia⁵⁴	ɕyaʔ²²	yaʔ²²
晋城	tɕʰyʌʔ²²	ɕyʌʔ²²	ɕiʌʔ²²/ɕyʌʔ²²	ɕyʌʔ²²	iʌʔ²²
阳城	cʰyʌʔ²²	ɕyʌʔ²²	ɕiʌʔ²²/ɕyʌʔ²²	ɕyʌʔ²²	yʌʔ²²
陵川	cʰyʌʔ³	ɕyʌʔ²³	ɕyʌʔ²³	ɕyʌʔ³	yʌʔ³
高平	cʰiɛʔ²²	ɕiɛʔ²²	ɕiɛʔ²²	ɕiɛʔ²²	iɛʔ²²

表 7-34

方言＼字目	月 山合三 入月疑	跃 宕开三 入药以	拨 山合一 入末帮	泼 山合一 入末滂	迫 梗开二 入陌帮
新荣	yaʔ⁴∣yɛ²⁴	iɔu²⁴∣yaʔ²⁴	paʔ²⁴	paʔ²⁴/pʰaʔ²⁴	pʰiaʔ²⁴
阳高	yaʔ³³	yaʔ³³	pɑʔ³³	pʰʌ³¹	pʰiaʔ³³
天镇	yaʔ⁴⁴	iɔu²⁴	pɑʔ⁴⁴	pɑʔ⁴⁴/pʰɑʔ⁴⁴	pʰiaʔ⁴⁴
左云	yaʔ⁴⁴	yaʔ⁴⁴	paʔ⁴⁴	pʰaʔ⁴⁴	pʰaʔ⁴⁴
右玉	yaʔ⁴⁴	iɐo²⁴	pa³¹²	pʰaʔ⁴⁴	pʰiaʔ⁴⁴
山阴	yʌʔ⁴	iɔo³³⁵	puə³¹³	pʰʌʔ⁴	pʰiʌʔ⁴
怀仁	yaʔ⁴/yɛ²⁴	iɔu²⁴	paʔ⁴	pʰaʔ⁴	pʰiaʔ⁴
平定	yæʔ²³	iɔi²⁴	paʔ⁴⁴	pʰaʔ⁴⁴	pʰiæʔ⁴⁴
昔阳	yɛ¹³	yʌʔ⁴³	pʌʔ⁴³	pʰʌʔ⁴³	pʰʌʔ⁴³
和顺	yeʔ²¹	iɔu¹³	pəʔ²¹	pʰəʔ²¹	pʰieʔ²¹
灵丘	yɛ⁵³	ye⁵³	pʌʔ⁵	pʰʌʔ⁵	pʰʌʔ⁵
浑源	yɛ¹³	iʌu¹³	pʌʔ⁴⁴	pʰʌʔ⁴⁴	pʰʌʔ⁴⁴
应县	yaʔ⁴³/yɛ²⁴	yɛ²⁴	paʔ⁴³	pʰaʔ⁴³	pʰaʔ⁴³
平鲁	yʌʔ³⁴/yɛ⁵²	yəʔ³⁴	pʌʔ³⁴	pʰʌʔ³⁴	pʰiʌʔ³⁴
朔州	yʌʔ³⁵	iɔo⁵³	pəʔ³⁵	pʌʔ³⁵	pʰiʌʔ³⁵
忻州	yʌʔ³²	iɔo⁵³	pɑʔ³²	pʰɑʔ³²	pʰiəʔ³²/pʰæe³¹³
原平	yəʔ³⁴	iɔo⁵³	pəʔ³⁴	pʰuɔʔ³⁴	pʰiəʔ³⁴
定襄	yəʔ¹	yəʔ³³	paʔ¹	pʰaʔ¹	puəʔ¹
五台	yəʔ³³	iaɔ⁵²	pəʔ³³	pʰəʔ³³	pʰiəʔ³³
岢岚	yɛʔ⁴	iau⁵²	paʔ⁴	pʰaʔ⁴	pʰiɛʔ⁴
神池	yʌʔ⁴	yʌʔ⁴	pʌʔ⁴	pʰʌʔ⁴	pʰiɛʔ⁴
五寨	yɛʔ⁴	iau⁵²	paʔ⁴	pʰaʔ⁴	pʰiɛʔ⁴
宁武	yʌʔ⁴	iɔu⁵²	pʌʔ⁴	pʰʌʔ⁴	pʰiəʔ⁴
代县	yaʔ²²	iau⁵³	pəʔ²²	pʰaʔ²²	pʰiaʔ²²
繁峙	yaʔ¹³	yaʔ¹³	paʔ¹³	pʰaʔ¹³	pʰiaʔ¹³
河曲	yɛʔ⁴	iɛʔ⁴	paʔ⁴	pʰaʔ⁴	pʰiɛʔ⁴
保德	yɛʔ⁴⁴	yɛ⁴⁴	pəʔ⁴	pʰəʔ⁴	pʰʌ⁵²
偏关	yɛʔ⁴	iɔo⁵²	pʌʔ⁴	pʰʌʔ⁴	pʰiɛʔ⁴
阳曲	yɛʔ⁴	iɔo⁴⁵⁴	pəʔ⁴	pʰəʔ⁴	pʰiɛʔ⁴

续表

方言＼字目	月 山合三入月疑	跃 宕开三入药以	拨 山合一入末帮	泼 山合一入末滂	迫 梗开二入陌帮
古交	yəʔ²	yəʔ²	pɐ³³	pʰɐ³³	pʰiəʔ²
晋源	yəʔ²	yəʔ²	paʔ²	pʰaʔ²/pʰaʔ⁴³	pʰəʔ²
北郊	yəʔ²²	yəʔ²²	paʔ²²/pəʔ²²	pʰaʔ²²/pʰəʔ²²	pʰiəʔ²²
清徐	ya¹¹	ya¹¹	pa¹¹	pʰa¹¹	pʰa¹¹
娄烦	yaʔ³	iɔu⁵⁴	paʔ³	pʰaʔ³	pʰiəʔ³
太谷	yaʔ³	yaʔ³	pəʔ³	pʰiaʔ³	pʰiaʔ³
祁县	yɑʔ³²	yɑʔ³²	pɑʔ³²	pʰɑʔ³²	pʰiɑʔ³²
平遥	yʌʔ⁵²³	iɔ²¹³	pʌʔ²¹²	pʰʌʔ²¹²	pʰiʌʔ²¹²
介休	yʌʔ³¹²	yʌʔ¹²	pʌʔ³¹²	pʰʌʔ¹²	pʰiʌʔ¹²
灵石	yəʔ⁴	yəʔ⁴/iɔ⁵³	pʌʔ⁴	pʰʌʔ⁴	pʰʌʔ⁴
寿阳	yɛʔ²	yɛʔ²	paʔ²	pʰaʔ²	pʰiɛʔ²
榆次	yaʔ¹¹	yaʔ¹¹	paʔ¹¹	pʰaʔ¹¹	pʰaʔ¹¹
榆社	yaʔ²²	yəʔ²²	paʔ²²	pʰaʔ²²	pʰiaʔ³¹²
交城	yaʔ¹¹	iou²⁴	pəʔ⁵³	pʰaʔ¹¹/pʰəʔ¹¹	pʰiaʔ¹¹
文水	yaʔ²	yaʔ²	paʔ²	pʰaʔ²	pʰiaʔ²
孝义	yəʔ⁴²³	yəʔ³/iɒ⁴⁵⁴	pəʔ⁴²³	pʰəʔ³	pʰiaʔ³
盂县	yʌʔ²²	iɑu⁵⁵	pəʔ⁵³	pʰʌʔ²²	pʰiʌʔ²²
静乐	yəʔ⁴	yəʔ⁴	paʔ⁴	pʰaʔ⁴	pʰiəʔ⁴
离石	yeʔ²³	iou⁵³	pəʔ⁴	pʰəʔ⁴	pʰiɛʔ⁴
汾阳	yeʔ³¹²	yaʔ²²	pəʔ²²	pʰəʔ²²	pʰiaʔ²²
方山	yɛʔ²³	ioui⁵²	pəʔ⁴	pʰəʔ⁴	pʰuəʔ⁵²
柳林	yeʔ⁴²³	iou⁵³	pəʔ⁴	pʰəʔ⁴	pʰiɛʔ⁴
临县	yɐʔ²⁴	yɐʔ⁴	pʰəʔ²⁴	pʰɐʔ³	pʰia³
中阳	yeʔ⁴	iɔ⁵³	pəʔ⁴	pʰəʔ⁴	pʰieʔ⁴
兴县	yəʔ³¹²	iɯɯ⁵³	pəʔ⁵⁵	pʰəʔ⁵⁵	pʰiəʔ⁵⁵
岚县	yɛʔ⁴	iou⁵¹	pɑʔ²³	pʰieʔ⁴	pʰieʔ⁴
交口	yeʔ⁴	yeʔ⁴	paʔ⁴/pəʔ⁴	pʰəʔ¹	pʰieʔ⁴
石楼	y²¹³/yəʔ⁴	yəʔ⁴/ioʊ⁵¹	pʌʔ⁴	pʌʔ⁴/pʰʌʔ⁴	pʰiʌʔ⁴
隰县	yəʔ³	yəʔ³	paʔ³	pʰaʔ³	pʰɤ⁴⁴

续表

方言＼字目	月 山合三 入月疑	跃 宕开三 入药以	拨 山合一 入末帮	泼 山合一 入末滂	迫 梗开二 入陌帮
大宁	yɐʔ³¹	iɐu⁵⁵	pɐʔ³¹	pʰɐʔ³¹	pʰiɐʔ³¹
永和	yɐʔ³¹²	iɑo⁵³	pɐʔ³⁵	pʰɐʔ³⁵	pʰiɐʔ³⁵
汾西	yɪ¹¹	iɑo⁵³	pu¹¹	pʰu¹¹	pʰə¹
蒲县	yɛʔ⁴³	iɛʔ⁴³	po⁵²	pʰu⁵²	pʰɛʔ⁴³
长治市	yəʔ⁵³	yəʔ⁵³/iɑo⁵⁴	pəʔ⁵³	pʰəʔ⁵³	pʰəʔ⁵³/pʰə⁵⁴
长治县	yəʔ²¹	iɔ⁴²/yɛʔ²¹	pəʔ²¹	pʰəʔ²¹	pʰiəʔ²¹
长子	yəʔ⁴⁴	yəʔ⁴⁴/iɔ⁵³	pəʔ⁴⁴	pʰəʔ⁴⁴	pʰiəʔ⁴⁴
屯留	yəʔ¹	yəʔ¹	pʌʔ¹	pʰʌʔ¹	pʰʌʔ¹
黎城	yʌʔ³¹	yɤʔ³¹/iɔ⁵³	pʌʔ²²	pʰʌʔ²²	pʰiʌʔ²²
壶关	yʌʔ²¹	iʌʔ²¹	piʌʔ²	pʰiʌʔ²	pʰiʌʔ²
平顺	yʌʔ⁴²³	iʌʔ⁴²³	pʌʔ²¹²	pʰʌʔ²¹²	pʰiʌʔ²¹²
沁县	yæʔ³¹	io⁵³	paʔ³¹	pʰaʔ³¹	pʰiæʔ³¹
武乡	yʌʔ³	yʌʔ³	pʌʔ³	pʰʌʔ³	pʰiʌʔ³
沁源	yəʔ³¹	iɔo⁵³	pʌʔ³¹	pʰʌʔ³¹	pʰiəʔ³¹
襄垣	yʌʔ³	iɔo⁴⁵	pʌʔ³	pʰʌʔ³	pʰiʌʔ³
安泽	yəʔ²¹	yəʔ²¹	po²¹	pʰo²¹	pʰo⁵³
端氏	yaʔ²²	iɔ⁵³	paʔ²²	pʰaʔ²²	pʰaʔ²²
晋城	yʌʔ²²	io⁵³	pʌʔ²²	pʰʌʔ²²	pʰʌʔ²²
阳城	yʌʔ²²	yʌʔ²²	pəʔ²²/pʌʔ²²	pʰʌʔ²²	pʰʌʔ²²
陵川	yʌʔ²³	yʌʔ²³	pʌʔ³	pʰʌʔ³	pʰiʌʔ³
高平	iɛʔ²²	iɔo⁵³	pʌʔ²²	pʰʌʔ²²	pʰɛʔ²²

表 7-35

方言＼字目	摸 宕开一 入铎明	没 臻合一 入没明	夺 山合一 入末定	托 宕开一 入铎透	诺 宕开一 入铎泥
新荣	maʔ²⁴	maʔ²⁴|məʔ²⁴	tuaʔ²⁴	tʰuaʔ²⁴	nuoʔ²⁴|naʔ²⁴
阳高	mɑʔ³³	məʔ³³	tuɑʔ³³	tʰuɑʔ³³	nuɤ²⁴
天镇	mɑʔ⁴⁴	məʔ⁴⁴	tuɑʔ⁴⁴	tʰuɑʔ⁴⁴/tuɑʔ⁴⁴	nuɤ²⁴
左云	maʔ⁴⁴	maʔ⁴⁴/məʔ⁴⁴	tuaʔ⁴⁴	tʰuaʔ⁴⁴	nuaʔ⁴⁴
右玉	maʔ⁴⁴	məʔ⁴⁴	tuaʔ⁴⁴	tʰuaʔ⁴⁴	nuaʔ⁴⁴
山阴	mʌʔ⁴	mʌʔ⁴/məʔ⁴	tuʌʔ⁴	tʰuʌʔ⁴	nuʌʔ⁴
怀仁	maʔ⁴	maʔ⁴	tuaʔ⁴	tʰuaʔ⁴	nuaʔ⁴
平定	maʔ²³	maʔ²³/məʔ²³	tuaʔ⁴⁴	tʰuaʔ⁴⁴	nuɤ²⁴
昔阳	məʔ⁴²	mʌʔ⁴³	tuʌʔ⁴³	tʰuʌʔ⁴³	nuə³³
和顺	məʔ²¹	məʔ²¹	tuəʔ²¹	tʰuəʔ²¹	nuəʔ²¹
灵丘	mɔo⁴⁴²	mʌʔ⁵	tue⁴⁴²	tʰuʌʔ⁵	nʌʔ⁴⁴
浑源	pʌʔ⁴⁴/mʌʔ⁴⁴	məʔ⁴⁴/mʌʔ⁴⁴	tuʌʔ⁴⁴	tʰuʌʔ⁴⁴	nʌʔ⁴⁴/noʌ²²
应县	maʔ⁴³	maʔ⁴³/məʔ⁴³	tuaʔ⁴³	tʰuaʔ⁴³	nuaʔ⁴³
平鲁	mʌʔ³⁴	mʌʔ³⁴/məʔ³⁴	tuəʔ⁴⁴/tuʌʔ⁴⁴	tʰuʌʔ³⁴	nuə⁵²
朔州	mʌʔ³⁵	mʌʔ³⁵	tuʌʔ³⁵	tʰuʌʔ³⁵	nuʌʔ³⁵
忻州	mʌʔ³²	məʔ³²	tuʌʔ³²	tʰuʌʔ³²	nuɛ⁵³
原平	məʔ³⁴	muɔʔ³⁴	tuɔʔ³⁴	tʰuy⁵³	nɔʔ³⁴
定襄	muəʔ¹	maʔ³³	tuaʔ¹	tʰuəʔ¹	nuəʔ³³
五台	məʔ³³	məʔ³³	tuəʔ³³	tʰuəʔ³³	nɔʔ³³
岢岚	maʔ⁴	maʔ⁴	tuaʔ⁴	tʰuaʔ⁴	nuɤ⁵²
神池	mʌʔ⁴	muəʔ⁴	tuʌʔ⁴	tʰuʌʔ⁴	nuaʔ⁴
五寨	maʔ⁴	maʔ⁴	tuaʔ⁴	tʰuaʔ⁴	nuo⁵²
宁武	mʌʔ⁴	məʔ⁴	tuʌʔ⁴	tʰuʌʔ⁴	nuəʔ⁴
代县	maʔ²²	maʔ²²	tuaʔ²²	tʰuaʔ²²	naʔ²²
繁峙	maʔ¹³	məʔ¹³	tuaʔ¹³	tʰuaʔ¹³	nuaʔ¹³
河曲	maʔ⁴	maʔ⁴	tuəʔ⁴	tʰuaʔ³	nuɤ⁵²
保德	məʔ⁴	məʔ⁴	tuəʔ⁴	tʰuəʔ⁴	nuɤ⁵²
偏关	mʌʔ⁴	məʔ⁴	tuʌʔ⁴	tʰuʌʔ⁴	nuʌʔ⁴
阳曲	məʔ⁴	məʔ⁴	tuəʔ²¹²	tʰuəʔ⁴	nuɤ⁴⁵⁴

续表

方言\字目	摸 宕开一入铎明	没 臻合一入没明	夺 山合一入末定	托 宕开一入铎透	诺 宕开一入铎泥
古交	mʌʔ²	məʔ²¹²	tuaʔ³³	tʰəʔ²	nuaʔ³³
晋源	maʔ²	məʔ²	tuaʔ⁴³	tʰaʔ²/tʰuaʔ²	nuɤ³⁵
北郊	məʔ²²	məʔ²²	tuaʔ⁴³/tuʔ²²	tʰuaʔ²²/tʰuəʔ²²	nuaʔ²²
清徐	məʔ¹¹	məʔ¹¹	tua⁵⁴	tʰua¹¹	nuəʔ¹¹
娄烦	məʔ³	məʔ³	tuaʔ²¹	tʰaʔ³	naʔ³
太谷	maʔ³	məʔ⁴²³	tyaʔ³¹²	tʰəʔ³	naʔ³
祁县	maʔ³²	məʔ³²	tuɑʔ³²⁴	tʰəʔ³²/tʰɑʔ³²	nɑʔ³²
平遥	mʌʔ²¹²	mʌʔ⁵²³	tuʌʔ⁵²³	tʰʌʔ²¹²	nuʌʔ⁵²³
介休	mʌʔ³¹²	mʌʔ³¹²	tuʌʔ³¹²	tʰuʌʔ³¹²	nʌʔ³¹²
灵石	mʌʔ⁴	mʌʔ⁴	tuaʔ²¹²	tʰuaʔ⁴	nuɤ⁵³
寿阳	maʔ²	məʔ⁵⁴/maʔ²	tuaʔ⁵⁴	tʰuaʔ²	naʔ²
榆次	maʔ¹¹	maʔ¹¹	tuaʔ¹¹	tʰuaʔ¹¹	nuaʔ¹¹
榆社	maʔ²²	məʔ²²	tuaʔ³¹²	tʰuaʔ²²	naʔ²²
交城	maʔ¹¹	maʔ¹¹	tuaʔ¹¹	tʰaʔ¹¹/tʰəʔ¹¹	naʔ¹¹/nuaʔ¹¹
文水	maʔ²	məʔ³¹²/maʔ²	tuaʔ³¹²	tʰəʔ²	naʔ²
孝义	məʔ³	məʔ³/mei⁴⁵⁴	tuəʔ⁴²³	tʰaʔ³	naʔ³
盂县	mʌʔ²²/mɑu⁴¹²	mʌʔ²²/məʔ⁵³	tuʌʔ²²	tʰuʌʔ²²	nʌʔ²²
静乐	maʔ⁴	məʔ²¹²	tuaʔ²¹²	tʰaʔ²	naʔ⁴
离石	məʔ²³	məʔ²³	tʰuəʔ²³	tʰɑʔ⁴	nɑʔ²³
汾阳	məʔ³¹²	məʔ³¹²	tuəʔ³¹²	tʰuəʔ²²	nuəʔ³¹²
方山	məʔ²³	məʔ²³	tʰuəʔ²³/tuəʔ⁴	tʰɑʔ⁴	nuə⁵²
柳林	məʔ⁴²³	məʔ⁴²³	tʰuəʔ⁴²³	tʰɑʔ⁴	naʔ⁴²³
临县	mɐʔ²⁴	mɐʔ³	tʰɐʔ²⁴	tʰɐʔ³	nuɤ⁵²
中阳	məʔ⁴	məʔ³¹²	tʰuəʔ³¹²/tuəʔ⁴	tʰɑʔ⁴/tʰʌ³³	nɑʔ³¹²
兴县	maʔ⁵⁵	məʔ³¹²	tʰuəʔ³¹²/tuəʔ⁵⁵	tʰaʔ⁵⁵	naʔ⁵⁵
岚县	mieʔ⁴	məʔ⁴	tʰueʔ²³	tʰieʔ⁴	nieʔ⁴
交口	məʔ⁴	məʔ⁴	tʰuəʔ²¹²/tuəʔ⁴	tʰəʔ⁴	nə⁵³
石楼	mʌʔ⁴	mʌʔ⁴	tʰuʌʔ²¹³/tuʌʔ²¹³	tʰʌʔ⁴/tʰuʌʔ⁴	nuə⁵¹
隰县	maʔ³	mɤ⁵³	tʰuaʔ³	tʰuaʔ³/tʰɤ⁵³	nuo⁴⁴

续表

方言＼字目	摸 宕开一 入铎明	没 臻合一 入没明	夺 山合一 入末定	托 宕开一 入铎透	诺 宕开一 入铎泥
大宁	mɐʔ³¹	mɐʔ³¹	tʰuɐ⁴⁴	tʰuo³¹	nuo³¹
永和	mɐʔ³¹²	məʔ³¹²	tʰuɐʔ³¹²/tuɐʔ³¹²	tʰɐʔ³⁵	nuɤ⁵³
汾西	mu¹¹	mə³	tʰuə³/tuə³	tʰu¹¹	nu¹¹
蒲县	mo⁵²	mo³³	tʰuəʔ²³	tʰuo⁵²	nuo⁵²
长治市	məʔ⁵³	məʔ⁵³	tuəʔ⁵³	tʰuəʔ⁵³	nuəʔ⁵³/nuə⁵⁴
长治县	məʔ²¹	məʔ²¹	tuəʔ²¹	tʰuəʔ²¹/tʰuo²¹³	nuəʔ²¹
长子	məʔ⁴⁴	məʔ⁴⁴/məʔ²¹²	tuəʔ²¹²	tʰuəʔ⁴⁴	nuə⁵³
屯留	mʌʔ¹	məʔ⁵⁴	tuəʔ⁵⁴	tʰuəʔ¹	nuɤ¹¹
黎城	mʌʔ³¹	mɤʔ²²	tuʌʔ³¹	tʰuʌʔ²²	nuɤ⁵³
壶关	mʌʔ²¹	məʔ²¹	tuʌʔ²¹	tʰuʌʔ²¹/tʰuʌ³³	nuʌʔ²¹
平顺	mʌʔ⁴²³	məʔ⁴²³	tuʌʔ⁴²³	tʰuʌʔ²¹²	nuʌʔ⁴²³
沁县	maʔ³¹	məʔ²¹²	tuaʔ²¹²	tʰua³¹	nuɤ⁵³
武乡	mʌʔ³	məʔ⁴²³	tuʌʔ⁴²³	tʰuʌʔ³	nuɤ⁵⁵
沁源	mʌʔ³¹	məʔ³¹	tuʌʔ³¹	tʰʌʔ³¹/tʰuʌʔ³¹	nuə⁵³
襄垣	mʌʔ³	mʌʔ³	tuʌʔ⁴³	tʰuʌʔ³	nuə⁴⁵
安泽	mo²¹	məʔ²¹	tuo³⁵	tʰuo²¹	nuo⁵³
端氏	maʔ²²	məʔ²²	tuaʔ⁵⁴	tʰuaʔ²²	nuɤ⁵³
晋城	mʌʔ²²	məʔ²²	tuʌʔ²²	tʰuʌʔ²²	nuʌʔ²²
阳城	mʌʔ²²	məʔ²²	tuʌʔ²²	tʰuəʔ²²	nuʌʔ²²
陵川	mʌʔ²³	mʌʔ²³	tuʌʔ²³	tʰuʌʔ²³	nuʌʔ²³
高平	mʌʔ²²	məʔ²²	tuʌʔ²²	tʰuʌʔ²²	nuɤ⁵³

表 7-36

方言 \ 字目	洛 宕开一入铎来	落 宕开一入铎来	昨 宕开一入铎从	错 宕开一入铎清	缩 通合三入屋生
新荣	luaʔ²⁴	luaʔ²⁴∣lou²⁴∣lʌ²⁴	tsuaʔ²⁴	tsʰuo²⁴	suaʔ²⁴
阳高	luaʔ³³	luaʔ³³	tsuəʔ³³	tsʰuɤ²⁴/tsʰuaʔ³³	suaʔ³³
天镇	luɑʔ⁴⁴	luɑʔ⁴⁴	tsuɑʔ⁴⁴	tsʰuɤ²⁴	suaʔ⁴⁴
左云	luaʔ⁴⁴	luaʔ⁴⁴	tsuaʔ⁴⁴	tsʰuo²⁴	suaʔ⁴⁴
右玉	luaʔ⁴⁴	luaʔ⁴⁴	tsuaʔ⁴⁴	tsʰuəʔ⁴⁴/tsʰuo²⁴	suaʔ⁴⁴
山阴	luʌʔ⁴	luʌʔ⁴	tsuʌʔ⁴	tsʰuə³³⁵	ʂuʌʔ⁴
怀仁	luaʔ⁴	luaʔ⁴∣lou²⁴	tsuaʔ⁴	tsʰuɤ²⁴	suaʔ⁴
平定	luɤ²⁴	luɤ²⁴∣lɔ²⁴∣laʔ²³/luaʔ²³	tsuaʔ⁴⁴	tsʰa²⁴/tsʰuɤ²⁴	ɕyəʔ⁴⁴
昔阳	luə¹³	lɔo¹³∣luə¹³	tsuə³³	tsʰuə¹³	suʌʔ⁴³/ɕyʌʔ⁴³
和顺	luəʔ²¹	luəʔ²¹	tsuəʔ²¹	tsʰuɤ¹³	tsʰuəʔ²¹/suəʔ²¹
灵丘	luʌʔ⁵	lʌ⁵³/luʌ⁵	tsuʌʔ⁵	tsʰue⁵³	suʌʔ⁵
浑源	luʌ⁴⁴	lʌu¹³∣luʌ⁴⁴	tsuʌ⁴⁴/tsuo²²	tsʰuo¹³	suʌ⁴⁴
应县	luaʔ⁴³	la²⁴∣lau²⁴∣luaʔ⁴³	tsuaʔ⁴³	tsʰuɤ²⁴	suaʔ⁴³
平鲁	luʌʔ³⁴	luʌʔ³⁴/lɔ⁵²	tsuʌʔ³⁴	tsʰuə⁵²	suʌʔ³⁴/suɑ²¹³
朔州	luʌʔ³⁵	luʌʔ³⁵	tsuʌʔ³⁵	tsʰuə⁵³	suaʔ³⁵
忻州	lɑʔ³²	lɑʔ³²/lɑ⁵³	tsəʔ³²	tsʰuɛ⁵³	suəʔ³²
原平	lɔʔ³⁴	lɔʔ³⁴	tsɔʔ³⁴	tsʰuɤ⁵³	suəʔ³⁴
定襄	luə⁵³	luaʔ⁴	tsuaʔ³³	tsʰuə⁵³	səʔ³³
五台	lɔʔ³³	lɔʔ³³	tsuəʔ³³	tsʰuɔ⁵²	suaʔ³³
岢岚	luaʔ⁴	luaʔ⁴	tsuaʔ⁴	tʂʰuɤ⁵²	suaʔ⁴
神池	luaʔ⁴	luʌʔ⁵²/lɔo⁵²	tsuaʔ⁴	tsʰuɔ⁵²	suʌʔ⁴
五寨	luə⁴	luaʔ⁴	tsuaʔ⁴	tsʰuo⁵²	suaʔ⁴
宁武	luəʔ⁴	luʌʔ⁴	tsəʔ⁴	tsʰuo⁵²	suʌʔ⁴
代县	luaʔ²²	luaʔ²²	tsuaʔ²²	tsʰuɣ⁵³	suaʔ²²
繁峙	luaʔ¹³	luaʔ¹³	tsuaʔ¹³	tsʰuɤ⁵²	suaʔ¹³
河曲	lɔu⁵²	luaʔ⁴	tsuaʔ⁴	tsʰuɤ⁵²	suaʔ⁴
保德	luəʔ⁴	ləʔ⁴	tsuɤ⁴⁴	tsʰuɤ⁵²	suəʔ⁴
偏关	luʌʔ⁴	luʌʔ⁴∣la⁵²	tsuʌʔ⁴	tsʰuə⁵²	suʌʔ⁴
阳曲	luaʔ⁴	luəʔ⁴	tsuɤ⁴⁵⁴	tsʰuɤ⁴⁵⁴	suəʔ⁴

续表

方言 \ 字目	洛 宕开一 入铎来	落 宕开一 入铎来	昨 宕开一 入铎从	错 宕开一 入铎清	缩 通合三 入屋生
古交	luaʔ²	lɑ³³	tsuəʔ²	tsʰuəʔ²	suəʔ²
晋源	luaʔ²	laʔ²/luaʔ²	tsuəʔ²	tsʰɔ³⁵	faʔ²/suəʔ²
北郊	luaʔ²²/luəʔ²²	luaʔ²² | luəʔ²² | la³⁵ | lau³⁵	tsuəʔ²²	tsʰuɤɯ³⁵	suəʔ²²
清徐	lua¹¹	lɒ⁴⁵	tsua⁵⁴	tsʰuɤɯ⁴⁵	sua¹¹
娄烦	laʔ³	lã⁵⁴/laʔ³	tsaʔ³	tsʰɷ⁵⁴	sɷ³¹²
太谷	laʔ³	laʔ³/luəʔ³	tsaʔ³	tsʰuo⁵³	faʔ³
祁县	laʔ³²	lɔʔ³²/laʔ³²	tsaʔ³²	tsʰuɯ⁴⁵	suaʔ³²
平遥	lʌʔ⁵²³	lʌʔ⁵²³ | lɔ²⁴	tsuəʔ⁵¹²	tsʰua²⁴	suʌʔ²¹²
介休	luʌʔ¹²	lʌʔ³¹² | lɔo⁴⁵	tsuʌʔ¹²	tɕʰyɤ⁴⁵/tsʰuɤ⁴⁵	suʌʔ¹²
灵石	lʌʔ⁴	lʌʔ⁴	tsuaʔ⁴	tsʰuɤ⁵³	suaʔ⁴
寿阳	luaʔ²	luaʔ² | lɔo⁴⁵	tsuaʔ²	tsʰuəɯ⁴⁵	suaʔ²
榆次	luaʔ¹¹	luaʔ¹¹	tsaʔ⁵³	tsʰɯ³⁵	suaʔ¹¹
榆社	laʔ²²	laʔ²²	tsuaʔ²²	tsʰu²²	suaʔ²²
交城	laʔ¹¹	laʔ¹¹	tsuaʔ¹¹	tsʰuɤɯ²⁴	suaʔ¹¹
文水	laʔ²①/luəʔ²②	lɔʔ² | lau³⁵	tsuəʔ²	tsʰɿi³⁵	suaʔ²
孝义	laʔ³	laʔ³/lao⁴⁵⁴	tsaʔ³	tsʰɛ⁴⁵⁴	suaʔ³
盂县	luʌʔ²²	lɑ⁵⁵ | lau⁵⁵ | luʌʔ⁵⁵	tsuʌʔ²²	tsʰuo⁵⁵	suʌʔ²²
静乐	laʔ⁴	laʔ⁴	tsaʔ⁴	tsʰuɤ⁵³	suəʔ⁴
离石	laʔ²³	laʔ²³	tsuəʔ³¹²	tsʰuəʔ⁵³	suaʔ⁴
汾阳	lɔʔ³¹²	laʔ³¹²	tsu³¹²	tsʰɯ⁵⁵	ʂua²²
方山	luə⁵²	laʔ²³	tsuəʔ³¹²	tsʰuə⁵³	suaʔ⁴
柳林	laʔ⁴²³	laʔ⁴²³	tsa⁵³	tsʰa⁵³	suaʔ⁴
临县	luɤ⁵²	laʔ²⁴	tsuaʔ⁴	tsʰɥə⁵²	sua⁴
中阳	laʔ³¹²	laʔ²⁴	tʂuɤ⁴²³	tʂʰuɤ⁵³	ʂuɑʔ⁴
兴县	luəʔ⁵⁵	luəʔ³¹²	tsuəʔ³¹²	tsʰuɤ⁵³	suaʔ⁵⁵
岚县	lieʔ⁴	lieʔ⁴	tsʅeʔ⁴	tsʰue⁵¹	suɑʔ⁴
交口	luəʔ⁴	laʔ⁴ | luəʔ⁴ | la⁵³	tsuəʔ⁴	tsʰuə⁵³	suaʔ⁴
石楼	lʌʔ⁴	lʌʔ⁴	tsuəʔ²¹³	tʂʰuə⁵¹	ʂuʌʔ⁴
隰县	ləʔ³	luaʔ³ | la⁵³	tsuəʔ³	tsʰuo⁴⁴	suəʔ³

续表

方言＼字目	洛 宕开一入铎来	落 宕开一入铎来	昨 宕开一入铎从	错 宕开一入铎清	缩 通合三入屋生
大宁	lə $\mathrm{\Omega}^{31}$	lə $\mathrm{\Omega}^{31}$	tsə ^{31}	tsʰɑ^{55}/tsʰuo^{55}	suɐ $\mathrm{\Omega}^{31}$
永和	lɐ^{312}	lɐ^{312}	tsa^{53}	tsʰɤ^{33}	ʂuɐ^{35}
汾西	lu^{11}	lu^{11}	tsu^{33}	tsɯ^{55}/tsʰu^{11}	suə^{1}
蒲县	luo^{52}	lə $\mathrm{\Omega}^{43}$∣luo^{52}	tsuo^{24}	tsʰuo^{33}	suo^{52}
长治市	luə $\mathrm{\Omega}^{53}$	luə $\mathrm{\Omega}^{53}$	tsuə $\mathrm{\Omega}^{53}$	tsʰuə^{44}	suə $\mathrm{\Omega}^{53}$
长治县	luə $\mathrm{\Omega}^{21}$	luə $\mathrm{\Omega}^{21}$	tsuə $\mathrm{\Omega}^{21}$	tsʰuə^{21}	suə $\mathrm{\Omega}^{21}$
长子	luə $\mathrm{\Omega}^{44}$	luə $\mathrm{\Omega}^{44}$	tsuə $\mathrm{\Omega}^{212}$	tsʰuə^{422}	suə $\mathrm{\Omega}^{44}$
屯留	luə $\mathrm{\Omega}^{1}$	luə $\mathrm{\Omega}^{1}$	tsuə $\mathrm{\Omega}^{54}$	tsʰuɤ^{53}	suə $\mathrm{\Omega}^{1}$
黎城	luʌ $\mathrm{\Omega}^{22}$	luʌ $\mathrm{\Omega}^{31}$	tsuʌ $\mathrm{\Omega}^{22}$	tsʰuɤ^{422}	suʌ $\mathrm{\Omega}^{22}$
壶关	luʌ $\mathrm{\Omega}^{21}$	luʌ $\mathrm{\Omega}^{21}$∣la^{353}	tsuʌ $\mathrm{\Omega}^{21}$	tʂʰuə^{535}	ʂuə $\mathrm{\Omega}^{2}$
平顺	luʌ $\mathrm{\Omega}^{423}$	luʌ $\mathrm{\Omega}^{423}$	tsuʌ $\mathrm{\Omega}^{423}$	tsʰuɤ^{53}	suə $\mathrm{\Omega}^{212}$
沁县	lua $\mathrm{\Omega}^{31}$	lua $\mathrm{\Omega}^{31}$	tsua $\mathrm{\Omega}^{31}$	tsʰuɤ^{53}	sua $\mathrm{\Omega}^{31}$
武乡	luʌ $\mathrm{\Omega}^{3}$	luʌ $\mathrm{\Omega}^{3}$∣la^{55}	tsuʌ $\mathrm{\Omega}^{423}$	tsʰuɤ^{55}	suə $\mathrm{\Omega}^{3}$
沁源	luə $\mathrm{\Omega}^{31}$	lʌ $\mathrm{\Omega}^{31}$	tsuʌ $\mathrm{\Omega}^{31}$	tsʰuə^{53}	ʂuɣ $\mathrm{\Omega}^{31}$
襄垣	luʌ $\mathrm{\Omega}^{3}$	luʌ $\mathrm{\Omega}^{3}$	tsuʌ $\mathrm{\Omega}^{3}$	tsʰuə^{53}	suʌ $\mathrm{\Omega}^{3}$
安泽	luo^{53}	lau^{53}∣luə $\mathrm{\Omega}^{21}$	tsuo^{35}	tsʰuo^{53}	suə $\mathrm{\Omega}^{21}$
端氏	lua $\mathrm{\Omega}^{22}$	lua $\mathrm{\Omega}^{22}$	tsua $\mathrm{\Omega}^{22}$	tsʰuɤ^{53}	sua $\mathrm{\Omega}^{22}$
晋城	luʌ $\mathrm{\Omega}^{22}$	luʌ $\mathrm{\Omega}^{22}$	tʂuʌ $\mathrm{\Omega}^{22}$	tsʰuə^{53}	suə $\mathrm{\Omega}^{22}$
阳城	luʌ $\mathrm{\Omega}^{22}$	luʌ $\mathrm{\Omega}^{22}$	tsuʌ $\mathrm{\Omega}^{22}$	tsʰuə^{51}	suʌ $\mathrm{\Omega}^{22}$/suə $\mathrm{\Omega}^{22}$
陵川	luʌ $\mathrm{\Omega}^{23}$	luʌ $\mathrm{\Omega}^{23}$	tʂuʌ $\mathrm{\Omega}^{23}$	tʂʰuɤ^{24}	ʂuə $\mathrm{\Omega}^{3}$
高平	luʌ $\mathrm{\Omega}^{22}$	luʌ $\mathrm{\Omega}^{22}$∣lɔo^{53}	tʂuʌ $\mathrm{\Omega}^{22}$	tʂʰuɤ^{53}	ʂuʌ $\mathrm{\Omega}^{22}$

表 7-37

方言＼字目	索 梗开二 入陌生	捉 江开二 入觉庄	娖 江开二 入觉彻	说 山合三 入薛书	弱 宕开三 入药日
新荣	suaʔ²⁴	tʂuaʔ²⁴	tʂʰuaʔ²⁴	ʂuaʔ²⁴/ʂuɛʔ²⁴	ʐuaʔ²⁴
阳高	suɤ⁵³	tʂuɑʔ³³	tʂʰuɑʔ³³	suɑʔ³³	zɑʔ³³|zuɑʔ²⁴
天镇	suɑʔ⁴⁴	tʂuɑʔ⁴⁴	tʂʰuɑʔ⁴⁴	suɑʔ⁴⁴	zɑʔ⁴⁴
左云	suaʔ⁴⁴	tʂuaʔ⁴⁴	tʂʰuaʔ⁴⁴/tʂʰuoʔ³¹	suaʔ⁴⁴	zuaʔ⁴⁴
右玉	suaʔ⁴⁴	tʂuaʔ⁴⁴	tʂʰuaʔ⁴⁴	ʂuaʔ⁴⁴	zuaʔ⁴⁴
山阴	suʌʔ⁴	tʂuʌʔ⁴	tʂʰuʌʔ⁴	ʂuʌʔ⁴	zʌʔ⁴
怀仁	suaʔ⁴	tʂuaʔ⁴	tʂʰuaʔ⁴	suaʔ⁴	zuaʔ⁴⁴
平定	suaʔ⁴⁴	tʂuaʔ⁴⁴	tʂʰuaʔ⁴⁴	suaʔ⁴⁴	zɔʔ²⁴
昔阳	suə⁵⁵	tʂuʌʔ⁴³	tʂʰuʌʔ⁴³	suʌʔ⁴³	zə¹³
和顺	suəʔ²¹	tʂuəʔ²¹	tʂʰuəʔ²¹	suəʔ²¹	zəʔ²¹
灵丘	suʌʔ⁵	tʂuʌʔ⁵	tʂʰuʌʔ⁵	suʌʔ⁵	zɔɔ⁵³
浑源	suo⁵²	tʂuʌʔ⁴⁴	tʂʰuʌʔ⁴⁴	suʌʔ⁴⁴	zʌʔ⁴⁴
应县	suaʔ⁴³	tʂuaʔ⁴³	tʂʰuaʔ⁴³	suaʔ⁴³	zuaʔ⁴³
平鲁	suʌʔ³⁴	tʂuʌʔ³⁴	tʂʰuʌʔ³⁴/tʂʰuəʔ³⁴	suʌʔ³⁴|suɛi⁵²	zʌʔ³⁴
朔州	suʌʔ³⁵	tʂuʌʔ³⁵	tʂʰuʌʔ³⁵	suʌʔ³⁵	zʌʔ³⁵
忻州	suɛ³¹³	tsʌʔ³²	tsʰʌʔ³²	suʌʔ³²	zuʌʔ³²
原平	suɔʔ³⁴	tʂuəʔ³⁴	tʂʰuəʔ³⁴	suəʔ³⁴	zəʔ³⁴
定襄	suaʔ¹	tʂuəʔ³³	tʂʰuəʔ³³	suəʔ³³	zuə¹
五台	sɔʔ³³	tʂuəʔ³³	tʂʰɔʔ³³	suɔʔ³³	zuəʔ³³
岢岚	ʂuaʔ⁴	tʂuaʔ⁴	tʂʰuaʔ⁴	ʂuaʔ⁴	zɑʔ⁴
神池	suaʔ⁴	tʂuaʔ⁴	tʂʰuaʔ⁴	suaʔ⁴	zʌʔ⁴
五寨	suaʔ⁴	tʂuaʔ⁴	tʂʰuaʔ⁴	suaʔ⁴	zɑʔ⁴
宁武	suʌʔ⁴	tʂuʌʔ⁴	tʂʰuʌʔ⁴	suʌʔ⁴	zʌʔ⁴
代县	suɤ²¹³	tʂuaʔ²²	tʂʰuaʔ²²	suaʔ²²	zaʔ²²
繁峙	suaʔ¹³	tʂuaʔ¹³	tʂʰuaʔ¹³	suaʔ¹³	zɑʔ¹³
河曲	suaʔ⁴	tʂuaʔ⁴	tʂʰuaʔ⁴	ʂuaʔ⁴	zuaʔ⁴
保德	ʂuəʔ⁴	tʂuʌʔ⁴	tʂʰuɤʔ⁴⁴	ʂuaʔ⁴	zuəʔ⁴
偏关	suəʔ⁴	tʂuʌʔ⁴	tʂʰuʌʔ⁴	suʌʔ⁴	zʌʔ⁴
阳曲	suəʔ⁴	tʂuəʔ⁴	tʂʰuəʔ⁴	suəʔ⁴	zuəʔ⁴

续表

方言 \ 字目	索 梗开二 入陌生	捉 江开二 入觉庄	戳 江开二 入觉彻	说 山合三 入薛书	弱 宕开三 入药日
古交	suə³³	tsʌʔ²	tsʰuə²	suəʔ²	zʌʔ²
晋源	saʔ²²/suəʔ²²	tsuaʔ²/tsuəʔ²	tsʰuaʔ²	fəʔ²	zuəʔ²
北郊	suəʔ²²	tsuaʔ²²/tsuəʔ²²	tsʰuaʔ²²	suəʔ²²	zaʔ²²/zəʔ²²
清徐	suɤɯ⁵⁴	tsua¹¹	tsʰua¹¹	sua¹¹	zua¹¹
娄烦	saʔ³	pfaʔ³	pfʰaʔ³	suaʔ³	zaʔ³
太谷	suəʔ³	tsuaʔ³	tsʰuaʔ³	faʔ³	zaʔ³
祁县	saɑʔ³²	tsuɑʔ³²	tsʰuɑʔ³²	suɑʔ³²	zɑʔ³²
平遥	sʌʔ²¹²	tsuʌʔ²¹²	tsʰuʌʔ²¹²	suʌʔ²¹²	zuʌʔ²¹²
介休	suʌʔ³¹²	tsuʌʔ¹²	tsʰuʌʔ¹²	suʌʔ¹²	zuʌʔ³¹²
灵石	suaʔ⁴	tsuaʔ⁴	tsʰuaʔ⁴	suəʔ⁴	zuaʔ⁴
寿阳	suaʔ²	tsuaʔ²	tsʰuaʔ²	sua²	zaʔ²
榆次	suəʔ¹¹	tsuaʔ¹¹	tsʰuaʔ¹¹	suaʔ¹¹	zaʔ¹¹
榆社	suaʔ²²	tsuaʔ²²	tsʰuaʔ²²	suaʔ²²	zaʔ²²
交城	suaʔ¹¹	tsuaʔ¹¹	tsʰuaʔ¹¹	suaʔ¹¹	zɑʔ¹¹
文水	suaʔ²	tsuaʔ²	tsʰuaʔ²	suaʔ²	zɑʔ²
孝义	saʔ³	tsuaʔ³	tsʰuaʔ³	suəʔ³	zɑʔ³
盂县	sʌʔ²²	tsuʌʔ²²	tsʰuʌʔ²²	suəʔ²²	zʌʔ²²
静乐	saʔ²¹²	pfaʔ⁴	pfʰaʔ⁴	faʔ⁴	zaʔ⁴
离石	suə³¹²	tsuɑʔ⁴	tsʰuɑʔ⁴	ɕyeʔ⁴	zuəʔ²³
汾阳	ṣuaʔ²²	tṣuaʔ²²	tṣʰuaʔ²²	ṣuəʔ²²	ẓuəʔ³¹²
方山	saʔ⁴	tsuɑʔ⁴	tsʰuɑʔ⁴	suəʔ⁴	zuəʔ²³
柳林	saʔ⁴	tsuɑʔ⁴	tsʰuɑʔ⁴	ɕyɛʔ⁴	zəʔ⁴²³
临县	sɑʔ³	tsuaʔ³	tsʰuaʔ³	suɐʔ³	zz̩ʔ³
中阳	sɑʔ⁴	tṣuɑʔ⁴	tṣʰuɑʔ⁴	ṣuəʔ⁴	zẓʔ⁴
兴县	ṣuəʔ⁵⁵	tsuaʔ⁵⁵	tsʰuaʔ⁵⁵	suaʔ⁵⁵	zẓʔ⁵⁵
岚县	sŋəʔ⁴	tsuɑʔ⁴	tsʰuɑʔ⁴	sueʔ⁴	zɳəʔ⁴
交口	saʔ⁴	tsuaʔ⁴	tsʰuaʔ⁴	suaʔ⁴	zṇuʔ⁴
石楼	sʌʔ²⁴/ṣuʌʔ²¹³	tsuʌʔ⁴	tsʰuə²¹³	ṣuʌʔ⁴	zuʌʔ⁴
隰县	suo²¹	tsuaʔ³	tsʰuaʔ³	suaʔ³	zəʔ³

续表

方言＼字目	索 梗开二 入陌生	捉 江开二 入觉庄	戳 江开二 入觉彻	说 山合三 入薛书	弱 宕开三 入药日
大宁	ʂuɐʔ³¹	tʂuɐʔ³¹	tʂʰuɐʔ³¹	ʂuɐʔ³¹	zɤ²⁴
永和	suɐʔ³⁵	tsuɐʔ³⁵	tsʰuɐʔ³⁵	suɐʔ³⁵	zɐʔ³¹²
汾西	suə¹	tsuə¹	tsʰuə¹	suə¹	zuə¹
蒲县	suo⁵²	tʂuo²⁴	tʂʰuo⁵²	ʂuo⁵²	zɑŋ²⁴/zuo⁵²
长治市	suəʔ⁵³/suə⁵³⁵	tsuəʔ⁵³	tsʰuəʔ⁵³	suəʔ⁵³	iəʔ⁵³
长治县	suəʔ²¹	tsuəʔ²¹	tsʰuəʔ²¹	suəʔ²¹	yəʔ²¹
长子	suəʔ⁴⁴	tsuəʔ⁴⁴	tsʰuəʔ⁴⁴	suəʔ⁴⁴	yəʔ⁴⁴
屯留	suəʔ¹/suɤ⁴³	tsuəʔ¹	tsʰuəʔ¹	suəʔ¹	yəʔ¹
黎城	suʌʔ²²	tsuʌʔ²²	tsʰuʌʔ³¹	ɕyʌʔ²²	iʌʔ²²
壶关	ʂuʌʔ²	tsuʌʔ²	tʂʰuʌʔ²	ʂuʌʔ²	iʌʔ²¹
平顺	suəʔ²¹²	tsuʌʔ²¹²	tsʰuʌʔ⁴²³	suʌʔ⁴²³	yʌʔ⁴²³
沁县	sua²²	tsuaʔ³¹	tsʰuaʔ³¹	suaʔ³¹	zaʔ³¹
武乡	suəʔ³	tsuʌʔ³	tsʰuʌʔ³	suəʔ³	zʌʔ³
沁源	suʌʔ³¹	tsuəʔ³¹	tsʰuəʔ³¹	suəʔ³¹	zʌʔ³¹
襄垣	suʌʔ³	tsuʌʔ³	tsʰuʌʔ³	suʌʔ³	zʌʔ³
安泽	suəʔ²¹	tsuəʔ²¹	tsʰuoʔ²¹/tsʰuəʔ²¹	suəʔ²¹	zuəʔ²¹/zuo²¹
端氏	suaʔ²²	tsuaʔ²²	tsʰuaʔ²²	suaʔ²²	zuaʔ²²
晋城	ʂuə²¹³	tʂuʌʔ²²	tʂʰuʌʔ²²	ʂuʌʔ²²	zuʌʔ²²
阳城	suə²¹²	tsuʌʔ²²	tsʰuʌʔ²²	ʂuʌʔ²²	zʌʔ²²
陵川	ʂuəʔ³	tʂuʌʔ³	tʂʰuʌʔ³	ʂuʌʔ³	iʌʔ²³
高平	ʂuʌʔ²²	tʂuʌʔ²²	tʂʰuʌʔ²²/tʂʰuəʔ²²	ʂuʌʔ²²	zɤʔ²²

表 7-38

方言\字目	国 曾合一 入德见	括 山合一 入末见	豁 山合一 入末晓	活 山合一 入末匣	握 江开二 入觉影
新荣	kuaʔ⁴	kʰuaʔ⁴	xuaʔ⁴	xuo³¹²/xuaʔ⁴	vaʔ⁴
阳高	kuɑʔ³³	kʰuɑʔ³³	xuɑʔ³³	xuɤ³¹²/xuɑʔ³³	vɑʔ³³
天镇	kuɑʔ⁴⁴	kʰuɑʔ⁴⁴	xuɑʔ⁴⁴	xuɑʔ⁴⁴	vɑʔ⁴⁴
左云	kuaʔ⁴⁴	kʰuaʔ⁴⁴	xuaʔ⁴⁴	xuaʔ⁴⁴/xuo³¹³	vaʔ⁴⁴
右玉	kuaʔ⁴⁴	kʰuaʔ⁴⁴	xuaʔ⁴⁴	xuaʔ⁴⁴	vaʔ⁴⁴
山阴	kuəʔ⁵²	kʰuʌʔ⁴	xuʌʔ⁴	xuʌʔ⁴	uʌʔ⁴
怀仁	kuaʔ⁴	kʰuaʔ⁴	xuaʔ⁴	xuaʔ⁴/xuɤ³¹²	vaʔ⁴
平定	kuaʔ⁴⁴	kʰuaʔ⁴⁴	xuaʔ⁴⁴/xuəʔ⁴⁴	xuaʔ⁴⁴	vaʔ²³
昔阳	kuʌʔ⁴³	kʰuʌʔ⁴³	xuʌʔ⁴³	xuʌʔ⁴³	vʌʔ⁴³
和顺	kuəʔ²¹	kʰuəʔ²¹	xuəʔ²¹	xuəʔ²¹	vəʔ²¹
灵丘	kuʌʔ⁵	kʰuʌʔ⁵	xuʌʔ⁵	xueʔ⁵/xuʌʔ⁵	vəʔ⁵
浑源	kuʌʔ⁴⁴	kʰuʌʔ⁴⁴	xuʌʔ⁴⁴	xuʌʔ⁴⁴/xuo²²	vəʔ⁴⁴
应县	kuaʔ⁴³	kʰuaʔ⁴³	xuaʔ⁴³	xuaʔ⁴³/xuɤ⁴³	vaʔ⁴³
平鲁	kuʌʔ³⁴	kʰuʌʔ³⁴	xuʌʔ³⁴	xuʌʔ³⁴	uʌʔ³⁴
朔州	kuʌʔ³⁵	kʰuʌʔ³⁵	xuʌʔ³⁵	xuʌʔ³⁵	vʌʔ³⁵
忻州	kuʌʔ³²	kʰuʌʔ³²	xuʌʔ³²	xuʌʔ³²	vʌʔ³²
原平	kuəʔ³⁴	kʰuəʔ³⁴	xuɔʔ³⁴	xuɔʔ³⁴	vəʔ³⁴/vɔʔ³⁴
定襄	kuəʔ¹	kʰuəʔ³³	xuəʔ³³	xuəʔ³³	uəʔ¹
五台	kuəʔ³³	kʰuəʔ³³	xuəʔ³³	xuəʔ³³	uəʔ³³
岢岚	kuaʔ⁴	kʰuaʔ⁴	xuaʔ⁴	xuaʔ⁴	vaʔ⁴
神池	kuʌʔ⁴	kʰuaʔ⁴	xuaʔ⁴	xuaʔ⁴	vʌʔ⁴
五寨	kuəʔ⁴	kʰuaʔ⁴	xuəʔ⁴	xuaʔ⁴	vaʔ⁴
宁武	kuʌʔ⁴	kʰuəʔ⁴	xuʌʔ⁴	xuʌʔ⁴	vʌʔ⁴/vɔʔ⁴
代县	kuaʔ²²	kʰuaʔ²²	xuaʔ²²	xuaʔ²²	uaʔ²²
繁峙	kuaʔ¹³	kʰuaʔ¹³	xuaʔ¹³	xuɤ⁵³	vaʔ¹³
河曲	kuəʔ⁴	kʰuaʔ⁴	xuaʔ⁴	xuaʔ⁴	vaʔ⁴
保德	kuəʔ⁴	kʰuəʔ⁴	xuaʔ⁴	xuɤ⁴⁴	vʌ⁴⁴
偏关	kuəʔ⁴	kʰuʌʔ⁴	xuʌʔ⁴	xuaʔ⁴	vʌʔ⁴
阳曲	kuəʔ⁴	kʰuəʔ⁴	xuəʔ⁴	xuəʔ²¹²	vəʔ⁴

续表

方言＼字目	国 曾合一 入德见	括 山合一 入末见	豁 山合一 入末晓	活 山合一 入末匣	握 江开二 入觉影
古交	kuəʔ²	kʰuɑʔ³³	xuɑʔ³³	xuɑʔ²¹²	vʌʔ²
晋源	kuəʔ²	kʰuaʔ²	xuaʔ²	xuaʔ⁴³	vaʔ²
北郊	kuəʔ²²	kʰuaʔ²²	xuaʔ²²/xuəʔ²²	xuaʔ⁴³/xuəʔ⁴³	vaʔ²²/vəʔ²²
清徐	kuəʔ¹¹	kʰua¹¹	xua¹¹	xua⁵⁴	va¹¹
娄烦	kuəʔ³	kʰuaʔ³	xuaʔ³	xuaʔ²¹	vaʔ³
太谷	kuəʔ³	kʰuaʔ³	xuaʔ³	xuaʔ⁴²³	vaʔ³
祁县	kuəʔ³²	kʰuɑʔ³²	xuɑʔ³²	xuɑʔ³²⁴	uɑʔ³²
平遥	kuʌʔ²¹²	kʰuʌʔ²¹²	xuʌʔ²¹³	xuʌʔ⁵²³	uʌʔ²¹²
介休	kuʌʔ¹²	kʰuʌʔ¹²	xuʌʔ¹²	xuɑʔ³¹²	uʌʔ¹²
灵石	kuəʔ⁴	kʰuaʔ⁴	xuaʔ⁴	xuaʔ²¹²	uaʔ⁴
寿阳	kuəʔ²	kʰuaʔ²	xuaʔ²	xuaʔ⁵⁴	vaʔ²
榆次	kuəʔ¹¹	kʰuaʔ¹¹	xuaʔ¹¹	xuaʔ⁵⁴	vaʔ¹¹
榆社	xuaʔ²²	kʰuaʔ²²	xuaʔ²²	xuaʔ³¹²	vaʔ²²
交城	kuəʔ¹¹	kʰuaʔ¹¹	xuaʔ¹¹/xuəʔ¹¹	xuaʔ⁵³	uaʔ¹¹
文水	kuəʔ²	kʰuaʔ²	xuaʔ²	xuaʔ³¹²	uaʔ²
孝义	kuəʔ³	kʰuaʔ³	xuaʔ³	xuaʔ⁴²³	vaʔ³
盂县	kuəʔ²²	kʰuʌʔ²²	xuʌʔ²²	xuʌʔ⁵³	vʌʔ²²
静乐	kuəʔ⁴	kʰuaʔ⁴	xuaʔ⁴	xuaʔ²¹²	vaʔ⁴
离石	kuəʔ⁴	kʰuəʔ⁴	xuəʔ⁴	xuəʔ²³	uɑʔ⁴
汾阳	kuəʔ²²	kʰuaʔ²²	xuəʔ²²	xuəʔ³¹²	uaʔ²²
方山	kuəʔ⁴	kʰuəʔ⁴	xuəʔ⁴	xuəʔ²³	uɑʔ⁴
柳林	kuəʔ⁴	kʰuəʔ⁴	xuəʔ⁴	xuəʔ⁴²³	uɑʔ⁴
临县	kuɐʔ³	kʰuaʔ³	xuaʔ³	xuɐʔ²⁴	uaʔ³
中阳	kuəʔ⁴	kʰuəʔ⁴	xuəʔ⁴	xuəʔ³¹²	uɑʔ⁴
兴县	kuəʔ⁵⁵	kʰuaʔ⁵⁵	xuəʔ⁵⁵	xuəʔ³¹²	uaʔ⁵⁵
岚县	kuəʔ⁴	kʰueʔ⁴	xuəʔ⁴	xueʔ²³	uɑʔ⁴
交口	kuəʔ⁴	kʰuaʔ⁴	xuəʔ⁴	xuəʔ²¹²	uaʔ⁴
石楼	kuʌʔ⁴	kʰuʌʔ⁴	xuʌʔ⁴	xuəʔ²¹³	uʌʔ⁴
隰县	kuəʔ³	kʰuaʔ³	xuaʔ³	xuaʔ³	uaʔ³

续表

方言＼字目	国 曾合一 入德见	括 山合一 入末见	豁 山合一 入末晓	活 山合一 入末匣	握 江开二 入觉影
大宁	kuɐʔ^{31}	kʰɐʔ^{31}	xuɐʔ^{31}	xuɐʔ^{44}	vɐʔ^{31}
永和	kuɐʔ^{35}	kʰɐʔ^{35}	xuɐʔ^{35}	xuɐʔ^{312}	uɐʔ^{35}
汾西	kuə^{1}	kʰə^{1}	xuə^{1}	xuə^{3}	uə^{1}
蒲县	kuəʔ^{43}	kʰuo^{52}	xuəʔ^{3}	xuəʔ^{3}	uo^{52}
长治市	kuəʔ^{53}	kʰuəʔ^{53}	xuəʔ^{53}	xuəʔ^{53}	uəʔ^{53}
长治县	kuəʔ^{21}	kʰuəʔ^{21}	xuəʔ^{21}	xuəʔ^{21}	uəʔ^{21}
长子	kuəʔ^{44}	kʰuəʔ^{44}	xuəʔ^{44}	xuəʔ^{212}	vəʔ^{44}
屯留	kuəʔ^{1}	kʰuəʔ^{1}	xuəʔ^{1}	xuəʔ^{54}	uəʔ^{1}
黎城	kuɤʔ^{22}	kʰuʌʔ^{22}	xuʌʔ^{22}	xuʌʔ^{31}	ua^{33}
壶关	kuəʔ^{2}	kʰuʌʔ^{2}	xuʌʔ^{2}	xuʌʔ^{21}/xuəʔ^{353}	uʌʔ^{2}
平顺	kuʌʔ^{212}	kʰuʌʔ^{212}	xuʌʔ^{212}	xuʌʔ^{423}	uʌʔ^{212}
沁县	kuəʔ^{31}	kʰuaʔ^{31}	xuaʔ^{31}	xuaʔ^{212}	vaʔ^{31}
武乡	kuəʔ^{3}	kʰuʌʔ^{3}	xuʌʔ^{3}	xuʌʔ^{423}	vʌʔ^{3}
沁源	kuəʔ^{31}	kʰuʌʔ^{31}	xuʌʔ^{31}	xuʌʔ^{31}	vʌʔ^{31}
襄垣	kuʌʔ^{3}	kʰuʌʔ^{3}	xuʌʔ^{3}	xuʌʔ^{43}	vʌʔ^{3}
安泽	kuəʔ^{21}	kʰuəʔ^{21}	xuəʔ^{21}	xuo^{35}	vəʔ^{21}
端氏	kuəʔ^{22}	kʰuaʔ^{22}	xuaʔ^{22}	xuaʔ^{54}	vaʔ^{22}
晋城	kuəʔ^{22}	kʰuʌʔ^{22}	xuʌʔ^{22}	xuʌʔ^{22}	vʌʔ^{22}
阳城	kuəʔ^{22}	kʰuʌʔ^{22}	xuʌʔ^{22}	xuʌʔ^{22}/xuəʔ^{22}	vʌʔ^{22}
陵川	kuəʔ^{3}	kʰuʌʔ^{3}	xuʌʔ^{3}	xuʌʔ^{3}	uəʔ^{3}
高平	kuəʔ^{22}	kʰuʌʔ^{22}	xuʌʔ^{22}	xuʌʔ^{22}	vʌʔ^{22}

表 7-39

方言＼字目	百 梗开二 入陌帮	拍 梗开二 入陌滂	麦 梗开二 入麦明	摘 梗开二 入麦知	拆 梗开二 入陌彻
新荣	piaʔ^{4}	pʰɛe^{32}|pʰia^{24}	miaʔ^{4}|mɛe^{24}	tsaʔ^{4}	tsʰɛe^{32}
阳高	piaʔ^{33}	pʰiaʔ^{33}	miaʔ^{33}	tsɑʔ^{33}	tsʰɑʔ^{33}
天镇	piaʔ^{44}	pʰiaʔ^{44}	miaʔ^{44}	tsaʔ^{44}	tsʰɑʔ^{44}
左云	piaʔ^{44}	pʰiaʔ^{44}	miaʔ^{44}	tsaʔ^{44}	tsʰaʔ^{44}
右玉	piaʔ^{44}	pʰiaʔ^{44}	miaʔ^{44}	tsaʔ^{44}	tsʰaʔ^{44}
山阴	piʌʔ^{4}	pʰiʌʔ^{4}	mɛə^{335}	tsʌʔ^{4}	tʂʰʌʔ^{4}
怀仁	piaʔ^{4}	pʰiaʔ^{4}	miaʔ^{4}|mɛe^{24}	tsaʔ^{4}	tsʰaʔ^{4}
平定	piæʔ^{44}	pʰiæʔ^{44}	mɛe^{24}	tsaʔ^{44}	tsʰaʔ^{44}
昔阳	piʌʔ^{43}	pʰiʌʔ^{43}	mɛe^{13}	tsʌʔ^{43}	tsʰʌʔ^{43}
和顺	pieʔ^{21}	pʰieʔ^{21}	mieʔ^{21}	tsəʔ^{21}	tsʰəʔ^{21}
灵丘	pɛe^{442}	pʰiʌʔ^{5}	mɛe^{53}	tsʌʔ^{5}	tsʰɛe^{442}
浑源	pɛe^{52}	pʰiʌʔ^{44}	mɛe^{13}	tsʌʔ^{44}	tsʰʌʔ^{44}
应县	piʌʔ^{34}	pʰiaʔ^{43}/pʰəʔ^{31}	miaʔ^{43}|mɛi^{24}	tsʌʔ^{43}	tsʰʌʔ^{43}
平鲁	piʌʔ^{34}	pʰiʌʔ^{34}	miʌʔ^{34}|mɛi^{52}	tsʌʔ^{34}	tsʰʌʔ^{34}
朔州	pieʔ^{32}	pʰiʌʔ^{35}	mɛi^{53}	tsʌʔ^{35}	tsʰʌʔ^{35}
忻州	piəʔ^{32}	pʰieʔ^{32}	miɛʔ^{32}	tsuʌʔ^{32}/tsæɛ^{313}	tsʰəʔ^{32}
原平	piəʔ^{34}	pʰiəʔ^{34}	miəʔ^{34}	tsəʔ^{34}/tsæɛ^{213}	tsʰəʔ^{34}
定襄	piəʔ^{1}	pʰiɛʔ^{1}	miəʔ^{1}	tsuəʔ^{1}	tsʰəʔ^{1}
五台	pieʔ^{33}	pʰiɛʔ^{33}	miəʔ^{33}	tsuəʔ^{33}	tsʰəʔ^{33}
岢岚	pieʔ^{4}	pʰiɛʔ^{4}	mieʔ^{4}	tsaʔ^{4}	tʂʰaʔ^{4}
神池	piʌʔ^{4}	pʰiaʔ^{4}	miʌʔ^{4}	tsʌʔ^{4}	tsʰʌʔ^{4}
五寨	pieʔ^{4}	pʰiɛʔ^{4}	mieʔ^{4}	tsəʔ^{4}	tsʰəʔ^{4}
宁武	piʌʔ^{4}	pʰiʌʔ^{4}	miʌʔ^{22}	tsʌʔ^{4}	tsʰʌʔ^{4}
代县	piaʔ^{13}	pʰiaʔ^{22}	miaʔ^{4}	tsaʔ^{22}	tsʰaʔ^{22}
繁峙	piaʔ^{13}	pʰiaʔ^{13}	miaʔ^{13}	tsəʔ^{13}	tsʰəʔ^{13}
河曲	pieʔ^{4}	pʰiɛʔ^{4}	miaʔ^{4}	tsəʔ^{4}	tsʰəʔ^{4}
保德	pieʔ^{44}	pʰiəʔ^{4}	mieʔ^{44}	tsaʔ^{4}	tsʰəʔ^{4}
偏关	pieʔ^{4}	pʰiɛʔ^{4}	mieʔ^{4}	tsəʔ^{4}	tsʰəʔ^{4}
阳曲	pieʔ^{4}	pʰiɛʔ^{4}/pʰai^{312}	mieʔ^{4}/mai^{454}	tsəʔ^{4}	tsʰəʔ^{4}

续表

方言＼字目	百 梗开二 入陌帮	拍 梗开二 入陌滂	麦 梗开二 入麦明	摘 梗开二 入麦知	拆 梗开二 入陌彻
古交	piəʔ²	pʰiəʔ²	miəʔ²	tsəʔ²	tsʰəʔ²
晋源	piəʔ²	pʰiəʔ²	miəʔ²	tsai¹¹	tsʰəʔ²
北郊	piəʔ²²	pʰiəʔ²²/pʰai³³	mieʔ²²	tsaʔ²²	tsʰaʔ²²/tsʰai³³
清徐	pia¹¹	pʰia¹¹	mai⁴⁵	tsəʔ¹¹	tsʰəʔ¹¹
娄烦	piaʔ³	pʰiaʔ³	miaʔ³	tsəʔ³	tsʰəʔ³
太谷	piaʔ³	pʰiaʔ³	miaʔ³	tsəʔ³	tsʰəʔ³
祁县	piɑʔ³²	pʰiɑʔ³²	miɑʔ³²	tsəʔ³²	tsʰəʔ³²
平遥	piʌʔ²¹²	pʰiʌʔ²¹²	miʌʔ⁵²³	tʂʌʔ²¹²	tʂʰʌʔ²¹²
介休	piʌʔ¹²	pʰiʌʔ¹²	miʌʔ³¹²	tʂʌʔ¹²	tʂʰʌʔ¹²
灵石	piaʔ⁴	pʰiaʔ⁴	miaʔ⁴	tsɛ⁵³⁵	tsʰɛ⁵³⁵
寿阳	pieʔ²	pʰieʔ²	mieʔ²	tsaʔ²	tsʰaʔ²
榆次	piaʔ¹¹	pʰiaʔ¹¹	miaʔ¹¹	tsəʔ¹¹	tsʰəʔ¹¹
榆社	piaʔ²²	pʰiaʔ²²	miaʔ²²	tsəʔ²²	tsʰəʔ²²
交城	piaʔ¹¹/pɛ⁵³	pʰiaʔ¹¹/pʰɛ¹¹	miaʔ¹¹	tsəʔ¹¹	tsʰəʔ¹¹
文水	piaʔ²	pʰiaʔ²	miaʔ²	tsəʔ²	tsʰəʔ²
孝义	piaʔ³	pʰiaʔ³	miaʔ³	tʂaʔ³	tʂʰaʔ³
盂县	piʌʔ²²	pʰiʌʔ²²	miʌʔ²²	tsʌʔ²²	tsʰʌʔ²²
静乐	piəʔ⁴	pʰiəʔ⁴	miəʔ⁴	tsəʔ⁴	tsʰəʔ⁴
离石	pieʔ⁴	pʰieʔ⁴	mieʔ²³	tsɑʔ⁴	tsʰɑʔ⁴
汾阳	piaʔ²²	pʰiaʔ²²	miaʔ³¹²	tsaʔ²²	tsʰaʔ²²
方山	pieʔ⁴	pʰieʔ⁴	mieʔ²³	tsɑʔ⁴	tʂʰaʔ⁴
柳林	pieʔ⁴	pʰieʔ⁴	mieʔ⁴²³	tsɑʔ⁴	tsʰɑʔ⁴
临县	piaʔ³	pʰiaʔ³	miaʔ³	tsaʔ³	tʂʰaʔ³
中阳	pieʔ⁴	pʰieʔ⁴	mieʔ³¹²	tsɑʔ⁴	tsʰɑʔ⁴
兴县	piəʔ⁵⁵	pʰiəʔ⁵⁵/pieʔ³²⁴	miəʔ⁵⁵	tsəʔ⁵⁵	tsʰəʔ⁵⁵
岚县	pieʔ⁴	pʰieʔ⁴	mieʔ⁴	tsʅʔ⁴	tsʰʅeʔ⁴
交口	piaʔ⁴/pieʔ⁴	pʰiaʔ⁴	mieʔ⁴	tsaʔ⁴	tsʰaʔ⁴
石楼	piəʔ⁴	pʰiəʔ⁴	miəʔ⁴/mei⁵¹	tsʌʔ⁴	tsʰʌʔ⁴
隰县	piəʔ³	pʰiəʔ³	miəʔ³	tsaʔ³	tsʰaʔ³

续表

方言＼字目	百 梗开二 入陌帮	拍 梗开二 入陌滂	麦 梗开二 入麦明	摘 梗开二 入麦知	拆 梗开二 入陌彻
大宁	piɛʔ^{31}	pʰiɛʔ^{31}	miɛʔ^{31}	tsɛʔ^{31}	tsʰɐʔ^{31}
永和	piɐʔ^{35}	pʰiɐʔ^{35}	miɐʔ^{312}	tsɐʔ^{35}	tsʰɐʔ^{35}
汾西	pɪ^{11}	pʰɪ^{11}	mɪ^{11}	tsɑi^{11}	tsʰɪ^{11}
蒲县	pɛ^{52}	pʰɛ^{52}	mɛ^{52}	tsəʔ^{43}	tsʰəʔ^{43}
长治市	piəʔ^{53}	pʰiəʔ^{53}	miəʔ^{53}	tsəʔ^{53}	tsʰəʔ^{53}
长治县	piəʔ^{21}	pʰiəʔ^{21}	miəʔ^{21}	tsəʔ^{21}	tsʰəʔ^{21}
长子	piəʔ^{44}/pɛe^{434}	pʰiəʔ^{44}	miəʔ^{44}	tsəʔ^{44}	tsʰəʔ^{44}
屯留	piʌʔ^{1}	pʰiəʔ^{1}	məʔ^{1}	tsəʔ^{1}	tsʰʌʔ^{1}
黎城	piʌʔ^{22}	pʰiʌʔ^{22}	miʌʔ^{31}	tsɤʔ^{22}	tsʰɤʔ^{22}
壶关	piʌʔ^{2}	pʰiʌʔ^{2}	mʌʔ^{21}	tʂəʔ^{2}	tʂʰəʔ^{2}
平顺	piʌʔ^{212}	pʰiəʔ^{212}	miʌʔ^{423}	tsəʔ^{212}	tsʰəʔ^{212}
沁县	piæʔ^{31}	pʰiæʔ^{31}	miæʔ^{31}	tsəʔ^{212}	tsʰəʔ^{31}
武乡	piʌʔ^{3}	pʰiʌʔ^{3}	miʌʔ^{3}	tsɛʔ^{3}	tsʰəʔ^{3}
沁源	piəʔ^{31}	pʰiəʔ^{31}	miəʔ^{31}	tsʌʔ^{31}	tsʰʌʔ^{31}
襄垣	piʌʔ^{3}	pʰiʌʔ^{3}	miʌʔ^{3}	tsʌʔ^{3}	tsʰʌʔ^{3}
安泽	piəʔ^{21}	pʰai^{21}	miəʔ^{21}	tsʌʔ^{21}	tsʰəʔ^{21}
端氏	paʔ^{22}	pʰaʔ^{22}	maʔ^{22}	tsaʔ^{22}	tsʰaʔ^{22}
晋城	pʌʔ^{22}	pʰʌʔ^{22}	mʌʔ^{22}	tʂəʔ^{22}	tʂʰəʔ^{22}
阳城	pʌʔ^{22}	pʰʌʔ^{22}	mʌʔ^{22}	tʂʌʔ^{22}	tʂʰʌʔ^{22}
陵川	piʌʔ^{3}	pʰiʌʔ^{3}	miʌʔ^{23}	tʂəʔ^{3}	tʂʰəʔ^{3}
高平	pɛʔ^{22}	pʰɛʔ^{22}/pʰɛe^{33}	mɛʔ^{22}	tʂəʔ^{22}	tʂʰəʔ^{22}

表 7-40

方言＼字目	北 曾开一入德帮	贼 曾开一入德从	黑 曾开一入德晓	薄 宕开一入铎并	烙 宕开一入铎来
新荣	piəʔ⁴	tsɛɛ³¹²	xəʔ⁴	po³¹²	lou²⁴
阳高	piəʔ³³	tsei³¹²	xəʔ³³	pɤ³¹	luɑʔ³³|lɔu²⁴
天镇	piəʔ⁴⁴	tsɛ²²	xəʔ⁴⁴	pou²²	lou²⁴
左云	piəʔ⁴⁴	tsɛi³¹³	xəʔ⁴⁴	puo³¹³	lou²⁴
右玉	piəʔ⁴⁴	tsɛɛ²¹²	xəʔ⁴⁴	po²¹²	lɐo²⁴
山阴	piəʔ⁴	tsɛɛ³¹³	xəʔ⁴	puə³¹³	lɔo³³⁵
怀仁	piəʔ⁴	tsɛɛ³¹²	xəʔ⁴	puɤ³¹²	lou²⁴
平定	piəʔ⁴⁴	tsei⁴⁴	xəʔ⁴⁴	pa²⁴⁴|piɔ⁴⁴	lɔ²⁴
昔阳	piʌʔ⁴³	tsei³³	xʌʔ⁴³	piɔ³³/pə³³	lɔo¹³
和顺	pieʔ²¹	tsəʔ²¹	xəʔ²¹	pəʔ²¹	lou¹³
灵丘	piəʔ⁵	tsɛɛ³¹	xəʔ⁵	pɔo⁴⁴²	lɔo⁵³
浑源	piəʔ⁴⁴	tsɛɛ²²	xəʔ⁴⁴	pʌʔ⁴⁴	lʌu¹³
应县	pieʔ⁴³	tsai³¹	xəʔ⁴³	puɤ³¹	lau²⁴
平鲁	piəʔ³⁴	tsei⁴⁴	xəʔ³⁴	puə⁴⁴	lɔ⁵²
朔州	piəʔ³⁵	tsei³⁵	xəʔ³⁵	pɔo³⁵	lɔo⁵³
忻州	piəʔ³²	tsei²¹	xəʔ³²	pʌʔ³²	lɔo⁵³
原平	piəʔ³⁴	tsæɛ²¹³	xəʔ³⁴	puɔ⁵³	lɔo⁵³
定襄	piəʔ³³	tsei²⁴	xəʔ¹	pəʔ³³	lou⁵³
五台	piəʔ³³	tsɛ²¹³	xəʔ³³	pʰəʔ³³/pəʔ³³	lɑɔ⁵²
岢岚	piɛʔ⁴	tsei⁴⁴	xəʔ⁴	paʔ⁴	lɑu⁵²
神池	piəʔ⁴	tsɛɛ³²	xəʔ⁴	puaʔ⁴	laʔ²⁴
五寨	piəʔ⁴	tsei⁴⁴	xəʔ⁴	paʔ⁴	luaʔ⁴
宁武	piəʔ⁴	tsᴇe²³	xəʔ⁴	pəʔ⁴	lou⁵²
代县	piəʔ²²	tsai⁴⁴	xəʔ¹³	pɤ⁴⁴	lau⁵³
繁峙	piəʔ¹³	tsei³¹	xəʔ¹³	pɤ³¹	lɑo²⁴
河曲	piəʔ⁴	tsɛɛ⁴⁴	xəʔ⁴	pəʔ²¹³	luɤ⁵²
保德	piəʔ⁴	tsei⁴⁴	xəʔ⁴	pɤ⁴⁴	ləu⁵²
偏关	piəʔ⁴	tsei⁴⁴	xəʔ⁴	pɤ⁴⁴	lɔo⁵²
阳曲	piɛʔ⁴	tsai⁴³	xəʔ⁴	pəʔ⁴	luəʔ²⁴

续表

方言＼字目	北 曾开一 入德帮	贼 曾开一 入德从	黑 曾开一 入德晓	薄 宕开一 入铎並	烙 宕开一 入铎来
古交	piəʔ²	tsəʔ²	xəʔ²	pəʔ²¹²	ləu⁵³
晋源	piəʔ²	tsei¹¹	xəʔ²	pəʔ²	lau³⁵
北郊	piəʔ²²	tsəʔ²²	xəʔ²²	paʔ⁴³/pəʔ⁴³	lau³⁵
清徐	pai¹¹	tsai¹¹	xəʔ¹¹	pəʔ⁵⁴/pɤɯ⁴⁵	lɔu⁴⁵
娄烦	piəʔ³	tsei³³	xəʔ³	pəʔ²¹	lɔu⁵⁴
太谷	piəʔ³	tsei³³	xəʔ³	pəʔ⁴²³	lɑɯ⁵³
祁县	piəʔ³²	tsəɨ³¹	xəʔ³²	pəʔ³²⁴	lɒ⁴⁵
平遥	pʌʔ²¹²/piʌʔ²¹²	tsei²¹³	xʌʔ²¹²	pʌʔ⁵²³	lʌʔ⁵²³
介休	pʌʔ¹²/piʌʔ¹²	tsei¹³	xʌʔ¹²	pʌʔ³¹²	lɔʊ⁴⁵
灵石	pei²¹²	tsei⁴⁴	xəʔ⁴	pɔ⁴⁴	lɔ⁵³
寿阳	piəʔ²	tsei²²	xəʔ²	piɔʊ²²	lɔʊ⁴⁵
榆次	piəʔ¹¹	tsɛɛ¹¹	xəʔ¹¹	pəʔ¹¹	lou³⁵
榆社	piəʔ²²	tsəʔ²²	xəʔ²²	paʔ²²	lou⁴⁵
交城	piəʔ¹¹	tsɛ¹¹	xəʔ¹¹	paʔ⁵³/pəʔ⁵³	ləʔ¹¹/lɔu²⁴
文水	piəʔ²	tsei²²	xəʔ²	pəʔ³¹²	lau³⁵
孝义	pəʔ³/piəʔ³	tsei³³	xəʔ³	pəʔ⁴²³	lɒ⁴⁵⁴
盂县	piəʔ²²	tsei²²	xəʔ²²	pʌʔ²²/piɑu²²	luʌʔ²²/lau⁵⁵
静乐	piəʔ⁴⁴	tsæ²⁴	xəʔ⁴⁴	pəʔ²¹²	lɑo⁵³
离石	pieʔ⁴	tsɛɛ²⁴	xəʔ⁴	pəʔ²³	lou⁵³
汾阳	pəʔ²²	tsei³²⁴	xəʔ²²	pəʔ³¹²	lau⁵⁵
方山	pieʔ⁴	tsei²⁴	xəʔ⁴	pʰəʔ²³	lou⁵²
柳林	pieʔ⁴	tsɛɛ²⁴	xəʔ⁴	pʰəʔ⁴²³	lou⁵³
临县	pieʔ³	tsei²⁴	xɐʔ³	pʰɐʔ²⁴	lɔu⁵²
中阳	pieʔ⁴	tsɛɛ²⁴	xəʔ⁴	pʰəʔ³¹²	lɔʊ⁴⁵
兴县	piəʔ⁵⁵	tsei³²⁴	xəʔ⁵⁵	pʰəʔ³¹²	lɔu⁵³
岚县	pieʔ⁴	tsei²⁴	xəʔ⁴	pʰəʔ⁴	lau⁵¹
交口	pieʔ⁴	tsei⁴⁴	xəʔ⁴	pʰəʔ²¹²	lɑo⁵³
石楼	pieʔ⁴	tsei⁴⁴	xəʔ⁴	pʰəʔ²¹³	lɔo⁵¹
隰县	piəʔ³/pei⁵³⁵	tsei²⁴	xəʔ³	pʰəʔ³	ləʔ³

续表

方言＼字目	北 曾开一入德帮	贼 曾开一入德从	黑 曾开一入德晓	薄 宕开一入铎并	烙 宕开一入铎来
大宁	piəʔ³¹	tsuei²⁴/tsei²⁴	xəʔ³¹	pʰəʔ⁴⁴	ləʔ³¹
永和	piəʔ³⁵	tsei³⁵	xəʔ³⁵	pʰəʔ³¹²/pəʔ³¹²	lɑo⁵³
汾西	pə¹/pei¹¹	tsei³⁵	xə¹	pʰyəŋ³	lɑo⁵³/lu¹¹
蒲县	pu⁵²/pei⁵²	tsei²⁴	xəʔ⁴³	pʰo³³	lau³³
长治市	pəʔ⁵³/pei⁵³⁵	tsei³¹²	xəʔ⁵³	pəʔ⁵³	luəʔ⁵³
长治县	pəʔ²¹	tsei⁴⁴	xɑʔ²¹	pəʔ²¹	luəʔ²¹
长子	pəʔ⁴⁴/pei⁴³⁴	tsuei³¹²	xaʔ⁴⁴	pəʔ²¹²	luəʔ⁴⁴
屯留	pʌʔ¹/pei³¹	tsei³¹	xʌʔ¹	pʌʔ⁵⁴	luəʔ⁵⁴
黎城	piɤʔ²²	tsuei³³	xʌʔ²²	pʌʔ³¹	luʌʔ³¹
壶关	pei⁵³⁵	tʂei¹³	xʌʔ²	pʌʔ²¹/pə¹³	luʌʔ²¹
平顺	pei⁴³⁴	tsei¹³	xʌʔ²¹²	pʌʔ⁴²³	luʌʔ⁴²³
沁县	piəʔ³¹	tɕi²²⁴	xaʔ³¹	paʔ²¹²	luaʔ³¹
武乡	piəʔ³	tsəʔ³	xʌʔ³	pʌʔ⁴²³	lɔ⁵⁵
沁源	pəʔ³¹/piəʔ³¹	tsei³²⁴	xʌʔ³¹	pʌʔ³¹	lɔo⁵³
襄垣	pʌʔ³/piʌʔ³	tsuei³³/tsei³³	xʌʔ³	pʌʔ⁴³	luʌʔ³
安泽	pei⁴²	tsei³⁵	xəʔ²¹	po³⁵	luəʔ²¹
端氏	pai²¹	tsai²¹	xaʔ²²	pɤ⁵³	luaʔ²²
晋城	pɤɯ³³/pɤɯ²¹³	tʂuɤɯ³³	xəʔ²²	pʌʔ²²	luʌʔ²²/lo⁵³
阳城	pəʔ²²/pai²²	tsuai²²	xʌʔ²²	puə²²/puə⁵¹	lo⁵¹
陵川	pei³¹²	tʂəʔ³	xʌʔ³	pʌʔ²³	luʌʔ²³
高平	pəʔ²²/pei³³	tʂəʔ²²/tʂuei³³	xʌʔ²²	pʌʔ²²/pɤ⁵³	luʌʔ²²

表 7-41

方言＼字目	着 宕开三 入药知	勺 宕开三 入药禅	嚼 宕开三 入药从	角 江开二 入觉见	药 宕开三 入药以
新荣	tsɔu³¹²	ʂou³¹²	tɕiɔu³¹²	tɕiou⁵⁴	iɔu²⁴|yaʔ²⁴
阳高	tsɔu³¹²	sou³¹	tɕiɔu³¹²	tɕyaʔ³³/tɕiou³¹²/tɕiaʔ³³	yaʔ³³/iɔu²⁴
天镇	tsaʔ⁴⁴	saʔ⁴⁴	tɕiɔu²²	tɕiaʔ⁴⁴/tɕiou⁵⁵	iaʔ⁴⁴/iɔu²⁴
左云	tsɔu³¹³|tsuo³¹³	sɔu³¹³	tɕiɔu³¹³	tɕyaʔ⁴⁴/tɕiou⁵⁴	iɔu²⁴
右玉	tʂaʔ⁴⁴	ʂɐo²¹²	tɕiɐo²¹²	tɕiaʔ⁴⁴	yaʔ⁴⁴
山阴	tsɔo³¹³	sɔo³¹³	tɕiɔo³³⁵	tɕiʌʔ⁴	iʌʔ⁴
怀仁	tsaʔ⁴	sou³¹²	tɕiɔu³¹²	tɕyaʔ⁴/tɕiou⁵³	yaʔ⁴|iɔu²⁴
平定	tʂɔ⁴⁴	ʂɔ⁴⁴	tɕiɔ⁴⁴	tɕyæ⁴⁴	iɔ²⁴
昔阳	tsɔo³³	sɔo³³	tɕiɔo³³	tɕyʌʔ⁴³	iɔɛ¹³
和顺	tʂɔʔ²¹	ʂɔu²²	tɕiɔu²²	tɕie²¹	ieʔ²¹
灵丘	tsɔo⁵²	ʂɔo³¹	tɕiʌu²²	tɕiʌʔ⁵/tɕiɔo⁴⁴²	iɔɛ⁵³
浑源	tsəʔ⁴³/tsʌuʔ⁵²	sʌu²²	tɕiʌu²²	tɕyaʔ⁴³/tɕiau⁵⁴/tɕiau⁴³	iʌu¹³
应县	tsuə⁴⁴	sau³¹	tɕiau³¹	tɕiʌʔ³⁴/tɕyʌʔ³⁴	yaʔ⁴³
平鲁	tsuʌʔ³⁴	sɔ⁴⁴	tɕiɔ⁴⁴	tɕie⁵³	iɔ⁵²/iʌʔ³⁴
朔州	tʂəʔ³²	sɔo³⁵	tɕiɔo³⁵	tɕiɛʔ³²/tɕiɔo³¹³	iɔɛ⁵³
忻州	tʂɔo²¹³	ʂɔo²¹	tɕiɔo²¹	tɕiɛʔ³²/tɕiɔo³¹³	iɛʔ³²
原平	tsɔu²¹³	sɔɛ³³	tɕiɔɛ³³	tɕiəʔ³⁴	iəʔ³⁴
定襄	tʂəʔ¹	ʂɔu¹¹	tɕiɔu²¹³	tɕiəʔ¹	iəʔ¹
五台	tsaʔ³³	saʔ³³/ʂau⁴⁴	tɕiau³³	tɕiɛʔ³³	iɛʔ³³
岢岚	tʂaʔ⁴	ʂaʔ⁴	tɕiau⁴⁴	tɕyɛʔ⁴	iɛʔ⁴
神池	tsʌʔ⁴	sau⁴⁴	tɕiɔo²⁴	tɕiʌʔ⁴	iʌʔ⁴
五寨	tsʰaʔ⁴	saʔ⁴	tɕiau⁴⁴	tɕiɛʔ⁴	iɛʔ⁴
宁武	tsʌʔ⁴	sɔo³³	tɕiɔu³³	tɕiʌʔ⁴	iʌʔ⁴
代县	tsɑo³¹	sɑo³¹	tɕiɑo⁴⁴	tɕia²²	iɑo²⁴
繁峙	tsɑo³¹/tsuə³¹	sɑo³¹	tɕiɑo³¹	tɕiaʔ¹³/tɕyaʔ¹³/tɕiɑo⁵³	iaʔ¹³
河曲	tʂaʔ⁴	sou⁴⁴	tɕiɔu⁴⁴	tɕya⁴	iɛʔ⁴
保德	tsʌʔ⁴	ʂəu⁴⁴	tɕiɔu⁴⁴	tɕyʌʔ⁴	iɛʔ⁴
偏关	tʂʌʔ⁴	sɔo⁴⁴	tɕyɛʔ⁴	tɕiɛʔ⁴/tɕyɛʔ⁴	iɛʔ⁴
阳曲	tsɔɛ³¹²	sɔɛ³¹²	tɕiɔɛ⁴³	tɕyɛʔ⁴	iɛʔ⁴

续表

方言＼字目	着 宕开三入药知	勺 宕开三入药禅	嚼 宕开三入药从	角 江开二入觉见	药 宕开三入药以
古交	tsuəʔ²	səʔ²¹²	tɕyəʔ²¹²	tɕyəʔ²	iəʔ²
晋源	tsau¹¹	sau¹¹	tɕyəʔ²/tɕiau³⁵	tɕyəʔ²	iəʔ²/yəʔ²
北郊	tsau³³	sau³³	tɕiau³³	tɕyəʔ²²	iəʔ²²/iau³⁵
清徐	tsua¹¹	suaʔ¹¹	tɕya⁵⁴	tɕiou⁵⁴	yəʔ¹¹
娄烦	tsɯ³³	sɔu³³	tɕiɔu³³	tɕye³³	iaʔ³
太谷	tsuəʔ⁴²³	fəʔ⁴²³	tɕiɑɯ³¹²/tɕio⁵³	tɕia³	yəʔ³
祁县	tsuaʔ³²⁴	suəʔ³²⁴	tɕiɔʔ³¹⁴	tɕya³²	iəʔ³²
平遥	tʂʌʔ⁵²³	sʌʔ⁵²³	tɕyʌʔ⁵²³	tɕyʌʔ⁵²³	yʌʔ⁵²³
介休	tsuʌʔ³¹²	suʌʔ³¹²	tɕiɔo⁴²³	tɕyʌʔ³¹²	yʌʔ³¹²
灵石	tsuəʔ⁴	suəʔ⁴	tɕiɔ⁴⁴	tɕya⁴	yəʔ⁴
寿阳	tsuəʔ⁵⁴	suəʔ⁵⁴	tɕyɛʔ²	tɕyeʔ²	iɛʔ²
榆次	tsaʔ⁵³	suəʔ⁵³	tɕyaʔ¹¹	tɕiaʔ¹¹	iaʔ¹¹
榆社	tsaʔ²²	suəʔ³¹²	tɕiou²²	tɕiaʔ²²	iaʔ²²
交城	tsɔu¹¹	suəʔ⁵³	tɕiou⁵³	tɕyaʔ¹¹/tɕiouʔ⁵³	iaʔ¹¹/yəʔ¹¹
文水	tsaʔ³¹²	suəʔ³¹²	tɕiau⁴²³	tɕyaʔ²/tɕiau⁴²³	yəʔ²
孝义	tʂəʔ⁴²³	suəʔ⁴²³	tɕyəʔ³	tɕyaʔ³	yəʔ³/iəʔ³
盂县	tsuʌʔ²²/tsau⁴¹²/tsau²²	suʌʔ⁵³	tɕiau²²	tɕyʌʔ²²	iʌʔ²²
静乐	tsaʔ²¹²	fəʔ²¹²	tɕyəʔ²¹²	tɕyəʔ⁴	iao⁵³
离石	tsʰəʔ²³	suəʔ²³	tɕyaʔ⁴	tɕiaʔ⁴	ieʔ²³
汾阳	tʂəʔ³¹²	ʂəʔ³¹²	tɕyeʔ³¹²	tɕiaʔ²²	ieʔ³¹²
方山	tʂuəʔ⁴	suəʔ²³	tɕiou²⁴	tɕyaʔ⁴	iɛʔ²³
柳林	tsəʔ⁴²³	suəʔ⁴²³	tɕyaʔ⁴²³	tɕiaʔ⁴	iɛʔ⁴²³
临县	tʂʰɐʔ²⁴	suɐʔ²³	tɕyʀʔ³	tɕyaʔ³	iɛʔ²⁴
中阳	tʂʰəʔ³¹²	ʂəʔ³¹²	tɕyaʔ³¹²	tɕiaʔ⁴	ieʔ⁴
兴县	tʂɯɯ³²⁴	suəʔ³¹²	tɕiɯɯ⁵⁵	tɕʰyəʔ⁵⁵	iəʔ³¹²
岚县	tsʰeʔ²³	suəʔ²³	tɕyɛʔ⁴	tɕyɛʔ⁴	iɛʔ⁴
交口	tsʰəʔ²¹²	suəʔ²¹²	tɕiao³²³	tɕyaʔ⁴	ieʔ⁴
石楼	tsʰəʔ²¹³	ʂəʔ²¹³	tɕyəʔ⁴	tɕiəʔ⁴/tɕya⁴⁴/tɕyəʔ⁴	iəʔ⁴
隰县	tsɯʔ³	sɯʔ³	tɕiəʔ³	tɕiəʔ³	iəʔ³

续表

方言 \ 字目	着 宕开三 入药知	勺 宕开三 入药禅	嚼 宕开三 入药从	角 江开二 入觉见	药 宕开三 入药以
大宁	tʂɐʔ³¹	ʂɐu²⁴	tɕʰiɐʔ⁴⁴/tɕʰyɐʔ⁴⁴	tɕiɐʔ³¹	iɐʔ³¹
永和	tʂʰɐʔ³¹²/tʂɐʔ³¹²	ʂuɐ³⁵	tɕyɐʔ³⁵	tɕiɐʔ³⁵	iɐʔ³⁵
汾西	tsβ⁵⁵/tsʰyəŋ³	sao³⁵/syəŋ³	tɕyə³	tiu¹¹/tɕiu¹¹/tiu⁵³	iu¹¹
蒲县	tʂəʔ³	ʂau²⁴	tɕye²⁴	tiɛʔ⁴³/tɕiau³¹	iɛʔ⁴³/iou⁵²
长治市	tsəʔ⁵³	səʔ⁵³	tɕiɑo³³	tɕiɐʔ⁵³	yəʔ⁵³/iao⁵⁴
长治县	tɕiəʔ²¹	ɕiəʔ²¹	tɕiɔ⁴⁴	tɕiɐʔ²¹	iəʔ²¹
长子	tsəʔ²¹²	səʔ²¹²	tɕiɔ²⁴/tɕyəʔ²¹²	tɕyəʔ⁴⁴	iəʔ⁴⁴/yəʔ⁴⁴
屯留	tsʌʔ⁵⁴	səʔ⁵⁴	tɕiɔo¹¹	tɕiəʔ¹	iəʔ¹
黎城	tsɤʔ²²	sɤʔ³¹	tɕiɔo²¹³	ɕiʌʔ²²	yʌʔ²²
壶关	tʃiʌʔ²²/tʂɔ¹³	ʃiʌʔ²¹	ɕiɔ⁴²/tsyʌʔ²¹	ɕiʌʔ²¹/ɕiɔ⁵³⁵	iʌʔ²¹
平顺	tɕiʌʔ⁴²³	ɕiʌʔ⁴²³	tɕyʌʔ⁴²³	tɕiəʔ²¹²	iʌʔ⁴²³
沁县	tsəʔ³¹	sɔ²²⁴	tɕio³³	tɕiæʔ³¹/tɕio²¹⁴	iæʔ³¹
武乡	tsɔ³³	sɔ³³	tɕyəʔ⁴²³	tɕiʌʔ³	yəʔ³³
沁源	tʂʌʔ³¹	ʂʌʔ³¹	tɕiɔo³³	tɕiʌʔ³¹	iəʔ³¹
襄垣	tsəʔ⁴³	tsʰɔo³³	tɕiɔo³¹	tɕiʌʔ³	iʌʔ³
安泽	tsuəʔ²¹	səʔ²¹	tɕyɛ³⁵	tɕyɛ³⁵/tɕiau⁴²	yəʔ²¹
端氏	tsaʔ⁵⁴/tsɤʔ²⁴	səʔ⁵⁴	tɕiɔ³¹	tɕia²²	ia²²
晋城	tʂəʔ²²	ʂʌʔ²²	tɕio²¹³	tɕiʌʔ²²	iʌʔ²²
阳城	tʂʅʔ²²	ʂʅʔ²²	tɕyʌʔ²²/tɕyɛ⁵¹	ɕio²¹²/ko²²	yʌʔ²²
陵川	tɕiʌʔ²³	ɕiʌʔ³³	tɕiɔo²⁴	tɕyəʔ³	yʌʔ²³
高平	tʂʅɛ³³/tʂɛʔ²²	ʂɛʔ²²	tsiɛʔ²²	ɕiɛʔ²²/tɕiɛʔ²²/ kɔo⁵³/tɕiɔo²¹²	iɛʔ²²

表 7-42

方言＼字目	钥 宕开三入药以	轴 通合三入屋澄	粥 通合三入屋章	肉 通合三入屋日	六 通合三入屋来
新荣	iɔu²⁴	tʂiəu³¹²	tʂiəu³²	ʐiəu²⁴|ʐuəʔ²⁴	liəu²⁴/luəʔ²⁴
阳高	yaʔ³³	tʂɤu³¹²	tʂɤu³¹²	ʐɤu²⁴	liɤu²⁴
天镇	yaʔ⁴⁴	tʂɤu²²	tʂɤu³¹	ʐɤu²⁴	liɤu²⁴
左云	iɔu²⁴	tsəu³¹³	tsəu³¹	ʐəu²⁴	liəu²⁴
右玉	iɐ²⁴	tʂəu²⁴	tʂəu³¹	ʐəu²⁴	liəu²⁴
山阴	iɔɕi³³⁵	tʂəu³¹³	tʂəu³¹³	ʐəu³³⁵	liəu³³⁵
怀仁	iɔɕi²⁴	tʂɤu³¹²	tʂɤu⁴²	ʐɤu²⁴	liɤu²⁴
平定	iɔ²⁴	tʂu⁴⁴/tʂɤu²⁴	tʂɤu³¹	ʐɤu²⁴	luəʔ²³|liɤu²⁴
昔阳	iɔɕi¹³	tʂəu³³	tʂəu⁴²	ʐəu¹³	liəu¹³
和顺	i¹³	tsuəʔ²¹	tʂɤu⁴²/tsuəʔ²¹	ʐɤu¹³	liɤu¹³
灵丘	iɔɕi⁴⁴²	tseiu³¹	tseiu⁴⁴²	zei³	lieiu⁵³
浑源	iʌu¹³	tsəu²²	tsəu⁵²	səu¹³	liəu¹³
应县	iau²⁴	tsəu³¹	tsəu⁴³	ʐəu²⁴	liəu²⁴
平鲁	iɔ⁵²	tsəu⁴⁴	tsəu²¹³	ʐɤ⁵²/ʐəu⁵²	liəu⁵²
朔州	iɔɔ⁵³	tsəu³⁵	tsəu³¹²	ʐəu⁵³	liəu⁵³
忻州	iɛʔ³²	tʂəu³¹³	tʂəu³¹³	ʐəu⁵³	luəʔ³²/liəu⁵³
原平	iəʔ³⁴	tʂɤɯ³³	tʂɤɯ²¹³	ʐɤɯ⁵³	liɤɯ⁵³
定襄	iɛʔ³	tʂəu²¹³	tsəu²⁴	ʐəu⁵³	luəʔ¹/liu⁵³
五台	iəʔ³³	tsei³³	tsəu¹³	zei⁵²	liey⁵²
岢岚	iɛʔ⁴	tsəu⁴⁴	tsəu¹³	ʐəu⁵²	liu⁵²
神池	iaʔ⁴	tsəu³²	tsəu²⁴	ʐəu⁵²	liəu⁵²
五寨	iɛʔ⁴	tsəu⁴⁴	tsəu¹³	ʐəu⁵²	liəu⁵²
宁武	iəʔ⁴	tsəu³³	tsəu²⁵	ʐəu⁵²	liəu⁵²
代县	iau⁵³	tsəu⁴⁴	tsəu⁵³	ʐəu⁵³	liəu⁵³
繁峙	iɑɔ²⁴	tsəu³¹	tsəu⁵³	ʐəu²⁴	liəu²⁴
河曲	iɛʔ⁴	tʂɤɯ²¹³	tsəu²¹³	ʐɤɯ⁵²	luəʔ⁴/liɤɯ⁵²
保德	iɛʔ⁴	tʂʌu²¹³	tʂʌu²¹³	ʐʌu⁵²	liʌu⁵²
偏关	iɛʔ⁴	tʂɤu⁴⁴	tʂɤu²⁴	ʐɤu⁵²	luəʔ⁴/liɤu⁵²
阳曲	iɛʔ⁴	tsei⁴³	tsei³¹²	zei⁴⁵⁴	liei⁴⁵⁴

续表

方言＼字目	钥 宕开三 入药以	轴 通合三 入屋澄	粥 通合三 入屋章	肉 通合三 入屋日	六 通合三 入屋来
古交	yɛʔ²	tsəu⁴¹²	tsəu³³	zɔ⁵³	liə⁷²
晋源	yəʔ²	tsʅʉ⁴²	tsʅʉ¹¹	zʅʉ³⁵	luəʔ²/liʉ³⁵
北郊	iəʔ²²/iau³⁵	tsuəʔ⁴³	tsuəʔ²²/tsei³³	zei³⁵	luəʔ²²/lei³⁵
清徐	yəʔ¹¹	tsʉæ⁵⁴	tsʉæ¹¹	zʉæ⁴⁵	liəu⁴⁵
娄烦	iaʔ³	tsə³³	tsə³³	zə⁵⁴	liu⁵⁴
太谷	yəʔ³	tsuəʔ⁴²³/tsʉæt³¹²	tsʉæt³³	zʉæt⁵³	luəʔ³/liʉæi⁵³
祁县	yəʔ³²	tsʅʉ³¹⁴	tsuəʔ³²/tsʅʉ³¹	zʉæŋ³²/zʅʉ⁴⁵	luəʔ³²/liʅʉ⁴⁵
平遥	yʌʔ⁵²³	tsəu⁵¹²	tsuʌʔ²¹/tʂəu²¹³	zəu²⁴	lʌʔ⁵²³/lu⁵²³/liəu²⁴
介休	yʌʔ¹²	tsəu⁴²³	tʂəu¹³	zəu⁴⁵	luʌʔ³¹²/liəu⁴⁵
灵石	yəʔ⁴	tsou⁴⁴	tsou⁵³⁵	zou⁵³	liou⁵³
寿阳	yɛʔ²	tsuə⁵⁴	tsua⁵⁴/tsuæt³¹	zəɯ⁴⁵	luəʔ²/liəɯ⁴⁵
榆次	iaʔ¹¹	tsɯ⁵³	tsuəʔ¹¹	zɯ³⁵	liɯ³⁵
榆社	i²²	tsəu²²	tsəu²²	zəɯ⁴⁵	liəu²²
交城	yəʔ⁵³	tsuəʔ⁵³/tsʌɯ⁵³	tsuəʔ¹¹/tʂʌɯ¹¹	zʌɯ²⁴	liʌɯ²⁴
文水	yəʔ²	tsuæt⁴²³	tsuəʔ²/tsuæt²²	zuæt³⁵	liəɯ³⁵
孝义	yəʔ³	tsou³³	tʂou³³	zuəʔ³/zou⁴⁵⁴	luəʔ³/liəʔ³/liou⁴⁵⁴
孟县	iʌʔ²²	tsuə⁵³	tsuəʔ²²/tsuəʔ⁴¹²	zuəʔ²²/zʉæʔ⁵⁵	luəʔ²²/liəu⁵⁵
静乐	iəʔ⁴⁴	fəʔ²¹²	tsɣu²⁴	zɣu⁵³	liɣu⁵³
离石	ieʔ²³	tsʌu³¹²	tsʌu²⁴	zʌu⁵³	liʌu⁵³
汾阳	ieʔ³¹²	tsou³²⁴	tʂou³²⁴	zou⁵⁵	liou⁵⁵
方山	iɛʔ²³	tʂuæt³¹²	tʂəu²⁴	zuæt⁵²	liəu⁵²
柳林	ieʔ⁴²³	tsʰuəʔ⁴²³	tsuəʔ⁴	zə⁵³	lie⁵³
临县	iʌʔ³	tʂuæt³¹²	tʂəu²⁴	zuæt⁵²	liəu⁵²
中阳	ieʔ³¹²	tsʌʔ⁴²³	tʂoʔ⁴/tsʌ²⁴	zʌ⁵³	luəʔ⁴/liʌ⁵³
兴县	iəʔ³¹²	tsou⁵⁵	tʂou³²⁴	zou⁵³	liou⁵³
岚县	iɛʔ⁴	tsuæt²⁴	tsəu²⁴	zəu⁵¹	luəʔ⁴/liəu⁵¹
交口	ieʔ⁴	tsʰuəʔ²⁴/tsou³²³	tsuaʔ⁴/tsou³²³	zou⁵³	luəʔ⁴/liou⁵³
石楼	iəʔ²¹³	tsou²¹³	tsou²¹³	zou⁵¹	liou⁵¹
隰县	iəʔ³	tsou²⁴	tsou⁵³	zou⁴⁴	liou⁴⁴

续表

方言＼字目	钥 宕开三入药以	轴 通合三入屋澄	粥 通合三入屋章	肉 通合三入屋日	六 通合三入屋来
大宁	iɐʔ³¹	tʂəu²⁴	tʂuəʔ³¹/tʂəu³¹	ʐuə³¹/ʐəu⁵⁵	lyəʔ⁴⁴/liəu⁵⁵
永和	iɐʔ³⁵	tʂɤu³³	tʂuɐʔ³⁵	ʐɤu⁵³	luəʔ³⁵/liɤu⁵³
汾西	i⁵³	tsou³⁵	tsuə¹	vyəŋ¹¹/zou¹¹	lyə¹
蒲县	iɛʔ⁴³	tʂou²⁴	tʂou⁵²	ʐou³³	liou³³
长治市	iəʔ⁵³	tsuəʔ⁵³	tsəu³¹²	iəu⁴⁴	luəʔ⁵³/liəu⁵⁴
长治县	iəʔ²¹	tsuəʔ²¹	tsuəʔ²¹	iəu⁴²	luəʔ⁵³
长子	iəʔ⁴⁴	tsuəʔ²¹²	tsəu³¹²	iəu⁴²²	luəʔ⁴⁴/liəu⁴²²
屯留	iəʔ¹	tsuəʔ⁵⁴	tsəu³¹	iəu⁵³	liəu⁵³/luəʔ¹
黎城	yʌʔ²²	tɕyɤʔ²²/tsəu³³	tɕiəu³³	iəu⁵³	liəu⁴²²
壶关	iʌʔ²¹	tsuəʔ²¹	tsuəʔ²	iəu³⁵³	luəʔ²¹
平顺	iʌʔ⁴²³	tsuəʔ⁴²³	tsuəʔ²¹²	iəu⁵³	liəu⁵³
沁县	iæʔ³¹	tsuəʔ³¹	tsəu²²⁴	ʐəu⁵³	ly⁵³
武乡	iʌʔ³	tsuəʔ³	tsəu¹¹³	ʐəu⁵⁵	liəu³³
沁源	iəʔ³¹	tʂei³³	tʂei³²⁴	ʐei⁵³	luəʔ³¹/liəu⁵³
襄垣	iʌʔ³	tsuʌʔ⁴³	tsuʌʔ³/tsəu³³	ʐəu⁵³	luʌʔ³/liəu⁵³
安泽	yəʔ²¹	tsu³⁵	tsəu²¹/tsu²¹	ʐəu⁵³	liəu⁵³
端氏	ia²²	tsou²¹	tsu³¹/tsu²¹	zou⁵³	luəʔ²²/liou⁵³
晋城	iʌʔ²²	tʂuəʔ²²	tʂu²¹³	ʐɤɯ⁵³/ʐɯ⁵³	liɯɯ⁵³/luəʔ²²
阳城	yʌʔ²²	tʂʮɐ²²	tʂuəʔ²²	ʐɐ⁵¹	luəʔ²²/liɐu⁵¹
陵川	yʌʔ²³	tʂəo⁵³	tʂuəʔ²³	iəo²⁴	liəo²⁴
高平	iɛʔ²²	tʂɐu²²	tʂuəʔ²²	ʐʌu⁵³	luəʔ²²

参考文献

一 古籍类

[清]钱大昕：《音韵问答》，吴江沈氏世楷堂清道光 24 年（1844 年）版。
[清]范启坤修，阴步霞纂：《文水县志》，清光绪 9 年（1883 年）版。
[清]傅山：《傅山全书》（第九册），山西人民出版社 2016 年版。
[清]钱大昕：《十驾斋养新录》（卷五），凤凰出版社 2000 年版。

二 专著类

[日]柴田武：《语言地理学方法》，商务印书馆 2018 年版。
[日]桥本万太郎：《古汉语声调调值构拟的尝试和涵义》，《语言学论丛 16 辑》，商务印书馆 1991 年版。
[瑞典]高本汉：《中国音韵学研究》，商务印书馆 2003 年版。
安介生：《山西移民史》，山西人民出版社 1999 年版。
白静茹等：《高平方言研究》，山西人民出版社 2005 年版。
曹志耘：《汉语方言地图集》，商务印书馆 2008 年版。
丁邦新：《丁邦新语言学论文集》，商务印书馆 1998 年版。
葛剑雄、曹树基、吴松弟：《简明中国移民史》，福建人民出版社 1993 年版。
葛剑雄：《中国移民史》，福建人民出版社 1997 年版。
葛毅卿：《隋唐音研究》，南京师范大学出版社 2003 年版。
耿振生：《明清等韵学通论》，语文出版社 1992 年版。
广西区语委研究室编：《壮族方言土语音系》，广西民族出版社 1994 年版。
韩沛玲：《山西方言音韵研究》，商务印书馆 2012 年版。
何九盈：《上古音》，商务印书馆 1991 年版。
侯精一、温端政：《山西方言调查研究报告》，山西高校联合出版社 1993 年版。

侯精一：《现代汉语方言概论》，上海教育出版社 2002 年版。
胡双宝：《文水方言志》，语文出版社 1990 年版。
蒋冰冰：《吴语宣州片方言音韵研究》，华东师范大学出版社 2003 年版。
焦团平：《山西省地图一本全》，山西科学出版社 2008 年版。
李繁、刘芳：《安泽方言研究》，北岳文艺出版社 2015 年版。
李范文：《宋代西北方音—〈番汉合时掌中珠〉对音研究》，中国社会科学出版社 1994 年版。
李荣：《切韵音系》，科学出版社 1956 年版。
李卫锋：《汾阳方言研究》，北岳文艺出版社 2017 年版。
李新魁、黄家教、施其生、麦耘、陈定方：《广州方言研究》，广东人民出版社 1995 年版。
李新魁：《〈中原音韵〉音系研究》，中州书画社 1983 年版。
李新魁：《汉语等韵学》，中华书局 1983 年版。
林伦伦：《广东闽方言研究》，汕头大学出版社 1996 年版。
林语堂：《前汉方音区域考》，《语言学论丛》，开明书店 1933 年版。
刘勋宁：《现代汉语研究》，北京语言大学出版社 1998 年版。
鲁冰、任晓静：《永济方言研究》，北岳文艺出版社 2017 年版。
罗常培：《唐五代西北方音》，科学出版社 1961 年版。
马伯乐：《唐代长安方音考》，中华书局 2005 年版。
宁忌浮：《古今韵会举要及相关韵书》，中华书局 1997 年版。
宁继福：《中原音韵表稿》，吉林文史出版社 1985 年版。
潘家懿：《从交城方言看汉语入声消失的历史》，《音韵学研究（第一辑）》，中华书局 1984 年版。
潘悟云：《汉语历史音韵学》，上海教育出版社 2000 年版。
钱乃荣：《当代吴语研究》，上海教育出版社 1992 年版。
乔全生、王为民：《晋方言语音百年来的演变》，中华书局 2019 年版。
乔全生：《洪洞方言研究》，中央文献出版社 1999 年版。
乔全生：《晋方言语音史研究》，中华书局 2008 年版。
乔全生：《山西方言语法研究》，商务印书馆 2000 年版。
邵荣芬：《切韵研究》，中国社会科学出版社 1982 年版。
孙玉文：《汉语变调构词研究》，商务印书馆 2007 年版。
谭其骧：《中国历史地图集（第六册）》，中国地图出版社 1982 年版。
汪寿明：《中国历代汉语音韵学文选》，华东师范大学出版社 2003 年版。
王军虎：《西安方言词典》，江苏教育出版社 1996 年版。
王均：《壮侗语族语言简志》，民族出版社 1984 年版。

王力:《汉语史稿》,中华书局2004年版。
王力:《汉语语音史》,中国社会科学出版社1985年版。
王利:《晋东南晋语历史比较研究》,中国社会科学出版社2008年版。
薛平拴:《陕西历史人口地理》,人民出版社2001年版。
杨剑桥:《汉语现代音韵学》,复旦大学出版社2012年版。
杨耐思:《中原音韵音系》,中国社会科学出版社1981年版。
叶宝奎:《明清官话音系》,厦门大学出版社2001年版。
余跃龙等:《清徐方言研究》,北岳文艺出版社2012年版。
袁家骅:《汉语方言概要》,语文出版社2001年版。
詹伯慧等:《珠江三角洲方言字音对照》,广东人民出版社1988年版。
张维佳:《演化与竞争:关中方言音韵结构的变迁》,陕西人民出版社2005年版。
张玉来:《韵略易通研究》,天津古籍出版社1999年版。
赵荫棠:《等韵源流》,商务印书馆1957年版。
郑张尚芳:《上古音系》,上海教育出版社2003年版。
中国社会科学院、澳大利亚人文科学院编著:《中国语言地图集》,朗文出版(远东)有限公司1987年版。
周祖谟:《问学集》,中华书局1966年版。

三 学位论文类

崔金明:《王力、李方桂、郑张尚芳三家汉语上古音系统比较研究》,苏州大学博士学位论文,2011年。
高峰:《晋方言志延片语音研究》,陕西师范大学博士学位论文,2011年。
李建校:《陕北晋方言语音研究》,北京语言大学博士学位论文,2006年。
李晰:《山西方言声调研究》,陕西师范大学博士学位论文,2014年。
潘悟云:《中古汉语轻唇音问题》,复旦大学硕士学位论文,1982年。
沈明:《山西晋语入声韵的研究》,中国社会科学院博士学位论文,1995年。
孙小花:《山西方言语音历史层次研究》,上海师范大学博士学位论文,2001年。
余跃龙:《〈等韵精要〉研究》,山西大学博士学位论文,2010年。
周赛红:《湘方言音韵比较研究》,湖南师范大学博士学位论文,2005年。

四　期刊论文类

［日］远藤光晓：《元音与声调》，《中国境内语言暨语言学第二辑》，台湾中研院史语所，1994 年。

Zhongwei Shen（沈钟伟）. *Horizontal Transmission and dialect formation. Language Evolution and Changes in Chinese*（eds. Weijia Zhang and Ik-sang Eom）. *JCL Monograph Series*，2016，（26）

白静茹：《山西方言影疑母字的演变及分合》，《晋方言研究——第三届晋方言国际学术研讨会论文集》，希望出版社 2008 年版。

闭克朝：《横县平话中的韵随调转现象》，《华中师范大学学报》（哲社版）1991 年第 1 期。

曹广衢：《壮侗语和汉语闽、粤方言的共同点》，《民族语文》1997 年第 2 期。

曹志耘、王莉宁：《汉语方言平去声的全次浊分调现象》，《中国语文》2014 年第 6 期。

曹志耘、王莉宁：《汉语方言中的韵母分调现象》，《语言科学》2009 年第 2 期。

曹志耘：《汉语方言中的调值分韵现象》，《中国语文》2009 年第 2 期。

曹志耘：《汉语方言中的韵尾分调现象》，《中国语文》2004 年第 1 期。

陈立中：《汉语方言声调送气分化现象初探》，《汉语学报》2005 年第 4 期。

陈其光：《古苗瑶语鼻冠闭塞音声母在现代方言中反映形式的类型》，《民族语文》1984 年第 5 期。

陈泽平：《福安话韵母的历史音变及其共时分析方法》，《中国语文》2012 年第 1 期。

储泰松：《梵汉对音与中古音研究》，《古汉语研究》1988 年第 1 期。

戴黎刚、张志梅：《莆仙话可见的鼻冠塞音及其历史演变》，《遵义师范学院学报》2006 年第 3 期。

戴昭铭：《弱化、促化、虚化和语法化——吴方言中一种重要的演变现象》，《汉语学报》2004 年第 2 期。

邓晓华、王士元：《古闽客方言的来源及历史层次问题》，《古汉语研究》2003 年第 2 期。

董同龢：《上古音韵表稿》，《历史语言研究所集刊》1948 年第 18 本。

范俊军：《论声调语言音节结构成分的互动关系—声母对声调的制动作用》，《西北大学学报》2004 年第 2 期。

符其武、李如龙：《海南闽语声调的演变》，《中国语文》2004 年第 4 期。
龚煌城：《十二世纪末汉语的西北方音》，《历史语言研究所集刊》1981 年第 52 本第 1 分。
哈斯其木格：《蒙古语的复辅音问题》，《民族语文》2006 年第 3 期。
何大安：《澄迈方言的文白异读》，《历史语言研究所集刊》1981 年第 52 本第 1 分。
贺巍：《晋语舒声促化的类别》，《方言》1996 年第 1 期。
侯兴泉：《西部粤语的调值分韵》，《语言科学》2012 年第 3 期。
黄布凡：《羌语语音演变中排斥鼻音的趋势》，《民族语文》1987 年第 5 期。
黄易青：《从宋跋本王仁昫〈刊谬补缺切韵〉看唇音字的开合》，《北京师范大学学报》2011 年第 2 期。
金基石：《近代汉语唇音合口问题与朝鲜对音文献的谚文注音》，《延边大学学报》1999 年第 2 期。
金有景：《襄垣方言效摄、蟹摄（一、二等韵）字的韵母读法》，《语文研究》1985 年第 2 期。
李爱军：《普通话不同信息结构中轻声的语音特性》，《当代语言学》2017 年第 3 期。
李欢：《山西黎城方言的异调分韵》，《方言》2019 年第 1 期。
李蓝：《敦煌方言与唐五代西北方音》，《方言》2014 年第 4 期。
李如龙：《声调对声韵母的影响》，《语言教学与研究》1990 年第 1 期。
李晰：《山西壶关树掌方言古次浊入今声调》，《方言》2013 年第 1 期。
李新魁：《〈中原音韵〉音系研究》，中州书画社 1983 年版。
李新魁：《近代汉语介音的发展》，中国音韵学研究会，《音韵学研究（一）》中华书局，1984 年版。
李玉：《平南闽南话的音韵特征及声母的古音痕迹》，《语言研究》1990 年第 1 期。
李云兵：《现代畲语有鼻冠音声母》，《民族语文》1997 年第 1 期。
栗华益：《试析汉语方言入声韵元音分尾现象》，《语言科学》2013 年第 3 期。
林语堂：《前汉方音区域考》，《语言学论丛》，开明书店 1933 年版。
刘勋宁：《隰县方言古咸山宕江摄舒声字的韵尾》，《方言》1993 年第 1 期。
陆志韦：《释〈中原音韵〉》，《陆志韦近代汉语音韵论集》，商务印书馆 1986 年版。
罗常培：《中原音韵声类考》，《历史语言研究所集刊》1932 年第 2 本第

2 分。

马文忠：《大同方言入声字两读详例》，《语文研究》1994 年第 3 期。

平山久雄：《论"我"字例外音变的原因》，《中国语文》1987 年第 6 期。

乔全生：《晋方言鼻音声母的演变》，《山西大学学报》（哲学社会科学版）2003 年第 4 期。

乔全生：《晋语与官话非同步发展（二）》，《方言》2003 年第 3 期。

乔全生：《晋语与官话非同步发展（一）》，《方言》2003 年第 2 期。

乔全生：《山西方言遇摄舌齿音字元音多种裂化形式的共时历时考察》，《语文研究》2023 年第 2 期。

瞿霭堂：《藏语的复辅音》，《中国语文》1965 年第 6 期。

瞿建慧：《湘语辰溆片异调变韵现象》，《中国语文》2009 年第 2 期。

阮廷贤、储泰松：《唇音分开合试证》，《古汉语研究》2012 年第 3 期。

桑宇红：《〈中原音韵〉知庄章声母研究中的几个问题》，《语言研究》2009 年第 3 期。

邵荣芬：《〈韵法横图〉与明末南京方音》，《汉字文化》1998 年第 3 期。

邵荣芬：《〈中原音韵〉音系的几个问题》，《中原音韵新论》，北京大学出版社 1991 年版。

邵荣芬：《敦煌俗文学中的别字异文和唐五代西北方音》，《中国语文》1963 年第 3 期。

沈明：《晋方言五台片入声调的演变》，《方言》2007 年第 4 期。

沈明：《晋南中原官话韵类的特点》，《首届官话方言国际学术讨论会》，青岛出版社 2000 年版。

沈明：《晋语的分区（稿）》，《方言》2006 年第 4 期。

孙伯君：《十二世纪汉语河西方音声韵特征再探》，《中国语文》2022 年第 5 期。

孙伯君：《西夏译经的梵汉对音与汉语西北方音》，《语言研究》2007 年第 3 期。

孙宏开：《西夏语声母系统拟测》，《语言科学》2016 年第 3 期。

孙建华：《洛川（甘杰村）方言的调值分韵》，《钦州学院学报》2014 年第 3 期。

王洪君：《〈中原音韵〉知庄章声母分合及其在山西方言中的演变》，《语文研究》2007 年第 1 期。

王洪君：《入声韵在山西方言中的演变》，《语文研究》1990 年第 1 期。

王静如：《论开合口》，《燕京学报》1941 年第 29 期。

王静如：《西夏语音系导言》，《民族语文》1982 年第 2 期。

王力:《汉语语音史上的条件音变》,《语言研究》1983 年第 1 期。
王利:《论晋语上党片方言的尖团音问题》,《山西师范大学学报》2012 年第 2 期。
王莉宁:《赣语中的次清浊化与气流分调》,《语言研究》2010 年第 3 期.。
王莉宁:《汉语方言古入声的韵尾分调》,《汉语学报》2016 年第 1 期。
王莉宁:《汉语方言上声的全次浊分调现象》,《语言科学》2012 年第 1 期。
王莉宁:《汉语方言阴调与阳调调值比较类型及其地理分布》,《云南师范大学学报（哲学社会科学版）》2014 年第 2 期。
王临惠:《山西方言声调的类型（稿）》,《语文研究》2013 年第 2 期。
王珊珊:《梵汉对音中的一个特殊现象》,《古汉语研究》2003 年第 1 期。
王为民:《音变过程的交错与榆社方言[±送气]分韵现象的形成》,《语言科学》2014 年第 2 期。
吴建生、李改样:《永济方言咸山两摄韵母的分化》,《方言》1989 年第 2 期。
武松静:《河北高邑方言的异调分韵》,《方言》2021 年第 1 期。
邢向东:《秦晋两省黄河沿岸方言的关系及其形成原因》,《中国语文》2009 年第 2 期。
邢向东:《小议部分"舒声促化字"》,《语文研究》2000 年第 2 期。
熊燕:《汉语方言里果摄字的读音》,《语言学论丛（五十一辑）》,商务印书馆 2015 年版。
徐国莉、庄初升:《临桂县六塘土话的阳平分韵现象》,《广西师范大学学报》（哲学社会科学版）2017 年第 3 期。
徐通锵:《声母语音特征的变化和声调的起源》,《民族语文》1998 年第 1 期。
严学宭、尉迟治平:《汉语鼻—塞复辅音声母模式及其流变》,《音韵学研究（第二集）》,中华书局 1986 年版。
杨述祖:《山西方言入声的现状及其发展趋势》,《语文研究》1982 年第 1 期。
于银如、张惠叶:《晋语舒声促化原因综论》,语文知识,2010 年第 4 期.
余逎永:《〈切韵〉系书切音与切字谐声相违的声母问题》,《语言科学》2003 年第 5 期。
余跃龙:《山西晋语量词"个/块"的地理分布特征》,《汉语学报》2014 年第 4 期。

张楚、王为民：《百年来兴县方言声母的演变》，《山西大学学报》（哲学社会科学版）2011 年第 6 期。

张光明：《忻州方言的舒声促化现象》，《语文研究》2006 年第 2 期。

张吉生：《从吴方言看声母—声调的相互关系》，《语文研究》2011 年第 2 期。

张清常：《唐五代西北方音一项参考材料——天城梵书金刚经对音残卷》，《内蒙古大学学报》1963 年第 2 期。

张双庆、邢向东：《关中礼泉方言音系及声调与元音开口度的影响》，《语文研究》2011 年第 2 期。

张玉来：《近代官话韵书音系复杂性成因分析》，《山东师范大学学报》1999 年第 1 期。

赵彤：《山西方言知、照系声母》，《语文研究》2001 年第 4 期。

赵彤：《十七世纪以来北京话韵母 e、o、uo 的演变》，《中国语文》2022 年第 3 期。

赵元任：《国语罗马字的研究》，《赵元任语言学论文集》，商务印书馆 2002 年版。

郑张尚芳：《方言中的舒声促化现象说略》，《语文研究》1990 年第 2 期。

支建刚：《豫北晋语中的异调分韵现象》，《中国语文》2013 年第 3 期。

朱晓农：《说鼻音》，《语言研究》2007 年第 3 期。

朱晓农：《证早期上声带假声》，《中国语文》2007 年第 2 期。

邹德文：《论〈黄钟通韵〉的潜在音系特征》，《广东技术师范学院学报》2006 年第 2 期。

后　记

本书是笔者国家社科基金项目"山西方言声韵调相互影响的共时历时研究"（项目号：14BYY042）的结项成果，书中部分内容曾以单篇论文形式在国内语言学核心期刊发表，也曾在国内外学术研讨会上宣读讨论。

本书的研究材料来自山西方言研究的已有成果，主要包括以下三个部分，一是乔全生教授主编的《山西方言重点研究丛书》（1—9 辑）其中的 56 个方言点的语料。二是"中国语言资源保护工程·山西汉语方言调查"项目调查的 55 个方言点中 41 个方言点的语料。三是项目组已调查尚未出版的 6 个方言点的语料，共计 103 个方言点 2961 个单字读音，如此丰富的调查语料为本书的研究奠定了扎实的基础。

本书通过深入挖掘山西方言声韵调相互影响的语音表现，对以往相关研究中所依方言语料进行核实和补充调查，对相关研究结论深入讨论后加以修正。书中将"横向传递"理论引入山西方言研究中，以山西方言"鼻音+同部位浊塞音"现象为切入点，分析山西方言与少数民族语言接触的历史，认为汉语同少数民族语言的相互影响是导致这一语音现象产生的动因，为山西方言语音演变解释提供新的思路和方向。本书展现了山西方言语音的最新面貌，是对山西方言共时历时研究的重要补充，同时也为汉语方言声韵调相互影响的研究提供了山西方言实证。

本书出版之际，首先要感谢我的恩师乔全生教授。笔者从 2004 年 9 月投入乔老师门下，从硕士到博士，后又留校跟随老师继续山西方言研究，迄今已有十九个年头。乔老师深耕山西方言研究沃土四十余年，他的治学风范、道德文章深刻影响了笔者，成为笔者在山西方言研究道路上孜孜以求、躬耕不辍的强大动力。乔老师是山西方言研究兴盛和辉煌时期的领军人物，在山西方言共时历时研究、晋方言语音史研究、方言文献整理与研究等方面具有重要的开创性贡献，乔老师出版的多部专著、编著的两套系列丛书在学界具有重要的影响力，其中《山西方言重点研究丛书》是对山西省内单点方言进行较大规模集成研究的一套丛书。目前已正式出版 9 辑 60 部，每部 20 余万字，走在全国最前列。该丛书的出版不仅对山西方言的保存、保护起到抢救作用，更重要的是对山西方言的共时历时研究起到了重要的推动作用。《晋方言语音史研究》是第一部全面、系统地研究晋方言语音史的标志性成果，也是第一部以一个大区方言语音史为研究对象的专著。《晋方言百年来的语音变化》被鲁国尧先生评价为"迄今为止，体量大的方言，出版'百年演变史'的，独此一家！"，"在汉语诸方言的研究中，晋方言史的研究处于'一流'地位，该书的出版是重要'地标'"。《近代汉语方言文献集成》（共 14 辑）收集晚唐五代至 1949 年全国汉语十大方言区的原始汉语方言文献千余种，实现并达到了"使散见的文献集中起来，使罕见的文献常用起来，使孤本的文献共享起来，使隐性的文献彰显起来"的总体目标，真正体现出"集全国之力，尽地利之便，成文献之全，显学术之威"的实际效果。巨量的历史文献为山西方言语音史研究提供了重要佐证，丰硕的山西方言语音研究成果又为汉语语音史研究做出重要贡献。

数十年来，乔老师带领山西方言研究团队在以上研究方向上形成合力，取得了令学界瞩目的成绩，提高了山西方言研究的学术影响力，形成了山西方言研究学派。作为他的学生和研究团队中的一员，笔者有幸亲历了山西方言研究的繁荣和辉煌，也相继出版了《榆社方言研究》《浮山方言研究》《清徐方言研究》《阳曲方言研究》等山西方言共时历时研究专著，发表了《唐五代西北方音的早期源头和形成历史》《文水方言百年来的元音高化》《文水方言声母百年来的演变》等语音史研究方面的系列论文，编著出版了《近代汉语官话方言课本文献集成》等方言文献整理的成果。

本项目在申报之初，乔老师就给予笔者大力支持和悉心指导，不但帮助笔者理清项目研究思路，明确研究范围，更就申报书中存在的诸多问题多次提出修改意见。项目获批之后，乔老师也一直关心项目进展，帮助笔者解决项目实施中遇到的困难，积极促成了笔者的美国访学之行。乔老师担任首席专家的"中国语言资源保护工程·山西汉语方言调查"项目更是为笔者提供了大量田野调查的机会，为本项目获得第一手调查资料创造了条件。可以说，本书是笔者近十年来山西方言共时历时调查研究的小结，更是在乔老师悉心指导和大力支持之下顺利完成的山西方言研究的最新成果。

本书的出版还要感谢美国马萨诸塞大学阿默斯特分校（UMass Amherst）沈钟伟教授。2014 年 9 月至 2015 年 9 月，笔者受沈老师的邀请赴 UMass Amherst 访学。访学期间，笔者时常聆听沈老师有关汉语方言产生和发展的观点，对兴盛于欧洲的历史比较法有了新的认识，对语言接触理论、词汇扩散理论和"横向传递"理论有了较为深入的理解，本书将"横向传递"理论运用到山西方言研究的实践之中，就是对山西方言研究理论和方法的一次创新。

在美访学期间笔者与曹洁、贡贵训、胡鸿雁、李青苗、麻晓芳、王曦、朱军玲（按照姓氏音序排列）等师友一起学习和交流，并向他们请教本项目实施过程中的具体问题，得益于他们的启发和帮助，笔者对本项目的研究思路、研究方法、研究过程逐渐明晰，对顺利完成项目充满了信心，本书能够正式出版也有他们的一份功劳。

　　回首项目的申报、实施直到本书出版的全过程，还要感谢侯精一、邢向东、杨春宇等先生。2013年10月，笔者曾就本项目选题中一些尚不成熟的想法求教于侯精一先生，侯先生不但肯定了笔者的想法，而且还提出了许多建议，在先生的鼓励之下，笔者积极申报国家社科基金项目并最终获批立项。邢向东教授在本项目立项之初、项目实施阶段都曾给笔者提出过重要的指导意见。杨春宇教授对项目结项成果也提出了很多切实中肯的修改意见。诸位先生的帮助和支持保证了项目的顺利实施和本书的顺利出版。

　　本书在编辑出版阶段得到中国社会科学出版社的大力支持，出版社宫京蕾编辑为本书的出版付出心血并提出宝贵的修改意见，在此深表谢忱！

　　本书付梓之际，常怀惴惴之心。山西方言内部较为复杂，本书103个方言点大多是以城关方言音系为代表，对各方言内部差异暂未涉及，对交界地带方言调查也不充分，因此，山西方言是否还存在尚未调查到的声韵调相互影响现象尚不敢断言，山西方言声韵调之间的相互影响还有必要进一步深入研究。本书仅作抛砖引玉之用，希望更多的学者加入这方面的研究中来。

　　本书在写作的过程中，由于作者水平有限，书中难免出现错漏之处，恳请专家学者批评指正。

2023年1月于陕西师范大学
余跃龙